제 3 판

생산·운영관리

박 상 범

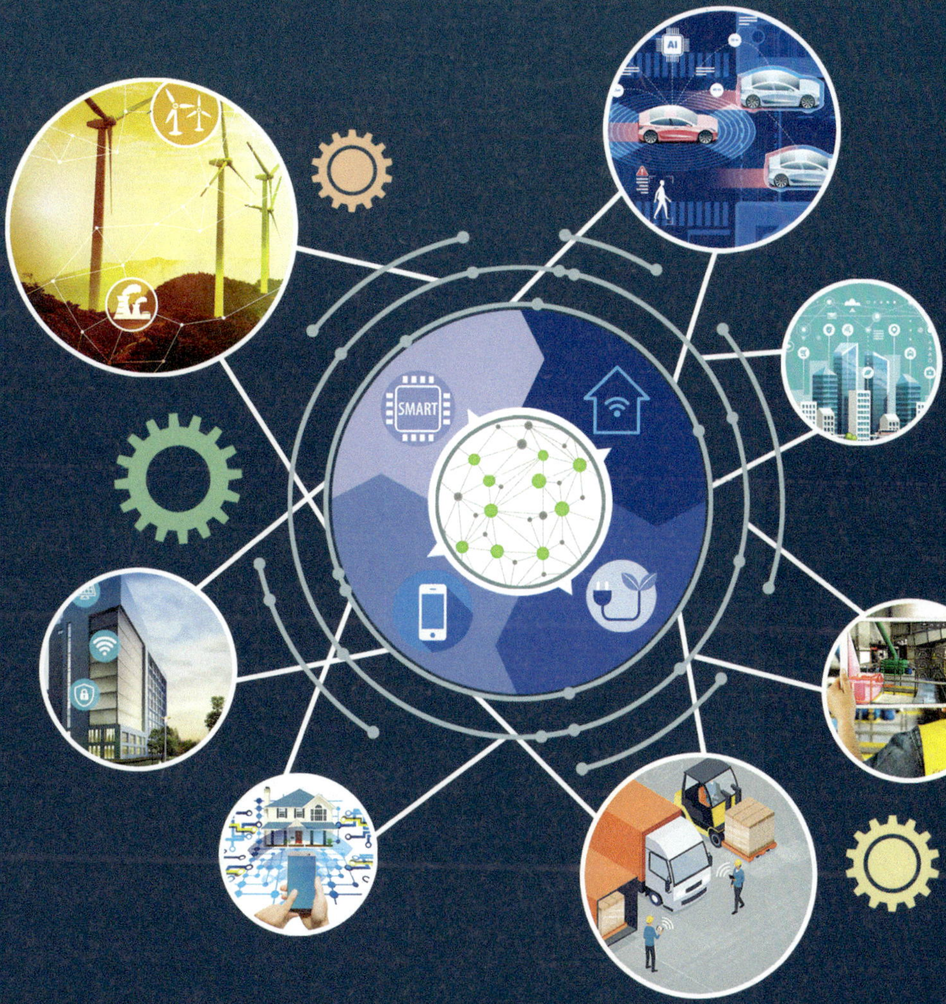

Production and Operations Management

탑북스

개정 3판 머리말

기업의 기본 목표인 존속과 발전을 위한 생산활동은 기업의 여러 부문활동 중 가장 핵심적인 활동으로서, 생산하는 제품이나 서비스의 경쟁력을 높이기 위한 많은 관리기법과 이론들이 꾸준히 개발되어 왔다.

그러나 이 같은 기법이나 이론은 4차 산업혁명이라고 일컬어지는 디지털 혁명기술의 획기적인 발전으로 새롭게 대체되고 있다. 즉 사물인터넷(IoT : Internet of Things), 인공지능(AI : Artificial Intelligence), 3D·4D프린팅, 인간과 협업이 가능한 로봇, 각종 센서기술 등이 결합하여 생산활동의 모든 패러다임이 바뀌고 있다.

이렇게 급변하는 경영환경에서 제조기업은 더욱더 4차 산업혁명기술의 발전을 빠르게 수용해야 하는데, 그 이유는 디지털 혁명기술이 제조활동의 모든 생태계를 변화시키고 있기 때문이며, 특히 융·복합적인 기술의 발전으로 새로운 생산방식에 의한 신산업의 출현 및 새로운 제품을 탄생시키고 있기 때문이다.

그러나 생산활동의 중요성을 지나치게 강조하면 기업의 전체유효성을 기대할 수가 없기 때문에 여러 부문활동들과 조화와 균형을 유지하는 것이 무엇보다도 중요하다. 왜냐하면 기업의 부문활동들은 서로 독립적으로 존재하는 것이 아니며, 상호 영향을 미치면서 작용하는 것이기 때문이다.

예를 들면 생산성을 높이기 위해서는 생산의 기초정보를 시장이나 소비자로부터 얻어야 하고, 생산한 제품은 최종소비시장을 염두에 두어야 하며, 생산현장에서 생산성을 높이기 위해서 고려해야 할 요소는 설계, 기계설비, 공정, 기술, 입지 및 작업자의 심리적인 부분과 생산조직의 문제까지도 고려해야 하며, 수많은 거래기업과의 원활한 관계, 생산설비나 기술의 혁신, 현장의 안전 및 산업재해 방지, 경험의 축적, 적재적소의 작업자배치, 구성원의 자부심과 도덕·윤리성 및 재무적인 요인까지도 모두 적절히 조화를 이루었을 때 가능하다.

개정3판에서는 4차 산업혁명의 발전이 경영환경에 미치는 영향을 생산활동과 연결하는 시도를 하였다. 또한 관리자에게 필요한 생산의 기초개념을 제공하는데 초점을 맞추면서 생산관리의 전문적이고 깊이 있는 이론보다는 누구나 쉽게 생산관리를 이해하는데 가장 필요한 기본적인 내용을 중심으로 각 장을 구성하였다.

본서의 구성은 제1장과 제2장에서는 생산의 기초개념을 다루었으며 특히 제2장에서는 최근의 4차 산업혁명기술이 생산활동을 어떻게 변화시키며 이에 어떻게 대응해야 하는지를 살펴보았다. 제3장부터 제6장(제품설계, 생산형태와 공정설계, 입지결정문제, 기술전략) 및 11장(공급사슬관리)에서는 생산·운영관리의 장기적 의사결정문제를 다루었으며, 제7장부터 제14장(품질관리, 품질경영, 구매전략, 작업현장의 안전관리, 수요예측, 재고관리, PERT/CPM)은 단기적인 의사결정에 해당되는 내용을 다루었다.

본서가 출판하기까지 많은 사람의 도움을 받았는데, 특히 원고의 작성과 교정과정에 조언과 함께 애를 많이 쓴 길종구 교수와 손을준 박사의 도움에 고마움을 전하며, 출판을 맡아 주신 탑북스의 김광식 사장님께 감사드린다.

2020년 1월 5일

저 자

차 례

제4장 생산형태와 공정설계 및 배치

제5장 기업의 입지결정

제6장 기술전략

제7장 품질관리

제8장 품질경영과 보증

제9장 구매전략

제10장 작업현장의 안전관리

제11장 공급사슬관리

제12장 수요예측

제2절 PERT기법을 구성하는 Network / 409

제3절 PERT 기법 / 418

제4절 PERT/cost 기법 / 432

제5절 CPM 기법 / 433

제 1 장 생산관리의 개념

기업을 연구하는 경영학에서 생산활동의 개념은 기업의 여러 부문활동 중에서 가장 핵심이 되는 영역이다. 특히 제조기업에서는 더 더욱 그렇다.

뿐만 아니라 생산활동은 인간에게 유용한 제품이나 서비스를 생산하여 기업의 목표인 이윤 창출의 근간을 마련한다. 그러나 이윤을 극대화시키기 위해서는 다른 부문활동과의 조화를 유지하였을 때 유효성(effectiveness)을 높일 수 있다.

본장에서는 생산의 기초개념으로서 생산성, 생산관리의 목표, 생산관리의 발전과정을 설명하였다.

제1절 생산과 생산관리

인간의 삶에 유용한 제품이나 서비스를 산출하는 생산활동은 기업의 여러 부문활동에서 가장 중요하고 핵심적인 활동으로서, 그 활동을 수행하는 방법과 기법들이 갈수록 새롭게 개발되고 있으며 생산의 개념과 영역도 확대되고 있다. 특히 최근의 4차 산업혁명의 각종 첨단기술(AI, IoT, 3D, Big Data, cobot 등)은 새로운 생산방식을 출현시키고 있으며, 이러한 방식은 과거보다 훨씬 높은 생산성을 가능하게 하고, 더 높은 수준의 소비자 만족을 충족시키고 있다.

생산의 개념도 과거와는 다르게 접근된 지 오래되었는데, 기업이 일방적인 기준으로 제품이나 서비스를 생산하여 공급하던 방식에서 현대는 소비자의 다양한 요구(needs)를 정확하게 반영하여 생산활동을 수행하여야 하는 소비자 중심시대로 바뀌었다. 즉 생산활동의 결과로 만들어지는 제품이나 서비스는 소비자를 만족시킬 수 있도록 설계 · 관리되어져야 한다.

따라서 생산활동이 더 높은 경쟁력으로 소비자를 만족시키기 위해서는 첨단기술의 활용으로 경쟁기업보다 더 싸고 좋은 제품을 신속하게 공급할 수 있는 자기 기업만의 독특하고 특별한 경쟁우위 요소(competitive advantage)를 가지고 있어야 한다.

생산관리의 핵심은 생산활동과 관련된 모든 부문과 생산에 영향을 미치는 모든 요소를 체계적으로 관리하는 것이며, 특히 생산활동을 효율적으로 운영하기 위한 계획 · 실행 · 통제를 통하여경쟁력 있는 제품이나 서비스를 창출하여 소비자에게 높은 가치를 제공하는 것이다.

또한 기업의 전체유효성(effectiveness)을 높일 수 있도록 다른 부문활동과 조화를 꾀하여, 기업의 기본 목표인 존속과 발전을 가능하게 하는 것이다. 이를 위해서는 경영의 3대원칙 즉 생산성, 경제성, 수익성을 달성하여야 한다. 생산성이란 최소의 투입으로 최대의 산출을 추구하는 것으로 경영활동의 가장 근본이 되는 개념이며, 경제성이란 생산에 투입된 경제적 가치 대비 산출 가치를 크게 하는 것이며, 수익성이란 가치활동의 손익를 의미하는 것이다.

과거의 생산관리의 대상은 2차 산업의 유형재에 국한하는 경우가 일반적이었으나, 현대는 2차 산업뿐만 아니라 3차 산업인 서비스업을 비롯한 모든 영역으로 확대되었다. 2차 산업에 국한된 생산활동을 관리대상으로 하는 경우를 표현할 때 생산관리(production management)라는 용어를 사용하고, 2차산업과 3차산업 및 모든 산업의 생산활동을 포함할 때 생산·운영관리(production and operations management)라고 한다.

제2절 생산관리 시스템

기업은 여러 가지 하위시스템들과 조화를 이루어가면서 추구하는 목표를 달성하여야 한다. 하위시스템이란 재무, 생산, 인사, 마케팅 등이 대표적인데, 이러한 하위시스템들이 그들의 목표를 효율적으로 달성하였을 때, 기업 전체의 목표를 효과적으로 달성할 수 있다. 즉 하위시스템의 목표달성과 능률(efficiency)의 합이 결국 기업의 전체 유효성(effectiveness)을 결정짓게 된다.

[그림 1-1] 기업의 부문활동의 목표

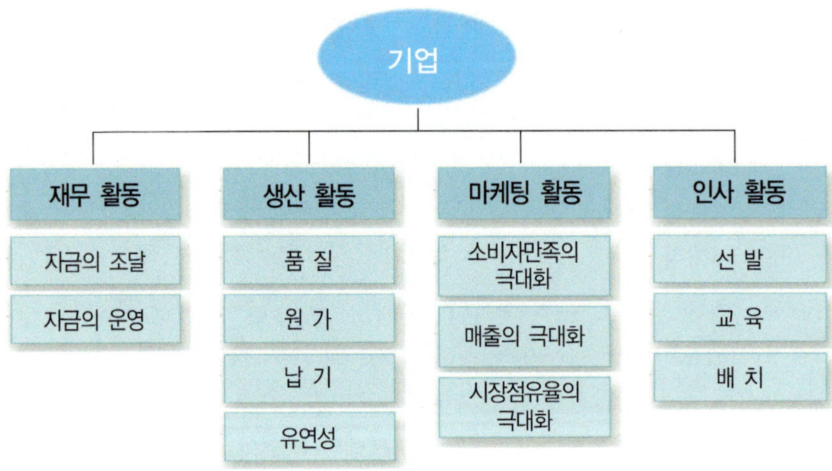

[그림 1-1]에서 보면 여러 가지 부문활동 중에서 생산활동의 관리목표인 품질(quality), 원가(cost), 납기(delivery), 유연성(flexibility)이 가장 경제적이고 합리적으로 달성되어야 한다. 그러나 아무리 생산관리의 목표를 잘 달성하였더라도, 다른 부문과의 조화를 꾀하지 못하면 기업 전체의 유효성이 극대화될 수 없다. 생산활동은 투입, 변환과정, 산출이라는 일련의 과정을 거치게 되는데, 그림으로 나타내면 [그림 1-2]와 같다.

[그림 1-2] 생산의 투입 · 변환과정 · 산출

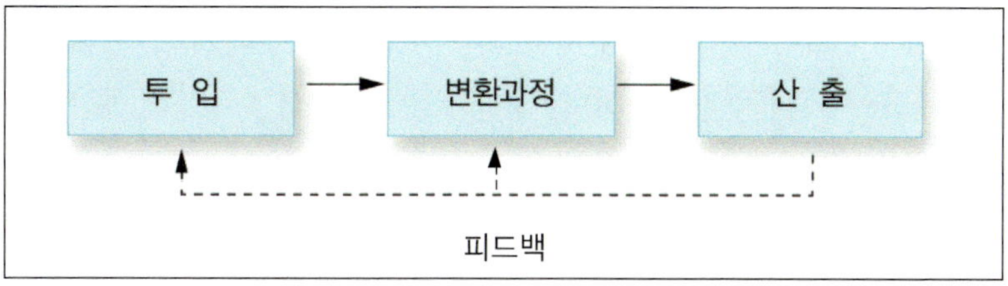

① **투입** : 투입(input)이란 생산활동에 동원되는 모든 유 · 무형의 자원으로서, 유형자원이란 원료 · 부자재, 기계설비, 노동력, 에너지 등 수없이 많은 요소들이 포함되고, 무형자원이란 생산활동에 영향을 미치는 눈에 보이지 않는 무형의 모든 자원을 말하는 것으로 지식, 경험, 숙련도, 노동윤리 등이 대표적이다.

② **변환과정** : 변환과정(transformation process)이란 투입된 요소가 제품이나 서비스로 전환되는 과정을 말하는데, 이 과정에서 제품이나 서비스의 부가가치와 경쟁력을 창출하여 경쟁기업과 차별화할 수 있는 능력을 발휘하는 단계이다. 이 과정은 외부나 경쟁기업에게 노출되어서는 안 되기 때문에 일명 블랙박스(Black Box)라고도 한다.

③ **산출** : 산출(output)이란 투입요소가 변환과정을 거쳐 유형의 제품이나 무형의 서비스로 전환된 상태를 의미한다. 산출단계의 성과는 투입과 변환과정에 동원되는 요소와 방법에 의해 영향을 받는다.

④ **피드백** : 피드백(feedback)이란 결과가 원인으로 되돌아가는 것으로, 산출된 제품이나 서비스의 결과(치)가 투입이나 변환과정으로 되돌아가 다음 생산활동을 수정하거나 개선하는 과정이다.

제3절 생산성

생산성이란 생산관리뿐만 아니라 경영학에서 매우 중시하는 개념으로 투입요소에 대한 산출의 크기를 나타내는 것이다. 높은 생산성은 원가절감, 경쟁력 및 수익성 향상을 보장하기 때문에 중요한 관리의 대상요소이다.

01 생산성의 개념

생산성(productivity)이란 생산을 위해 사용되는 투입요소(노동력, 원자재, 에너지 및 기타자원)에 대한 산출물(output)의 비율을 의미하며, 생산요소를 이용하는 정도이고, 생산에 대한 기여도를 의미한다. 생산성을 구하는 가장 일반적인 공식은, 생산성=산출량 / 투입량으로 나타낼 수 있다. 생산성의 종류는 노동 생산성, 자본 생산성, 설비 생산성 등 매우 다양하며, 최근에는 4차 산업혁명기술의 발전과 융 · 복합화로 생산성의 향상 폭이 급격히 높아지고 있다.

02 생산성 측정의 목적

기업의 생산활동에서 생산성을 측정하는 목적은 그 범위나 관점에 따라 다를 수 있는데, 기업경영과 관리의 경영성과를 측정하거나 관리효율을 파악 · 분석하는데 사용된다. 좀 더 구체적으로 생산성의 측정형태를 구분하면, 생산현장 전체의 생산성, 개별작업의 생산성, 작업자 개개인의 생산성, 자본 · 설비 · 노동의 성과를 측정하는 방법으로 구분할 수 있다.

생산성을 측정하여 활용할 수 있는 영역은 ① 성과의 측정과 분배를 위한 기준을 제공, ② 표준공수의 측정, ③ 부문 간의 생산성을 비교할 수 있는 기준, ④ 제품 코스트를 정확하게 파악하기 위한 측정, ⑤ 부가가치의 측정, ⑥ 작업조건의 개선을 위한 측정 등이다.

03 생산성의 유형

생산성은 측정하는 기준에 따라 다음과 같이 구분할 수 있다.

1) 노동생산성

노동생산성(labor productivity)은 노동 투입량 대비 산출량으로 정의되는데, 측정하기가 매우 간단하여 가장 많이 활용하고 있다. 투입되는 노동량의 단위로는 측정목적에 따라 인(人)-시(時)(man-hour), 인(人)-일(日)(man-day), 인(人)-월(月)(man-month), 인(人)-년(年)(man- year) 등이 있으나, 인-시 즉 공수견적으로 파악하는 것이 가장 일반적이며, 노동생산성을 높이기 위해서는 첨단설비나 자동화를 이용하여 생산물의 부가가치를 높이거나 특히 각종 정보통신기술이 융·복합된 스마트 팩토리(smart factory)를 활용하여야 한다. 노동생산성은 다음의 공식으로 측정한다.

$$노동생산성\ (1인당\ 부가가치액) = \frac{부가가치액}{작업자수}$$

2) 자본생산성

자본생산성(capital productivity)이란 생산을 위해서 투입된 자본량과 산출량과의 비율을 말하는 것으로, 자본의 유효이용도를 말한다. 이는 기계설비, 생산기술의 변경과 같은 생산 공정상의 문제, 작업방법의 변화에 따른 능률상의 문제, 조업도의 변화 등에 대한 원인이나 정도를 파악하는 것으로 설비 생산성과 원재료 생산성으로 구분되는데, 일반적으로 높을수록 유리하다.

(1) 설비 생산성

생산설비에 대한 기술적 및 효율적인 이용도를 측정하는 것으로, 설비의 실제생산성(총생산량/설비의 실제 가동시간), 달성률(총생산량/설비능력), 대기율(대기시간/설비가동시간) 등을 활용한다. 설비생산성은 다음의 공식으로 측정한다.

$$설비생산성 = \frac{생산량}{설비댓수}\ 혹은\ \frac{생산량}{설비의\ 운전시간}$$

(2) 원재료생산성

원재료생산성은 일반적으로 원재료의 수율(收率 : yield percentage)을 의미하는데, 수율은 불량률의 반대개념이다. 이는 초기에 투입되는 원재료와 양품으로 생산되는 최종제품과의 비율로서 원재료의 투입량 대비 양품생산비율을 나타낸다. 이 비율은 생산량을 결정하기도 하지만 회사의 능력을 좌우하는 기준이 되기 때문에 외부노출을 꺼리는 극비사항이다. 만약 100을 투입하여 산출이 75가 나오면 수율은 75%이다. 수율을 구하는 공식은 다음과 같다.

$$수율 = \frac{양품갯수\ 혹은\ 제품중량}{원재료투입량}$$

(3) 총생산성

총생산성(total productivity)이란 생산에 동원되는 모든 투입요소의 투입량과 산출량과의 관계를 종합적으로 측정하는 것이다. 총생산성의 의미로 활용되는 생산성은 총요소생산성, 총노동생산성, 총비용생산성 등 다양하다. 총생산성을 구하는 공식은 다음과 같다.

$$\text{총생산성} = \frac{\text{생산수량}}{\text{노무비} + \text{재료비} + \text{경비}}$$

노동생산성에 관한 불편한 기사들

- 노동생산성이란 제품이나 서비스제조과정에서 노동력 투입 대비 생산력을 보여주는 지표로서, 과거와는 달리 노동비용이 급등하고 있는 상황에서는 노동생산성이 기업 생존을 좌우하는 핵심지표이다.
- 한국의 근로자는 세계에서 가장 일을 많이 하는 국가 중 하나이다. OECD자료에 의하면, 한국의 연간 근무시간은 2,163시간으로 멕시코(2,237시간)을 제외하면 가장 길다. 네덜란드는 1,380시간, 독일 1,388시간, 일본 1,735시간, 미국 1,788시간이다(조선일보, 2015.1.7).
- H자동차의 국내 · 외 공장에서 자동차를 한 대 만드는데 걸리는 시간은 [그림 1-3]과 같다. 예를 들면 한국의 공장에서는 26.8시간으로 가장 길다. 그러나 체코공장에서 자동차를 한 대 만드는데 걸리는 시간은 2014년 기준 15.3시간이다(조선일보, 2015.1.1).

[그림 1-3] 현대차 국내외 공장의 생산성 비교 (대당 투입시간 단위: HPV)

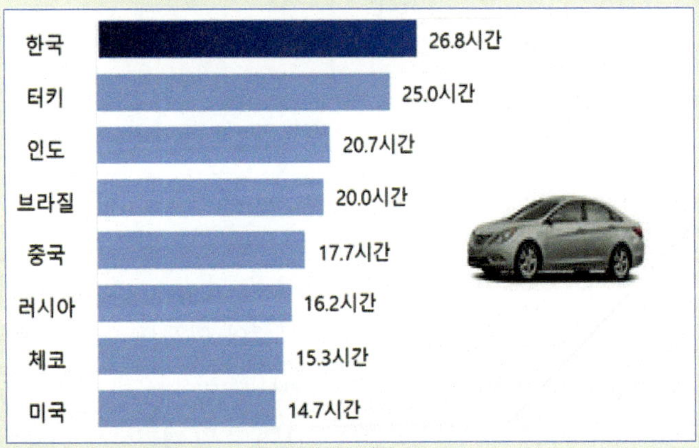

※ HPV: 차 한 대를 만드는 데 들어가는 시간.

- 생산성을 나타내는 지표로서 “편성효율”도 있다. 이는 생산라인에 적정한 인원이 배치되었는지를 나타내는 지표인데, 편성효율이 높을수록 노동생산성이 높다는 의미이다. 편성효율이 만약 70이라면, 70명이 일하면 되는 작업을 100명이 작업하고 있다는 뜻이다. [그림 1- 4]에서 보면 한국의 H자동차 편성효율이 가장 낮은데, 앞으로는 이 지표의 값을 올리는 노력(엄격한 근무태도, 노동윤리, 설비개선, 신기술 도입 등)으로 생산성을 높여야 한다.

[그림 1-4] 편성효율

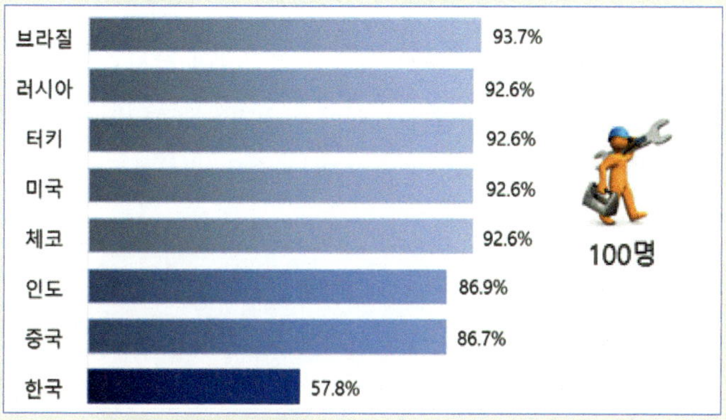

※ 자료 : H자동차, 2014년 6월말 기준.

• 한국의 노동생산성은 OECD 34개국 중 28위이다. 낮은 노동생산성은 경쟁력 하락은 물론 기업의 해외 이탈을 가속화시키고 외국인 직접투자를 가로막는 장애물 중 하나이다. 낮은 노동생산성을 높이기 위해서는 집중도가 떨어지는 작업 분위기를 개선하고, 첨단설비를 도입·활용하여야 하며, 노사 간의 협력, 교육·훈련의 강화, 노동윤리의식 등의 개선이 필요하다. <표 1-1>은 시간당 노동생산성을 구매력 평가지수(PPP)로 적용한 것인데, 구매력 평가지수란 노동력을 1시간 투입해 얼마짜리의 제품가치를 만드는지를 나타내는 수치이다. 한국은 30.4달러로서 매우 낮은 수준이다.

〈표 1-1〉 주요 국가의 한 시간당 노동 생산성

국가	OECD 34개국 중 순위	US 달러 환산 노동생산성	전년 대비 증가율(%)
한국	28위	30.4	-2.9
일본	21위	40.3	0.4
독일	9위	59.2	0.5
미국	3위	65.1	0.9
룩셈부르크	2위	83.1	-2.1
노르웨이	1위	87.1	0.9

※ 자료 : OECD 2012년.

• 노동생산성은 일정시간 투입된 노동량과 그 성과물인 생산량의 비율이다. 생산량은 그대로 인데 근로자 수나 노동시간이 늘어나면 노동생산성은 낮아진다. 1980년대 한국의 근로자 1인당 노동생산성 상승률은 연평균 7%였지만 1990년대 들어 낮아지기 시작하여, 2000~2007년 사이는 연평균 3.3%, 2010~2013년에는 1.8%로 곤두박질쳤다. 국민 삶의 질은 '생산성'이 좌우한다. 노동·자본의 투입 대비 더 많은 재화와 서비스를 생산할수록 그 나라의 국민소득이 늘어난다. 긴 노동시간과 낮은 생산성은 성장을 저해하기 때문에 정부와 기업, 근로자는 노동생산성을 높이기 위한 공동의 노력을 하여야 한다(한국경제, 2015.1.22.).

3) 생산성 향상의 요소

생산활동의 체계적이고 합리적인 관리를 통하여 목표한 성과를 가장 능률적으로 달성하면 생산성은 높아질 수 밖에 없으며, 높아진 생산성은 경쟁력의 향상으로 이어진다. 생산성을 높이기 위해서는 수많은 요소들의 최적결합과 노력이 동원되어야 하지만, 특히 최근에는 인공지능(AI), 사물 인터넷(IoT), 3D, 로봇, 각종 센서 등의 기술을 생산활동에 접목시키는 활용능력이 강조된다.

이러한 첨단기술을 생산활동에 접목하기 위해서는 많은 투자를 필요로 하는데, 결국 투자를 통하여 인력감축과 시간을 단축시켜 생산성을 높여야 한다. 작업자가 열심히 일을 하는데도 불구하고 생산성이 높지 않은 경우는 그 이유가 여러 가지 있겠지만 과거방식을 고수하거나 생산성을 높이는 투자를 소홀히 하기 때문이다. 물론 생산성을 측정하는 방법도 달라진 것도 원인이 된다.

예를 들면 한국의 노동 생산성은 선진국에 비하여 낮고, OECD 평균에도 미치지 못하는 이유는 여러 가지가 있지만, 선진국은 작업환경이나 작업자의 사기 및 노동윤리 수준이 높은 것도 큰 이유 중 하나이다. 따라서 노동 생산성을 높이려면 과거의 방식에서 벗어나 생산성 향상에 영향을 미치는 비물질적인 요소를 강조해야 한다. 비물질적 요소란 노동 생산성에 영향을 주는 근로자의 마음가짐 및 사기, 경영자의 리더십, 인적자원의 적재적소 배치, 경험의 축적, 창의적 아이디어, 설비투자, 교육 · 훈련, 신기술 개발능력 등을 적절히 조화시켜야 한다. 즉 기업이 노동 생산성을 높이려면 과거와 같이 단순하고 물질적인 면만 강조할 것이 아니라 여러 가지 비물질적인 요소의 조화를 꾀하도록 해야 한다. 비물질적인 요소를 통하여 작업자의 사기나 집중력을 높여 생산성을 높이는 것이다.

4) 생산성의 고찰

전통적인 관리방식에서는 기계나 작업장(제조업을 중심으로 하는 공장제 근로방식)에서 오랜 시간을 근무하면 생산성을 높일 수 있다고 생각하였으나 최근에는 짧은 시간을 근무하더라도 얼마나 높은 생산성과 성과를 달성할 수 있는가가 중요해지고 있다. 이러한 효과를 기대하려면 작업자의 사기, 작업자의 근로윤리와 집중력도 중요하며, 특히 첨단기술이나 장비를 동원하는 노력이 선행되어야 한다.

그러나 각종 정보통신기술(ICT), 인공지능(AI), 사물 인터넷(IoT) 등의 도입에도 불구하고 생산성의 증가속도가 완만한 경우가 있는데, 그 이유는 여러 가지가 있겠지만 다음과 같은 몇 가지를 생각해 볼 필요가 있다.

첫째, 생산성을 측정하는 방법이 과거와 다르다는 점이다. 만약 새로운 기술을 통하여 제품의 질, 정밀도, 디자인 등과 같은 무형의 가치를 향상시키거나 납기나 유통 및 물류기간을 단축한 것을 생산성에 포함시키지 않는다면 생산성은 실제보다 과소평가될 수 있다.

둘째, 생산활동을 담당하고 있는 작업자가 점점 고령화되어 가고 있다는 점이다. 작업자의 고령화는 피할 수 없는 추세이기 때문에 기업은 고령 작업자의 생산성을 높이기 위한 투자를 더 많이 할 수 밖에 없는 상황이다. 즉 추가적인 비용부담이 생산성을 낮출 수 있다.

셋째, 기업의 구조조정이 과거와 같이 활발하지 않은 이유를 꼽을 수 있다. 예를 들면 강력한 노조의 힘 때문에 인력감축이 어렵거나 구조조정이 과거와 같이 수월하지 못하여 노동의 유연성을 발휘하지 못한다면, 기업은 추가적인 비용을 지불할 수밖에 없게 된다. 이러한 이유는 기업의 생산활동과 관리를 과거의 전통적인 방법으로 유지할 수밖에 없게 만든다.

앞으로는 기업의 모든 구성원이 새로운 기술(대표적인 것이 IoT, AI, 3D 등의 첨단기술이 융·복합된 스마트 팩토리)을 활용하여 생산성을 높이는 노력을 해야 하며, 이를 통하여 기업의 경쟁력을 높이도록 해야 한다.

따라서 앞에서 설명한 바와 같이 생산성을 높이는 방법이나 접근을 바꿔 근본적인 변화(deep change)를 꾀하도록 노력해야 한다. 또한 과거와 같이 한정된 기준의 생산성 측정방법(예를 들면 노동생산성, 설비생산성, 자본생산성 등)에서 벗어나 다양한 측정기준으로 생산성을 측정하는 방법을 도입할 필요가 있다.

제4절 생산관리의 목표와 트레이드오프

인간에게 유용한 제품이나 서비스의 생산활동 목표를 달성하기 위해서 생산과 관련된 모든 요소를 최적화시키는 과정은 쉽지 않다. 투입되는 요소가 매우 많고 고려해야 할 변수도 매우 다양하기 때문이다. 또한 생산활동을 수행하는 목표와 과정은 기업의 상위전략과 일치되어야 하기 때문이다.

생산관리의 목표는 일반적으로 원가, 품질, 스피드, 유연성 등을 꼽을 수 있으나 이 밖에도 디자인, 서비스 등 매우 다양한 내용을 포함할 수 있다. 이러한 목표는 생산하는 생산물과 경쟁제품의 속성에 따라 우선순위가 달라질 수 있다.

01 생산관리의 목표

1) 원가

생산관리의 목표 중 낮은 원가(cost)는 생산관리 담당자가 최우선적으로 달성해야 하는 목표로서, 원가절감으로 제품이나 서비스를 소비자가 원하는 경제적인 가격으로 공급하여 소비자 만족을 높이고, 궁극적으로 경쟁력을 높이는 문제는 기업의 목표인 존속과 발전을 위해 가장 중요한 요소이다.

가격(price)을 낮추기 위해서는 원가(cost)를 낮추는 것이 선행되어야 하는데, 낮은 원가를 위해서는 원자재의 구매비용을 낮추거나, 경제성을 고려하는 설계, 가치분석기법의 활용, 표준화된 부품의 사용, 부품의 호환성 증대, 제조설비의 자동화, 능률적인 작업, 작업의 표준화, 규모의 경제개념 활용, 물류 및 수송과 관련된 비용절감, 모든 직 · 간접비의 절감 등 매우 다양한 기법을 동원해야 한다.

갈수록 경쟁기업 간의 제품생산 능력이나 기술수준이 평준화되어 가고 있기 때문에 같은 성능의 제품을 낮은 가격으로 제공할 수 있는 기업의 능력은 경쟁력을 좌우하는 가장 중요한 요소 중 하나이며, 소비자를 유인할 수 있는 방법이다. 낮은 원가를 달성하기 위하여 고려해야 할 제조원가의 구성요소와 판매가격의 형성과정을 나타낸 것이 [그림 1-5]인데, 직접원가, 제조원가, 총원가를 구성하는 요소를 정확하게 파악하고 이를 경제적으로 관리하여 제품의 가격을 낮추어야 한다. 구체적으로는 직접재료비 · 직접노무비 · 직접경비는 물론 제조간접비와 판매비 및 일반관리비의 철저한 관리를 통하여 비용을 극소화시켜야 한다.

최근에는 소비자가 가성비(cost effectiveness)로서 제품의 가치를 평가하기 때문에 낮은 가격을 유지하면서 가치를 높이는 기업의 능력이 더욱 강조되고 있으며, 기술의 발전(IoT, AI, Big Data, 각종 센서 등)에 따른 생산기술의 향상기법을 제조공정에 적용하여 제조원가를 낮추는 노력이 무엇보다도 중요하다.

[그림 1-5] 판매원가의 구성

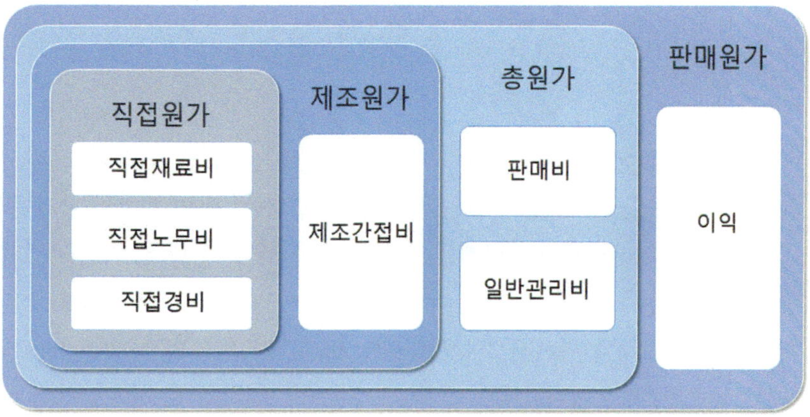

2) 품질

생산하는 제품이나 서비스의 품질(quality) 정의와 기준은 성능, 기능, 일치성, 신뢰성, 심미성 등 매우 다양하지만 분명한 것은 소비자의 요구를 만족시킬 수 있는 품질이어야 한다는 점이다. 왜냐 하면 품질을 판단하는 기준이 소비자로 바뀌었기 때문이다. 따라서 기업에서 실정한 기준으로 아무리 잘 만들어진 제품이더라도 소비자가 만족을 하지 못하면 좋은 품질의 제품이라고 말할 수 없다.

소비자가 요구하는 품질을 충족시키기 위해서는 무엇보다도 중요한 것이 소비자의 요구사항(요구품질)을 정확하게 포착하여, 그 내용을 토대로 설계도로 그린 후(설계품질), 작업장에서는 설계도대로 정확하게 생산(제조품질)하여야 한다.

품질은 보통 객관적 품질(objective quality)과 지각된 품질(perceived quality)로 구분할 수 있다. 객관적 품질이란 제품의 크기, 무게, 내구성 등을 의미하는 것으로 소비자들이 품질을 인식하는 시간이 길다는 속성을 가지고 있으며, 지각된 품질은 가성비(가격 대비 품질 : cost effectiveness), 디자인(design), 사용의 편리성(easy-to-use), 브랜드 이미지(brand image), 희소가치, 평판도(reputation) 등과 같은 고객의 주관적이고 감성적인 품질을 의미하는 것으로 소비자는 지각된 품질의 가치를 갈수록 더 중시하고 있다.

그러나 생산품의 품질을 고려할 때는 원가와의 관계를 최적화시키는 것이 중요한데, 그 이유는 원가와 품질은 서로 상충관계(tradeoff)에 있기 때문이다. 품질을 높이기 위해 원가가 지나치게 높아지면 바람직한 생산이 이루어 졌다고 볼 수 없기 때문이다. 반대로 원가를 낮추기 위해 품질수준을 지나치게 낮추는 것도 경쟁력을 상실할 수 있기 때문이다.

3) 납기

기업에서 생산하는 제품이나 서비스는 고객이 원하는 시기에 공급되어야 고객의 만족도가 높아진다. 아무리 낮은 가격과 좋은 품질의 제품이라도 고객이 필요로 하는 납기를 맞추지 못하면 의미를 상실하게 된다. 따라서 납기를 맞추는 것과 함께 경쟁사보다 자주, 빨리, 먼저, 정확하게 공급할 수 있는 기업의 능력은 갈수록 강조되어진다. 즉 소비자에게 낮은 가격으로 공급하고, 원하는 품질수준을 충족시켰다 하더라도 소비자가 원하는 시기(timing)에 공급하지 못한다면 생산활동은 가치가 떨어질 수밖에 없기 때문에 소비자가 원하는 납기에 맞게 공급하여 가치를 극대화시켜야 한다.

납기란 일반적으로 약속한 시간 내에 목적지에 도달되는 시간을 의미하는데, 납기를 단축하기 위해서는 공급사슬(SC : Supply Chain)의 전체를 최적화하는 접근으로 이루어져야한다. 납기를 단축하기 위해서는 설계시간의 단축, 원 · 부자재의 조달기간 단축, 생산 및 작업시간의 단축, 유통기간과 단계의 단축 등을 종합적으로 고려해야 하며, 특히 최근에는 정보통신기술(ICT)의 발달로 납기를 단축할 수 있는 많은 획기적인 기법이 개발되고 있기 때문에 이를 적극적으로 활용해야 한다.

그러나 납기가 강조된다고 무조건 빨리 공급하면 되는 것이 아니고 원가 · 품질목표가 달성된 제품을 경쟁사보다 빨리 공급하는 것이 중요하다.

4) 유연성

유연성(flexibility)이란 소비자 요구의 변동에 대응하는 능력을 말하는데, 소비자의 요구조건이 수시로 변하는 경우 그의 요구를 빠르게 수용하여 공급할 수 있는 능력도 포함한다. 생산활동의 유연성을 발휘하기 위해서는 설계변경능력, 수량의 변동과 다양한 종류의 제품을 생산할 수 있는 가변적인 생산 시스템 구축, 작업의 호환성 등 많은 부문에서 유연성과 기동력을 발휘할 수 있어야 한다.

최근에는 디지털혁명의 기술이 융 · 복합된 스마트 팩토리(smart factory)가 유연성을 발휘할 수 있는 많은 방법을 제공하고 있으며, 동시에 낮은 원가, 높은 품질 문제를 해결해 주고 있다.

5) 디자인

디자인은 소비자가 제품을 구매할 때 고려하는 중요한 구매기준이며, 제품의 가치를 높일 수 있는 무형의 경쟁력으로 중요하게 자리 잡고 있다. 따라서 기업의 생산활동에서도 소비자를 만족시킬 수 있는 디자인을 고려해야 한다. 특히 기업의 기술수준이나 제품의 성능이 갈수록 평준화되어 가고 있는 추세에서 디자인의 차별화를 통한 경쟁력은 갈수록 강조되고 있다.

과거에는 제품을 생산하는 과정에서 제품의 모양, 기능, 색깔, 용도, 성능 중심의 디자인만을 강조하였다면, 최근에는 소비자의 감성이나 심리적인 부분까지 고려하는 새로운 컨셉(concept) 중심의 디자인을 중시한다. 따라서 인간의 감성을 움직일 수 있는 심리학, 인류학, 사회학, 감성학 등을 동원하여 인간적인 접근이 이루어질 수 있는 디자인을 개발하도록 해야 한다. 기업이 생산하는 제품의 디자인을 경쟁우위(competitive advantage)로 차별화시키는 것은 경쟁력을 높이는 중요한 요소이다.

6) 서비스

서비스(service)란 소비자가 요구하는 주관적이고 심리적인 효용인 만족·편익을 제공하는 것으로, 시간적·장소적·형태적 가치를 제공하여 소비자의 만족을 극대화시키는 것이다. 갈수록 소비자의 서비스에 대한 요구수준이 높아지기 때문에 기업에서 제공하는 서비스의 품질수준도 높여야 한다.

전통적인 서비스의 개념은 소비자가 제품을 구매하여 사용하다가 고장이 났을 때 수리를 해주는 사후 서비스(A/S)의 개념을 강조하였다면 최근에는 설계에서부터 생산단계, 사용단계 및 폐기단계가지 모든 생산과정에서의 서비스로 확장되었다.

예를 들면 설계에 소비자가 원하는 요구를 포함시켜야 하고, 생산과정에 소비자를 직접 참여시켜 고객이 원하는 제품을 생산하여야 하며, 고객이 원하는 특별한 사양(디자인, 성능 등)의 제품을 포함하고, 소비자에게 제품에 대한 정보를 충분히 제공하여야 하며, 폐기단계에서도 환경이나 자연을 보호하고 있다는 자부심 있는 제품이 되도록 해야 한다.

이러한 서비스 수준의 향상을 위해서는 디지털 혁명기술을 활용하는 전략적 접근이 갈수록 중요해지고 있다.

지금까지 설명한 요소 이외에도 신뢰도, 환경친화적인 제품의 생산 등을 꼽을 수 있는데, 이러한 요소들을 모두 동시에 충족시키는 것은 매우 어렵다. 그 이유는 이들 요소 간에는 서로 트레이드오프(tradeoff) 현상이 발생하기 때문이다. 예를 들면 품질수준을 높이고 납기를 단축시키기 위해서는 원가가 상승하고, 서비스 수준을 높이기 위해서는 그에 상응하는 추가비용을 지불해야 하기 때문이다.

이 같은 트레이드오프 현상이 발생하는 경우에는 기업이 목표로 하는 전략에 의거하여 우선순위(priority)를 분명히 하는 것이 중요하다.

02 생산의 목표요소와 트레이드오프

생산활동은 소비자가 원하는 요구사항을 제품이나 서비스에 담아 소비자가 만족할 수 있도록 해야 하며, 동시에 기업에게는 일정한 수익을 가져다 줄 수 있어야 한다. 생산관리 책임자는 이러한 일련의 생산활동이 순조롭게 이루어질 수 있도록 노력하는 것이다.

앞에서 살펴본 원가, 품질, 스피드, 유연성, 디자인, 서비스 등을 생산관리의 목표로 꼽을 수 있는데, 현실적으로 이러한 목표들 사이에는 트레이드오프(tradeoff)[1]가 발생한다는 점이 생산활동을 어렵게 만든다. 그러나 트레이드오프의 상황에서도 생산활동의 책임자는 여러 대안 중 한 가지의 의사결정을 택해야하기 때문에 많은 갈등에 직면하게 되는데, 갈등과 고민을 제거하면서 합리적으로 의사결정을 하기 위해서는 분명한 생산전략의 우선순위(priority)가 설정되어야 한다.

예를 들면 품질수준을 높이면 원가가 올라가고, 유연성 · 서비스 · 납기속도를 강조하면 원가가 상승하게 된다. 따라서 기업은 전략적 차원에서 생산활동에 우선순위를 부여하여 경쟁력을 높여야 하는데, 만약 품질을 가장 중시하는 전략을 설정하였다면 원가가 높아지는 것을 감수해야 한다. 우선순위가 없이 모든 요소(품질, 가격, 납기, 서비스, 디자인 등)를 제품에 모두 포함시키려고 한다면 그 제품만이 가지고 있는 독특한 경쟁력은 오히려 낮아 질 수밖에 없으며 차별적인 우위요소를 상실할 수도 있기 때문이다.

트레이드오프는 기업활동을 합리적으로 운영하는데 많은 고민을 하게 만들었으나 최근의 기술의 발전은 이 같은 고민을 해소시켜주고 있다. 예를 들면 디지털 혁명기술의 발전과 융 · 복합화는 모든 생산물을 더 좋게, 더 빨리, 더 싸게, 더 높은 수준의 서비스를 동시에 제공하는 것을 가능하게 하고 있다.

---

1) 트레이드오프(tradeoff)란 어떤 하나의 과업이나 의사결정을 선택하였을 때 다른 과업이나 결과를 포기하여야 하는 것이다.

제5절 생산관리 기법의 시대적 흐름

01 초기의 생산관리 개념

인간의 생산활동은 원시시대부터 이루어졌다고 볼 수 있는데, 그 시대에는 좀 더 쉬운 방법으로 더 많은 식량을 채취하기 위한 방법을 고민했을 것이다. 구석기, 신석기, 철기시대를 거쳐 문명이 발전하면서 생산활동은 계속 향상되어 왔고, 고대, 중세의 수공업시대와 근대 및 현대의 산업혁명을 거치면서 생산이라는 개념은 매우 다양한 형태로 빠르게 발전되어 왔다.

더욱이 기업이라는 형태가 출현하면서 생산의 개념이 체계적으로 정립되기 시작한 시대는 근대에서부터라고 볼 수 있으며, 지금 이 순간에도 더 합리적이고 과학적인 방법의 개발을 위한 발전은 계속 이어지고 있다.

근대적이고 획기적인 의미의 생산관리의 시작은 일반적으로 1차 산업혁명이 시작된 영국에서부터라고 할 수 있는데, 증기기관의 발명으로 값싸고 질 좋은 제품을 공급할 수 있었으며, 늘어나는 수요를 충족시키기 위해서 생산활동을 능률적으로 수행하기 위한 체계적인 계획과 생산조직의 합리화를 인식하기 시작하였다.

이러한 시기에 아담 스미스(Adam Smith : 1723~1790)는 그의 저서 국부론(Wealth of Nations, 1776)에서, 생산물의 가치를 극대화하고 자원을 활용하여 부(富)를 증대시키는 방법 중 한 가지로 분업의 이점을 활용해야 한다고 주장하였는데, 생산활동에서 노동의 생산성을 높이기 위한 분업을 강조하였다.

아담 스미스의 개념은 수학자인 찰스 배비지(Chales Babbage : 1791~1871)에 의하여 더욱 발전되었는데, 그는 '기계와 제조업의 경제학에 대해'(On the Economy of machinery and manufactures, 1832)에서, 분업을 하면 노동자는 한 가지 기술만 가지고 있어도 되기 때문에 높은 숙련도와 혁신을 기대할 수 있다고 보았다. 또한 기술을 더욱 발전시키는데도 효과가 있으며, 생산을 효율적으로 수행할 수 있다고 주장하였다.

이와 같은 초기의 분업과 생산성의 개념은 영국을 중심으로 시작되었으나 이러한 이론은 영국보다 미국에서 더 빠르게 발전하였다. 그 이유는 풍부한 자원을 바탕으로 한 미국의 급속한 공업화로 대량생산을 하는 큰 규모의 기업이 속속 출현하게 되었기 때문이다. 그 후 2차 산업혁명(전기의 발명), 3차 산업혁명(인터넷의 출현), 최근의 4차 산업혁명은 생산활동을 획기적으로 발전시켰다.

02 미국 생산관리의 시작

미국의 역사는 상당히 짧지만 경제, 정치, 사회, 문화, 군사 부문에서 세계 최강대국으로서의 역할을 하고 있다. 역사가 길지 않고 여러 민족으로 구성되었다는 점을 고려한다면 그 힘이 어디에서 나왔는지가 궁금하지 않을 수 없다. 특히 기업의 높은 경쟁력의 비결이 무엇인지를 살펴보는 것은 생산관리의 발전과정을 이해하는데 중요하다.

역사적으로 보면 미국은 18세기 초 · 중반까지만 해도 영국의 식민지(1776년 독립선언)였기 때문에 영국은 식민지하에 있는 미국의 제조업이 빠르게 성장 · 발전하는 것을 경계하였다. 왜냐하면 미국의 제조업 발전은 영국의 기업활동을 위축시키는 것이며, 서로 경쟁적인 위치에 놓이게 되는 것을 우려했기 때문이다.

그러나 19세기 이후 풍부한 생산자원을 이용하여 미국의 기업들은 빠르게 성장하였다. 특히 산업혁명 이후 갈수록 향상되는 생산기술과 유럽으로부터의 계속된 이민으로 부족한 노동력문제를 해결할 수 있었기 때문에 미국의 기업은 빠른 속도로 발전하기 시작하였다. 또한 청교도주의의 근검 · 절약정신은 미국기업에게 합리성을 추구하는 기초가 되었다.

이러한 배경을 바탕으로 발전하기 시작한 미국기업은 초기부터 대규모의 기업형태, 철저한 인력관리 등을 그 특징으로 하고 있다. 특히 미국에서 대규모의 공장들이 본격적으로 출현하게 된 시점인 남북전쟁(1861~1865) 후의 급속한 공업화 과정에서 광활한 서부가 개척되었고, 철도, 도로, 통신 등 산업사회를 위한 사회간접시설(SOC : Social Overhead Capital)이 다져지면서 더욱 발전의 속도가 빨라졌다. 아울러 대규모의 금융자본이 산업자본으로 유입되면서 미국기업은 빠르게 성장할 수 있었다.

그러나 그 당시 미국기업의 또 다른 특징이면서 약점 중 하나가 근로자와 경영자의 문제였다. 근로자의 교육수준은 높지 않았고, 경영자 또한 기업운영을 위한 체계적인 경영지식이 형성되기 전이었다. 단지 상식과 과거의 경험에만 의존하고 있었던 시대였다.[2] 이러한 시대적인 상황은 미국 경영학의 출현과 특징에 많은 영향을 미쳤다.

또한 그 당시 사회적으로도 큰 이슈가 되는 일도 많았었는데, 예를 들면 경영자, 기업, 근로자와의 관계이다. 기업의 임금제도는 성과급제도(performance-based pay system)를 택하고 있었으며, 성과급제도 아래에서 이익을 극대화하기 위해 임률(wage rate, pay rate)을 인하하였던 일이다. 이 같은 임률인하에 의해 낮아진 임금의 문제는 노동환경에 큰 파장을 일으켰는데,

---

2) 이 시기를 미국 경영학의 방임관리 시대(drifting management)라고 한다.

이른바 근로자의 조직적 태업(systematic soldiering)으로 확산되었다. 이러한 일련의 사건들은 오늘날 미국경영학의 출현과 매우 깊은 관련이 있다.

특히 노동자와 기업 사이에서 발생하는 문제점들은 경영관리의 어려움으로 부각되었고, 그 중 조직적 태업은 심각한 사회적 혼란으로 이어졌으며, 미국정부는 이 문제를 해결하기 위해 미국기계기사협회(ASME : American Society of Mechanical Engineering)에게 그 해결방법을 의뢰하였다.

1) 테일러의 과학적 관리법

미국은 1880년에 공학이나 기계제조에 관한 기법 및 과학을 진흥시킬 목적으로 미국기계기사협회(ASME)를 발족하였는데, 당시의 기사들은 주로 생산현장의 관리자였으며 그들을 중심으로 작업현장의 합리화를 꾀하였으며 특히 조직의 능률증진운동이 전개되었다. 테일러의 과학적 관리법도 이 시기에 출현하였으며, 그 내용들을 테일러 시스템(Taylor system)이라고 한다.

테일러(F. W. Taylor, 1856~1915)는 1903년에 『공장관리론(*Shop Management*)』을, 이어 1911년에는 『과학적 관리법의 원리(*The Principles of Scientific Management*)』라는 책을 발간하였는데, 이것을 미국 경영학의 출발이라고 보며 오늘날 미국 경영학의 기초가 되었다. 이 책에서 테일러는 시간 및 동작연구(time and motion study)를 기초로 하는 과업관리의 제도를 확립하여 처음으로 관리에 대한 체계적인 접근방법을 전개하였으며, 노동시간을 초(秒)단위로 잘게 쪼개 관리하여야 생산성이 올라간다고 보았다.

프리드릭 테일러(1856~1915)

'과학적 관리법의 원리'의 표지

테일러의 관리이념은 고임금과 저노무비(high wage and low labor cost)[3]를 통한 노동자와 기업주의 만족이었으며, 이를 달성하기 위해 ① 과학적이고 공정한 과업[4](a fajr daily task)의 설정, ② 표준화된 여러 가지 작업조건(standard conditions), ③ 성공에 대한 우대(high pay for success), ④ 실패에 대한 손실(loss in case of failure) 등의 과학적 관리법의 4대 원리를 제시하였다.

이러한 원리를 바탕으로 하는 과학적 관리법의 기본정신은 "노동자에게는 높은 임금, 자본가에게는 높은 이윤"이며, 일류(一流)의 인간을 만드는 것을 목표로 하였다.[5]

(1) 과학적 관리법의 운용

테일러는 과학적 관리법의 기본이 되는 과업관리(task management)를 효율적으로 운용하기 위하여 다음과 같은 네 가지 관리제도를 적용하였다. 테일러가 제시한 과학적 관리법의 체계를 그림으로 나타내면 [그림 1-6]과 같다.

[그림 1-6] 과학적 관리법의 체계

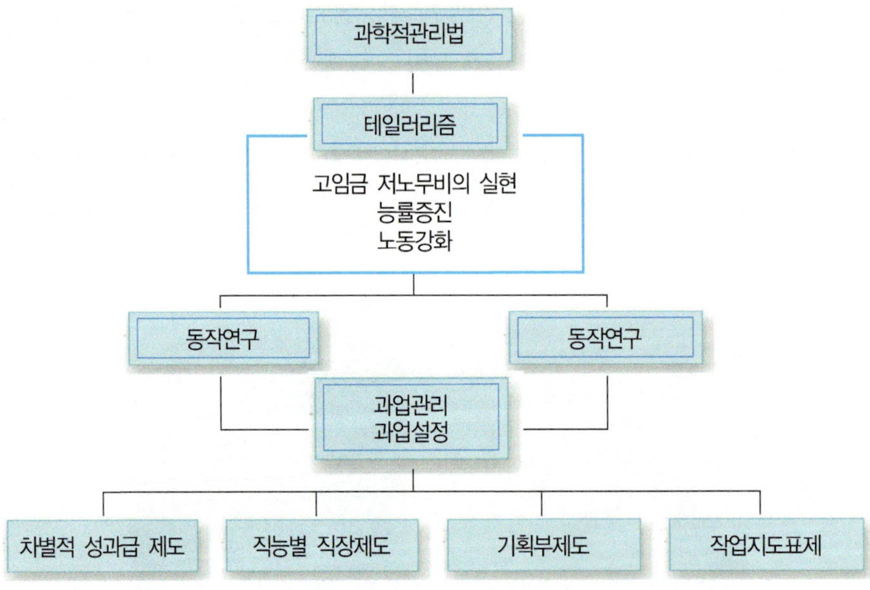

3) 이러한 관리이념을 테일러리즘(Taylorism)이라고 한다.
4) 과업((task)란 1일의 공정한 작업량을 의미한다.
5) F. W. Taylor, *The Principles of Scientific Management*, New York Harper and Row, 1911.

① **차별적 성과급제도**

차별적 성과급제도(differential piece-rate system)란 성과급제도의 일종이지만 어떤 작업에 대하여 과업(task)을 기준으로, 두 가지의 높고 낮은 차별화된 임률을 설정해 놓고, 작업자에게 부여된 과업을 성공적으로 달성한 경우에는 높은 임률을 적용하고, 달성하지 못한 경우에는 낮은 임률을 적용하는 것이다.

② **기획부 제도**

작업자들이 일하는 내용을 살펴보면, 동일한 일을 하더라도 작업방법이나 동작에서 여러 가지 차이점이 있다는 것을 발견할 수 있다. 또한 작업자가 생산활동 이외에 생산계획과 준비를 하는 데에도 많은 시간을 사용하고 있다. 테일러는 생산활동을 능률적으로 수행하기 위해서는 작업계획이나 준비에 관한 업무는 작업자가 아니라 기획부(planning department)를 설치하여 수행하여야 한다고 주장하였다. 작업자는 오직 생산활동에 전념하는 것이 생산성과 능률을 높이는데 중요하다고 보았다.

③ **직능별 직장제도**

직능별 직장제도(functional foremanship system)란 작업조건에 관한 준비나 작업방법의 지도책임을 감독자인 직장(foreman)에게 분담시켜, 더 정확하고 체계적인 관리를 하여, 생산효율을 더 향상시키고자 하는 것을 말한다. 이 제도는 과학적 관리법이 순조롭게 진행되기 위해 직능별(기능별) 책임자가 작업에 대한 분업적 지도를 하는데 도움을 준다. 또한 종래 여러 가지 일을 한 사람이 감독해 오던 기존의 만능적 감독방식과는 큰 차이가 있는 것이며, 더 정확한 성과를 측정할 수 있게 한다.

④ **작업지도표제도**

작업지도표제도(instruction card system)란 작업을 분담하여 감독하는 직능적 직장들이 작업을 지시할 때 작업방법의 내용과 작업에 관한 중요사항을 작업지도 카드에 기록하여 작업을 지시하는 것을 말한다. 이 방법은 작업자가 부여된 작업을 더 빠르고 쉽게 수행하는데 도움을 줄 수 있으며, 과업의 관리와 통제도 능률적으로 수행하는데도 도움을 준다.

(2) 테일러 시스템의 업적과 비판

테일러가 제시한 과학적 관리법의 업적은 관리자의 일과 작업을 수행하는 작업자의 일을 엄격하게 분리시킨 데 있으며, 주먹구구식의 관리로 행하여지던 그 시대에 관리의 개념을 체계적이며 객관적으로 전환시켰다. 그 시대에 표준시간(standard time)의 설정을 위하여 동작연구(motion study), 시간연구(time study), 여유시간(slack time)의 개념을 적용하였다는 것은 대단한 업적이다.

그러나 테일러 시스템은 경영주에 의한 무리한 임률의 설정과 인간을 기계시하였다는 한계 때문에 많은 비판을 받게 되었다. 그 비판의 핵심이 되는 내용은 관리방식이었는데, 테일러는 노사 간의 이해불일치로 생긴 문제들은 기업 내부에서 해결하면 된다고 보았다는 점이다. 기업은 노동자와 경영자를 포함하는 하나의 사회조직이므로 전체 사회조직의 관점에서 과학적 관리법을 접근시켜야 했었는데, 테일러는 이 점을 무시하였기 때문에 노동자와 노동조합의 지지를 받지 못하였다.

또한 과학적인 관리를 기초로 한 시스템 운용에서도 인간성 무시, 인간노동의 기계화를 통하여 노동 생산성을 높이는 데만 치중하였고, 인간의 심리적 · 생리적 · 사회적 측면에 대한 고려를 하지 않았다는 것이다.

프리드릭 윈즐로 테일러(F. W. Taylor)

테일러(1856~1915)는 미국의 명문 사립고등학교인 필립스 엑스터 아카데미를 졸업한 후 하버드대학에 진학하였으나, 대학을 포기하고 기술자의 길을 택하였다. 기계기술자에서 현장감독자가 된 후 주간에는 일을 하고 야간에 기계공학을 공부하였다. 1898년에 베들레헴 아이언 컴퍼니(Bethlehem Iron Company)에 스카웃되어, 공장의 생산 효율을 극대화하기 위한 방법으로 불필요한 작업을 제거하고 노동자들에게 각각의 작업을 훈련시키는 업무를 하였다. 테일러는 이러한 업무를 수행하면서 생산시스템과 작업방식을 완성하였는데, 시급을 없애고 특정한 임금률(pay rate)을 부여하는 방법이었다. 즉 노동자들이 각자 책임져야 할 특정 구간의 일에 대해 임금을 매겼으며, 노동자들을 완벽하게 만들고자 하였다. 또한 작업 방식의 강제적 표준화, 최상의 도구 및 작업조건의 강제적 도입, 작업속도 단축을 위한 강제적 협동을 통해서만이 더 빠른 작업을 가능하게 한다고 보았다.

이 같은 그의 주장을 노동자들은 쉽게 받아들일 수 없었고, 결국 1901년 베들레헴에서 쫓겨났으나 그는 과학적 관리라는 원칙을 고수하였고, 계속 자신의 생각을 알려 나갔다.

그 당시 미국기업들은 새로운 기계의 발명으로 생산량의 증가와 함께 기업의 규모가 빠른 속도로 커져갔으며, 대규모 공장은 더 많은 종업원을 필요로 했고, 종업원들은 관리자를 필요로 했으며, 관리자는 관리도구를 필요로 했다. 이러한 상황에서 테일러의 아이디어는 생산속도와 효율을 증대시킬 수 있었으며, 결국 그의 경영방식은 경영의 표준이자 보편적인 경영 및 관리도구로 자리 잡았다. 그는 그 후 다트머스대학의 경영대학원 교수가 되어, 생산을 극대화하고 비용을 최소화하는 과학적 관리도구의 사용법을 전파하였다.

(데이비드 버커스 저, 장진원 역, 경영의 이동, 한국경제신문 한경BP, 2016, 프롤로그에서 요약)

2) 포드 시스템

미국의 초기 기업과 근로자 사이에 있었던 갈등의 문제를 해결하면서 상당한 인기를 누렸던 테일러 시스템은 시간이 흐르면서 인간을 기계 시 하였다는 비판을 받기 시작하면서 테일러의 과학적 관리법을 더욱 철저히 보완한 새로운 관리기법이 탄생하게 되었는데, 그것이 포드(H. Ford, 1863~1947)에 의하여 제시된 포드 시스템(Ford system)이다. 포드 시스템은 생산의 표준화와 이동조립법(conveyor belt)을 도입하여 생산성을 높이고 경영을 합리화하는 관리기법으로 요약할 수 있다. 또한 모든 생산공정을 컨베이어로 연결하여 동시관리(management by synchronization)를 통한 대량생산방식의 기초를 구축하였다([그림 1-7] 참조).

[그림 1-7] 포드 시스템의 체계

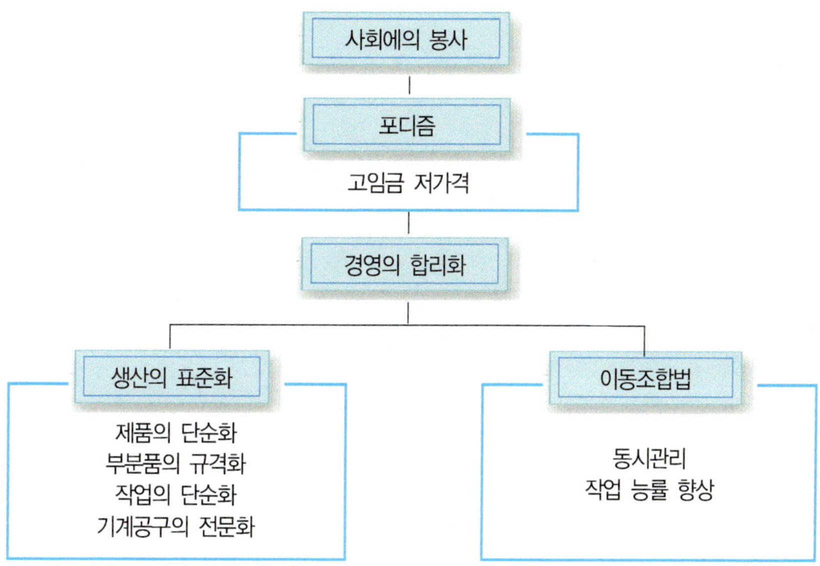

포드의 이러한 관리방식은 그 당시의 새로운 기법을 요구하였던 시대적인 배경과 일치하여 더욱 각광을 받았다. 즉 20세기 초 경영규모의 확대, 대량생산을 위한 기계화의 진전, 강력한 노동조합의 등장 등에 기업이 대응할 수 있는 개념으로서의 경영합리화는 새로운 관리방식으로서 많은 환영을 받았다.

헨리 포드(1863~1947)

1908 Ford first T Model Town Car

자동차왕 헨리 포드

19세기말 에디슨전기 공장에서 엔지니어로 근무하던 포드는 퇴근을 하면 항상 집에서 자동차 조립에 매달렸다. 일부 부유층의 전유물이던 자동차를 값싸고 실용적으로 만들어 모든 사람들에게 보급하겠다는 꿈을 실현하기 위한 힘든 작업이었다.

1896년 포드는 마침내 100% 수작업으로 삼륜차를 만드는데 성공하였다. 비록 1기통에 최고 시속은 20㎞밖에 되지 않았지만 이 삼륜차 개발은 포드 자동차 신화의 시작이었다. 1903년 목수, 변호사, 은행가, 회계사 등 11명의 주주를 모아 본격적으로 자동차사업을 시작했다. 그 해 7월 2기통 엔진의 'N모델'을 시작으로 차례차례 새 모델을 내놓던 포드는 1908년 'T모델'을 탄생시킴으로써 '자동차 왕국'으로 발돋움 하는 결정적인 계기를 마련했다.

헨리 포드가 "모든 사람이 오랫동안 기다려온 바로 그 자동차"로 평가했던 'T모델'은 탄생 이후 1927년 단종될 때까지 19년 동안 총 1500만7033대가 팔려나가는 대중적 인기를 누렸다. 이 기록은 1970년대에 독일 폭스바겐의 '비틀'에 의해 깨질 때까지 최다 판매기록으로 남았다.

차량 가격을 최대한 낮추겠다는 포드의 창업정신은 1913년 컨베이어 벨트 생산방식의 탄생으로 이어져 자동차 대량생산의 기틀이 마련됐다. 부자들이 소유하였던 자동차를 서민들의 생필품으로 바꾸겠다는 일관된 신념이 포드의 자동차 왕국건설을 가능케 했다.

포드 시스템은 능률향상을 시간과 동작연구 등과 같은 인위적인 방식에만 의존하는 것이 아니라, 컨베이어 벨트를 이용한 기계의 움직임을 종합적으로 결합시킨 컨베이어 시스템을 이용한 대량생산으로 능률향상을 가능하게 하였다. 특히 대량생산을 능률적으로 달성하기 위한 전제조건인 제품과 작업의 단순화 원칙과 이를 구현시키는 수단으로서 부품의 표준화, 기계 · 공구의 전문화를 추구하였다. 또한 제품을 낮은 가격으로 대량생산하기 위해서 컨베이어 시스템의 이동조립법을 통한 동시관리(synchronized control)를 도입했다.

이 같은 시도들은 대량생산과 그에 따른 원가절감 및 품질의 균일을 도모할 수 있었을 뿐만 아니라 생산성을 높였음은 물론 소비자에게 낮은 가격의 제품을 공급할 수 있게 하였다. 이것은 포드의 경영이념인 고임금과 저가격원리(high wage and low price)6)의 실현을 통한 사회에의 봉사를 가능하게 하였다. 그는 궁극적인 기업목적으로서의 이윤추구를 부정하였지만, 봉사의 결과로서 얻어지는 이윤은 경영활동의 당연한 보수라고 보았다.

그러나 포드는 다음과 같은 몇 가지의 공헌과 비판을 받았다.

(1) 포드의 공헌

포드는 경영의 합리화를 통한 작업현장의 개선과 개량에 많은 공헌을 하였지만 특히 다음과 같은 내용이 그의 공적으로 높은 평가를 받고 있다.

① "기업은 사회에의 봉사기관이다"라고 주장함으로써 기업의 사회적 책임에 대한 개념을 정립시켰다.

② 컨베이어 벨트(conveyor belt)을 생산공정과 작업에 도입함으로써 대량생산의 기틀을 마련하였다.

③ 대량생산의 일반원칙인 '3S'(Simplification : 제품 · 작업의 단순화, Standardization : 부품의 표준화, Specialization : 기계 · 공구의 전문화)를 실천함으로서 생산성 향상을 꾀하였다.

(2) 포드 시스템의 비판

포드시스템은 기업의 생산성 향상을 위하여 많은 공헌을 하였지만, 테일러 시스템과 같이 인간을 기계시하였으며, 그에 따라 인간성을 무시하였다는 비판을 받았다. 그 외에도 다음과 같은 약점을 발견할 수 있었다.

① 작업을 유동화하였기 때문에 인간을 기계에 예속시켰다.

② 하나의 작업이나 공정에 문제가 발생하면 전체의 작업흐름에 영향을 준다.

③ 설비투자 규모가 크기 때문에 조업도가 저하될 때는 제조원가에 미치는 영향이 크다.

④ 제품의 단순화는 시장의 변화에 적응력이 약하다(〈표 1-2〉 참조).

⑤ 생산공정의 변경이 어렵고, 변경을 하고자 할 때는 비용이 많이 소요된다.

---

6) 이러한 포드의 경영이념을 포디즘(Fordism)이라고 한다.

〈표 1-2〉 포드와 GM의 시장 점유율

연 도	1919	1921	1923	1925	1927	1929	1931
포드 (%)	40.1	55.7	46.1	40.0	9.3	31.3	24.9
GM (%)	20.8	12.7	20.2	20.0	43.5	32.3	43.9
전국 판매량(천 대)	1,658	1,518	3,625	3,735	2,937	4,587	1,973

출처 : A. D. Chandler, Giant Enterprise : Ford. GM and The Automobile Industry, 1964.

3) 테일러 및 포드 시스템의 영향

앞에서 설명한 테일러 시스템이나 포드 시스템은 그 당시 미국기업의 관리방식에 큰 영향을 주었는데, 과거의 방임관리(drifting management)시대에 능률적이지 못했던 작업자 및 현장의 운영방식을 체계적으로 관리할 수 있는 방법으로 전환시켰다. 특히 테일러 시스템은 시간연구와 동작연구를 통하여 생산성을 높였으며, 포드시스템은 대량생산을 가능하게 한 컨베이어시스템을 통하여 생산성을 극대화시킬 수 있는 방법을 고안하였고 동시에 기업을 사회의 봉사기관으로 바라보는 혁신적인 개념을 전파시켰다.

현대적 의미로 해석한다면 테일러 시스템이나 포드 시스템은 모두 미흡한 부분이 있는 것이 사실이지만, 그 당시로서는 대단한 이론이었으며 경영학의 발전에 많은 영향을 미쳤고 현재까지도 많은 영향력을 가지고 있다.

이러한 미국의 고전이론을 경영학의 발전과정에서 살펴보면, 생산성을 위해 인간을 기계시하였던 접근에서 인간성의 중시를 통한 생산성 향상 방법의 출현 및 인간관계론(Human Relations)의 탄생과 발전에도 큰 공헌을 하였다.

03 생산관리 기법의 변천

테일러와 포드 시스템 이후의 생산관리 기법의 변화를 생산관리 기법이나 이론으로 분류하여 시대별로 개략적으로 살펴보면 다음과 같다.

1930년대는 테일러와 포드 시스템의 영향과 함께 현장이나 공정의 생산성을 높이고자 하는 전통적인 기법들과 함께 초기 품질관리기법들이 출현하였다. 예를 들면 길브레스(Frank & Liliab Gilbreth)부부의 동작연구(motion study), 메이나드(H. B. Maynard)의 방법연구(method study), 간트(H. L. Gantt)의 간트 차트(Gantt Chart), 슈하트(W. A. Schwhart)의 통계적 품질관리(Statistic Quality Control)기법 등이 대표적이다.

1940년대와 1950년대는 2차 세계대전 중에 많이 활용된 OR(Operations Research)기법과 PERT/CPM 기법 등이 경영학에 도입되었으며, 파이겐바움(A. V. Feigenbaum)의 전사적 품질관리(Total Quality Control)이론이 일본기업에게 많은 영향을 미쳤다.

1960년대 이후부터는 기업의 대량생산이 공급과잉으로 이어지면서 경쟁이 치열해지기 시작하였기 때문에, 소비자의 욕구를 충족시키기 위한 품질, 신뢰성, 재고관리의 중요성 등을 강조하는 기법들이 많이 개발되었다. 대표적인 것이 무결점운동(ZD운동 : Zero Defects Movement)과 자재소요계획(MRP : Material Requirement Program) 등이다.

1970년대 이후에 개발된 기법으로서 생산관리에 영향을 미친 기법으로는 적시생산시스템(JIT : Just In Time, 이 기법은 1950년대부터 일본의 토요타에서 꾸준히 개발한 기법임), 린 생산(Lean Production), 공급사슬관리(SCM : Supply Chain Management) 등인데, 이러한 기법의 효과를 높이기 위해 필수적으로 요구되는 일관된 품질을 가능하게 하는 6시그마(6σ), 전사적 품질경영(TQM)기법이 많이 활용되었다. 이 시기의 특징은 시장이나 고객의 중요성을 인식하고, 특히 품질과 납기를 강조하기 위한 생산활동과 다른 모든 부서와의 조화와 균형을 강조하는 기법들이 출현하였다.

이 후 최근에는 4차 산업혁명시대를 맞이하여 생산활동에 정보통신기술(ICT)과 사물인터넷(IoT : Internet of Things), 인공지능(AI : Artificial Intelligence), 3D, 로봇(Robot), 각종 센서, 가상현실(VR : Virtual Reality), 증강현실(AR : Augmented Reality)기술 등을 결합하여 생산공정의 혁명을 이루고 있으며, 궁극적으로는 스마트 팩토리(smart factory)의 출현을 실현하고 있다. 이러한 혁명은 지금까지의 모든 생산활동은 물론 생산관리의 패러다임을 변화시키고 있다.

제 2 장

생산전략

기업활동에 영향을 미치는 경영환경은 갈수록 치열해지고 있으며, 그 변화의 강도는 점점 더 강해지고 있기 때문에 기업활동도 과거와 다르게 더 철저하고 치밀하게 이루어져야 한다. 특히 빠르게 발전하고 있는 정보기술, IoT기술 · 3D · AI · 산업용 로봇 기술의 발전은 생산 방법이나 공정을 빠르게 변화시키고 있다.

기업의 생산활동에 영향을 미치는 요소는 매우 다양하고 그 영역이 넓지만, 그러한 활동이나 요소들을 경쟁기업과 차별화시켜 경쟁력을 확보해야 한다.

생산활동에서의 경쟁우위요소 또한 다양하지만, 가장 일반적인 것이 가격, 품질, 납기, 스피드, 디자인 등인데, 이러한 요소들이 더 높은 경쟁력을 갖기 위해서는 생산활동과 관련된 경영환경의 문제들을 전략적으로 접근해야 한다.

그러나 생산전략은 상위의 개념인 기업전략과 사업전략과의 일관성(consistancy)을 유지하는 것이 무엇보다 중요하다.

2장에서는 생산전략의 체계와 내용 및 생산활동에 영향을 미치는 최근의 4차 산업혁명기술이 생산전략에 미치는 영향을 살펴보고자 한다.

제1절 생산전략의 중요성

인간의 생산활동은 기업의 역사보다 더 오래되었으며 특히 산업혁명 이후 획기적인 생산기술의 발전에 의해 기업과 생산규모가 점차 커지게 되었고, 생산활동은 합리적인 체계를 갖추어가면서 현재까지 발전하고 있다. 특히 생산기술의 획기적인 발달과 생산규모가 커졌으며, 생산활동을 할 때 고려해야 할 요소들이 과거보다 상당히 많아졌고, 소비자의 만족수준이 갈수록 높아지고 있으며, 생산성 뿐만 아니라 경제성, 수익성을 충족시킬 수 있는 생산을 요구하고 있다.

즉 현대적인 의미의 생산활동은 과거와 같이 단순하게 이루어지는 것이 아니라 시장의 요구를 충족시키기 위한 가치를 만들어 내기 위해 여러 가지 요소의 최적결합으로 경쟁자보다 우위를 점할 수 있는 생산이 되어야 한다. 결국 생산활동의 전략적 접근을 통하여 기업의 경쟁력을 높여야 하는데, 경영환경은 급변하고 있으며 경쟁자가 언제, 어디에서 출현할지 모르는 경영환경에 적응하는 생산전략의 중요성을 강조하게 되었다.

생산활동이 경쟁력을 갖기 위해서는 여러 가지 고려해야 할 내용들이 있는데, 예를 들면 생산전략은 상위의 전략인 기업전략, 사업전략 등과 조화와 일관성을 갖고 수립되어야 한다. 만약 생산전략이 상위개념의 전략과 조화와 일관성을 상실하면 생산활동은 경쟁력을 갖게 될 수 없다. 따라서 생산활동은 전략의 일관성과 함께 독특하고 차별적인 경쟁우위요소(competitive advantage)를 확보할 수 있는 전략으로 구성하여야 한다.

특히 갈수록 빠르게 발전하는 정보통신기술(ICT)과 4차 산업혁명 기술은 생산방식의 획기적인 변화를 가져오고 있기 때문에, 기술의 발전과 생산활동을 접목시키는 생산전략을 수립해야 한다. 예를 들면 인공지능(AI), 사물 인터넷(IoT), 3D, 빅 데이터(Big Data), 센서(sensor), 인공지능로봇기술의 발전을 생산활동과 융・복합시키는 생산전략의 수립이 절실히 요구되고 있다.

제2절 기업 · 사업 · 생산전략의 체계

기업에서 전략이 성공적으로 수립되기 위해서는 기업의 주변 환경분석을 통하여 기업이 나아갈 방향과 목표를 설정하고, 그 목표를 달성하기 위해 기업이 보유하고 있는 자원이 최적 안배되도록 해야 한다. 또한 기업전략, 사업전략, 기능별전략이 일관성을 유지할 수 있도록 수립되었을 때 생산활동도 순조롭게 진행될 수 있다([그림 2-1] 참조).

[그림 2-1] 기업 · 사업 · 생산전략의 체계

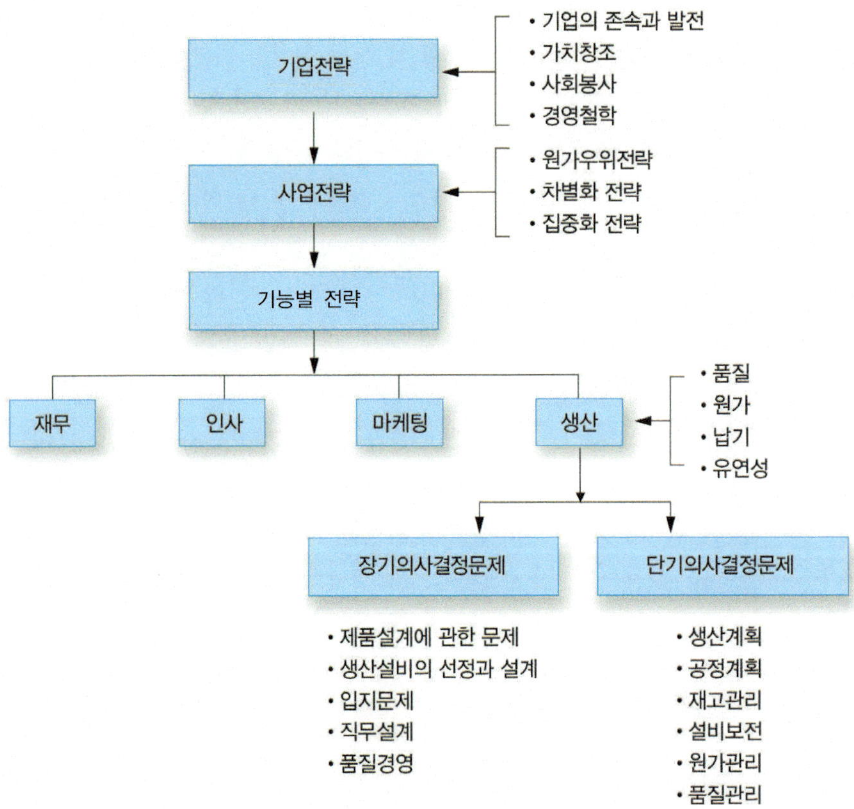

01 기업전략

기업전략(coperate strategy)은 기업활동을 규정하는 여러 가지 전략 중에서 가장 상위의 개념으로, 기업이 어떤 영역에서 어떤 목적을 가지고 사업할 것인가?를 규정하는 것이다. 또한 조직 전체가 나가야 할 방향을 설정하는 것이며, 이를 위해 조직이 수행하여야 할 역할도 결정한다. [그림 2-1]에서 보는 바와 같이 기업전략은 기업의 존재이유, 경영철학 등을 의미하는 것으로, 하위전략인 사업전략과 기능별(재무, 인사, 마케팅, 생산) 전략을 수립하는데 가장 기본적인 틀을 제공하는 전략이다.

02 사업전략

사업전략(business strategy)은 기업전략에서 설정한 목표를 달성하기 위한 내용으로서, 기업전략에서 선택한 사업영역을 어떠한 방법으로 달성할 것인가를 결정하는 것이다. 즉 경쟁사에 비하여 강력한 우위를 발휘할 수 있는 특정 경쟁우위 요소(competitive advantage)로 어떻게 시장에 진출할 것인가를 결정해 주는 것이다. 예를 들면 생산하는 제품이나 서비스의 가격을 경쟁사보다 낮은 가격으로 공급할 것인가(원가우위전략) 혹은 독특하고 차별적인 경쟁우위요소로 시장에 진출하여 경쟁할 것인가(차별화 전략)를 결정하는 것이다.

포터(M. E. Porter)는 사업전략을 본원적 전략(generic strategy)이라는 이름으로 다음과 같이 원가우위 전략, 차별화 전략, 집중화 전략으로 구분하였다([그림 2-2] 참조).

1) 원가우위 전략

원가우위 전략(costleadership strategy)이란 생산활동의 초점을 낮은 원가에 두는 전략으로서, 가치사슬과정에서 경쟁기업 보다 유리한 원가우위를 확보하여 고객에게 낮은 가격으로 제품을 공급하는 전략이다. 즉 경쟁사보다 낮은 제조원가(low cost)로 제품을 생산하여 낮은 가격(low price)으로 소비자에게 공급하는 전략이다.

원가우위 전략이 성공하기 위해서는 원자재의 구매가격을 낮추고, 생산성이 높은 생산설비를 구축하여야 하며, 숙련도가 높은 작업자를 확보하고, 유통단계를 줄이거나 개선하여 유통비용을 줄이도록 해야 하며, 간접비를 줄이고, 규모의 경제와 학습 및 경험곡선의 개념을 활용하는 방법 등을 이용할 수 있다.

[그림 2-2] 포터의 본원적 경쟁전략

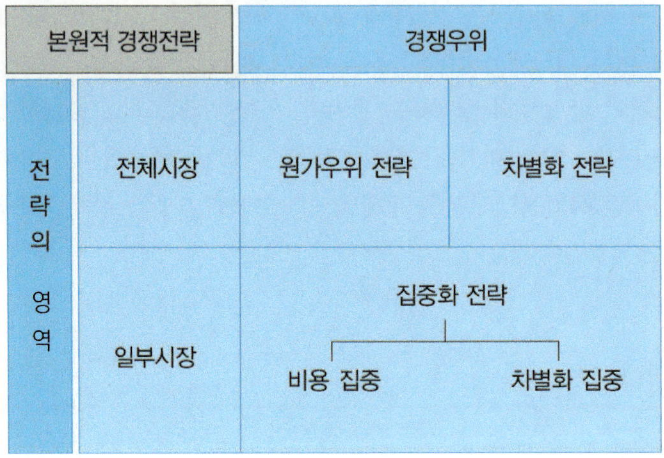

2) 차별화 전략

차별화 전략(differentiation strategy)이란 기업이 소비자에게 제공할 수 있는 차별적인 요소(품질, 디자인, 서비스, 스피드, 브랜드 이미지, 납기 등)를 경쟁우위 요소로 설정하여, 그 요소를 경쟁력으로 발전시키거나 소비자에게 제공하는 전략이다. 즉 소비자에게 경쟁사보다 차별적이고 독특한 경쟁우위로 소비자가 만족할 수 있는 가치를 제공하는 전략이다.

경쟁우위요소를 활용하여 차별화 전략을 추구하는 방법은 위와 같은 요소 이외에도 제품이나 서비스의 형태, 복잡성, 출하시기, 유리한 입지의 선점 등을 활용하는 방법도 있다.

차별화 전략은 원가우위 전략을 추구하는 경우에 비하여 제품의 가격이 높아지는 경우가 많지만 차별화를 원하는 소비자들의 속성은 그들이 요구하는 어떤 특별한 조건을 충족시켜주면 기꺼이 높은 가격을 지불하고자 하는 경향이 있다. 그렇지만 차별화 전략을 추구하더라도 가격은 소비자가 구매를 결정하는데 중요한 요소라는 것을 잊어서는 안 된다. 즉 경쟁 · 유사 · 모방제품의 가성비(cost effectiveness)가 높으면 차별적인 요소의 가치를 떨어뜨릴 수 있기 때문에 필요 이상의 높은 가격을 추구하여서는 차별화 전략이 성공할 수 없다.

따라서 생산하는 제품이나 서비스가 차별적인 요소를 가지고 있더라도 가급적 낮은 가격을 유지하는 것이 중요하다. 특히 요즘과 같이 가성비(價性比 : cost effectiveness)를 중시하는 시대에서의 가격이라는 개념은 과거와 같이 생산원가에 이윤을 추가하여 설정할 수 없는 경우가 많다.

3) 집중화 전략

집중화 전략(focus strategy)이란 특정한 일부지역만을 대상으로 원가우위 전략이나 차별화 전략을 추구하는 것이다. 이 전략은 특정 지역을 대상으로 원가우위 전략과 차별화 전략을 추구하여 경쟁력을 확보하는 전략이기 때문에, 기업의 자원을 특정 지역에 집중적으로 투입하는 전략이다. 전체시장이 아닌 한정되고 세분화된 부분시장이나 특정 지역에 제품을 차별화하여 공략하는 전략이다.

03 기능별 전략

기능별 전략(functional strategy)은 상위단계에서 설정한 기업전략과 사업전략을 실행하기 위하여 각 기능별로 수행해야 할 방법과 전술을 규정하는 전략이다. 기능별 전략이란 생산, 인사, 재무, 마케팅 등의 각 부문활동별로 추구해야 할 내용과 목표를 의미한다.

이 같은 기업, 사업, 기능별 전략은 서로 일관성(consistency)을 가지고 가장 능률적으로 기업의 경쟁력을 확보할 수 있는 구체적인 내용을 포함하고 있어야 한다. 이때 가장 중요한 것은 기업이 처한 외부환경과 함께 기업이 보유하고 있는 내부 자원과 역량의 조화가 최적화되도록 해야 한다.

04 기능전략으로서의 생산전략

생산전략은 생산활동에 가장 직접적인 영향을 미치는 요소들의 최적안배를 꾀하여 경쟁력을 확보할 수 있는 내용을 포함하는 전략으로서, 기업 · 사업전략의 하위개념이다. 따라서 생산전략은 항상 상위의 기업 · 사업전략과 일관성을 유지하면서 기업의 전체유효성(effectiveness)을 높이도록 해야 하며, 생산활동의 목표인 품질(quality), 원가(cost), 납기(delivery), 유연성(flexibility) 등을 달성하기 위한 구체적인 방법을 의미한다.

만약 사업전략에서 원가우위 전략을 선택하였다면 기능전략으로서의 생산전략도 원가를 낮출 수 있는 가능한 모든 내용을 전략에 포함하여야 한다. 예를 들면 치밀한 원가분석을 토대로 규모의 경제 개념 활용, 대량거래의 이점 활용, 대량구매방식의 선택, 생산성 높은 설비의 구축, 간접비의 절감, 계열화의 활용 등을 통하여 원가를 낮추어야 한다. 특히 최근에는 정보통신기술(ICT)의 활용을 통하여 비용을 절감할 수 있는 방법을 도입하여야 하며, 스마트 팩토리(smart factory)를 구축하여 제조비용을 절감하여야 한다.

차별화 전략을 선택한 경우는 독특하고 차별적인 요소를 경쟁우위로 발휘하는 것이기 때문에 성능이나 품질의 차별화, 서비스 향상, 납기단축, 유통구조의 개선, 디자인 개선 등의 방법을 전략에 포함하여야 한다.

집중화 전략은 분산된 능력보다는 집중화된 능력을 한정된 지역에 집중적으로 제공하기 위한 여러 가지 방법을 추구하는 것이다.

제3절 생산활동의 의사결정문제

생산전략을 통하여 생산목표를 달성하기 위해서는 생산활동을 장기적 의사결정과 단기적 의사결정으로 구분하여 운용하면 매우 효과적이다.

01 생산활동의 장기 의사결정 문제

생산활동과 관련된 여러 가지 의사결정문제 중 한번 결정되면 그 내용과 영향력이 장기간 지속되는 내용들이 장기 의사결정문제이다. 생산활동의 장기 의사결정문제의 대표적인 내용은 다음과 같다.

1) 제품이나 서비스의 설계에 관한 문제

기업이 생산하고자 하는 제품이나 서비스의 설계에 관한 내용은 한번 결정되면 생산활동에 장기간 많은 영향을 주기 때문에 장기의사결정 문제의 대표적인 영역이다. 제품이나 서비스의 설계 내용의 확정은 자재의 구매, 기계설비의 선정, 공정관리 방법, 작업자의 직무 및 물류활동 등에 영향을 주기 때문에 제품설계를 합리적으로 수행하여 전체 생산활동이 순조롭게 이루어지도록 해야 한다.

제품설계 시 고려해야 하는 내용은 소비자(특히 목표시장의 목표고객) 요구사항과 관련된 정보의 확보 및 분석, 요구사항 등을 설계도에 담을 수 있는 설계능력, 경쟁제품의 특성, 기업이 보유한 자원의 강점, 보유하고 있는 기술수준 및 생산능력 등이다. 이러한 요소를 바탕으로 소비자가 요구하는 제품을 설계하여 생산물의 경쟁력과 유효성을 극대화시켜 수익성을 높일 수 있어야 한다.

2) 생산설비의 선정과 배치문제

제조기업에서 생산설비는 한번 결정되면 오랫동안 사용하여야 하며, 특히 설비의 특성과 배치방법에 따라 생산물의 품질, 신뢰도, 정밀도, 생산성, 능률 등이 달라지기 때문에 설비의 선정문제는 중요하다.

생산설비를 선정할 때는 보유하고 있는 자금, 작업의 안전성, 작업자의 숙련도, 작업환경, 유지・보수의 편리성, 생산량의 규모 등을 고려하여야 하는데, 특히 경제적 요인(설비의 가격 등)과 비경제적 요인(편리성, 안전성, 신뢰도, 정밀도 등)으로 구분하여 기업의 상황에 맞는 설비를 선택하여야 한다.

설비는 크게 전용(專用)설비와 범용(汎用)설비로 구분할 수 있는데, 표준화된 제품을 대량으로 생산하고자 하는 경우는 전용설비를 선택하여야 하며, 표준화되지 않은 다품종소량의 제품을 생산하는 경우는 범용설비를 선택하는 것이 유리하다.

선정한 기계설비의 배치문제도 전략적으로 접근해야 하는데, 작업장의 크기나 생산공정의 특징 등을 고려하여 가급적 작업동선을 짧게 하고 작업자의 작업 능률을 높일 수 있도록 설비배치가 이루어져야 한다. 또한 제품의 속성에 따라 연속공정, 단속공정, 컨베이어 벨트방식, 셀(cell)방식 등으로 설계될 수 있다.

최근에는 기계설비가 사물 인터넷(IoT), 인공지능(AI), 각종 센서 등의 기술과 결합하여 첨단・무인화 된 공장 자동화 및 스마트 팩토리를 출현시키고 있다.

3) 기업의 입지문제

제조기업은 물론 서비스 산업의 경우에도 기업의 위치를 결정하는 문제는 갈수록 중요해지고 있다. 제조기업의 입지(위치)가 어디냐에 따라 제조원가, 숙련공의 확보, 원자재 수급의 편리성, 수송비 및 각종 물류비가 차이가 날 수 있으며, 납기에도 영향을 미치기 때문에 기업의 입지는 경쟁력을 확보하는데 매우 중요하다. 서비스업의 경우에는 유동인구, 경쟁자와의 거리, 접근성, 편리성, 근접성 등을 고려하여야 한다. 특히 해외공장의 입지문제는 새로운 시장의 개척, 원자재의 확보, 물류비 등을 고려하는 것이 중요하다.

기업의 입지를 결정할 때 고려해야 하는 입지요인은 경제적 입지요인(수송의 편리성, 노동력의 질과 이용가능성, 임금 수준, 시장과의 거리, 외주업체와의 거리 등), 사회적 입지요인(기업이 위치하는 지역의 특성, 각종 규제, 문화, 관습, 가치관 등), 자연적 입지요인(기후, 공업용수의 이용가능성 등)으로 구분할 수 있다.

4) 직무설계에 관한 문제

직무(job)란 작업자가 수행하는 업무의 집합체 혹은 일을 수행하는데 필요한 모든 절차의 집합체를 말한다. 직무설계(job design)란 개인이나 조직부서가 조직의 목표를 달성하기 위해 수행하여야 할 직무의 내용과 방법을 결정하는 것으로, 어떤 직무를 누가 어디에서 어떻게 하여야 하는가를 결정하는 것이다.

따라서 직무설계를 할 때는 일이나 작업의 성격과 방법, 훈련방법, 소요시간, 소요인원 등을 종합적으로 고려하여야 한다. 직무설계가 효율적으로 이루어지기 위해서는 작업의 성격과 특성은 물론 기계설비의 특징도 고려해야 하며 동시에 생산물의 속성도 고려하여 작업자의 만족도를 높일 수 있어야 하고, 생산성도 극대화시키도록 해야 한다.

5) 품질경영

생산하는 제품이나 서비스의 품질에 관련된 내용은 생산활동을 구분할 때 단기적인 전술의 문제로 구분하는 것이 일반적이지만 갈수록 품질이 중요해지고 경쟁력의 주요한 영역으로 자리하면서 장기적 · 전략적인 문제로 강조하고 있다. 즉 제품의 품질수준이 소비자의 만족을 극대화시키는 가장 중요한 요소이기 때문에 장기적인 전략문제로 접근되어야 한다.

품질경영문제가 효과적으로 달성되기 위해서는 최고경영층의 의지가 절대적이며, 각종 품질관련요소들의 전략적 결합과 함께 기업의 모든 구성원이 품질을 높이고자 하는 강한 의지를 가지고 있어야 한다.

02 생산활동의 단기 의사결정 문제

생산문제의 전략적인 장기의사결정이 이루어지면 그 내용을 효과적으로 실현하기 위한 단기 의사결정 문제가 뒤따라야 한다. 즉 장기 의사결정을 토대로 세부적인 관련활동들이 체계적이고 순차적으로 진행되어져야 한다. 생산활동과 관련된 단기 의사결정 문제의 주요 내용은 다음과 같다.

1) 생산계획

생산활동이 효율적으로 운영되기 위해서는 장기적인 의사결정을 토대로 기업의 내부자원과 능력이 적절히 조화되도록 생산계획이 수립되어야 한다. 즉 생산활동의 목표를 효율적으로 달성하기 위해서는 기업이 보유한 생산자원을 가장 적절하게 배분하는 방법과 내용을 생산계획으로 구체화시켜야 한다. 예를 들면 원・부자재의 구매, 외주업체의 선정, 작업자의 선정과 배치, 작업순서의 확정, 품질관리 방법, 재고관리 방식 등의 내용을 종합적으로 포함하는 생산계획을 수립하여야 한다.

2) 공정관리

생산계획단계에서 확정된 생산문제를 효율적으로 달성시키기 위해서는 작업현장의 공정을 철저히 관리하는 방법과 내용도 매우 중요하다. 공정의 철저한 관리는 생산과정에서 발생하는 문제점들을 사전에 예방할 수 있을 뿐만 아니라 생산성 향상 및 생산품의 납기단축과 산업재해 예방에도 영향을 미치게 되기 때문에 중요하다. 또한 가공품의 불량률을 줄이거나 작업자의 사기향상에도 영향을 미치게 된다. 공정관리가 종합적으로 잘 구성되었다는 의미는 작업자가 안전하고 능률적으로 일을 할 수 있는 작업환경이 조성되었다는 의미가 된다.

합리적인 공정관리를 위해서는 설비의 선정과 배치, 적절한 공정관리 기법의 활용, 라인의 균형화(Line of Balance), 작업자나 가공물의 동선(動線) 단축, 안전하고 쾌적한 작업공간 구축 등을 꾀하는 것이다.

3) 재고관리

이론적으로 재고는 악(惡)의 근원으로 보기 때문에 재고이론 중에는 재고를 최소의 수준으로 줄이거나 "0"의 수준으로 유지하고자 한다. 그러나 현실적으로는 재고를 보유하여 돌발적으로 발생하는 특급수요나 주문에 대처하고자 한다.

제조기업에서는 많은 경우 재고를 "0"의 수준으로 유지하기보다 적정한 수준의 재고를 보유하는 것이 오히려 유리한 경우가 많다. 물론 재고를 유지하기 위해서는 공간(자재 및 완제품 창고)을 확보해야 하고, 재고를 관리하는 인력이 필요하기 때문에 재고유지비가 많이 발생한다. 따라서 가급적 재고유지비를 극소화시킬 수 있는 방법을 강구해야 한다.

단기적인 의사결정으로서 재고관리의 예는 발주방법, 발주시기, 적정재고수준 등을 기업의 실정에 맞게 관리하는 것이다.

4) 품질관리

생산활동의 장기 의사결정에서 품질경영에 관한 내용이 결정되었다면 그 전략에 맞게 구체적인 품질관리 활동의 실행방법이 필요하다. 즉 기업이 목표로 하는 품질을 유지하기 위해서 품질관리 부서가 행해야 하는 여러 가지 품질관리기법의 적용을 의미한다.

품질관리를 위한 단기적인 의사결정문제의 예는 품질검사 방법, 통계적 품질관리(SQC), 전사적 품질관리(TQC), 품질보증(QM), 품질 서비스 등의 기법을 규정하고 활용하는 것이다.

5) 설비의 보전

기업에서 선정한 기계설비의 유지 · 보수의 편리함은 생산성이나 능률을 좌우하는 중요한 요소이다. 따라서 설비를 선정할 때는 유지 · 보수의 편리성과 비용을 고려하여야 한다.

기계설비는 갈수록 고도화되어 생산성 · 신뢰도를 높이고 있지만 기계설비가 아무리 첨단화되어도 현실적으로 기계설비는 고장률이 존재하기 때문에 유지 · 보수를 통하여 고장의 발생을 사전에 예방하거나 줄여야 한다. 설비의 고장은 생산목표량의 달성을 저해하는 직접적인 요인이 되기 때문이다.

따라서 고장이 나지 않도록 설비의 유지와 보전활동을 철저히 하여야 하는데, 이를 위해서는 설비를 구매할 때부터 설비의 유지 및 보수의 경제성을 고려하여야 하며, 정기적인 설비의 유지 · 보수활동이 필요하다.

6) 원가관리

생산관리의 기본목표 중 하나가 원가관리를 통한 제조원가의 절감이다. 생산활동을 수행하는 과정을 합리적이고 체계적으로 관리하여 제조원가절감을 통한 가격경쟁력을 확보하여야 함은 물론 수익성 향상을 꾀하여야 한다. 생산하는 제품의 제조원가 절감을 통한 가격경쟁력의 확보는 판매를 극대화시키는데 매우 중요한 요소가 된다.

그러나 기업이 이익을 극대화하기 위한 원가절감만을 강조한다면 품질이 낮아질 수 있기 때문에 오히려 경쟁우위 요소를 발휘하는데 어려움이 있을 수도 있고, 기업의 이미지에 나쁜 영향을 미칠 수도 있다.

따라서 기업은 낮은 원가를 달성하되 가치나 품질을 극대화시킬 수 있는 체계적이고 합리적인 원가절감기법을 개발하여 경쟁우위요소를 확보할 수 있는 전략적인 접근을 해야 한다.

제4절 생산환경의 변화

기업이 생산전략을 수립할 때는 기업의 외부환경분석을 통하여 기회와 위협을 예측하고, 내부환경분석으로 강점과 약점을 찾아내어 가장 경쟁력 있는 제품을 생산할 수 있도록 전략을 수립해야 한다. 특히 최근에는 첨단화되어 가는 4차 산업혁명 기술과 정보통신기술(ICT)을 생산활동에 접목하는 생산방식으로 경쟁력을 확보하는 시대가 되었다.

20세기가 제조업 중심의 하드웨어 중심의 산업구조였다면, 21세기는 소프트웨어 중심의 디지털 중심의 산업구조로 전환되었으며, 더 나아가 하드웨어와 소프트웨어의 결합으로 영역을 파괴하는 융·복합 및 공유기술을 바탕으로 생산활동이나 생산방식을 구축하는 새로운 패러다임(paradigm)으로 변하고 있다.

즉 1차 산업혁명(인간의 노동력을 대신하는 증기기관의 발명), 2차 산업혁명(컨베이어벨트로 대량생산을 가능하게 한 전기의 발명), 3차 산업혁명(컴퓨터와 인터넷을 기반으로 하는 정보화혁명)에 이어 현재는 4차 산업혁명(IoT, AI, 3D Printing, Big Data, 센서 기술 등의 융·복합)의 신산업혁명의 시대에 직면하고 있다.

4차 산업혁명의 핵심은 "모든 사물이 각종 정보통신기술로 연결됨은 물론 보다 지능적으로 함께 움직이는 세상으로 진화하는 것"으로, 사물 인터넷(IoT : Internet of Things), 인공지능(AI : Artificial Intelligence), 빅 데이터(Big Data), 5G기술, 센서기술 등을 기반으로 인간과 사이버 및 물리적 세계가 네트워크로 연결되어 하나의 통합된 시스템으로 전환되어가는 것이다. 즉 사람과 기계, 기계와 기계, 현실세계와 가상세계가 하나로 연결되는 초연결사회와 작업장이 만들어지는 것이다.

따라서 4차 산업혁명의 핵심기술은 인공지능(AI), 사물인터넷(IoT), 만물인터넷(IoE : Internet of Everythings), 빅 데이터, 센서, 자동화 기술 등의 융 · 복합이며, 특히 이러한 여러 가지 기술이 하나로 통합되는 창의적인 사고와 현장의 경험을 결합할 수 있는 혁신기술이 가장 중요하다. 더욱이 스마트 팩토리(smart factory), 스마트 팜(smart farm), 스마트 홈(smart home), 자율주행차(self driving car), 드론(drone)배송, 원격의료, 무인판매 등을 비롯하여 모든 산업에 4차 산업혁명의 적용이 일반화되고 있으며 갈수록 융 · 복합, 개방, 공유기술이 발전하면서 더 빠르게 변하고 있다.

앞으로 다가올 이러한 경영환경의 변화는 생산활동에 가장 많은 변화를 요구하고 있기 때문에 제조기업의 생산활동은 기존에 개발되었던 생산기법들의 한계를 극복하고, 새로운 변화에 적극 대처하여야 경쟁력을 확보할 수 있다.

예를 들면 사물 인터넷, 빅 데이터, 인공지능, 3D기술, 첨단화되어 가는 로봇의 진화, 센서기술 등이 생산방식을 빠르게 변화시키고 있기 때문에 미래의 제조산업 경쟁력은 이러한 기술을 어떻게 활용하느냐에 의해 결정되어질 수밖에 없다. 즉 정보통신기술과 디지털 기술로 장착한 생산현장을 누가 먼저 구축하느냐가 경쟁력의 척도가 되고 있다.

생산전략을 수립할 때 고려하여야 할 변화의 내용은 다음과 같다.

01 사물 인터넷

사물 인터넷(IoT : Internet of Things)이란 모든 사물이나 기기가 통신과 센서기능을 가지고 인터넷으로 연결되어 서로 정보를 공유하고 제어하는 것으로, 사물끼리 실시간으로 데이터를 주고받는 기술이나 환경을 의미한다.

사물 인터넷 시대에서는 인터넷에 연결된 기계나 설비가 인간의 도움 없이도 서로 정보를 교류하면서 소통하는 것이기 때문에 사물끼리 의사소통할 수 있는 언어와 센서 및 인터페이스 기술 등이 전제가 되어야 한다. 특히 사물 인터넷 기술은 기계설비에 센서를 부착하는 인공지능형 기계와 인터넷을 연결하여 생산성을 높이는 방법으로 제조현장의 혁신을 이루게 되는 스마트 공장(smart factory)의 출현을 가능하게 하였다.

이러한 사물 인터넷 기술이 적용되는 궁극적인 경영환경은 제품, 기업, 소비자가 하나로 연결되기 때문에 융 · 복합기능을 발휘하게 되는 것인데, 사물 인터넷(IoT)기술은 초기에 주로 가정 사물 인터넷(Home IoT)분야로부터 응용되기 시작하여 TV와 냉장고, 에어컨 등 가전제품을 무선통신과 연결하여 활용한 스마트 홈(smart home)을 중심으로 발전하였으나 최근에는 생산현장을 비롯한 교통, 에너지, 안전, 농업, 서비스 등의 모든 분야로 폭 넓게 활용되고 있다.

제조현장도 첨단화된 설비의 구축으로 전 공정을 자동화시킨 스마트 공장(smart factory)의 출현이 보편화되고 있는데, 스마트 공장이란 사물 인터넷을 기반으로 공장이 스스로 생산공정이나 활동을 계획하고 통제하며, 스스로 기계의 수리 및 작업장의 안전을 관리하고, 유해물질의 사전 감지를 통하여 산업재해를 예방할 수 있는 통합관리시스템을 말한다.

이러한 스마트 공장의 출현은 숙련공이나 작업자의 부족문제를 해결하고, 고품질의 제품생산이 가능하며, 다품종소량제품 및 다품종단품생산을 가장 경제적이고 기동력 있게 수행할 수 있다. 또한 기계설비에 각종 정보기술과 카메라, 레이더, 레이저, 초음파 등의 센서를 장착하여 실시간으로 정보를 주고받을 수 있는 커넥티드(connected) 기술의 발전으로, 각종 수요정보를 수집하고, 스스로 의사결정을 하여 생산활동을 수행하기 때문에 생산현장의 인력감축은 물론 생산성 향상, 품질 향상 등을 기대할 수 있다. 즉 사물 인터넷(IoT)기술이 발달하면서 소비자의 요구사항이 생산현장과 실시간으로 연결되기 때문에 소비자가 인터넷을 통해 자기의 취향에 맞는 제품을 주문하면 생산현장에서 바로 맞춤형 제작을 하는 방식이 되는 것이다. 또한 모기업과 협력업체 및 납품업체 등이 실시간으로 하나로 연결될 수 있기 때문에 생산활동과 관련된 모든 가치사슬의 공유가치를 극대화시킬 수 있게 된다.

따라서 사물인터넷 기술의 발전과 도입으로 생산공정의 가동효율을 높이고 생산성을 극대화하여 생산현장의 혁신이 이루어지는 것이 중요하며, 앞으로는 생신현장에 사물 인터넷을 누가 많이 활용하느냐가 생산활동의 경쟁력을 측정하는 척도가 될 것이다.

사물 인터넷을 작업현장에 도입하는 예를 들면 다음과 같다.

① 모든 생산공정의 데이터를 파악하여 전 공정을 사물 인터넷으로 구축하면, 제품의 납기에 맞춰 생산일정, 재고관리, 구매관리, 품질관리 등 모든 생산활동을 스스로 할 수 있으며, 관리수준도 고도로 높일 수 있다.

② 기계설비에 관한 모든 자료를 수집・분석하여 고장 나기 전에 유지・보수를 행할 수 있기 때문에 불량의 발생을 사전에 방지할 수 있다. 따라서 불량률을 거의 '0'수준으로 유지할 수 있다.

③ 원재료의 투입부터 생산, 검사, 포장까지 모든 공정을 자동화시킬 수 있기 때문에 노동인력의 감소는 물론 생산성 향상을 기대할 수 있다.

④ 창고관리를 보다 효율적으로 할 수 있다. 출하 목적지에 따라 재고분류를 스스로 행하며, 출하시간을 순차적으로 행할 수 있게 적재할 수 있는 무인화가 가능하다.

⑤ 작업자의 건강관리도 사물 인터넷으로 행할 수 있는데, 작업장의 온도, 습도, 일산화탄소량 등을 실시간으로 분석하여 작업자의 건강상태를 최적의 상태로 유지하여 생산성을 높이고 산업재해의 발생률을 낮출 수 있다.

02 인공지능

인공지능이라는 용어는 1955년 미국의 스탠포드대학의 존 매카시(John McCarthy) 교수가 당시로서는 상상 속에서만 존재했던 자동기계에 '인공지능'(Artificial Intelligence)이라는 이름을 붙인데서 시작되었다. 인공지능이란 인간의 두뇌작용인 인간성, 지성, 학습능력, 추론 및 예측능력 등을 컴퓨터나 기계 등의 정보기술로 스스로 행하게 하는 기술이다. 즉 인간의 지적 능력을 인공적으로 구현하는 기술을 말한다.

이러한 인공지능의 개념은 특히 1990년대 이후 기계학습, 로보틱스(robotics), 컴퓨터 등 특정 기계분야에 대해 연구하는 머신 러닝(machine learning)을 중심으로 각광받기 시작하였다.

최근에는 4차 산업혁명을 주도하는 핵심기술 중 하나로서 생산, 분배, 소비 등 기업의 모든 시스템을 바꾸는 중추적인 역할을 하고 있으며, 특히 생산현장의 자동제어 및 교육이나 훈련뿐만 아니라 의료산업, 유통, 금융, 법률, 특허, 자율주행차 등 모든 분야에 영향을 미치고 있다. 더욱이 사물 인터넷(IoT), 빅 데이터 등과 연결된 인공지능(AI)은 모든 산업구조 · 생산현장의 경영패러다임을 바꾸며, 인간의 일상생활에까지 깊숙이 자리 잡아가고 있다.

특이점(Singularity)

테슬라(Tesla)의 CEO인 엘론 리브 머스크(Elon Reeve Musk)는 "인공지능은 인류를 파멸로 이끌 것이다"라고 하였으며, 페이스북의 CEO인 마크 저커버그(Mark Elliot Zuckerberg)는 '인류의 삶을 더 좋게 만들어 줄 것이다"라고 예측하였다.

또한 미래학자인 레이 커즈와일(Ray Kurzweil)은 2045년 특이점(Singularity)이 올 것이라고 예측하였다. 특이점이란 "인류가 개발한 기술(인공지능)이 인류의 지능 총합을 넘어서는 시점" 혹은 "인류가 개발한 기술이 인간의 능력을 넘어서는 시점"을 말한다.

이 같이 인공지능이 인간의 능력을 뛰어넘는 기술의 발전은 그 동안 인간이 해 왔던 모든 행동이나 삶을 전혀 다르게 바꿀 것으로 예상되는데, 기업의 생산활동의 변화도 예외가 아닐 것이다. 예를 들면 자율주행차와 사물 인터넷의 상용화, 인간이 쓰는 모든 언어의 이해, 나노로봇이 몸속에 들어가 모든 질병을 치료하고, 생산현장의 무인화 등으로 기업경영이나 환경의 모든 패러다임이 바뀌어가게 될 것이다.

인공지능의 발전으로 기계가 인간의 언어를 인식할 수 있기 때문에 인간이 하는 일과 기계가 할 수 있는 일의 경계를 무너뜨리고 있으며, 궁극적으로는 인간의 노동을 인공지능이 대체하게 된다. 따라서 인공지능을 장착한 작업장은 24시간 생산활동을 수행할 수 있으며, 생산성 향상이나 효율성을 높일 수 있는 획기적인 작업현장을 구현하게 된다. 또한 제조현장은 인공지능의 발전과 함께 사물 인터넷, 빅 데이터, 센서기술 등과 결합되어 궁극적으로 스마트 팩토리로 전환되기 때문에 제조업의 가치사슬이 엄청난 속도로 변하고 있다. 즉 인공지능의 발달은 인간이 하는 일을 보다 더 정확하고 정밀하게 하며, 더 많은 일을 더 잘 할 수 있기 때문에 앞으로 인간과 기계가 다양한 방법으로 협력하는 문제를 더 고민해야 한다. 그러나 아무리 인공지능기술이 발전한다고 하더라도 인간과 소통해야 하는 영역 혹은 감성과 관련 있는 업무는 인공지능이 인간을 대체할 수 없는 영역으로 남게 될 것이다.

구글(Google)은 2017년에 운전대와 페달이 없는 완전 무인 자동차를 상용화한다고 발표하였는데, 이러한 변화는 일상생활을 변화시키는 것은 물론 산업현장에서도 많은 변화를 예고하고 있다. 왜냐 하면 초기의 단순한 인공지능이 아니라 자동차, TV, 가전제품, 의료기기, 공장의 기계설비, 스포츠웨어 등과 결합하여 인간의 역할을 대신할 수 있는 능력을 갖추고 있기 때문이다.

03 3D프린팅

3차원 인쇄(3D printing)기법은 1980년대 초부터 대두되기 시작한 개념으로, 연속적으로 물질을 적층해가면서 3차원으로 물체를 만들어내는 제조기술이다.

3차원 프린터(3D printer)는 기본 설계도에 따라 재료에 열을 가하고 녹여 입체형태의 제품을 만드는 기기로서, 제품을 생산하는데 필요한 밀링·절삭·조립과정을 거치지 않고 적층 방식으로 입체물을 제작하는 장치이며, 컴퓨터로 제어되기 때문에 만들 수 있는 형태가 매우 다양하며 사용하기 쉽다. 3D프린터의 발전은 하드웨어 뿐만 아니라 소프트웨어, 소재개발, 교육, 사후관리 등의 영역이 균형을 이루었을 때 그 효과가 더욱 커진다.

3D프린팅기술은 산업 전반에 걸쳐 제조기술의 큰 변화를 가져오고 있는데, 예를 들면 금형(주물)을 사용하지 않고도 다양한 시제품(prototype)이나 제품을 빠르고 저렴하게 생산할 수 있다. 또한 설계→시제품제작→생산 사이클의 속도가 과거와는 비교할 수 없을 정도로 빨라지며, 생산장소를 분산하는 효과를 가져 올 수 있고, 1인 기업에 의한 "마이크로 팩토리"(초소형 공장)

의 등장이 가능해지고, 매장을 방문한 고객에게 그 자리에서 생산하여 공급하는 스토어 팩토리(store factory)의 출현이 가능하다.

독일의 신발제조사인 아디다스는 그 동안 인건비가 싼 지역(중국, 베트남 등)에서 운동화를 생산하였으나 2017년부터 독일과 미국에서 생산하고 있는데, 이 공장은 3D를 활용한 스피드 팩토리(speed factory)라는 시스템을 구축하여 160명의 직원이 년간 50만켤레의 신발을 생산하고 있으며, 소비자가 원하는 신발 끈, 깔창, 뒷굽의 모양과 높이, 색깔 등의 수백만 가지의 각종 옵션을 조합하여 6주가 걸렸던 제작 및 배송을 현재는 5시간 안에 생산하여 공급하고 있다.

건설현장에서도 프리컨(pre-con)[1]이라는 기법이 일반화되고 있는데, 이는 건축설계과정에 발주처, 시공사, 설계회사가 입체적으로 모든 설계의 내용(건축, 전기, 배관 등)을 공사 전에 3차원(3D) 설계기법으로 예측하고 공유하여 예상되는 문제점을 사전에 수정해 나가는 방법이다. 프리컨기법을 활용하면 설계나 공사의 오류를 사전에 예방할 수 있기 때문에 공사비의 절감, 공사기간 단축, 산업재해 등을 줄일 수 있는 장점이 있다.

다음은 3D프린팅 기술에 의해 예상되는 생산활동의 변화 내용이다.

① 3D프린팅 기술은 입체적인 형태의 부품을 조립단계를 거치지 않고 직접 생산할 수 있기 때문에 생산 비용과 시간을 줄일 수 있다. 또한 가공물이나 생산물의 정밀도가 높아지며 불량률도 낮아진다.

② 제조과정에 3D프린터가 본격적으로 도입되면 부품이나 제품을 생산하는 작업자 부족현상이나 높은 인건비 문제를 해결할 수 있다.

③ 부품을 각각 만들어 조립하는 방법을 획기적으로 변화시킨다. 과거에는 조달된 부품의 조립과정을 통하여 제품을 만들었지만 앞으로는 3D장비만 있으면 조립공정 없이도 생산을 할 수 있게 된다.

④ 기존의 방법은 부품이나 제품을 만들 때 시제품을 만들고 양산체제를 구축한 후 생산활동을 수행하였기 때문에 시간이 많이 걸렸지만 3D프린팅을 이용하면 시간과 비용을 엄청나게 단축할 수 있기 때문에 생산비용의 획기적인 절감이 가능하다.

⑤ 제품의 설계도가 있고 3D프린터만 있으면 세계 어디서나 생산이 가능하기 때문에 납기를 획기적으로 단축시킬 수 있다. 왜냐 하면 제품을 판매할 지역의 3D프린팅 위탁업체에 설계도를 보내면, 설계도를 받은 위탁업체가 3D프린터를 이용하여 생산 · 공급할 수 있기 때문이다. 더욱이 3D프린팅 대행(代行)회사가 배송까지 해준다면 납기를 더욱 단축시킬

1) 프리컨(pre-con)은 프리 컨스트럭션(pre-construction)의 약자로 사용되는 용어이다.

수 있다.

⑥ 기업이 입지를 결정할 때도 많은 변화가 예상된다. 노동집약적인 산업은 인건비가 싸거나 노동력이 풍부한 곳을 선호하였는데, 앞으로의 입지조건은 3D프린팅 기술을 실현시킬 수 있으면 된다.

⑦ 3D프린팅에 이용할 수 있는 소재가 티타늄, 세라믹, 합성수지 등으로 다양해지면서 활용분야도 항공기 부품, 인공장기, 인체 조형물, 완구, 3D푸드, 3D프린팅 하우스, 각종 극소형 배터리 등 모든 영역으로 확대되고 있다.

⑧ 개인의 여러 가지 상상력이 즉석에서 제품으로 만들어질 수 있기 때문에, 개인의 아이디어 자체가 하나의 상품이 된다. 과거에는 금형제작→시제품 생상→양산체제 구축의 과정을 거쳤지만 앞으로 3D프린팅 기술을 활용하면 개개인의 아이디어를 기동력 있게 제품으로 생산할 수 있다.

3D프린팅 기술은 계속 진화되어 4D프린팅 기술로 이어지고 있다. 4D프린팅이란 3차원(3-Dimensions) 프린팅을 통해 복합물질을 형성하고 자기변환이라는 새로운 기능을 추가하여 인간의 도움 없이 가열과 진동, 중력, 공기역학 등 여러 가지 다양한 에너지의 자극을 받아 자가조립(self assembly)하는 원리이다. 즉 스스로 조립되고 변화되는 스마트 소재를 기반으로 한 생산기술이다. 이러한 방법은 전통적인 조립과정을 획기적으로 변화시킬 수 있는 혁신적인 기술이다.

04 빅 데이터

빅 데이터란 모든 환경으로부터 생성되는 대규모의 다양한 데이터를 말한다. 빅 데이터 기술이란 방대하고 복잡한 자료를 수집하고 분석하는 고도의 기술로서, 이러한 데이터 속에서 일정한 패턴을 만들고 코드화함으로서 유용한 정보를 만들 수 있다. 일반적으로 데이터는 기업의 미래계획과 전략을 설정하는데 가장 중요한 자료로서, 특히 대량의 데이터[2]는 디지털 경제하에서 정보통신기술의 발달[인공지능(AI), 사물 인터넷(IoT), 클라우드 컴퓨팅 등의 기반기술]로 다양한 가치를 창출하고 있다.

---

2) 인터넷에 떠도는 정보량은 1년 6개월마다 2배로 늘어나고 있다고 한다. 갈수록 이러한 방대한 정보에서 유용한 지식을 얻을 수 있는 의사결정자의 역할이 강조되고 있다

기업이 빅 데이터를 활용하여 큰 효과를 기대하려면, 가장 중요한 것이 고품질의 데이터 확보이며, 데이터의 분석과 관리과정의 표준화가 필요하다. 초기의 빅 데이터 기술 활용은 금융업이나 고객의 자료분석을 통한 고객관계관리(CRM : Customer Relationship Management)에 많이 활용하였으나, 이제는 생산활동 뿐만 아니라 시장조사 및 예측, 유통, 서비스 활동 등 모든 영역에서 많이 활용되고 있다.

따라서 21세기의 기업환경에서는 경영활동과 관련되어 축적한 데이터를 얼마나 더 유용하게 활용하느냐에 따라 경쟁력이 차별화될 수 있는 시대가 되었다. 이러한 중요성 때문에 빅 데이터를 4차 산업혁명시대의 새로운 자본(new capital)이라고도 한다. 앞으로의 디지털 전환(Digital Transformation)시대에는 어떤 산업, 어느 일을 하더라도 데이터의 활용법을 알아야 일을 능률적으로 수행해 나갈 수 있으며, 데이터를 활용하지 못하는 기업은 살아남을 수 없다.

빅 데이터를 활용하면 다음과 같은 내용들을 기대할 수 있다.

① 수많은 데이터를 다양한 방법으로 분석하여, 제품의 수요를 예측할 뿐만 아니라, 능률적인 생산활동을 수행하고, 적정재고를 산출하여 최적의 재고관리를 가능하게 하며, 가장 합리적이고 체계적인 방법으로 수송계획을 수립하는 등 생산활동의 전 과정을 합리적으로 운용할 수 있다.

② 축적된 빅 데이터를 활용하면 제품개발을 위한 아이디어의 착상부터 개발, 생산, 유통 등의 모든 소요시간을 획기적으로 단축할 수 있다.

③ 빅 데이터의 축적된 자료는 설비고장을 사전에 예측할 수 있으며, 고장 나기 전에 보수를 하거나 부품을 교체할 수 있기 때문에 설비의 효율을 높일 수 있게 된다.

④ 빅 데이터의 발전은 모든 기계설비, 공정 등의 정보를 클라우드 서버를 통해 실시간으로 공유할 수 있기 때문에 기계를 언제 가동해야 하는지? 언제 작업을 중단해야 하는지? 최적의 공정을 유지하기 위한 조치는 무엇인지? 등을 스스로 취할 수 있다.

⑤ 빅 데이터는 제품의 기획 및 설계, 조달 및 공급망 관리, 생산공정, 유통관리, 영업 마케팅, 서비스 등의 모든 가치사슬(value chain)의 효과를 극대화시킨다. 제품기획에서는 수집된 데이터를 분석하여 수요를 예측하고, 제조공정에서의 데이터를 분석하여 품질관리를 효과적으로 수행하며, 마케팅과 서비스의 데이터는 고객관리와 제품의 고장에 관련된 업무를 효과적으로 수행할 수 있다.

⑥ 소비자의 구매정보, 구매이력 등에 관한 정보를 활용하여 그에 맞는 정보를 제공하는 판촉 · 홍보 · 서비스전략을 수행할 수 있다. 이러한 데이터의 활용은 소비자의 만족도를 높일 수 있기 때문에 매출증대에 도움이 된다.

맥킨지(McKinsey & Company)는 제조업에서 빅 데이터를 활용하면 제품개발과 조립비용의 50%를 절감할 수 있고, 운전자본의 최대 7%를 절감할 수 있다고 예측했다. 따라서 빅 데이터는 생산활동의 모든 영역에서 불확실성과 낭비를 줄일 수 있는 효과를 기대할 수 있기 때문에 앞으로는 빅 데이터의 활용 여부가 경쟁력의 척도가 될 것이다.

05 로봇의 발전

4차 산업혁명의 핵심 중 하나가 로봇이다. 과거의 산업현장에서 활용되었던 로봇은 간단한 인간의 업무를 대신하는 단순한 방식으로 인건비를 줄이는데 목적이 있었으나, 갈수록 진화하여 인공지능(AI), 사물 인터넷(IoT)과 결합하여 인간과 소통할 수 있는 인식능력과 감정을 가진 인공지능 로봇으로 발전하고 있다. 예를 들면 머리, 다리, 몸, 팔, 다리를 갖추고, 신체구조와 생김새, 기능, 행동이 인간과 유사한 휴머노이드 로봇(Humanoid Robot)의 출현으로 생산성 향상, 산업재해의 감소, 노동력 부족문제의 해결, 고령화 시대에 인간의 불편함을 제거하는 등의 역할을 하고 있으며, 최근에는 협동로봇(collaborative robot)[3]이 출현되었다.

이러한 로봇의 발전은 앞으로 인간의 감각을 가질 수 있도록 각종 센서(촉각 센서, 시청각 센서, 음향 센서, 경사・위치 센서, 가속, 역학 등)를 장착하여 감성교류, 의사소통까지 가능하도록 개발되고 있다. 또한 로봇기술의 발전은 일상생활은 물론 작업현장의 설비배치나 현장관리의 혁신을 통하여 생산성 및 능률의 향상, 작업방법을 개선하는 등 복잡하고 다양한 작업현장에서 인간의 노동을 대신함으로서 높은 경제성을 기대할 수 있다.

미래학자들에 의하면, 갈수록 로봇의 역할이 커지면서 작업현장에서 일자리가 사라질 것이라고 예측하는 경우도 있지만, 로봇을 어떻게 배치하고 통제하느냐에 따라 성과(output)가 달라지기 때문에 핵심이 되는 중요한 일자리는 사라지지 않을 것이라고 예측한다. 즉 작업현장에서의 단순하고 반복적인 일자리는 줄어들 것은 분명하지만 전체 산업 측면에서 보면 주변 산업에서의 고용이 상당히 늘어 날 것이라고 예측한다.

로봇은 생산현장 뿐만 아니라 재난 구조, 해양 및 우주 탐사, 인간에게 유해한 작업 수행, 환자나 고령자를 돕는 업무를 대신하고 있다.

---

3) 협동로봇이란 인간과 같은 공간에서 작업하면서 상호작용할 수 있는 로봇으로, cobot이라고도 한다.

06 가상현실

가상현실(VR : Virtual Reality)은 정보기술을 이용하여 특정 환경이나 상황을 연출한 후, 인간이 가상환경에서 컴퓨터와 상호작용할 수 있는 인터페이스(interface)를 말한다. 즉 실제로는 존재하지 않지만 컴퓨터나 정보통신기술로 사용자의 시각이나 청각 · 촉각 등을 자극해 마치 실제로 있는 것처럼 가상환경을 느끼게 하는 기술이다. 따라서 가상환경에서는 경험하기 어렵거나 위험한 환경을 직접 체험하지 않고서도 일을 할 수 있거나 조작할 수 있다.

이러한 가상현실은 초기에 개인용 게임이나 엔터테인먼트 등에 많이 응용되었으나 최근에는 제조기업의 생산활동에 까지 영역을 넓혀 비용절감, 생산성 향상, 시간단축, 산업재해의 예방 등을 가능하게 하고 있다. 예를 들면 디자인 개발, 가상조립 및 검사 체험, 기계설비 배치의 시뮬레이션, 천연자원의 탐사 등을 가상공간에서 행할 수 있으며, 본사에서 멀리 떨어진 해외 창고의 적치 및 재고상황까지도 파악할 수 있기 때문에 생산활동의 단계를 줄여 시간과 비용을 획기적으로 절감할 수 있다.

가상현실의 기술은 더욱 발전되어 증강현실(AR : Augmented Reality : 현실세계에 가상의 이미지를 더하여 보여주는 기술), 융합현실(MR : Merged Reality)[4]로 발전하였으며, 이러한 기술은 가치사슬 상의 여러 영역에 상당한 변화를 주고 있다.

증강현실은 현실의 실제상황과 이미지, 배경 등에 3차원의 가상 이미지를 합성하여 하나의 영상으로 보여주는 기술로서, 예를 들면 원격인식과 같이 건물이나 제품의 외부에서 내부를 볼 수 있는 것이 가능하다. 이러한 기술은 인간에게 유해한 작업의 대체는 물론 교육 · 훈련 과정의 효과를 극대화시키고 있다.

가상현실과 증강현실은 생산활동에서 다음과 같은 변화를 주고 있다.

① 가상현실에서 제품의 설계, 조작실험, 검사 등을 할 수 있기 때문에 시간과 비용을 절감할 수 있다.
② 가상현실에서 작업개선을 위한 시뮬레이션을 할 수 있다.
③ 기계설비의 배치를 사전에 입체적으로 설계해 볼 수 있다.
④ 가상공간에서 부품조립을 위한 신입사원의 사전교육과 훈련을 할 수 있다.

---

4) 융합현실은 혼합현실(Mixed Reality)이라고도 한다.

07 대체 에너지의 출현

에너지는 기업이 생산활동을 수행하는데 중요한 투입요소 중 하나이다. 지금까지 에너지의 주요 비중을 점하는 것은 화석연료였으나, 갈수록 다양한 대체에너지가 그 역할을 대신하고 있다. 특히 셰일오일(shale oil)이나 가스의 출현은 많은 변화를 예고하고 있다. 셰일가스란 퇴적암(셰일)층에 갇힌 천연가스를 말하며, 셰일층에 존재하는 오일(oil)을 셰일오일이라고 한다. 셰일가스와 셰일오일은 특수강파이프를 셰일층에 꽂은 뒤 화학물질을 섞은 물을 고압으로 쏘아 암반층을 부수고 뽑아낸다.[5] 셰일가스나 오일은 석유에 의존하던 과거의 기업활동에 큰 변화를 줄 수밖에 없는데, 아직은 채굴비용이 높아 채산성의 약점이 있지만,[6] 기술의 향상으로 셰일오일이나 가스의 채굴비용이 낮아지거나 원유가 급등하는 경우에는 즉시 대체에너지 역할을 할 수 있다.

기업활동에 가장 중요한 투입자원 중 하나인 에너지가 대체되어진다는 것은 제조원가에서 에너지비용이 차지하는 비중을 절대적으로 낮출 수 있다는 의미이다.

또한 과거에는 석유의 정제과정에서 나오는 부산물인 나프타를 이용해 합성수지와 합성섬유 제품을 만들었으나, 앞으로 셰일가스에 포함된 에탄으로 에틸렌(석유화학 제품원료)을 생산하면 나프타에서 에틸렌을 추출할 때보다 원가가 절반으로 줄어들게 된다.

08 메이커 운동

메이커 운동(maker movement)이란 1인 제조업을 의미하는 개념으로, 그의 핵심은 3D프린터의 발전이다. 기본적으로 3D프린터와 정보기술의 발전으로 제조업의 환경에 많은 영향을 미치게 되는 개념으로 앞으로 상당히 빠른 속도로 성장할 것으로 예측하고 있다.

1인 제조업 시대가 되면 3D프린터에 의한 소량생산이 가능하게 되며, 온라인 커뮤니티를 통한 아이디어의 획득과 설계공유, 전자상거래에 의한 글로벌 시장에서의 판매가 가능해진다. 특히 복잡한 조립 및 제조과정이 3D프린터로 대체되면서 소비자 개개인의 욕구를 보다 빠르고

---

5) 세계 최대의 셰일가스오일의 매장지는 중국과 북미지역이다. 과거에는 채굴비용이 많이 들어 개발이 늦어졌으나 갈수록 기술개발을 통한 비용절감으로 채굴이 활발히 진행되고 있다. 기존의 원유에 의존하던 생산구조에서 셰일가스를 이용한다면 생산원가의 구조가 바꾸게 될 것이다.

6) 원유는 채굴원가가 배럴당 20달러 이하이지만 셰일은 배럴당 30~50달러이다.

쉽게 충족시킬 수 있는 장점이 있다.

이 같은 메이커 운동의 발전은 제조기업의 생산환경에도 영향을 미칠 뿐만 아니라 소비자 개개인의 차별적인 욕구를 충족시킬 수 있는 방법으로 각광을 받고 있다. 이러한 환경의 변화는 제조기업의 생산개념을 획기적으로 바꿀 수 있다.

09 서비스 방법의 혁신

사물 인터넷(IoT), 인공지능(AI), 3D, 첨단 로봇 및 각종 웨어러블 기술의 결합은 서비스 영역에도 많은 변화를 가져오고 있다. 제조기업이 생산하는 제품에 각종 센서를 부착하여, 소비자가 제품을 사용하는 중에 발생하는 각종 정보(제품의 작동정보 및 위치, 날씨, 압력, 속도, 온도 등)를 수집한 후, 이를 토대로 필요한 정보를 실시간으로 제공하거나 혹은 부품의 교체시기를 예측하거나 결함 가능성을 사전에 제공하는 방법으로 서비스 수준을 획기적으로 높일 수 있다.

예를 들면 미쉐린(michelin)은 엔진과 타이어에 센서를 부착하여 연료소비량, 타이어 압력, 온도, 속도 등으로 운전자의 운전습관, 운전거리를 분석하여 타이어의 교체시기를 알려주고, 동시에 연료효율도 높이고 있다. 또한 롤스로이스(Rolls-Royce)는 항공기의 엔진과 추진 시스템에 수많은 센서를 부착하여 진동, 압력, 온도, 속도 등의 데이터를 수집하여, 엔진의 결함 가능성과 교체시기를 알려주고, 지속적인 유지 및 보수를 통하여 갑작스런 기체결함에 의한 손실을 줄이는 서비스를 하고 있다. 이러한 추세는 제조과정과 서비스의 연결성을 강조하는 것이며, 제조와 서비스의 경계를 없애는 것이다.

현대와 같이 지식의 생성 · 확산 · 활용을 중심으로 하는 지식기반경제구조[7] 아래에서는 과거의 전통적인 생산방식의 모든 패러다임을 바꾸고 있다. 따라서 미래의 제조기업 생태계는 앞에서 설명한 여러 가지 기술의 결합에 의해 많은 변화가 이루어질 수밖에 없다. 예를 들면 빅 데이터를 통하여 소비자의 요구사항을 찾아내고, 그 정보를 기반으로 설계를 하며, 생산과정에서는 사물 인터넷(IoT)과 인공지능(AI)이 장착된 첨단설비로 생산, 검사할 수 있기 때문에 지금과는 전혀 다른 형태의 서비스가 일반화 될 것이다.

또한 인공지능, 바이오 · 나노 기술, 로보틱스, 사물 인터넷, 3D프린팅 등의 기술 융합이 최근의 4차 산업혁명을 주도하고 있는데, 4차 산업혁명은 특히 제조기업의 생산활동 뿐만 아니라

7) 지식기반경제란 컴퓨터, 전자, 인공지능, 빅 데이터, 사물인터넷 등의 첨단기술산업과 정보통신기술(ICT)의 융합으로 이루어지는 새로운 경제구조를 말한다.

서비스영역을 급진적으로 변화시키고 있다.

따라서 전통적인 대량생산 방식이 첨단과학과 정보통신기술의 디지털기술과 결합하여 소비자가 원하는 제품만을 만들어 내는 개별소량생산으로 바뀌기 때문에 소비자의 서비스 만족도는 높아질 것이다.

산업혁명의 진화

1차 산업혁명은 18세기 후반 증기기관의 발명으로 시작되었다. 주로 농업에 의존하던 그 당시 인간의 생활방식에서 기계가 인간의 노동을 대신하는 혁명이었다. 2차 산업혁명은 19세기 말에 전기의 발명이었다. 전기에너지를 이용한 대량생산의 제조방식은 낮은 가격으로 대량소비를 가능하게 하였다. 3차 산업혁명은 20세기 말에 컴퓨터, 인터넷 등의 정보기술(IT)이 생산활동의 능력향상과 산업의 획기적인 고도화를 이루었다. 4차 산업혁명은 모든 사물이 인터넷으로 연결되고 이를 통해 모아진 방대한 자료(Big Data)가 인공지능(AI)의 머신러닝(machine learning)을 통해 진화하면서 생산방식이나 작업현장은 물론 경제, 사회, 문화 등 모든 분야의 변혁을 가져온 혁명이다.

최근의 메가트랜드(megatrends)인 4차 산업혁명 시대에 기업들은 다음과 같은 변화로 경쟁력을 높이거나 성장을 꾀하여야 한다.

첫째, 4차 산업혁명의 여러 가지 기술을 활용하여, 생산하는 제품의 경쟁력(품질, 원가, 납기 등)을 높이는 방법이다. 예를 들면 빅 데이터와 각종 센서를 활용하여 최적의 조립방법이나 동선을 구축하여 작업이나 설비의 생산성을 높이는 것이다.

둘째, 기존 제품에 새로운 기능을 추가하거나 확장하는 방법을 이용하는 것이다. 예를 들면 기존 제품에 사물 인터넷(IoT)기술이나 인공지능을 추가하는 것이다.

셋째, 4차 산업혁명의 핵심적인 기술을 융·복합하여 신규 사업을 창출하는 방법이다.

넷째, 4차 산업혁명시대는 전통적인 제조업에서 강조되었던 규모의 경제나 낮은 인건비는 그 중요성이 낮아지고 있기 때문에 앞으로의 패러다임은 수요변화에 민첩하게 대응할 수 있는 분산형 제조방식을 구축하여야 한다.

제 3 장 제품설계

기업에서 제품의 생산에 가장 기본적인 바탕이 되는 것은 설계이며, 설계내용에 따라 소비자의 욕구를 충족시키기 위한 품질, 기능, 가격의 결정은 물론 필요 자재 및 부품의 공급가능성, 동원되어야 하는 기술, 기계설비의 종류와 배치, 필요한 작업인원, 작업방법 등이 좌우된다. 즉 설계에 의하여 수많은 요소들이 결정되기 때문에 설계의 중요성이 강조되는 것이다. 또한 고객이 원하는 기능상의 요건을 갖추면서 동시에 경제성과 수익성을 실현할 수 있다.

설계단계에서 결정되는 이러한 내용들은 결국 소비자의 욕구를 충족시키는 내용들이 포함되어야 한다. 소비자들의 욕구파악을 위해서는 정확한 시장조사를 토대로 획득한 정보를 바탕으로 다른 부서와 긴밀한 협조가 전제되어야 완벽한 설계가 이루어질 수 있다.

설계단계에서 이러한 욕구를 제대로 파악하지 못한 자료를 근거로 만들어진 제품이란 소비자에게 어필할 수 없을 뿐더러 기업에게 막대한 손해를 끼치게 된다. 설계의 가장 기본이 되는 것은 아이디어이지만, 모든 아이디어가 모두 제품이 되는 것은 아니다. 아이디어가 제품으로 만들어지기 위해서는 아이디어의 타당성 분석을 통하여 생산여부가 결정되어져야 한다.

설계가 성공하기 위해서는 경쟁사, 시장조사, 소비자 집단, 개발하고자 하는 제품의 성장 가능성을 고려하여야 한다.

3장에서는 신제품의 개발과정, 다양한 설계기법 및 신제품을 개발할 때의 고려사항 등을 살펴본다.

제1절 신제품 개발과정

기업이 신제품을 생산하기 위해서는 먼저 고객과 관련된 다양한 정보의 원천으로부터 아이디어를 얻어야 하며, 아이디어는 타당성(시장성, 경제성, 수익성 등)을 검토한 후, 일정한 개발 및 생산과정을 거쳐 제품으로 탄생된다. 그러나 갈수록 다양해지는 소비자의 요구를 충족시킬 수 있는 아이디어를 발굴하는 것은 쉽지 않은 과정이다. 과거의 전통적인 아이디어 획득방법은 시장이나 고객과 직접 접촉하는 방법을 많이 사용하였으나 최근에는 빅 데이터(Big Data)를 활용하여 방대한 아이디어를 체계적으로 수집하여 활용할 수 있다.

전통적인 신제품 개발 과정은 시간과 비용이 많이 소요되었으나 최근에는 4차 산업혁명기술을 활용하여 신제품의 개발시간과 비용절감을 가능하게 할 뿐만 아니라 기동력과 시장환경에 적응력을 높일 수 있다.

다음은 전통적인 신제품 개발과정의 순서이다.

01 사업 아이디어의 착상

기업이 지속적으로 성장하기 위해서는 소비자가 원하는 제품이나 서비스의 아이디어를 찾아 지속적으로 신제품을 탄생시켜야 한다. 신제품개발은 아이디어의 착상이 시작점이지만 모든 아이디어가 전부 제품으로 만들어지는 것은 아니다. 아이디어 중에서도 기업을 지속적으로 성장시킬 수 있는 것이어야 하고, 소비자가 구매할 수 있어야 하며, 수익성을 보장하는 좋은 아이디어가 제품으로 만들어지는 것이다.

좋은 아이디어의 기준은 차별성, 호환성, 기능, 품질, 디자인, 감성 등을 강조하면서 소비자들에게 가치를 제공하여 소비자의 만족을 극대화시키면서 동시에 기업을 지속적으로 성장·발전시킬 수 있어야 한다. 예를 들면 기존 제품보다 가격이 더 싸거나, 불편함을 제거하거나, 기존 제품에는 없었던 새로운 가치를 제공할 수 있는 아이디어이어야 한다.

유용한 아이디어를 얻을 수 있는 경로는 매우 다양한데, 예를 들면 사내의 제조·기술·판매부서의 제안, 연구개발부서의 연구결과, 소비자들로부터 얻은 정보, 판매원, 대리점, 원료공급자, 경쟁회사, 경쟁제품의 벤치마킹 등 어디에서나 얻을 수 있지만 소비자 집단으로부터 가장 많은 아이디어를 얻는다.

어떤 원천으로부터 얻은 아이디어라도 기업의 목적을 달성시킬 수 있어야 하며, 내부 능력으로 생산 가능하여야 하고, 궁극적으로는 이윤을 창출할 수 있어야 한다.

그러나 제안된 아이디어들은 각기 자기부서 중심의 기준으로 제안되는 경향이 있지만 최종 결정단계에서는 전체의 조화와 균형을 유지할 수 있는 아이디어가 채택되어져야 한다. 예를 들어 생산부서는 원가절감을 위하여 표준화되고 한정된 모델중심으로 아이디어를 착상하는데 비하여, 마케팅 부서에서는 소비자의 다양한 요구를 충족시키기 위하여 가급적 다양한 제품을 생산하고자 하는 아이디어를 중시한다. 이와 같은 부서이기주의(silo-effect) 현상을 막기 위해 각 부서는 상호 유기적으로 정보를 교환해 가면서 아이디어를 발굴하도록 해야 한다.

최근에는 정보통신기술(ICT)과 빅 데이터(Big Data)를 활용하여 신제품의 아이디어를 얻는 경우가 많이 사용되고 있는데, 소비자 개개인의 정보(신용카드 · 네비게이션 · 스마트폰 등의 사용 정보)를 분석하여 새로운 제품아이디어나 사업 영역 및 기회를 찾는 비중이 높아지고 있다.

02 제품 아이디어의 선택

아이디어 중에는 생산가능하며 동시에 기업에게 많은 이익을 가져다 줄 수 있는 아이디어가 있는 반면 아이디어는 좋지만 생산으로 이어지지 못하는 아이디어도 있다. 생산으로 이어지지 못하는 아이디어란 생산은 가능하지만 경제성이나 수익성이 없는 경우, 기술부족으로 생산이 불가능한 경우, 생산과 관련된 기술이 특허로 묶여있는 경우 등 여러 가지 이유가 있는데, 이는 타당성을 분석하는 선별과정에서 탈락하게 된다.

선별과정에서는 수집된 아이디어의 분석 · 비교 · 검토를 통하여 신제품으로서의 타당성이 있는지를 선택하게 된다. 즉 수집된 아이디어가 기업의 목적에 일치하는가, 채산성 및 시장성은 있는가, 기술상의 난이도는 없는가, 발명특허나 의장특허에 중복은 없는가 등을 고려하여 위험성과 불확실성이 지나치게 높은 경우는 탈락시켜야 한다. 또한 기업의 설립목적이나 경영철학에 맞지 않는 경우, 이익잠재력이 낮은 경우, 외부기술을 이용해야 하기 때문에 지불해야 할 기술료(로열티)가 지나치게 높은 경우, 관리기술의 한계를 벗어나는 경우 등도 아이디어의 선별단계에서 탈락하게 된다.

03 타당성 분석

아이디어가 채택되었다고 모두 생산으로 이어지는 것이 아니라 생산여부의 타당성을 분석하는 과정을 거쳐야 하는데, 이 과정에서는 소비자의 욕구를 충족시킬 수 있는지, 기술적으로 생산이 가능한지, 경쟁우위를 발휘할 수 있는 경쟁력이 있는지, 기업에게는 일정한 이익을 가져다 줄 수 있는지 등을 분석한다. 이러한 과정에서 행하는 분석은 다음과 같은 시장분석, 재무분석, 기술분석 및 기술의 경제성[1] 등을 평가하여야 한다.

1) 시장분석

시장분석(market analysis)이란 생산하고자 하는 제품의 시장에 관한 모든 정보를 분석하는 것이다. 예를 들면 제품이 얼마나 팔릴 것인가, 목표시장은 어디인가, 예상 시장점유율 및 예상이익, 경쟁기업과 경쟁제품은 누구인가 등을 분석하는 것이다.

만약 생산하는 제품의 수요가 확정된 경우에는 별도의 시장조사가 필요하지 않지만, 일반시장을 통해 불특정 다수의 소비자에게 판매하는 제품의 경우에는 시장에 관한 정보를 예측하고 분석하는 과정이 철저하게 이루어져야 한다. 물론 이 과정을 체계적으로 행하기는 쉽지 않지만, 최대한 많은 시장정보와 정확한 소비자의 요구 및 욕구사항에 관한 정보를 바탕으로 체계적인 시장조사를 행해야 하며, 최근에는 정보통신기술을 활용하여 시장분석의 신뢰도를 높일 수 있다.

시장분석을 하기 위해서는 기본적으로 다음과 같은 자료를 수집・분석해야 한다.

① **국내・외의 경제동향** : 국제금리, 각종 원자재가격의 변화, 환율, 물가상승률, 통화량, 세계경기 추세, 국제금리・수지 등과 같은 거시・미시적 요소
② **시장의 특성** : 목표시장의 특성・위치・수송방법, 유통과정, 거래조건 등
③ **수요분석** : 목표고객, 예상 시장가격, 예상소비량, 생산품의 미래수요 등
④ **공급분석** : 경쟁사의 전략과 공급능력, 경쟁제품의 가격・품질・판매전략, 모방・유사제품의 출현가능성, 예상 시장점유율 등

1) 기술의 경제성 평가는 제6장, 제1절을 참조.

아이디어의 성공과 고객의 선정

생산하고자 하는 제품이나 서비스의 아이디어가 높은 성공 가능성을 갖기 위해서는 생산부서와 마케팅부문과의 협력을 통하여 목표시장과 목표고객의 요구를 정확하게 파악하는 것이 중요하다. 또한 기업이 보유하고 있는 생산능력이 경쟁력을 발휘할 수 있도록 시장과 고객을 선정(segmentation)하는 것도 중요하다.

이러한 과정을 수행하는 방법은 인구통계학적(demographic)인 특성(소득수준 · 교육수준 · 나이 등), 라이프스타일(lifestyle), 심리학적(psychographic)인 특성(가치관의 기준, 성격 등), 문화적 특성, 소비패턴 등에 관한 데이터를 이용하여 분석한 후 정보통신기술(ICT)과 결합하여 새로운 가치를 제공할 수 있는지를 결정하는 것이다.

결국 아이디어가 제품으로 성공하기 위해서는 생산 및 마케팅활동과 관련된 내용이 정보통신기술(ICT)을 활용하여 통합되는 협업이 강조되어져야 한다.

2) 기술분석

기술분석(technical analysis)은 생산하고자 하는 제품의 관련기술과 생산설비에 관한 모든 정보를 분석하는 것으로, 기술의 타당성 · 경제성 · 생산설비에 관련된 내용들이 포함된다. 특히 최근에는 기술분석단계에서 정보통신기술의 활용 및 융 · 복합 가능성과 변화추세, 기술발전 속도 등을 충분히 고려하여야 하는데, 그 이유는 제품이나 서비스의 경쟁력이 첨단기술(IoT, AI, 3D, 5G 등)과의 융 · 복합에 의해 좌우되기 때문이며, 소비자도 융 · 복합기술로 만들어진 연결성 있는 제품을 선호하기 때문이다.

기술분석단계에서는 기술과 관련하여 지불되어야 하는 비용과 예상수익을 비교하는 것도 중요한데, 제품의 예상수익이 기술의 투입비용보다 커야 한다. 특히 기술사용료(royalty)를 지불하고 외부로부터 기술을 조달받아야 하는 경우에 지불해야 하는 로열티는 제조원가에 미치는 영향이 크기 때문에 생산여부를 결정하는데 중요한 요소가 된다.

기술분석 과정에서는 다음과 같은 내용을 분석하여야 한다.

① 제품을 생산하는데 필요한 기술과 노하우
② 생산품의 물리적 · 기계적 · 화학적 특성에 관한 사항
③ 생산 일정 및 설비의 종류와 규모 결정
④ 구입할 기계의 규격, 공급가격, 신뢰성과 성능, 유지 · 보수의 편리성 등
⑤ 기계설비의 배치와 설비의 장 · 단점
⑥ 생산하는 제품의 폐기물 종류와 양 및 처리비용
⑦ 생산활동과정에서 발생되는 공해 및 공해방지 비용

3) 재무분석

재무분석(financial analysis)은 생산하고자 하는 제품과 관련 있는 모든 재무적인 내용의 분석을 말하는데, 생산활동에 투입되는 비용과 함께 기대되는 경제성이나 수익성에 관한 내용이 중심을 이룬다. 재무분석에서는 재무에 관련된 여러 가지 지표나 비율을 이용하여 사업의 타당성 여부를 검토하고, 자본의 투자규모 결정에 관한 여러 자료를 분석한다.

재무분석에서 검토되어야 할 주요 내용은 다음과 같다.

① 생산과 관련된 비용의 총액, 초기 투자액, 재무상태 변동 등을 나타낸 재무제표 작성
② 총사업비의 명세, 초기 자본소요액 및 사업에 관련된 현금수지분석
③ 손익계산서, 대차대조표, 현금수지분석표에 기초를 둔 미래의 재무구조
④ 판매대금의 회수기간, 재고유지비, 구매비용, 생산원가의 분석 등에 관련된 정보 등
⑤ 투자수익률, 주당수익률, 손익분기점, 생산량, 가격분석 등

04 사업계획서의 작성

앞의 단계에서 행한 타당성 분석(시장분석, 기술분석, 재무분석)의 결과를 토대로 최종 아이디어의 사업계획서를 작성하게 된다. 사업계획서는 생산하고자 하는 제품의 전체적이고 일반적인 내용을 객관적이고 간결하게 설명하는 제품의 마스터 플랜(master plan)에 해당되는 것으로, 경우에 따라서는 투자자로부터 투자를 받을 수 있는 기회와 수단이 된다.

사업계획서에는 다음과 같은 내용이 정교하게 포함되어야 한다.

① 제품의 특성(핵심역량)은 무엇인가
② 제품의 디자인과 형태의 특성은 무엇인가
③ 고객은 누구인가
④ 원가와 가격은 얼마인가
⑤ 손익분기점의 크기는 몇 개인가
⑥ 경쟁사와 경쟁제품은 누구인가
⑦ 경쟁제품과 무엇이 다른가
⑧ 이익의 원천은 무엇인가
⑨ 어떤 방법으로 마케팅활동을 수행할 것인가?

⑩ 투자자에게 매력적이어서 투자를 받을 수 있는가

일반적으로 대부분의 사업계획서는 모든 상황이 유리하게 전개되는 경우를 가정하는 경우가 많은데, 모든 상황과 환경이 순조롭게 진행될 것이라는 가정 하에 작성되는 사업계획서를 청색(靑色)사업계획서라고 한다. 그러나 기업에 영향을 미치는 주변 환경이 최악으로 전개되었다고 가정하였을 때의 적색(赤色)사업계획서를 작성하여 보는 것도 사업의 실패가능성을 줄이는 데 도움이 된다.

05 설계도의 작성

제품이 만들어지기 위해서는 제품에 포함되어야 할 모든 내용(성능과 기능, 디자인, 품질수준, 신뢰도, 형태 등)을 담은 설계도를 그리는 과정이 선행되어야 하는데, 제품의 경쟁력은 설계도의 내용에 따라 좌우되기 때문에 매우 중요한 과정이다. 일반적으로 신제품을 개발하는 총비용의 80%가 설계단계의 의사결정에서 결정되기 때문에 제품생산과 관련이 있는 모든 부서와 기능을 종합한 정보가 집약되어야 한다.

설계도를 그리는 과정은 전통적으로 설계부서의 고유 업무였으나 갈수록 다른 부서와의 협업을 통하여 더욱 창의적이고 독특한 설계를 하거나 개발기간을 단축시킬 수 있다.

동시공학

과거에는 제품개발과정을 순차적으로 진행시켜 가면서 생산활동을 하였다. 예를 들면 설계부서에서 설계가 끝나면 발주, 자재구매, 생산활동 등을 순서대로 실행해 나갔다. 그러나 최근에는 제품개발과정의 설계단계에서 전체 프로세스에 관련이 있는 모든 부서(설계, 구매, 생산, A/S 등)가 참여하여 통합된 정보를 바탕으로 설계를 함으로서 설계단계의 능률과 효과를 높이고자 하는 동시공학(concurrent engineering) 기법이 많이 활용되고 있다.

동시공학 기법을 활용하면 개발기간과 비용을 줄일 수 있을 뿐만 아니라 개발과정에서 발견되는 실수나 오류의 가능성을 사전에 발견할 수 있어 제품개발의 성공 가능성을 높일 수 있다.

더 나아가 사이버(cyber)공간을 활용하여 전 세계 어디에서나 시간과 공간을 초월하는 설계방법을 이용하고 있다. 최근에는 정보통신기술(ICT)의 발전과 3D프린터 기술의 발전으로 보다 정교하고 복잡한 설계과정을 짧은 시간에 처리할 수 있게 되었다.

전통적인 방식의 설계과정은 [그림 3-1]과 같다.

[그림 3-1] 신제품의 개발절차

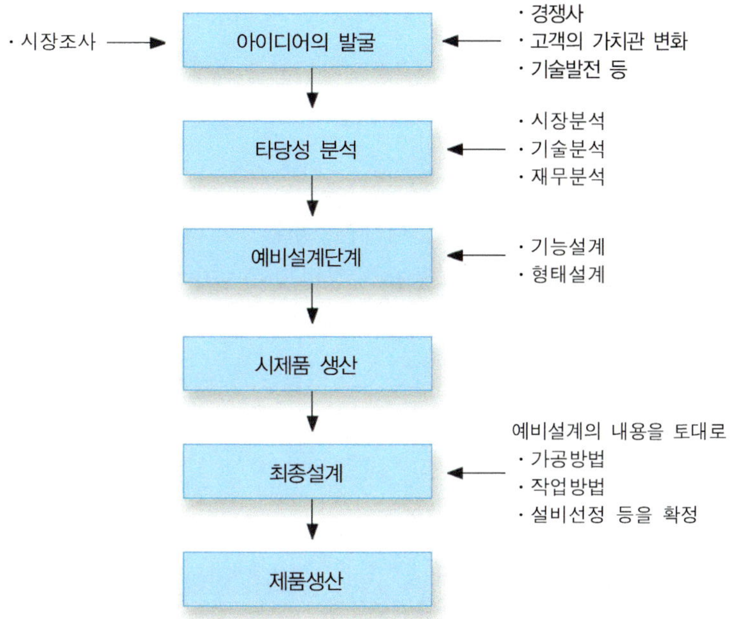

1) 예비설계

채택된 아이디어가 타당성 분석을 통해 경제성, 시장성, 수익성이 있다고 확인되면 예비설계단계로 넘어간다. 예비설계란 생산할 제품의 크기, 형태, 성능 등의 개략적인 내용을 중심으로 이루어지는데, 예비설계를 바탕으로 시제품(prototype)을 만들게 되며, 시제품은 철저한 시험과정을 거쳐 성능, 형태, 크기, 품질 등이 보완되고 구체화 된다.2)

예비설계 단계에서는 생산하고자 하는 제품의 기능설계(functional design)를 중심으로 많은 시행착오와 시험(testing)과정을 거치면서 제품의 결함 가능성을 제거하고 수정하여 최종설계 단계로 넘어가게 된다. 시제품생산 후 결함 발견을 위해서 직접 소비자가 제품을 사용해보는 경우

2) 과거에는 설계단계에서 중후장대(重厚長大 : 무겁고, 두껍고, 길고, 큰 제품)개념을 강조하였으나, 최근에는 경박단소(輕薄短小 : 가볍고, 얇고, 짧고, 작은 제품), 미창유감(美創遊感 : 아름다움, 창조성, 유희성, 감정에 호소하는 제품), 본화편정(本和便情 : 기본중시, 조화, 편리안전, 인간중심), 정보통신기술(ICT)을 바탕으로 연결성(connectivity)이 강조되는 설계가 중요하다. 예를 들면 휴대용 전자제품이나 휴대폰인 경우는 전력을 덜 소모하고, 더 작고, 저렴하고, 고장이 안 나며, 다른 기기들과 연결할 수 있는 복합기능이 강조되고 있다.

의 사례들은 자동차, 의약품, 화장품 분야에서 흔히 볼 수 있다.

① **기능설계**

기능설계(functional design)란 소비자가 요구하는 조건이나 내용을 기능중심으로 설계하는 과정으로서, 주로 제품의 크기, 성능, 형태를 구체화하는 설계이다. 소비자가 요구하는 주 기능(main function)을 설계도에 포함시키되, 경제적으로 생산할 수 있어야 한다.

② **형태설계**

형태설계(form design)란 제품의 색상, 디자인, 형태 등 조형미를 보강하는 설계이다. 기업에서 생산하는 제품의 품질과 가격이 고객을 충분히 만족시킨다 하더라도 형태, 디자인, 편리성 등이 소비자를 충족시키지 못한다면 좋은 효과를 기대할 수 없다.

최근 소비자의 요구추세는 갈수록 디자인과 조형미를 강조하고 있기 때문에 형태설계는 소비자 입장의 관점을 강조하는 접근이 요구된다.

2) 최종설계

예비설계를 마치고 최종적으로 설계가 확정되는 것을 말한다. 즉 예비설계가 시행착오를 거치면서 완벽한 설계로 구체화된 것이 최종설계이다. 최종설계가 이루어진 설계도를 생산설계(production design)라 하며, 생산설계는 생산 · 제조과정의 공정이나 작업설계를 하는 기초자료가 되기 때문에 생산활동의 기본이 되는 역할을 한다.

3) 생산설계

생산설계(production design)란 생산할 제품의 제조원가를 낮추고 경제적 생산을 위해 고려할 수 있는 모든 요소의 내용을 포함한다. 이를 위해서 경제적인 재료의 선정, 경제성을 높이기 위한 가치분석, 표준화된 부품의 사용, 생산성이 높은 생산설비, 가공방법, 생산방식, 작업방법 등을 확정하게 된다.

4) 최근의 설계방식

과거에는 앞에서 설명한 전통적인 방법으로 설계도 작성 → 시제품 생산 → 양산체제 구축의 과정을 거쳤으나, 최근에는 여러 가지 기술의 발전으로 설계시간의 단축과 설계방법이 매우 간단해지고 있다.

예를 들면 3D프린터와 가상현실(VR) 및 증강현실(AR)의 활용으로 빠르고 싸게 시제품을 만들 수 있게 되었으며, 설계과정이나 시제품의 제작과정에 문제가 생겼을 때도 신속하게 설계내용을 수정하거나 개선할 수 있게 되었다. 물론 디자인의 변경이나 성능의 개선도 과거와는 비교도 할 수 없을 정도로 빠르게 진행시킬 수 있게 되었다. 특히 3D프린터는 수시로 변하는 아이디어를 빠르게 시제품으로 전환시켜 줄 수 있어 설계 및 생산시간의 단축과 함께 성능을 개선시킬 수 있게 되었다.

더욱이 설계관련 장비나 시설을 한 곳에 밀집시킨 제조공방(maker space), 시제품 제작소, 창업 인큐베이터 등이 일반화되면서, 최근의 설계과정은 과거와 비교할 수 없을 정도로 단축되고 있다.

제2절 다양한 설계방식

제품생산을 위한 설계도가 최종 확정되었다는 것은 여러 가지 대체안 중에서 가장 유리한 아이디어 한 가지가 선택되었다는 것이다. 즉 수많은 아이디어 중에서 경제성과 타당성 검토과정에서 최대이익을 창출할 수 있다고 결정한 한 가지의 아이디어가 채택된 것이다.

이러한 선택 및 설계과정에서는 상충관계(tradeoff)가 많이 나타나는데, 상충관계의 해결은 기업전략이나 생산전략에서 설정한 전략의 우선순위(priority of strategy)에 따라 해결되어져야 한다.

예를 들면 원가우위전략을 택한 기업이라면 원가를 낮출 수 있는 방법이 설계단계에서 우선 채택되어야 하며, 서비스를 강조하는 기업이라면 서비스를 위하여 원가가 높아지는 것을 당연히 수용하여야 한다.

상충관계의 해결은 설계단계 이후(설계 이후란 생산과정을 의미 함)에서도 개선할 수 있지만, 이는 상당한 대가를 지불해야 하기 때문에 가급적 설계도를 그리는 단계에서 상충의 가능성을 명확하게 찾아내어 확정하는 것이 유리하다.

01 제조원가를 절감하기 위한 설계

원가를 줄이기 위해서는 설계단계에서부터 철저한 원가분석과 노력이 중요하다. 왜냐 하면 설계단계에서 전체 제조원가의 대부분이 결정되기 때문이며, 이를 위해서는 다른 부서와 긴밀한 협조와 함께 정보교환을 통하여 원가를 절감하는 기법을 활용하여야 효과가 극대화될 수 있다. 다음은 대표적인 원가 절감내용들이다.

1) 가치분석기법의 도입

가치(기능/비용)란 기능에 대한 비용의 관계로서 가치를 크게 하기 위해서는 기능을 극대화하거나 비용을 작게 하여야 한다.

이렇게 가치를 극대화하기 위한 방법으로서의 가치분석(VA : Value Analysis)이란 제품이나 자재에 내포되어 있는 불필요한 기능을 찾아 이를 제거함으로써 원가절감을 추구하는 기법이다. 즉 제품, 원자재, 에너지, 서비스, 기계설비 등의 가치를 비용과 기능면에서 체계적이고 조직적으로 분석 · 검토하고, 그 분석의 결과를 원가절감에 이용하여야 한다.

가치분석기법은 그 적용하는 시기에 따라 생산 전과 생산 후의 단계로 구분할 수 있는데, 효과를 크게 하기 위해서는 그 시기를 생산 후에 행하는 것 보다 설계단계에서 행하는 것이 바람직하다.[3)]

가치분석

1. 가치의 개념

가치(value)라는 용어는 매우 다양하게 그리고 자주 사용하는 단어이지만, 그 의미를 정의하기는 간단하지 않다. 그 이유는 같은 사물이라도 개개인의 주관에 따라 가치를 다르게 평가할 수 있기 때문이며, 더욱이 사물의 가치를 구체적으로 나타내기 위해 계량화하기란 더욱 어렵다.

일반적으로 가치의 개념은 다음과 같이 구분할 수 있다.

① 사용가치(use value) : 사물이 가지고 있는 특별한 성질 및 품질의 가치
② 귀중가치(precious value) : 소유하고 싶은 욕망을 일으키는 성질이나 매력가치
③ 원가가치(cost value) : 제품을 만드는데 필요한 노무비, 원료비 등 여러 비용의 가치
④ 교환가치(exchange value) : 다른 것과 교환할 수 있는 특성의 가치
⑤ 희소가치(scarcity value) : 드물고 희소하기 때문에 인정되는 가치

기업에서 고려해야 해야 하는 가치의 개념은 생산자인 기업의 입장에서 고려하는 가치와 소비자가 느끼는 가치로 구분할 수 있다.

---

3) 생산 후에 가치분석을 하는 경우를 가치개선(Value Improvement)이라고 하는데, 이는 생산전의 가치분석보다 시간과 비용이 더 많이 든다.

생산자의 입장에서는 가치 $=\frac{기능(function)}{비용(cost)}$ 으로 볼 수 있는데, 이때 생산자는 최저의 비용으로 소비자가 원하는 최대한의 기능을 발휘하도록 계획하게 된다.

소비자의 입장에서는 가치를 가치 $=\frac{기능(function)}{가격(price)}$ 혹은 $\frac{품질(quality)}{가격(price)}$ 로 이해한다. 소비자의 속성은 구매할 때 지불하는 제품의 가격은 최저로 하면서, 기대되는 기능이나 품질은 최고를 원한다.

2. 가치분석의 내용

가치분석(VA: VAlue Analysis) 기법은 미국 GE사의 마일즈(L. D. Miles)가 1947년에 고안・적용하여 큰 효과를 본 후, 많은 기업에서 활용하여 효과를 보고 있는 기법이다.

가치분석이란 용어는 가치공학(VE: Value Engineering)이라는 용어와 같은 개념으로 쓰이고 있지만, 구태여 그 개념을 구분한다면 가치분석은 자재의 구매부서에서 행하며, 가치공학은 설계부서에서 주로 행한다는 차이가 있다.

가치분석이란 제품가치의 기능 또는 구매, 제조활동에서의 여러 가지 내용을 검토하여, 불필요한 기능을 제거하든가 대체방법이나 대체자재를 찾아 원가절감을 꾀하는 것이다. 가치분석이 더 큰 효과를 얻기 위해서는 최고경영자를 포함한 모든 구성원이 참여하여야 하며, 부문별로는 생산, 기술, 구매, 판매 등의 모든 부서가 조화를 이루어 집단적으로 접근하는 것이 중요하다. 이 경우 중요한 것은 제품의 기본기능을 저해하는 가치분석이 되어서는 안 된다.[4)]

현대에는 가치분석의 개념을 확장하여 투입요소를 조달할 때, 동일한 기능을 발휘하면서 저평가된 재료나 생산요소를 찾아내어 이용함으로서 제조원가를 낮추고 궁극적으로는 이윤을 극대화시키는 방법으로 넓히고 있다.

3. 올바른 가치분석의 적용

가치분석을 통하여 효과를 극대화하기 위해서는 적용 범위와 시기가 매우 중요한데, 과거에는 자재비의 절감 내지 합리화를 중심으로 접근하였으나 점차 설계나 제조부문(제조방법, 작업공정, 원가절감, 표준화, 구매방법, 공급처 등)까지 확대하여 적용하고 있다.[5)]

또한 가치분석의 효과를 높이려면 그 적용시기가 매우 중요한데, 제품이 생산되고 난 후에 개선하는 경우는 재설계비용・재배치에 따른 비용 등의 변경비용이 추가로 요구되기 때문에 가치분석은 가급적 설계단계(생산 전)에 행하는 것이 더욱 유리하다.

3 공동가치분석

생산의 목표(품질, 원가, 납기, 융통성 등)를 달성하기 위하여 생산활동과 관련이 있는 모든 내부 조직은 물론 부품이나 원・부자재를 납품하는 거래기업과 공동으로 가치분석활동을 추진하는 것이 공동가치분석이다. 이 방법은 한쪽에서만 독자적으로 행하는 가치분석보다 효과가 매우 높다.

공동가치분석을 실시할 때는 목표를 명확하게 하고, 자유로운 제안을 권장해야 하며, 특히 외주업체와 공동으로 행하는 공동가치분석의 효과는 관련기업과 이익을 공동 배분하는 것이 중요하다.

---

4) 제품이 지니고 있는 가치를 그림으로 나타낸 것이 제9장, 제3절, [그림 9-2]이다.

5) 가치분석의 기법을 간접비(overhead cost)의 절감에 적용한 기법을 특히 간접비 가치분석(Over Value Analysis)이라고 한다.

2) 부품의 호환성을 높이는 설계

제품을 생산하는 과정에서 호환성[6](interchangeability)을 높여 기대할 수 있는 효과는 생산활동, 재고 및 창고관리, 작업방법, 서비스 활동 등의 모든 과정에서 가능하며, 생산기업 뿐만 아니라 소비자에게도 편리함을 줄 수 있다.

다양한 여러 가지의 제품 모델에 동일한 부품을 사용할 수 있도록 설계한다면 공정과 작업을 단순화시킬 수 있기 때문에 제조원가 하락을 꾀할 수 있으며, 부품을 보관하는 창고의 관리 개선도 기대할 수 있고, 서비스 활동의 업무효율도 높일 수 있다.

예를 들면 가전제품의 겉 부분과 내장부분의 나사크기를 일치시켜 작업효율을 높이거나, 자동차나 항공기를 생산하는 경우 모델은 서로 다르더라도 동일한 엔진을 탑재하여 다양한 제품의 생산을 추구하는 경우, 호환성 있는 부품을 사용함으로서 서비스의 기동력과 질을 높이거나 서비스요원의 수를 줄이는 것도 호환성의 증대로 기대할 수 있는 이점들이다.

3) 과잉설계의 제거

소비자는 제품에서 얻을 수 있는 가치나 기능을 지불하는 가격과 비교하여 그 크기가 클 때 구매한다. 즉 가격과 품질 · 가치 · 디자인 · 가성비[7] 등을 비교하게 되는데, 기업이 가성비를 높이기 위한 방법으로 기능이나 성능을 추가할 때 소비자가 원하지 않는 용도라면 과잉(over)이라고 볼 수 있다.

제품의 기능에는 주기능(main function)과 보조기능(second function)이 있는데, 주기능은 제품의 핵심기능으로서 제품이 반드시 가지고 있어야 하는 기능으로서 소비자가 제품을 구매할 때 가장 중요하게 고려하는 기능이다. 보조기능은 주기능을 지원하거나 경우에 따라서는 주기능과 아무런 관계없이 혼란스럽게 설계되는 경우도 있다.

과잉설계문제로 고려해야 하는 내용은 다음과 같다.

① 보조기능을 줄여 제품을 단순화시키는 것도 중요하지만, 한편으로는 보조기능이 제품의 경쟁력을 좌우하는 양면성을 가지는 경우도 있기 때문에 어느 수준에서 두 가지 기능의 균형을 유지하여야 하는가? 하는 문제는 상충관계(tradeoff)에 있게 된다.

---

6) 호환성은 작업의 호환성, 재료의 호환성, 설비의 호환성 등 여러 가지 유형이 있지만, 설계단계에서의 호환성은 부품의 호환성을 주로 의미한다.

7) 가성비(價性比 : cost effectiveness)란 가격 대비 성능의 의미로서, 제품가격에 비해 제품의 성능이나 가치가 얼마인지를 나타내는 정도이다.

② 제품이나 서비스가 어떤 기능을 수행하는데 필요한 기준 이상의 기능, 무게, 부하, 길이 등을 포함하고 있다면, 이것은 공정의 수를 증가시키거나 더 많은 원자재를 필요로 하며, 결국 비용의 증가를 가져오게 된다.

③ 품질 면에서의 과잉설계는 불필요한 비용을 유발할 뿐만 아니라 마케팅 측면에서도 결코 유리하지 않다.

따라서 설계도를 작성하는 단계에서는 비용의 증가나 능률의 저하를 가져오는 과잉설계(overdesign)를 피해야 하며, 과잉요소도 제거하도록 해야 한다.

유저 인터페이스를 활용한 예

일반적으로 소비자들은 복잡하고 다양한 기능의 제품을 원하는 것 같지만, 대부분의 소비자는 단순한 기능을 원하는 경우가 많다. 그 이유는 복잡한 제품이 편리함을 주는 동시에 스트레스를 주기 때문이다. 예를 들면 자동차나 전자제품의 제품 매뉴얼을 모두 다 읽는 소비자는 얼마나 될까? 를 생각해 보면 쉽게 이해된다.

1990년대에 GE사의 전자레인지인 "쿡&워치"가 상당히 유행하였는데, 버튼이 하나뿐이었다. 음식물을 넣고 문을 닫고 버튼을 누르고 있으면 전자레인지가 작동한다. 손을 떼면 작동을 멈추는 시스템이다. 이것은 유저 인터페이스(User Interface : UI)[8]를 단순화시켜 기계와 사용자 사이를 쉽게 의사소통하게 만든 제품의 예이다.

특히 요즘과 같이 다른 제품과의 호환성이 강조되는 시대에서는 제품은 복잡해지더라도 그 작동방법이나 조작을 쉽게 하여 소비자에게 다가가는 설계를 강조하는 것이 제품의 성공비결 중 한 가지이다.

4) 라이프 사이클 코스트의 고려

라이프 사이클 코스트(life cycle cost)란 소비자가 제품을 구매한 후 제품의 기능을 유지하기 위하여 추가적으로 지불해야 하는 비용을 말하는 것으로, 소비자들은 제품을 구매할 때 갈수록 이 비용의 크기를 구매기준으로 중요하게 고려한다. 이 비용은 제품의 설계단계에서 대부분 좌우된다.

라이프 사이클 코스트를 절감하기 위한 방법은 고장률을 낮출 수 있는 설계방식(fail-safe, fool-proof, safe-life 설계방식 및 병렬설계방식 등)을 활용하거나, 여유부품(spare part)을 제공

---

8) 유저 인터페이스(UI)의 원래 뜻은 컴퓨터 시스템 또는 프로그램에서 데이터 입력이나 동작을 제어하기 위한 목적으로 만들어진 물리적, 가상적 매개체를 의미한다. 최근에는 이용자가 컴퓨터나 프로그램과 쉽게 의사소통할 수 있는 기법으로서, 물리적인 하드웨어와 논리적인 소프트웨어를 포함하며, 이를 활용하여 제품의 사용방법을 쉽게 하는 개념으로도 사용되어 지고 있다. UI의 설계원칙은 직관성, 일관성, 효율성이다.

하고, 고장 시 손쉽게 수리가 가능하도록 하는 것 등이다. 이는 장기적으로 소비자에게 유지비용의 절감효과를 가져다 줄 수 있는 좋은 방법이다.

5) 경제적 생산의 추구

설계도는 제품의 생산활동과 관련된 모든 내용을 담고 있다. 예를 들면 생산하고자 하는 제품생산에 투입되는 재료, 원·부자재, 기계설비, 필요한 노동력, 작업방식 등의 내용이 모두 포함된다. 따라서 설계도를 완성했다면 제조원가를 확정할 수 있게 된다.

이러한 과정에서 경제적 생산을 위해 고려할 수 있는 방법은 더 낮은 가격의 재료나 대체재 사용, 더 효율적인 작업방법, 생산성 높은 설비 등을 활용하는 것이다.

과거에 금속이나 철재로 사용하였던 재료를 고(高)강도의 플라스틱이나 엔지니어링 플라스틱(engineering plastic), 폴리케톤(polyketone)[9] 등으로 대체하여 무게를 경감시키는 경우라던가, 볼트나 너트로 결합시키던 것을 고성능 접착제로 결합하여 작업 공수(工數)를 줄이는 것 등이다. 또한 무게를 줄이고 강도나 연료효율을 높이기 위해 초경량 탄소복합소재를 활용하는 방법 등은 모두 경제적 생산의 한 방법이다.

6) 표준화된 부품의 사용과 표준화 추구

표준화란 제품생산에 사용하는 재료, 원·부자재의 품질, 형상, 치수, 생산물 등을 표준에 따라 통일하는 것이다. 설계단계에서 표준화된 부품을 사용하는 것은 구매품의 원가를 줄일 수 있는 방법으로 매우 유용한 방법이다. 또한 구매의 협상력(bargaining power)을 높일 수 있는 방법이다. 특히 생산물의 표준화를 통하여 원가를 절감하는 효과는 재고량을 줄일 수 있을 뿐만 아니라 창고의 공간을 줄일 수 있고, 재고유지비용을 절감할 수 있으며, 재고자산 회전율도 향상시킬 수 있다.

7) 내작과 외주의 결정

내작(內作)과 외주의 결정이란 제품생산에 필요한 부품을 자체제작 할 것인가 아니면 외주를 통하여 조달받을 것인가에 대한 결정이다. 일반적으로 필요한 부품의 양이 작거나 내작의 원

9) 엔지니어링 플라스틱의 일종으로 강철보다 강하지만 무게는 가볍고 열과 화학성분에 강한 플라스틱으로서, 기계부품부터 자동차부품이나 소재까지 다방면에 사용할 수 있다. 제품경량화와 친환경 추세에 각광받고 있는 소재이다. 이러한 소재의 개발은 제품의 설계에도 많은 변화를 가져오고 있다.

가가 외주를 활용하는 것보다 높으면 외주를 이용하여야 하지만 보유기술이나 노하우가 외부로 유출될 가능성이 높은 경우는 내작을 하여야 한다. 이 결정은 설계단계에서 설계부서와 자재의 조달·구매부서가 협의하여 이루어진다.

02 환경문제를 고려하는 설계방식 도입

갈수록 사회적 요구나 소비자의 욕구가 자연과 환경을 보호하는 환경 친화적인 제품을 선호하는 추세이기 때문에 기업은 청정생산(clean production)을 위한 노력을 설계단계에서부터 수행해야 한다.

과거에는 공해문제에 대하여 주로 사후적인 대응을 하는 수동적인 방법을 많이 사용해왔으나 앞으로는 제품의 설계·생산·폐기까지의 전 과정에 환경보호를 위한 예방적 노력이 강조되고 있다.

예를 들면 투입된 원·부자재를 재활용할 수 있도록 하는 설계, 중고품을 재사용할 수 있는 설계, 폐기물의 양을 극소화시키는 설계, 제품의 크기를 소형화하여 자원사용을 줄이는 설계, 고장이 나지 않고 오래 사용할 수 있도록 하는 방법 등을 설계단계에서 고려하여야 한다.

환경친화적인 기업활동은 비용이나 원가를 증가시키는 요인이라고 인식하는 경우가 있지만, 장기적으로는 환경보호는 물론 기업이나 제품의 경쟁력을 향상시키는 중요한 방법이기 때문에 매우 중요하다.

03 디자인을 고려한 설계

디자인은 제품의 경쟁력을 높이는데 매우 중요한 핵심영역이 되고 있다. 특히 높은 수준의 디자인을 통하여 제품의 가치를 높이는 것은 기업과 소비자 모두에게 이익을 줄 수 있다. 동일한 성능을 가진 경우에도 디자인의 개선이나 개량을 통하여 가치를 극대화시킬 수 있다면 소비자에게 더 높은 만족을 주기 때문이다.

특히 디자인과 관련하여서는 최근 트레이드 드레스(trade dress)라는 기법이 각광을 받고 있는데, 이는 제품의 포장이나 용기 또는 제품 자체의 모양, 제품의 크기나 색채 등 제품의 고유한 이미지를 만들어내는 여러 가지 복합적인 요소를 의미하는 무형요소를 말한다. 즉 트레이드 드레스 기법은 간단하면서도 재미있는 디자인을 차별화의 경쟁우위 요소로 활용하고자 하는 기법이다.

설계단계에서 고려하는 디자인의 영역은 산업디자인, 시각디자인, 제품디자인으로 나누는데, 산업디자인의 효과는 기술개발을 통한 경쟁력 확보보다 훨씬 낮은 비용으로 그에 상응하는 부가가치를 창출할 수 있다.

따라서 최근에는 설계단계에서 이러한 디자인의 내용과 질에 상당한 비중을 두고 있다.

트레이드 드레스

트레이드 드레스(trade dress)란 제품의 용기, 포장, 모양, 색채, 디자인 등 제품의 외관을 형상화하여 무형적인 이미지의 차별화를 통하여 경쟁력을 유발하고자 하는 기법이다.

최근에는 이러한 개념을 활용하여 전자제품, 음료, 화장품 등의 디자인이나 용기를 차별화하거나 의류산업에서 독특한 디자인으로 자신만의 이미지를 구축하고 있다.

선진국에서는 트레이드 드레스를 지적재산권으로 분류하여, 법적으로 보호하고 있다.

Design for Manufacturing 기법

Design for Manufacturing기법이란 "제조공정을 고려한 제품디자인"으로서, 설계단계에서부터 부품을 단순화하고, 소요부품의 수를 줄이는 방법을 고려하는 디자인을 함으로서 생산과정을 신속하고 용이하게 진행하고자 하는 기법이다.

04 제품의 복잡성을 낮추는 설계

설계단계에서는 생산하는 제품의 기능과 종류를 지나치게 복잡하게 만드는 것을 피해야 한다. 설계단계에서 제품의 기능과 종류를 복잡하게 만드는 정도를 '제품의 복잡성'(complexity of product)[10]이라고 하는데, 제품의 복잡성이 높을수록 수익성, 제품의 신뢰도, 서비스의 질 등이 낮아질 수 있으며, 고장확률도 높아질 수 있다.

물론 제품을 개발할 때 제품군이나 기능을 다양화시키는 노력이 나쁜 것은 아니지만 비용절감과 수익성을 추구하여야 하는 기업으로서는 복잡성을 높여 수익성이나 경영효율을 떨어뜨리는 방법을 택해서는 안 된다. 따라서 기업이 제품을 개발할 때에는 다양함을 강조하는 것도 중요하지만, 복잡성의 제거(Remove the Clutter) 또한 중요한 개념이다. 왜냐하면 복잡성이

10) 제품의 복잡성을 나타내는 정도를 "복잡성 계수"라고 하는데, 제조기업에서는 가급적 복잡성계수를 낮추는 노력을 통하여 생산활동의 능률을 높이고 원가를 낮추고자 한다.

높다는 것은 고객의 요구를 올바르게 파악하지 못했다는 의미가 될 수 있기 때문이다.

제품의 복잡성을 줄였을 때의 기대효과는 부품의 수가 줄어 공정의 단축을 기대할 수 있으며, 부품을 공급하는 협력사가 줄어 외주관리를 효율적으로 할 수 있다.

따라서 설계단계에서는 제품이 가져야 할 핵심기능에 치중하는 설계를 위한 노력 즉 가급적 부품수를 줄이고, 모듈화를 꾀하며, 꼭 필요한 기능을 갖도록 설계하여 복잡성을 낮추도록 해야 한다.

소비자의 양면성

일반적으로 소비자들은 제품의 가치판단기준이 매우 까다롭고 다양함, 신선함을 요구하며 기존제품과 차별화되기를 원한다. 이러한 소비자의 요구를 충족시키기 위해 기업은 엄청난 시간과 노력을 투자해야 한다. 그러나 소비자들은 사용의 간편함과 작동방법의 단순함을 원한다. 이 같이 다양함과 단순함을 동시에 요구하는 것이 소비자의 양면성이다.

기업은 이러한 소비자의 요구를 충족시키기 위해서 설계단계에서 더 많은 고민에 빠지게 된다.

05 연결성을 높이는 설계

소비자가 요구하는 제품에 관한 정보는 정보통신기술(ICT)이나 빅 데이터(Big Data)를 활용하여 짧은 시간에 얻을 수 있으며, 설계 또한 3D나 4D를 이용할 수 있다. 즉 정보기술을 활용하면 소비자가 원하는 요구사항(소비자가 원하는 사용의 편리성, 호환성, 디자인 등)을 실시간으로 수집·분석하여 설계부서에 정확하게 제공할 수 있다. 따라서 기업은 정보기술을 최대한 활용하여 설계, 생산, 유통과정을 수행해 나가야 한다.

과거에는 설계단계에서 제품의 기본기능이나 품질만을 강조하였지만 최근에 소비자가 중요하게 요구하는 것 중 하나가 디지털 연결성(Digital connectivity)이다. 왜냐하면 소비자가 사용하는 제품끼리의 연결(connectivity)과 통합(integration)이 편리함과 기동력을 제공하기 때문이다.

이러한 연결성을 높이기 위해서는 설계단계에서 다른 제품과 연결할 수 있는 협력적 사고가 요구된다. 예를 들면 여러 가지 서로 다른 제품(가전기기와 교통·방범·에너지·보건, TV와 오디오, TV와 냉·난방기 등), 자동차, 주택 등의 기능이 하나로 결합하여 편리성과 함께 시간을 단축시키는 것이다. 따라서 자사만의 독자적인 제품속성을 고려하는 과거의 전통적인 방법의 설계는 한계를 가지게 되었다.

갈라파고스 신드롬

기업이 외부와의 교류 없이 자기 기업만의 고유기술을 과신하여 제품을 생산하는 경우 국제표준이나 시장에서 외톨이가 될 수 있다. 이렇게 혼자만의 제품이나 기술을 고집하다가 외톨이가 되는 것을 갈라파고스 신드롬(Galapagos Syndrome)이라고 한다.

06 융 · 복합기능의 설계

최근의 경영환경 변화 중 한 가지가 주문형(on-demand) 경제이다. 주문형 경제란 과거의 공급자 중심의 사고가 아니라 수요자가 제품에 관한 모든 것을 결정한다는 개념으로, 기업에서 제품을 설계할 때도 이러한 변화를 고려해야 한다. 최근에는 과거와 다른 소비자의 요구사항 중 하나가 갈수록 제품의 융 · 복합기능을 원하고 있다.

따라서 기업은 이러한 복합기능을 발휘할 수 있도록 복합설계(composite design)를 추구하여, 복합성을 유지하면서도 간편성을 제공하여야 하고, 다양한 경험이나 기능을 하나의 제품 혹은 한 공간에서 동시에 처리할 수 있게 함으로서 시간을 줄이며, 공간 활용도를 높이고자 하는 소비자의 욕구를 충족시키는 것이 필요하다. 즉 한 가지 제품에서 여러 가지의 기능을 수행할 수 있도록 설계하는 것이 중요하다.

다양화되어 가는 여러 가지 복합성

갈수록 시간과 비용을 절감하기 위한 소비자들의 요구가 강해지면서, 여러 가지가 복합된 제품, 업무, 공간을 선호하는 경향이 있으며, 기업도 이 같은 소비자들의 요구를 충족시켜 나가야 할 필요가 있다.

예를 들면 서로 다른 기능이 결합하여 더 큰 효용이나 가치를 발휘하여, 소비자의 다양한 욕구를 충족시켜 주는 것으로, 일종의 메디치 효과(Medici Effect : 여러 가지 다른 분야가 접목되어 창의적이고 혁신적인 아이디어를 창출해 내는 효과)라고도 할 수 있다. 이러한 예는 많은 분야에서 볼 수 있는데, 컴퓨터출력 + 전화기 + 복사기 + 팩시밀리 + 전자파일, 전화통화 + 문자 + 동영상촬영 + 카메라 + 시계, 음향기기 + 공기청정기 + 조명 등 수없이 많으며, 식음료와 서비스 산업에서도 반반제품 짬짜면(짬뽕+짜장면), 반반치킨, 반반야채쌈, 투톤립바(립스틱 한 개에 2가지 색), 투커피(아메리카노와 아이스 카페라테) 등이다.

또한 화장품 매장과 카페나 도서관을 동시에 운영하는 방식의 도입으로 소비자를 유인하고 있다.

업무의 복합화는 음료배달원이 반찬을 배달하거나 미국의 월마트는 퇴근하는 직원이 직접 배송하는 시스템을 도입하여 호응을 받고 있다.

이러한 예들은 모두 제품, 업무, 공간의 복합성이라고 볼 수 있다.

이 밖에도 부품을 모듈화하여 부품수를 줄일 수 있는 설계방법, 선적을 할 때 선적효율을 높일 수 있는 경제적 설계방법, 허용오차(limited tolerance)를 최대한 활용하는 설계기법 등을 활용하여 가장 이상적인 설계를 하여야 한다. 또한 생산비용을 절감하고, 생산과정에서의 효율을 높이고자 하는 모든 방법을 설계단계에서 고려하여야 한다.

실패형태영향분석

실패형태영향분석(FMEA : Failure Mode and Effect Analysis)이란 제품을 개발하는 설계단계에서 잠재적인 실패 가능성을 미리 예측하여 실패를 예방하고자 하는 체계적인 방법으로, 제품의 결함을 줄이고 제품개발의 성공가능성을 높일 수 있기 때문에 설계단계에서 행해야 하는 필수요건이다.

이러한 설계는 가상현실(VR : Virtual Reality)과 증강현실(AR : Augmented Reality) 기술이 일반화되면서 더욱 각광을 받고 있는 설계방식으로 자리 잡아 가고 있다.

제3절 신제품 개발 시 고려사항

기업이 신제품을 개발한다는 것은 소비자가 원하는 요구사항을 제품이나 서비스에 담아 시장에 출시하는 것을 의미하지만 동시에 기업의 지속성장을 위한 이익을 취할 수 있어야 한다. 즉 소비자가 원하는 바를 찾아내고, 그것을 시장에서 팔릴 수 있는 제품으로 생산할 수 있어야 하며, 동시에 이익을 챙겨 기업이 지속적으로 성장할 수 있어야 한다.

이러한 과정은 쉽지 않다. 왜냐하면 다양한 소비자의 요구를 집약하기가 쉽지 않으며, 그 요구사항을 가장 경제적으로 생산하기도 쉽지 않을 뿐만 아니라 시장에서는 매우 치열하게 경쟁하여야 하기 때문이다. 따라서 신제품 개발은 치밀하고 철저한 과정을 거쳐야 하는 어렵고 신중한 과정이다.

그러나 아무리 완벽하게 설계된 제품이라도 일정시간이 지나면서 경쟁 · 모방 · 유사제품이 출현하게 되는 것이 일반적이다. 모방당하지 않는 제품은 없기 때문이다. 따라서 신제품개발은 생산 후의 모방 · 경쟁과정에서도 경쟁력을 발휘할 수 있도록 지속적으로 개선하는 전략이 동시에 이루어져야 한다.

01 신제품 개발 시 고려해야 할 사항

과거와 다르게 시장과 경영환경은 매우 불확실하며 위험성이 높고 경쟁은 더욱 치열해지고 있다. 특히 소비자들의 욕구는 갈수록 다양해지고 있기 때문에 다양한 소비자의 욕구를 충족시키지 못하는 제품은 철저하게 외면당한다. 따라서 신제품의 개발은 소비자의 다양한 욕구를 충족시킬 수 있는 가치를 포함할 수 있도록 설계되어야 한다.

제품이 보유하는 가치는 성능, 품질, 가격 등의 차별적인 요소로부터 기대할 수 있는 것으로, 목표고객의 욕구를 충족시킬 수 있어야 한다.

개발하는 신제품이 성공하기 위해서는 다음과 같은 내용을 철저하게 고려해야 한다.

① 목표시장의 정확한 선정
② 목표소비자의 정확한 욕구파악
③ 경쟁사의 강 · 약점 분석
④ 자사의 강점을 발휘시킬 수 있는 제품전략
⑤ 시장점유율을 높일 수 있는 가격전략
⑥ 유통경로의 확보전략
⑦ 광고 및 판매전략
⑧ 해당 신제품의 미래 성장추이 분석

위의 내용은 신제품을 개발하고자 할 때 반드시 고려해야 하는 내용이며, 제품의 특성에 따라 더 많은 내용을 고려할 수 있는데, 그 내용 중 상당부분은 마케팅의 영역이기 때문에 마케팅 분야의 도움을 통하여 보다 철저한 생산활동의 기초자료를 확보할 수 있다.

02 신제품 개발을 할 때 피해야 할 내용

기업에서 신제품을 개발하기 위해서는 앞에서 설명한 바와 같이 사전 준비단계에서 고려해야 할 내용과 함께 생산과정과 판매 및 유통단계에서 고려해야 할 내용도 많다. 그 만큼 신제품개발이 까다롭고 간단하지 않으며 위험이 높다는 의미이다. 신제품개발을 잘못하여 기업이 망하는 경우도 상당히 많다는 것은 신제품개발의 어려움과 위험성이 높다는 것이며, 동시에 성공가능성이 높지 않다는 것을 의미이다.

따라서 신제품개발의 위험을 극소화시키기 위해서는 철저하고 치밀한 준비를 하여야 한다. 다음은 신제품개발이 실패하는 경우이다.

① 고객의 욕구를 충족시키지 못하는 신제품
② 단일기술만을 고려한 신제품 개발
③ 무게, 기능, 품질이 소비자의 요구보다 지나치게 높거나 낮은 제품
④ 신제품개발과 관련된 과도한 투자
⑤ 확실한 목표시장이나 고객을 설정하지 못한 경우

03 신제품 개발이 성공하기 위한 고려사항

기업에서 신제품을 개발한다는 것은 많은 시간, 비용, 노력 등을 전제로 한다. 그러나 이러한 요소가 투입되더라도 반드시 성공한다는 보장이 있는 것도 아니다. 위험성이 높은 신제품 개발이 성공하기 위해서는 위와 같은 요소 이외에 다음과 같은 내용들이 충족되도록 노력해야 한다.

예를 들면 신제품 개발을 능률적으로 수행 할 수 있는 조직, 개발의 성공과 실패경험이 있는 인적자원, 신제품 개발 아이디어를 자유롭게 제안하거나 활성화시킬 수 있는 기업문화가 필요하다.

과거에는 단순하게 제품을 낮은 가격으로 생산하고자 하는 측면을 강조하였다면, 최근에는 다음과 같은 내용을 신제품개발과정에 포함시켜 진행하여야 한다.

① 신제품개발은 기술적, 비(非)기술적인 면을 동시에 고려해야 한다.
② 충분한 경험을 가진 개발관련 인력과 조직을 확보하여야 한다.
③ 개발인력의 구성을 다양화시켜야 한다.
④ 개발과 생산 이외에 법률, 광고, 컨설팅 분야의 지원도 있어야 한다.
⑤ 신제품을 개발하는 초기 단계부터 기술의 경제성을 분석하는 것이 중요하다.[11)]
⑥ 치명적인 문제가 발견되면 개발을 중지할 수 있는 융통성이 있어야 한다.
⑦ 정보통신기술(ICT)과 결합된 복합 및 연결기능의 제품이 되어야 한다.

---

11) 이 같이 기술의 경제성을 분석하는 기법이 기술경영(MOT : Management Of Technology)의 개념이다. 기술경영에 관해서는 제6장 기술전략을 참조하기 바란다.

제4절 사이버 공간을 활용하는 설계

설계부서의 업무는 제품이 보유하여야 하는 기본정보를 설계도에 담아낸 후 그것을 제조현장으로 넘겨 생산활동이 이루어지게 하는 것이 고유한 업무였다. 그러나 갈수록 고려해야 할 요소가 많아지고, 설계과정의 효율을 높이고자 하고, 설계단계의 소요시간을 줄이고자 하는 많은 변화를 하고 있다.

예를 들면 사이버(cyber) 공간을 활용하는 설계방식이다. 사이버 공간을 활용하는 설계는 정보통신기술의 발전으로 다양한 방법이 일반화되어 가고 있는데, 대표적인 것이 가상현실(VR), 증강현실(AR)을 활용하는 방법 등이다. 이러한 설계기법은 갈수록 발전되어 설계기간을 단축시키며, 설계비용의 획기적인 절감을 가능하게 하고 있다. 또한 본국과 외국에 있는 생산기지와의 설계관련 정보를 사이버 공간에서 교환할 수 있기 때문에 시간의 단축은 물론 다양한 가치관과 능력을 가진 고급설계인력들과 원격작업과 협력도 가능하게 되었다.

이 같은 사이버 공간에서의 설계는 많은 이점(시간 단축, 다양한 아이디어의 결합 등)이 있는 것이 사실이지만, 이 방식은 분업의 개념과 함께 협업의 개념이 동시에 조화를 이루었을 때 효과가 극대화될 수 있는 것이다.

사이버 설계방식에서 기대할 수 있는 대표적인 이점은 다음과 같다.

① 설계시간을 단축할 수 있다.
② 거리가 떨어져 있지만 다양한 설계능력과 인력을 활용할 수 있다.
③ 설계비용의 절감을 기대할 수 있다.
④ 다양한 아이디어를 활용할 수 있다.
⑤ 다양한 소비자의 요구사항을 짧은 시간에 설계에 반영할 수 있다.

제 4 장 생산형태와 공정설계 및 배치

공정설계란 생산하고자 하는 제품이나 서비스의 특성을 고려하여 기계설비, 생산방법 등을 어떻게 할 것인가를 결정하는 것이다. 공정의 설계와 배치는 한번 확정하면 그 영향이 오래 지속되기 때문에 처음부터 신중을 기해야 할 필요가 있다.

기계설비는 일반설비와 특수설비로 구분할 수 있는데, 설비는 갈수록 진화되어 가고 있고 신뢰도는 높아지고 첨단화되어가고 있다. 설비가 첨단화되어 감에 따라 작업능률이나 작업방법이 달라지고 있다. 작업방법이 달라지기 때문에 작업인력에게 필요한 지식이나 교육 · 훈련 방법의 변화를 가져왔으며, 설비의 자동화나 4차 산업혁명 기술의 활용으로 작업인력은 갈수록 줄어들고 있다.

따라서 생산활동 중에서 공정설계는 매우 중요한 장기적 의사결정 문제로 접근하여야 한다. 왜냐하면 공정의 설계에 따라 설비의 종류, 설비배치, 작업자의 직무설계, 인력계획 등이 달라지기 때문이다. 또한 공정설계와 배치문제를 효율적으로 실행하기 위해서는 먼저 생산하고자 하는 제품의 특성에 맞는 생산형태를 살펴보고, 그의 특성에 맞는 설비의 배치, 전략, 공정관리기법을 확정하는 것이 유리하다.

따라서 본 장에서는 먼저 생산형태를 살펴보고, 그것에 의해서 이루어지는 공정의 형태 및 배치, 제품 · 공정전략, 공정의 균형화, 공정관리기법 등을 설명하고자 한다.

제1절 생산형태의 분류

생산형태는 관점에 따라 여러 명칭으로 구분되어진다. 주문여하에 따라 주문생산과 예측생산으로, 제품의 종류와 생산량의 많고 적음에 따라 다품종소량생산과 소품종다량생산으로, 생산흐름의 연속여부에 따라 단속생산과 연속생산으로 구분하기도 한다.

이와 같은 생산형태의 특성에 따라 생산설비의 선정과 배치, 작업자의 작업방법, 운반설비, 공정 간 재고, 작업지도 등의 내용도 달라지게 된다. 따라서 기업은 어떤 생산형태가 적합한지를 여러 기준으로 파악하고, 그 특성에 따라 생산형태도 다르게 구축하여야 한다.

생산하는 제품의 종류와 생산량의 크기에 따라 구분하는 소품종다량생산과 다품종소량생산, 조립형 생산과 전개형 생산의 내용을 살펴본다.

01 소품종대량생산

소품종대량생산이란 적은 종류의 제품을 대량으로 생산하는 연속생산시스템이다. 이 형태는 대량생산을 위한 전용(專用)설비를 이용하기 때문에 생산공정의 높은 신뢰도를 기대할 수 있고, 규모의 경제(economy of scale)이점을 기대할 수 있으며, 단위당 제조원가가 낮다는 이점이 있다. 이 시스템은 다음과 같은 특징이 있다.

① 자본집약적인 생산공정을 가진다.
② 설비투자규모가 큰 전용설비가 중심이 된다.
③ 작업자의 업무는 단순화되고 전문화된다.
④ 중점관리의 대상은 재고・원자재관리 및 설비의 가동률 등이다.
⑤ 생산공정의 통제가 수월하다.
⑥ 생산하는 제품의 품종수가 적기 때문에 수요변화에 대한 탄력성이 약하다.

이와 같은 특징의 소품종대량생산은 시장의 규모가 크고 대량소비가 이루어졌던 과거에는 매우 유리한 생산방식으로 인식되어 많은 생산기업에서 채택하였으나 소비시장의 요구가 갈수록 전문화・개성화・다양화・차별화되면서 많은 약점을 갖게 되었다. 즉 과거와 같은 균일화, 규격화, 대량화의 특징을 가진 소품종대량생산은 다양화된 소비자의 요구를 더 유리하게 충족시켜 줄 수 있는 다품종소량생산 방식으로 전환되기 시작하였다.

02 다품종소량생산

다품종소량생산이란 품종이 다양하고, 수요 및 생산량이 소량이며, 주문에 의하여 제품을 생산하는 단속생산시스템으로, 다양한 제품을 소량으로 생산하기 때문에 범용(凡用)설비를 이용하는 것이 유리하다. 또한 이 형태는 생산계획과 통제가 제품별로 이루어지기 때문에 매우 복잡하며, 사양이 자주 바뀌고 소량을 생산하는 제품생산에 유리하다. 다품종소량생산의 특징은 다음과 같다.

① 제품의 종류가 많기 때문에 수요에 대한 탄력성이 강하다.
② 여러 가지 주문에 대응하여야 하기 때문에 범용설비가 유리하다.
③ 생산활동의 통제가 복잡하고 어렵다.
④ 작업자는 제품생산에 필요한 풍부한 경험과 지식을 갖고 있는 숙련공이 유리하다.
⑤ 단위당 생산원가가 높다.

소품종대량생산이 일반적으로 시장의 규모가 큰 제품을 대량생산하는 대기업에게 적합하다면, 다품종소량생산은 시장규모가 세분화되어 작고, 소비자의 요구와 제품의 사양이 자주 바뀌는 제품생산에 유리하다. 또한 다품종소량생산이 시장의 변화에 기동력 있게 대응할 수 있는 유리한 방법이지만, 생산방식을 운용하는 데는 여러 가지 어려운 면들이 많기 때문에 이 방식을 도입할 때는 그 내용들을 충분히 고려하여야 한다.

이 같은 두 가지 생산형태의 일반적 특성을 상호 비교한 것이 〈표 4-1〉이다.

〈표 4-1〉 소품종대량생산과 다품종소량생산의 특성

관리항목	소품종대량생산	다품종소량생산
제품	제품의 사양 결정을 생산자가 행한다.	제품의 사양결정을 고객(주문자)이 행한다.
가격	생산자가 결정한다.	일반적으로 고객의 요구에 따라 결정된다.
품질	품질변동이 적고 호환성이 요구된다.	품종마다 각각의 품질규격이 필요하다.
검사	일반적으로 샘플링방식	전수검사 방식
생산방식	적은 품종을 반복생산	많은 품종을 소량생산
생산과 판매	생산한 다음 판매하는 방식	판매한 다음 생산하는 방식
기계설비	특수기계(전용기계)	일반기계(범용기계)
공정능력	각 공정의 생산능력은 균형을 유지하는 것이 중요	공정의 균형화보다는 고객의 요구사항을 충족시키는 것이 더 중요
계획	사전계획 즉 공정의 설계계획, 레이아웃 계획이 중요하다	수주 후에 생산계획 즉 순서와 일정계획 등을 수립한다
재고	생산수준을 가급적 일정하게 하고 수요의 변동에 적응하기 위한 재고관리가 중요	수주로부터 납품까지의 기간을 단축하고 재공기간을 줄이기 위해서는 원자재의 재고관리가 특히 중요
생산속도	공정 간의 이동이 빠르다.	공정 간의 이동속도가 느리다.
운반	연속공정(컨베이어 벨트 등)을 사용하므로 체계적으로 진행된다.	수작업이나 생력기계(labor saving machine) 등을 사용하며, 운반회수가 많고 길다.
설비의 보전	예방보전이 요구된다. 이것이 잘 안되면 생산계획의 수행이 큰 장애를 받는다.	사용 중의 보전(사고보전)이 중요하다.
준비시간	(제품 단위당)짧다.	(제품 단위당)길다.
표준화	공정, 기술, 작업, 원재료, 부품의 표준화가 중요하다.	공정이나 작업방법의 표준화가 어렵다.
작업지도	작업이 단순 · 표준화되어 있기 때문에 작업지도 횟수는 적다.	표준화가 미흡하여 작업지도 횟수가 많다.
숙련도	분업화되어 있으므로 숙련도가 덜 중요하다.	작업자의 숙련도가 매우 중요하다.

03 조립형 생산과 전개형 생산

생산형태를 분류하는 또 다른 방법 중 하나가 조립형(組立型)생산과 전개형(展開型)생산이다.

1) 조립형 생산

전통적인 생산방식으로 부품이나 원재료가 조립공정을 거치면서 완제품으로 만들어지는 형태를 말한다. 대표적인 산업은 자동차, 전자제품, 시계 등 모든 조립 산업이 이에 해당된다([그림 4-1], [그림 4-2] 참조).

[그림 4-1] 조립형 생산 (I)

[그림 4-2] 조립형 생산 (II)

2) 전개형 생산

단일 원재료가 가공공정을 거치면서 다양한 완성품으로 만들어지는 경우로서,[1] 석유화학산업이 대표적이다([그림 4-3] 참조).

[그림 4-3] 전개형 생산

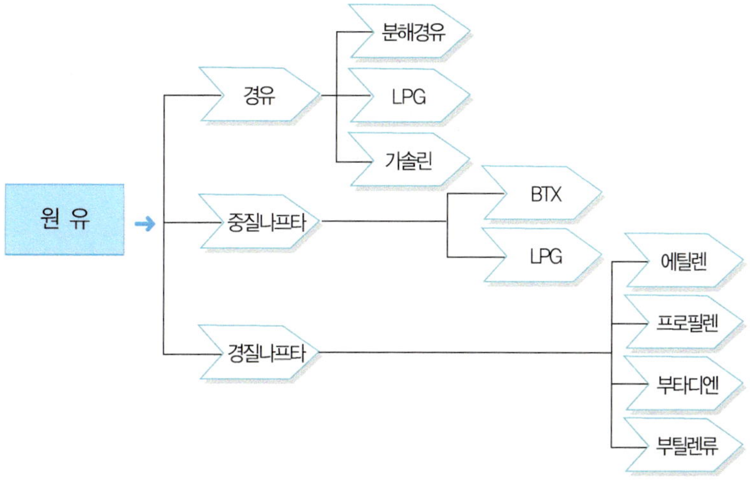

개별생산시스템 시대

소품종대량 및 다품종소량생산시스템은 전통적으로 기업의 일방적인 생산방식이라고 볼 수 있다. 그러나 소비자나 시장 중심의 생산이 강조되면서 소비자 개개인의 욕구를 충족시키는 매스 커스터마이제이션(mass customization)이나 개별생산시스템이 일반화되어 가고 있다.

더욱이 최근 정보통신기술(ICT)의 발전과 IoT, 3D, AI, 각종 센서기술 등의 결합은 스마트 팩토리(smart factory)를 출현시키고 있는데, 스마트 팩토리는 시장의 모든 데이터를 수집, 분석, 통합하여 스스로 의사결정을 하는 데이터기반의 운영체계(Data Driven Operation : DDO)를 말한다.

스마트 팩토리체제에서는 수요나 주문의 데이터를 실시간으로 파악하여 제조현장으로 전달하고, 24시간 생산활동을 유지할 수 있기 때문에 높은 생산성과 품질혁신을 기대할 수 있다. 특히 이는 개개인이 원하는 모든 요구사항(품질, 디자인, 성능, 시기 등)을 정교하게 반영하여 설계, 생산, 조달, 서비스할 수 있다.

이와 같은 기술의 발전은 과거 및 기존에 개발되었던 수요예측, 생산계획, 구매관리, 현장관리, 재고관리 등의 모든 기법이나 이론을 새로운 방식과 패러다임으로 전환시키고 있다.

---

1) 전개형 생산은 분해되면서 제품이 만들어지기 때문에 일명 분해형(分解型) 생산이라고도 한다.

제2절 설비배치의 유형

설비배치란 작업장에서 설비의 공간적 · 시각적인 구성을 최적화시키는 것을 말하는데, 설비배치를 어떻게 하느냐에 따라 작업의 능률, 가공물의 운반효율, 기계의 가동률, 생산능률 등이 달라질 뿐만 아니라 공간의 활용도, 작업장의 환경, 작업자의 심리적 안정감에도 많은 영향을 미치게 된다.

기업에서 설비배치를 하는 경우는 생산량을 늘리기 위한 배치, 기존의 잘못된 배치를 개선하기 위한 경우, 신설비로 교체하는 등과 같은 여러 가지 상황에 따라 다양한 방법이 있다.

01 설비배치의 목적

설비배치는 생산하고자 하는 제품과 작업의 특성, 조립부품의 많고 적음, 설비의 특성, 작업장의 크기 등에 따라 여러 가지 배치방법을 생각할 수 있다. 어떠한 형태의 설비배치 방법을 선택하더라도 궁극적으로는 높은 생산성, 작업효율의 극대화, 작업의 안전도, 산업재해 예방 등의 효과를 기대할 수 있어야 한다. 설비배치가 잘된 작업장은 다음과 같은 효과를 기대할 수 있다.

① 잘 정돈된 상태를 유지할 수 있기 때문에 공간활용도가 높아진다.
② 쾌적한 작업환경으로부터 종업원의 높은 직무만족도를 기대할 수 있다.
③ 작업장 내의 흐름을 원활하게 하여 운반효율을 높인다.
④ 기계가 고장났을 때 수리가 원활하고, 보전활동도 용이해진다.
⑤ 작업능률과 생산성 및 작업자의 안전을 높이고, 산업재해를 예방할 수 있다.

02 설비배치의 유형

설비배치는 그 유형에 따라 공정별 배치(process layout), 제품별 배치(product layout), 프로젝트 배치(project layout)로 구분할 수 있다.

1) 공정별 배치

공정별 배치(process layout)는 일정한 장소나 기계설비에 작업기능을 부여하고 제품의 가공순서에 따라 작업공정이 달라지게 된다. 제품의 특성에 따라 작업순서가 달라지기 때문에 작업장이 매우 복잡하고 능률(작업 및 운반효율 등)이 낮은 단점이 있으며, 범용설비로 다양한 제품을 생산하여야 하기 때문에 숙련도가 높은 작업자를 활용해야 한다([그림 4-4] 참조). 이 배치방법은 사양이 자주 바뀌는 주문생산이나 다품종소량생산에 적합한 형태이다. 공정별 배치의 장·단점은 나타낸 것이 〈표 4-2〉이다.

[그림 4-4] 공정별 배치

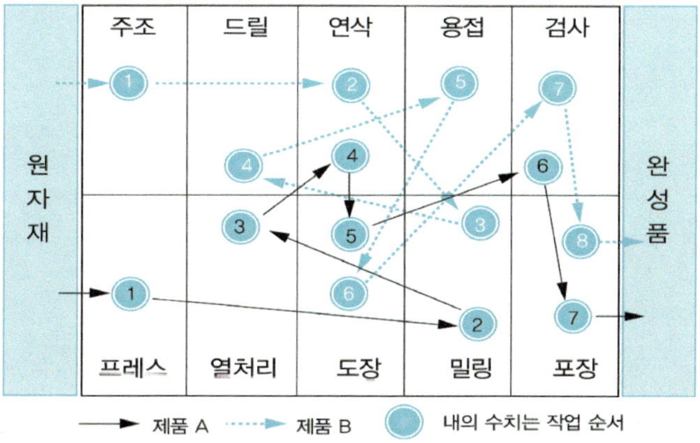

〈표 4-2〉 공정별 배치의 장 · 단점

장 점	단 점
① 변화(수요변동, 제품의 변경, 작업순서의 변경 등)에 대한 유연성이 높다. ② 범용기계를 이용하므로 설비투자 규모가 작다. ③ 작업자의 숙련도가 높기 때문에 기계고장 등 문제가 발생했을 때 대응력이 높다. ④ 적은 수량을 제조할 때에는 제품별 배치에 비하여 생산원가 면에서 유리하다. ⑤ 작업자는 다양한 작업을 하기 때문에 직무만족도가 높다.	① 제품별 배치보다 단위당 생산코스트가 높다. ② 운반거리가 길고 운반효률이 낮다. ③ 가공물의 가공속도가 느리다. ④ 재고와 재공품이 차지하는 면적이 넓어진다. ⑤ 주문별로 제품의 일정계획 등이 다르기 때문에 공정 및 작업관리가 복잡하다. ⑥ 생산시스템의 계획 및 통제가 복잡하다. ⑦ 설비가용률이 낮다.

2) 제품별 배치

제품별 배치(product layout)란 전문화된 기계설비를 제품의 가공 · 조립순서에 따라 배치하는 방법이다. 제품별 배치는 일반적으로 컨베이어 벨트(conveyor belt)를 이용하여 기계설비를 연결하는 경우로서, 설비가 전문화되어 있고 생산능력이 크기 때문에 제품의 생산량과 수요량이 대량이고 설계변경을 자주하지 않는 제품생산에 유리하다([그림 4-5] 참조). 조립산업의 대표적인 업종은 자동차, 전자제품, 시계산업 등이지만 최근에는 조립산업에서도 주문을 받은 후 생산하는 시스템(BTO : Build To Order)을 활용하여 소비자에게 맞춤형 제품을 공급하는 것이 일반화되고 있다.

제품별 배치의 장 · 단점은 〈표 4-3〉이다.

[그림 4-5] 제품별 배치

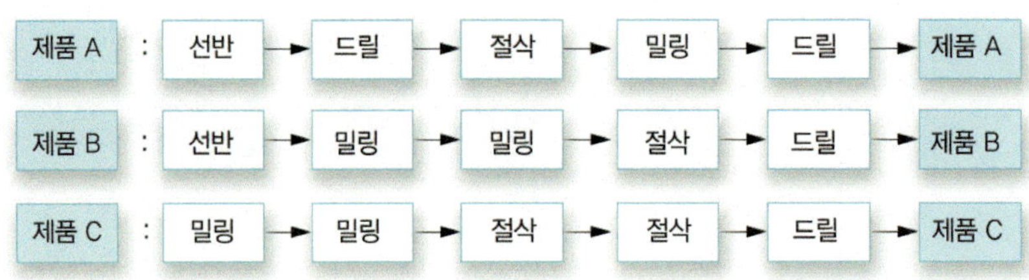

〈표 4-3〉 제품별 배치의 장 · 단점

장 점	단 점
① 단위당 생산원가가 공정별배치보다 훨씬 낮다. ② 운반거리가 짧고 작업 및 가공속도도 빠르다. ③ 재고와 재공품 수준이 낮아진다. ④ 공간활용률이 높고, 배치가 체계화 되어 있어 작업자의 심리적 만족도가 높다. ⑤ 일정계획이 단순하므로 관리가 용이하다. ⑥ 작업이 단순하여 작업자의 훈련 및 감독이 용이하다.	① 소품종이기 때문에 수요의 탄력성이 낮고, 제품의 설계가 바뀌면 많은 변경비용이 소요된다. ② 설비투자액의 규모가 크다. ③ 기계의 고장이 전체공정에 영향을 줄 수 있다. ④ 생산량이 작을 때는 공정별 배치에 비하여 생산코스트가 높아진다. ⑤ 작업이 단조롭기 때문에 직무만족도가 낮아진다.

03 프로젝트 배치

프로젝트 배치(Project Layout)는 생산하고자 하는 제품이나 시스템의 규모가 매우 크고, 그 구조 또한 복잡한 경우에 적합한 배치형태로서, 위치고정형 배치(Fixed Position Layout)라고도 한다. 이 배치는 생산하는 가공물을 움직이는 대신 제품생산에 필요한 원자재·기계 설비·작업자 등을 제품이 위치할 장소에 접근시켜 작업이나 제품을 완성하는 형태이다([그림 4-6] 참조). 가령 미사일, 항공기, 토목건축 공사장(댐, 교량 등)에서 볼 수 있는 배치형태로 사전에 정해진 장소로 생산에 필요한 자재와 기계설비를 옮겨 생산(가공)하는 형태이다.

[그림 4-6] 프로젝트(위치고정형) 배치

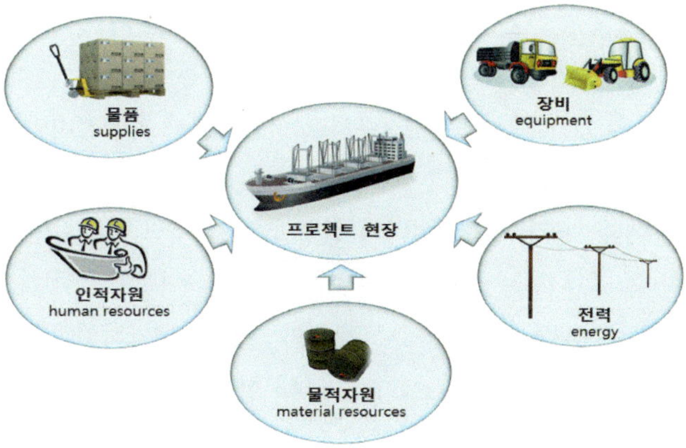

프로젝트 배치는 다음과 같은 몇 가지 점들을 유의해야 한다.

① 자재의 적시도착이 매우 중요하다. 왜냐하면 적시도착이 이루어지지 않으면 작업장이 혼잡해지고 작업 및 공기(工期)에 치명적인 영향을 줄 수 있기 때문이다.

② 비반복적이기 때문에 작업이 이루어질 때마다 새로운 관리방식·작업방법이 개발되어야 한다.

③ 필요한 자재는 사용빈도에 따라 발주방식을 달리해야 한다.

④ 공기(工期)관리를 위해 발주처와의 거리를 중요하게 고려해야 한다.

이 방식의 장점과 단점은 〈표 4-4〉와 같다.

〈표 4-4〉 프로젝트 배치의 장 · 단점

장 점	단 점
① 생산물의 이동거리를 최소한으로 줄일 수 있다. ② 다양한 가공물(작업)을 신축성 있게 제조할 수 있다. ③ 크고 복잡한 가공물의 생산에 적합하다.	① 제조현장까지 자재와 기계설비를 옮기려면 많은 시간과 비용이 소요된다. ② 기계설비의 이용률이 낮다. ③ 고도의 기술 · 숙련도를 필요로 한다.

04 기계의 선정 · 배치가 안전에 미치는 영향

작업자의 안전을 최우선으로 강조하는 최근의 경영환경에서 기계설비의 선정이나 배치에 관한 문제는 매우 중요하게 인식되고 있다. 왜냐하면 설비 및 배치가 작업자의 안전에 미치는 영향이 매우 크기 때문에다. 따라서 기계설비의 선정단계에서부터 작업자의 안전을 고려하여 재해를 예방하여야 한다. 즉 어떤 기계를 선정하느냐 그리고 어떻게 배치하느냐에 관한 문제를 신중하게 접근하여 생산성향상 물론 사고나 재해의 발생을 예방하여야 한다.

설비를 선정할 때는 경제적 요인(economic factors)과 함께 질적 요인(qualitative factors)인 안전성, 신뢰성, 공해발생 여부, 설비의 보전과 유지 등을 고려하여 선정하여야 한다. 동시에 설비를 현장의 특성에 맞게 꾸준히 개량 · 개선하여 작업자가 더 안전하게 일할 수 있도록 해야 한다.

최근에는 자동화설비를 비롯한 인공지능(AI), 사물 인터넷(IoT), 로봇, 각종 센서의 결합으로 작업현장을 구축하는 스마트 공장(smart factory)의 출현으로 높은 생산성과 함께 작업자의 안전과 산업재해를 획기적으로 줄이고 있지만, 첨단화된 작업장도 기계설비의 오류가 발생하면 그 피해는 상상할 수 없을 정도로 커질 수 있다.

1) 기계설비의 선정

기업에서 기계설비를 선정할 때는 경제적 요인만을 고려하여 선정하기 보다는 질적 요인도 충분히 고려하여 기계를 선정하는 것이 중요하다. 가령 기계설비의 안전도는 높은지, 작업자가 작업을 할 때 편리성이 있는지, 가공물의 신뢰도는 높은지, 기계설비가 고장이 났을 때 유지 및 보수를 수월하게 할 수 있는지 등의 문제를 중요하게 고려하는 작업자 중심의 선정기준이 되어야 한다.

기계설비의 성능이 뛰어나더라도 작업자의 안전에 문제가 있는 기계설비라면 작업자에게 심리적인 불안감을 주기 때문에 작업능률이 낮아지고 사고의 확률도 높다.

설비를 선정할 때 생산성, 능률과 함께 사고와 재해를 방지할 수 있는 다음과 같은 기준을 고려해야 한다.

첫째, 안전한 작업이 가능한 설비여야 한다.
둘째, 작업자가 실수·오작동을 하는 경우에도 사고를 예방할 수 있는 기능이 장착되어 있어야 한다.
셋째, 동력(전기)의 갑작스런 중단에도 안전한 상태를 유지할 수 있는 장치가 포함되어 있어야 한다.
넷째, 경제적 요인보다는 갈수록 질적 요인의 기준을 강화해야 한다.

이러한 기준을 충족시키는 기계설비는 다소 설비가격이 비싸더라도 재해방지를 위해 꼭 필요한 요소이다. 설비의 선정과 배치가 잘못되어 발생하는 사고나 재해의 손실규모가 매우 크기 때문이다.

2) 설비배치가 안전에 미치는 영향

작업현장의 설비선정과 배치가 잘 이루어진 쾌적하고 안전한 작업장에서는 작업자의 노동생산성이나 설비생산성이 향상되고 안전도를 올려 산업재해를 예방할 수 있다. 또한 아무리 비싸고 안전도가 높은 설비라도 설비배치(layout)가 잘못 이루어진다면 능률이 낮아지는 것은 물론 사고의 발생 가능성이 높아진다. 따라서 설비의 선정과 배치는 생산성·능률의 향상, 작업자의 안전, 사고나 재해의 예방 등을 복합적으로 고려하여야 하며, 설비와 작업자가 일체감을 가질 수 있도록 설비를 배치해야 하고, 생산공정의 균형화(LOB : Line of Balance)도 꾀할 수 있어야 한다.

이러한 요소들이 잘 조화를 이룬 최적의 설비배치는 작업자의 사기 향상, 운반효율의 향상에 따른 운반비용의 절감, 작업환경개선을 통한 높은 공간활용 등을 기대할 수 있다.

최근에는 스마트 공장(smart factory)의 출현으로 작업현장은 첨단화 · 고도화된 4차 산업혁명의 기술로 과거와 다른 설비배치, 생산성 향상 방법, 안전관리 방식 등이 개발되고 있으며, 인간의 노동은 갈수록 줄어가고 있는 추세이다.

고령화시대의 작업환경개선

최근의 세계적인 추세 중 하나가 고령화이다. 이에 따라 작업현장도 그레이 컬러(gray color : 일하는 고령자)시대에 맞게 변하고 있다. 고령자는 젊은 사람에 비해 청력, 시력의 저하에 따른 안전사고의 위험이 높기 때문에 설비의 선정과 배치에 더욱 많은 신경을 써야 한다.

기업이 나이 많은 고령자를 활용하면 노련한 경험과 숙련기술을 낮은 임금으로 활용할 수 있으며, 고령자에게 일의 즐거움을 갖게 하는 윈윈(win win)의 결과를 기대할 수 있다.

선진국들은 인구의 고령화에 따른 작업자의 고령화 문제에 대비하여 정년연장, 보조금 지급 등으로 고령근로자의 취업을 장려하고, 작업환경의 개선을 위하여 많은 노력을 하고 있다. 고령화시대에 대비한 작업환경 개선 방법의 내용은 다음과 같다.

① 근무시간을 탄력적으로 조정한다.
② 설비의 자동화 추진으로 육체적 노동의 크기를 줄인다.
③ 작업장 내 전등의 조도(照度)를 높인다.
④ 작업장 바닥에 고무매트를 깔아 관절의 피로를 줄인다.
⑤ 작업대의 높이를 조절하여 허리를 굽히지 않도록 한다.
⑥ 고령자를 위한 건강 프로그램(건강센터 운영, 헬스 케어 트레이너 배치, 영양사 고용 등)을 운영하여 건강검진과 함께 운동의 기회를 제공한다.

제3절 생산시스템의 여러 가지 유형

기존의 생산시스템을 개선하여 현재보다 높은 생산성과 능률을 유지하기 위하여 제조현장에서는 생산시스템의 혁신노력을 지속적으로 행하고 있는데, 전통적인 방법의 작업현장에 디지털기술을 접목하여 새로운 형태의 생산시스템으로 전환하는 노력을 하고 있다. 예를 들면 과거 대량생산체제의 가장 바람직한 형태로 각광받았던 일(一)자 모양의 컨베이어 벨트를 이용하는 공정은 서서히 퇴조하는 추세를 보이면서, U라인, 셀(cell)라인, 병렬라인, 혼류생산 시스템 등이 새로운 생산형태로 자리잡고 있으며, 특히 사물 인터넷(IoT), 인공지능(AI), 3D, 빅 데이터(Big Data), 산업용 로봇 등의 기술이 정보통신기술(ICT)과 접목된 스마트 공장(smart factory)의 출현은 기존 생산시스템의 모든 패러다임을 바꾸어 나가고 있다.

생산시스템의 이 같은 변화는 소비자들의 다양한 요구를 가장 경제적 · 능률적으로 생산하기 위한 생산시스템의 혁신이기도 하다.

01 컨베이어 벨트 시스템

컨베이어 벨트(conveyor belt) 시스템은 포드 시스템에서부터 최근까지 제조공정을 구축하는 데 가장 표준화된 방법으로 인식되고 있는 시스템이다. 컨베이어 벨트 시스템은 작업을 계획된 순서에 의해 세분화 · 단순화된 형태로 분할하여, 순차적으로 작업이 진행되도록 공정을 설계한다. 또한 자원이 투입되는 초기단계부터 최종단계에 이르기까지 가장 최적화된 순서와 시간으로 진행되도록 기계설비도 계획된 작업순서대로 배치되어야 한다([그림 4-7] 참조).

컨베이어 벨트 시스템은 생산성이나 능률을 높일 수 있는 혁신적인 방법이지만 투입된 자원의 가공공정이 유연하지 않다는 단점이 있다. 즉 고객의 요구가 다양하게 변하는 상황에서는 공정도 유연하게 대처하여 다품종과 소량생산을 하여야 하는데, 컨베이어 시스템은 공정의 전환을 자유롭게 행할 수 없다.

[그림 4-7] 컨베이어 벨트 시스템

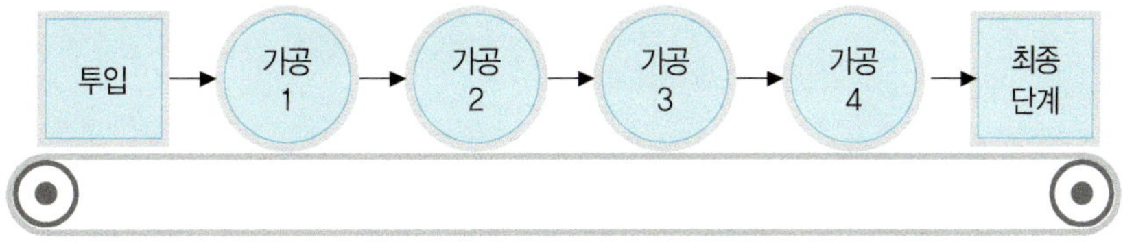

02 U라인 시스템

U라인이란 소수의 작업자가 투입단계에서부터 최종검사단계까지 전체공정을 책임지고 완성하는 작업방식으로, 작업자의 만족도가 높으며, 라인의 유연성이 확보될 수 있고, 작업자의 책임

감을 높일 수 있는 시스템이다. 이 방식은 다품종소량생산 시스템에 적합한 형태이며, 영어 알파벳의 U자 모양을 따서 U라인 시스템이라고 한다([그림 4-8] 참조).

[그림 4-8] U라인 시스템

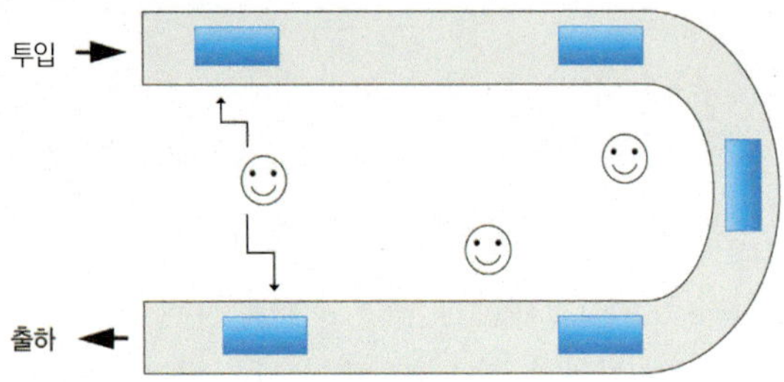

03 셀라인 시스템

셀(cell)라인이란 하나의 독립된 셀(공간) 안에서 조립에서 포장까지의 모든 공정을 완료하는 방식으로, 셀마다 생산모델을 바꿀 수 있기 때문에 여러 가지 모델을 생산하는 다품종변량생산에 유리하다([그림 4-9] 참조). 셀라인은 한 작업장에 1인에서 10명 정도의 작업자가 투입되어

[그림 4-9] 셀라인 시스템

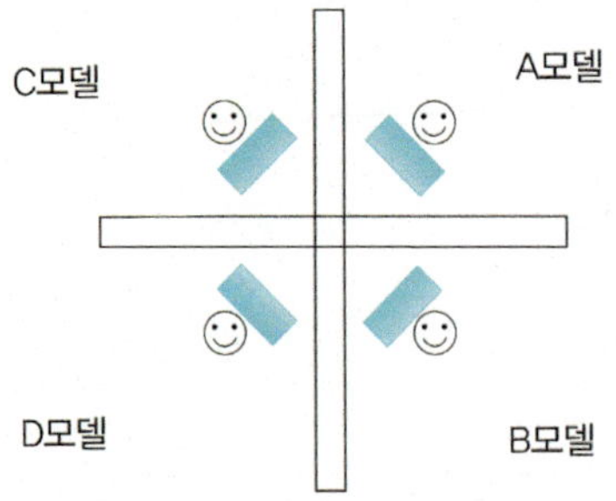

작업을 수행하는데, 일(一)자형 라인생산방식보다 작업자의 성취감이 높은 생산방법이고 숙련 작업자가 투입되는 것이 유리하다.

셀라인 시스템은 다음과 같은 특징이 있다.

- 작업공간이 작기 때문에, 공정 간 리드타임이 단축된다.
- 작업자는 다기능의 여러 가지 작업을 하기 때문에 작업만족도가 높다.
- 생산품이 변경되는 경우도 작업방법이나 과정을 수월하게 전환할 수 있기 때문에 공정을 유연하게 운영할 수 있다.

04 혼류생산 시스템

혼류(混流)생산 시스템이란 일(一)자 라인에서 여러 가지 모델의 제품을 만드는 일종의 시간차 생산방식이다. 예를 들면 한 라인에서 A라는 모델을 생산하다가 1시간 후에 B모델로 바꾸고, 또 일정시간 후에 C모델로 바꾸는 식으로서, 한 개의 생산라인에서 2개 이상의 제품을 생산하는 시스템으로 일본의 토요타자동차에서 처음 도입한 방식이다. 대표적인 예는 여러 가지 모델의 제품을 생산하는 조립산업에서 많이 볼 수 있다([그림 4-10] 참조).

혼류생산 시스템은 부품을 공급하는 협력업체와의 유기적인 협력관계가 매우 중요한데, 그 이유는 부품이 생산계획에 맞추어 적시에 공급되지 않으면 작업의 중단과 납기를 지킬 수 없기 때문이다.

[그림 4-10] 혼류생산 시스템

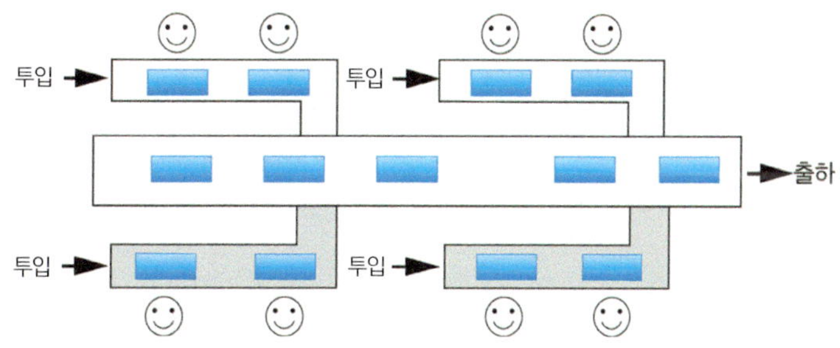

05 병렬라인 시스템

병렬라인이란 병목현상(bottleneck)이 발생하는 공정을 병렬형태로 구축하여 지연공정을 해소하거나 작업시간을 단축하는 형태로서, 일(一)자 라인의 특정 공정(시간이 많이 걸리는 공정)에서 정체되는 것을 해결할 수 있는 방식이다. 병목현상이 많이 발생하는 공정에 추가적인 설비나 인력을 배치하여 작업시간을 줄여줌으로서 능률이나 생산성을 높일 수 있는 시스템이다([그림 4-11] 참조).

[그림 4-11] 병렬라인 시스템의 예

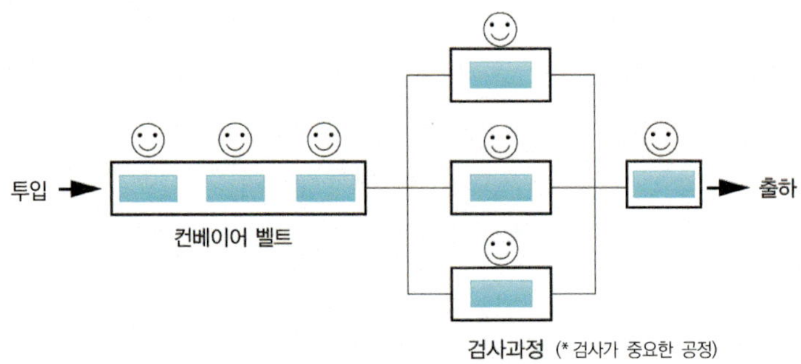

06 스마트 공장

스마트공장(smart factory)[2]이란 4차 산업혁명기술(Iot, AI, Big Data, 3D, collaborative robot, sensor 등)을 활용하고 융·복합하여 스스로 모든 생산활동을 수행하는 생산방식이다. 이는 생산과 관련된 모든 데이터를 무선으로 연결·수집하고, 다른 객체들과 데이터를 주고받으면서 전 공정을 모니터링하고 분석하면서 생산활동을 수행하는 지능형 생산시스템이다.[3]

---

2) 중소벤처기업부는 스마트 공장을 "데이터에 기반 해 제품과정을 컨트롤하고 개선해 나가는 지능형 공장"이라고 정의한다.
3) 스마트 팩토리를 공장 자동화와 혼동하여서는 안 된다. 공장 자동화란 생산을 위한 단순한 작업을 기계로 대체하는 것이며, 단위공정별 시스템은 최적화는 할 수 있지만 단위공정이 서로 유기적으로 연결되지는 않는다.

예를 들면 제품의 기획 · 설계 · 디자인 · 개발 · 제조 · 유통 · 부품 · 완제품 · 설비기기 등에 관한 모든 정보가 정보통신기술로 결합하여 다품종소량 및 대량생산이 가능하기 때문에 생산성, 품질, 고객만족을 높일 수 있다. 또한 스마트공장은 생산과정에서 발생하는 불량품을 추적할 수 있으며, 불량품이 발생한 공정을 찾아 즉시 개선할 수 있고, 각종 설비가 언제쯤 마모되고 교체해야 하는지를 실시간으로 알려주며, 인건비 비중을 낮추고, 24시간 생산활동을 할 수 있으며, 품질 수준을 극대화할 수 있다. 스마트 공장이 더욱 능률적으로 운영되기 위해서는 일하는 방법과 조직문화까지 변해야 한다.

[그림 4-12] 스마트 공장의 구성요소

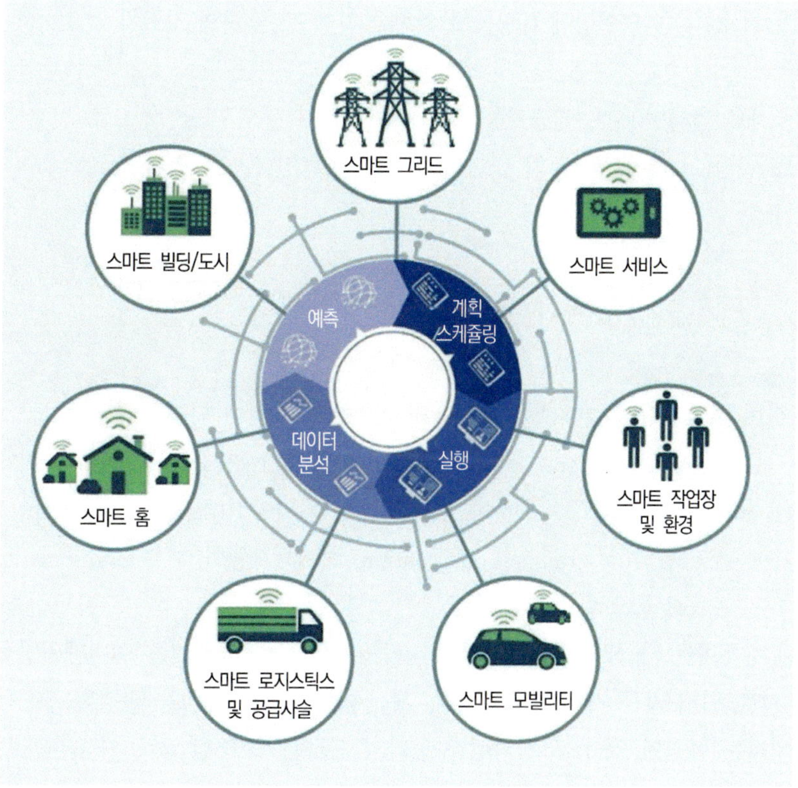

제4절 설비의 자동화

01 자동화의 개념과 기대효과

제품・서비스의 제조현장에서 설비의 자동화(automation)란 작업이나 생산공정을 스스로 조정(self-control)[4)]하거나 피드백 콘트롤(feedback control)[5)]하면서 작업을 연속적으로 행할 수 있는 설비를 말한다. 자동화의 기술발전으로 그 적용분야가 갈수록 확대되어 부품의 가공은 물론 조립, 처리와 저장, 품질검사 등을 자동화 설비로 행할 수 있다.

제조기업에서 자동화 설비를 설치하였을 때 기대효과는 ① 생산성 향상, ② 품질의 균일화, ③ 노동력의 대체, ④ 임금인상에 대응, ⑤ 위험한 작업으로부터의 작업자 보호, ⑥ 생산시간의 단축 등 매우 많다.

최근에는 사물 인터넷(IoT), 인공지능(AI), 산업용 로봇 등의 기술발전으로 전체 공정이 자동화된 스마트 공장(smart factory)의 출현이 이루어지고 있다.

02 자동화의 유형

자동화 설비의 유형을 구분하는 기준은 작업방법과 특성에 따라 여러 가지가 있다. 예를 들면 사무자동화(business automation), 프로세스 자동화(process automation), 기계적 자동화(mechanical automation) 등으로 구분하거나, 고정화된 자동화(fixed automation), 프로그램으로 조작이 가능한 자동화(programable automation), 유연 자동화(flexible automation), 산업용 로봇(industrial robot) 등으로 구분한다.

고정화된 자동화는 가공하는 순서에 따라 자동화설비를 고정시키는 설비배치방식을 말하는데, 설비투자를 위해 많은 자본이 요구되며, 생산성은 높으나 제품을 변경하고자 하는 경우에 융통성이 낮다는 단점이 있다. 고정화된 자동화의 시작은 1913년 포드 자동차의 컨베이어 시스템과 1920년대의 트랜스퍼 라인(transfer line) 등으로 볼 수 있다.

---

4) 작업프로세스에서 산출된 결과가 기준과 다를 때 스스로 초기의 원인 쪽으로 되돌아가는 것을 말한다.
5) 제품의 가공과정에서 작업의 결과가 기준에서 벗어날 때 피드백 원리에 의해서 목표치에 도달되도록 하는 것으로, 그 방식은 open-loop system방식과 closed-loop system방식이 있다.

프로그램으로 조작이 가능한 자동화란 가공물의 작업내용이 사전에 설정한 작업지시프로그램에 의해 통제되는 시스템으로 범용기계에도 적용할 수 있는 시스템이다. 고정화된 자동화보다는 융통성이 있지만 생산성이 다소 낮기 때문에 뱃치(batch)방식과 같은 중간정도의 생산크기를 생산하는데 유리하다. 이 자동화는 NC(Numeric Control)공작기계와 산업용 로봇의 도입으로 활발하게 발전하였다.

유연 자동화는 프로그램으로 조작이 가능한 자동화를 확대・발전시킨 형태로서, 한 제품의 생산이 끝나고 다른 제품의 생산으로 바뀔 때 준비시간을 최대한 절약할 수 있으며 다양한 제품을 짧은 시간에 생산할 수 있는 시스템이다. 이 시스템은 다품종 소량제품을 효율적으로 생산할 수 있으며, 다양한 제품을 연속적으로 생산할 수 있는 유연성을 가지고 있으나 높은 자본집약도를 요구한다.

산업용 로봇(industrial robot)이란 컴퓨터, 기계적인 장치, 전자기술 등이 동원된 자동조정장치로 작업현장에서 인간이 행하는 단순한 작업을 대신하는 시스템이다. 초기의 산업용 로봇은 프로그램에 의해 반복적인 특정 동작이나 작업(용접, 조립, 자재의 이동, 페인팅 등)을 수행하는데 많이 사용되었다. 갈수록 정보통신기술(ICT) 및 전자기술의 발전으로 인공지능(AI)이 가능한 로봇의 출현, 다관절형 로봇의 개발 등으로 인간에 근접하는 로봇이 탄생되어 가면서 작업현장에서 작업하는 사람의 숫자를 줄여 나가고 있다.

산업용・인공지능 로봇

산업용 로봇은 인간의 노동을 대신해 왔으며, 갈수록 고도의 센서(sensor)와 인공지능(AI) 및 계산능력을 갖춘 로봇이 산업현장을 차지하고 있다. 특히 최근에는 단순지능을 가진 "제2세대 로봇"에서 인간을 대신하는 "제3세대 휴머노이드 로봇"(Humanoid Robot)이 일반화되고 있는데, 휴머노이드 로봇(인간형 로봇으로 사람의 표정으로 감정을 읽고 말하며 행동하는 로봇)이란 인간이 명령어만 입력하면 주변 환경을 파악하여 스스로 일하는 로봇을 말한다. 물론 현재는 군사용, 의료용, 청소용 및 서비스 업무 영역에 많이 도입되고 있지만, 부분적으로 산업현장에 활용되기 시작하고 있다.

인간의 단순작업을 대신하였던 로봇의 출현은 로봇 기술의 향상과 로봇가격이 하락해 가는 추세에 맞물려 더욱 빠르게 일반화되어 가고 있는데, 로봇이 실업자를 양산하여 심각한 일자리의 위기를 불러올 수 있다고 예측하지만, 산업전체에서 보면 관련산업이 고용을 창출할 수 있으며, 생산현장에 투입되는 산업용 로봇은 치솟는 임금문제를 해결할 수 있는 방법 중 한 가지이다.

03 자동화에 관한 견해

자동화를 광의로 해석하면 인간의 업무나 노동을 대신하는 모든 기기나 도구를 의미하는데, 특히 인간의 반복적인 업무나 작업을 기계 스스로 행하여 생산활동을 효율적으로 운용하는 것을 말한다. 즉 단순하고 반복적인 인간의 노동을 대신하여 대량생산을 충족시키는 자동화의 긍정적인 개념이 지배적이었다.

그러나 자동화에 대한 견해는 다양하다. 자동화의 초기에는 자동화에 의해 생산성이 올라가면 재고증가나 해고문제 등의 순차적인 악순환으로 이어진다는 부정적인 견해와 자동화를 도입하면 노동력 절감, 산업재해의 감소, 작업환경의 개선 등의 기대효과가 있으며, 제조원가를 낮추고 생산효율을 높이며, 품질의 균일화 효과를 기대할 수 있다는 긍정적인 견해가 있다.

부정적인 주장에 의하면 자동화란 우선 인간을 기계에 예속시켜 인간성을 상실하게 만들고 숙련공의 필요성을 감소시키며, 고용감소를 가져온다는 주장이다. 즉 자동화의 도입→생산성의 향상→실업자의 증가→구매력의 감소→시장에서의 재고 발생→생산감소 · 생산중단→실업률 증가→경제공황의 악순환이 이루어지기 때문에 자동화 추진을 자제하여야 한다는 주장이다. 이 주장은 수혜자인 인간에게 오히려 저항을 받는 것으로 산업혁명 이후 영국에서 있었던 러다이트(luddite)운동부터 지금까지 계속 제기되고 있으며, 지금도 노조의 힘이 강한 국가나 기업에서 종종 볼 수 있다.

그러나 자동화에 대한 긍정적인 견해에 의하면, 자동화는 기술의 발전으로 피할 수 없는 추세이며, 오히려 실업률을 낮춘다는 주장이다. 즉 단일 기업의 기준으로는 반복적인 단순 노동력의 일자리가 감소하지만, 전체 산업 측면에서는 주변산업에서 고용기회(자동화 기기 및 인공지능 산업의 성장, 정보기술 · 시스템엔지니어링 · 자동화 설비 및 운영에 관련된 산업, 유지 · 보전관리 산업의 성장 등)를 창출하여 일자리가 증가한다는 것이다.

이 같은 부정과 긍정의 주장들은 자동화의 정의나 영역을 어떻게 설정하느냐에 따라 달리 설명되어질 수 있지만, 4차 산업혁명이라고 일컬어지는 정보기술의 발전과 융 · 복합화로 구축되는 스마트공장의 출현은 피할 수 없다. 스마트공장이란 단위공정의 자동화를 넘어 공장과 공장의 모든 설비, 소비자 · 시장과 생산활동을 네트워크로 연결하는 통합시스템을 말한다.

자동화에 대한 대응

작업현장에서 대부분의 작업이 자동화되고 로봇이 인간의 일을 대신하면서 고용주는 사람의 고용을 줄여나가야 한다. 또한 갈수록 임금의 인상이 원가를 높이고, 인력을 관리하는데도 어려움이 있기 때문이다. 결국 고용을 하지 않는 무고용(peopleless)기업이 늘어날 수 밖에 없다. 그러나 자동화하더라도 인간의 모든 일을 다 기계가 처리하는 것은 아니다. 일본의 토요타(TOYOTA)는 생산성 향상에 결정적인 효과가 기대되는 자동화만을 추구하는데, 그 이유는 작업자의 기술숙련도를 녹슬지 않게 하기 위함이다.

자동화에 대한 다양한 견해가 있지만 자동화를 현장에 구축할 때는 다음과 같은 문제점을 고려해야 한다.

① 자동화를 위해서는 많은 자금의 투자와 사전의 철저한 준비가 필요하다.
② 작업자의 경험이나 기술적 노하우(암묵적 기술)는 자동화로 해결될 수 없는 부분이다.
③ 작업자의 인간성을 상실시키고, 숙련도 향상을 저해하는 면이 있다.

04 컴퓨터 통합 생산시스템

과학기술의 발달과 정보통신기술(ICT)과 디지털기술의 발전은 제조기업의 생산기술을 끊임없이 개선・발전시키고 있으며, 궁극적으로는 생산현장이 무인공장으로 전환될 것이라고 예측한다. 이 같이 첨단화되어 가고 있는 생산기술의 도입과 활용은 과거에 기대할 수 없었던 생산성과 경제성의 향상을 가져다 주고 있으며, 누가 먼저 현장에 이 기술을 투입하느냐에 따라 기업이나 제품의 경쟁력이 결정되고 있다.

갈수록 생산현장의 인력이 엄청나게 줄어들면서 미래 공장에서는 제품의 설계, 기계설비의 조작과 제어, 자재이동, 생산공정, 검사 등이 무인화되고 있다. 이러한 미래의 스마트 공장은 지금까지의 모든 생산방식[컴퓨터 통합 생산시스템(CIM : Computer-Integrated Manufacturing System), CAD, CAM, cellular manufacturing, FMS 등]이 사물 인터넷(IoT), 인공지능(AI) 기술 등의 4차산업혁명기술과 통합된 형태라고 볼 수 있다.

IT로 무장된 첨단 자동화 공정

자동화는 갈수록 발전하고 있으며 특히 IT와 결합되어 지능형 공장, 스마트공장 등으로 작업현장을 변신시키고 있다. 즉 제조업에 정보통신기술을 결합시켜 생산성 향상과 함께 거의 0%에 가까운 불량률을 목표로 공정을 구성해 가고 있다.

지능형 공장이란 프로그램에 의해 로봇 등이 스스로 작업방식을 상황에 맞게 바꿔가며 생산활동을 하는 스마트형 공장을 말한다. 또한 빅 데이터 기술을 공장운영에 적용해 제품설계와 디자인, 제조·공급망, 서비스 등의 모든 과정을 통합관리하여 생산성을 높이고 있다.

이렇게 첨단화되어 가고 있는 현장은 과거의 제조현장에 비하여 훨씬 빠르고, 효율적이며, 생산성이 높은 특징이 있으며, 무인화로 제조원가에서 인건비가 차지하는 비중을 낮추었기 때문에 인건비가 비싼 선진국이 인건비가 싼 신흥 개발국보다 더 높은 무형의 경쟁력을 갖게 되었다.

05 제품 및 공정전략

공정형태를 생산하는 제품의 양과 연계하여 살펴볼 수 있는 것이 공정·제품매트릭스이다([그림 4-13]). 이 매트릭스는 헤이즈와 휠라이트(R. H. Hayes & S. C. Wheelwright)에 의해 제시되었는데, [그림 4-13]에서 제품구조를 나타내는 가로축은 갈수록 생산량의 크기가 커지고

[그림 4-13] 공정·제품 매트릭스

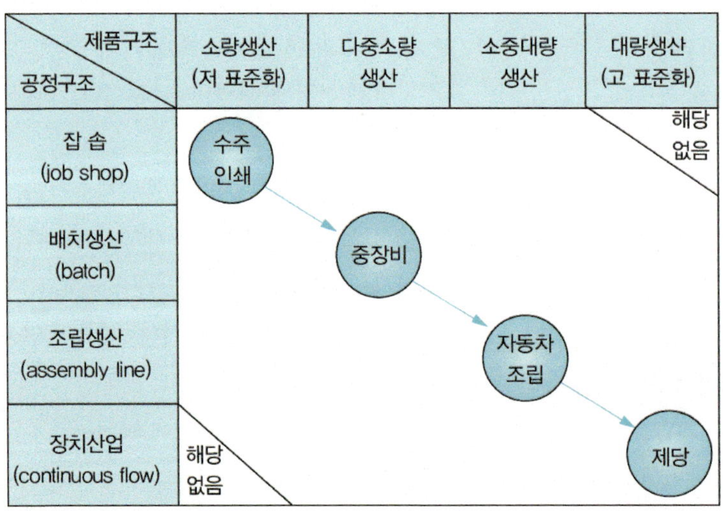

출처 : Robert H. Hayes and Steven C. Wheelwright, Restoring Our Competitive Edge : Competing through Manufacturing, New York : John Wiley, 1984, p.137.

있음을 나타내고 있으며, 세로축은 아래로 갈수록 공정의 구조가 진화되는 정도를 나타내는 것으로, 제품생산량이 증가함에 따라 기계설비도 진화되어야 가장 경쟁력 있는 제품을 생산할 수 있다는 것을 보여준다. 즉 생산량이 커짐에 따라 공정이나 기계설비도 진화하여 행렬형태의 대각선 방향으로 발전하는 것이 가장 경제적이며, 경쟁력이 높다는 것을 보여준다.

만약 생산량이 증가했음에도 불구하고 공정구조를 전환시키지 않는다면, 생산활동이 비효율적으로 운영될 수밖에 없으며, 원가가 높아져 경쟁력을 떨어뜨리게 된다.

공정・제품매트릭스가 보여주는 최선의 전략은 경쟁기업보다 먼저 설비를 대각선 방향으로 신속하게 움직여 경쟁력을 확보해야 한다는 것이다.

제5절 공정의 평형화 방법

01 라인 밸런싱

기업에서 제품별 배치를 하는 경우는 가공물의 흐름이 일정하고 연속적이기 때문에 공정의 균형문제가 중요한데, 이렇게 공정을 구성하고 있는 기계의 능력을 균형되게 하는 것을 공정의 균형화(LOB : Line Of Balance) 혹은 라인 밸런싱(line balancing)이라고 한다. 라인 밸런싱 문제가 연속생산공정의 제품별 배치에서 특히 중요한 이유는, 공정이 균형을 이루지 않으면 공정 간 불균형으로 정체현상이나 유휴현상이 발생하며, 애로공정(bottleneck operation)을 유발하기 때문이다. 이러한 애로공정은 공정효율을 떨어뜨리고, 작업시간이 길어지기 때문에 원가를 상승시키며, 작업시간이 길어지는 원인이 된다.

연속생산공정에서는 각 기계설비의 가공능력이나 작업시간이 균형을 이루도록 설계되었을 때 공정효율이 높아지게 된다. 따라서 공정을 구성할 때는 각 기계설비의 능력을 파악하고 균형을 유지하여 라인전체의 효율을 높여야 한다.

공정의 균형화는 능률(E : efficiency), 생산라인의 유휴시간(IT : idle time), 불균형률(D : balance delay rate)등을 이용한다.

$$E = \frac{\sum_{i=1}^{k} t_i}{n \cdot c} = \frac{\text{공정을 구성하는 기계의 가공시간합}(\sum_{i=1}^{k} t_i)}{\text{기계의 수}(n) \times \text{사이클타임}(c)}$$

$$IT = n \cdot c - \sum_{i=1}^{k} t_i$$

$$D = \frac{IT}{n \cdot c} \times 100 \text{ 혹은 } 1 - E$$

n = 공정의 수
c = line cycle time(최장공정)
t_i = 공정의 가공시간 합
k = 공정 수

공정을 구성하고 있는 기계별 작업시간이 서로 다른 경우, 공정의 효율은 전체공정 중 가공시간이 가장 긴 기계설비의 사이클 타임(cycle time : 최장 가공시간)에 의하여 결정된다. 이렇게 공정의 불균형이 발생하여 작업이 정체되는 공정을 애로공정(bottle neck operation)이라고 하는데, 공정에서 애로공정은 공정능률을 떨어뜨리는 원인이 된다.

각 기계설비의 가공시간을 균형화시키는 노력으로서 라인의 능률을 측정하여 개선해 나가는 방법을 다음의 예제를 통하여 살펴보면 다음과 같다.

예제

8개의 기계로 구성되어 있는 생산공정에서 각 기계의 작업에 소요되는 가공시간은 그림과 같다. 그림에서 보면 6번 기계의 가공시간이 7분으로 가장 길다. 현재 상태에서 이 생산공정의 사이클 타임(cycle time)은 7분이며, 2번과 6번 기계 앞에서 작업의 정체가 발생하고 있다. 즉 각 기계의 작업시간이 일정하지 않기 때문에 가공물이 정체현상이 발생하게 된다. 이러한 현상은 비능률을 초래하여 가공시간이 길어지고 원가가 높아지는 원인이 된다.

기계 / 시간	1	2	3	4	5	6	7	8
소요시간(분)	3	4	2	5	4	7	5	3

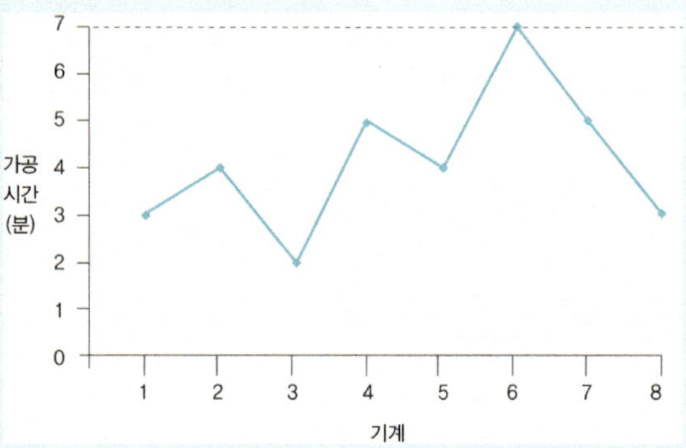

현재의 상황에서 라인의 능률과 불평형률을 계산하면 다음과 같다.

$$E=\frac{33}{8\times 7}=58.9\%$$

$$D=1-58.9=41.1(\%)$$

만약 기계나 작업자의 투입을 통하여 공정의 효율을 높이고자 하는 경우, 현재의 사이클 타임을 7분에서 5분으로 단축하고자 한다면, 6번 기계를 1대 더 투입하면 가능하다. 이때의 라인 능률을 구하면 다음과 같다.

$$E=\frac{33}{9\times 5}=73.3\%$$

따라서 기계를 1대 더 투입하여 사이클 타임을 7분에서 5분으로 단축하였을 때, 공정의 효율은 14.4% 증가하게 된다.

02 공정 효율을 높이기 위한 또 다른 방법

1) 라인 밸런싱의 개선(초보적 단계)

(1) 작업시간 조정

작업시간을 조정함으로써 공정의 불균형을 제거하는 방법이다. 예를 들면 직렬단계에서는 작업시간을 균일하게 배열하여 작업효율을 높이거나 애로공정(최장공정)은 병렬단계로 작업을 구성하는 방법이다.

(2) 제품수량 조정

공정을 구성하고 있는 기계별 생산능력보다 더 많은 부하(負荷)가 걸려 불균형이 발생한다면 제품의 수량, 품목수를 조정하여 문제를 해결한다.

(3) 작업인원 조정

직무분석을 통하여 작업량에 맞도록 작업인원을 재배치하거나 증원 혹은 감소시켜 공정의 균형을 꾀한다.

(4) 기계설비 조정

기계설비별로 처리할 수 있는 작업량이 일정하지 않은 경우는 최장공정에 기계를 추가 배치하는 방법으로 문제를 해결할 수 있다. 그러나 기계별 가공능력의 불균형을 균형화시키기 위한 설비의 추가 투입은 경제성을 고려해야 한다.

(5) 부품조달문제의 조정

부품조달이 적시에 이루어지지 않아서 발생하는 무작업시간이 발생한다면 부품조달이 원활하게 이루어지도록 공급처관리를 철저히 한다.

2) 피치 다이어그램 · 피치 타임에 의한 LOB

피치 타임(pitch time)이란 연속작업을 하는 경우 제품과 제품 사이의 시간적 간격을 말하는 것으로, index time, tact time이라고도 한다. 피치 다이어그램(pitch diagram)은 기계별로 작업소요시간을 파악하여 관리하는 다이어그램으로서, 가로에는 기계, 세로에는 작업소요시간을 나타낸다.

(1) 피치 다이어그램에 의한 라인 밸런싱

피치 다이어그램에 의한 라인 밸런싱은 각 기계의 작업소요시간을 산정하여, 그 값으로 피치 다이어그램을 그리는 방법이다. 그림에서 작업소요시간의 타점(plot)이 일직선이 되도록 하는 방법이다. 일직선이 된다는 것은 공정의 균형을 의미하는 것이다.

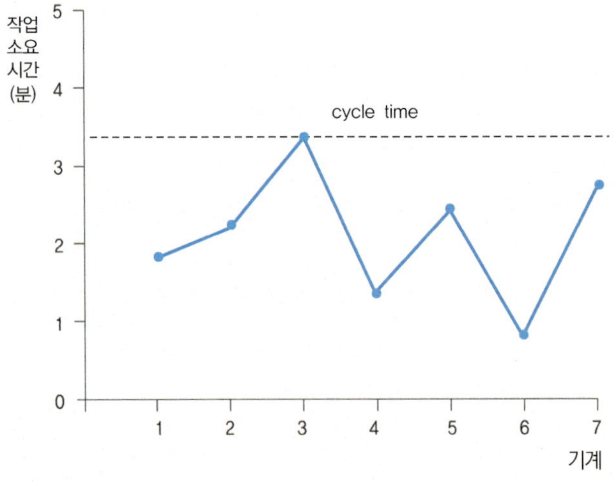

(2) 피치 타임에 의한 라인 밸런싱

피치 타임이란 기계별 제품단위당 가공시간을 말하며, 광의로는 텍트 타임(tact time)까지 포함시킨다. 이 방법은 일정기간(주로 1일 기준)에 생산목표량을 달성하기 위하여 각 기계별 피치 타임을 일정하게 유지하여 공정의 효율을 높이는 것인데, 피치 타임이 일정하다는 것은 공정이 균일화되어 있다는 것을 의미한다.

N : 생산수량(개, 대수)	T : 1일의 실제작업시간(분)
P : pitch time	t : cycle time
n : 공정 수	$\sum_{i=1}^{n}$: 전 공정의 소요시간 총합

- 고전적 모델의 경우 ;

$$P=\frac{T}{N}$$

- 불량률(a)을 감안할 경우 ;

N' : N개 양품생산을 위해 실제 생산하여야 할 생산량($N'=\dfrac{N}{(1-a)}$)

$$P=\frac{T}{\dfrac{N}{(1-a)}}=\frac{T(1-a)}{N}$$

- line 여유율(y_1)을 감안할 경우 ;

y_1 : line 여유율

T' : 기계의 실제작업시간

$T'=T(1-y_1)$

$$P=\frac{T}{N}=\frac{T(1-y_1)}{N}$$

- 불량률(a)과 line 여유율(y_1)을 감안할 경우 ;

$$P=\frac{T}{N}=\frac{T(1-y_1)}{\dfrac{N}{(1-a)}}=\frac{T(1-y_1)(1-a)}{N}$$

예제

K제품을 생산하고 있는 A기계가 하루에 생산하여야 할 목표는 1,000개이다. 1일의 실제 작업시간은 8시간이며, 8시간 중에서 점심시간 1시간과 오후, 오전 휴식시간이 각각 30분씩이다. $y_1=5\%$, $a=3\%$일 때 pitch time은?

$$P=\frac{T}{N}=\frac{360(1-0.05)}{\dfrac{1000}{(1-0.03)}}$$

$$=\frac{360(1-0.05)(1-0.03)}{1000}=0.33(\text{분})$$

제6절 공정관리 기법

공정이 점점 복잡해지면서 생산활동이나 작업방법의 내용을 공정순서에 따라 능률적으로 분석 · 관리하기 위해 많은 기호와 형식이 이용된다. 그 중에서도 가장 대표적인 공정분석기법은 공정분석표, 조립도표, 작업공정도표, 공정분석도표(흐름공정도표), 경로도 등이다. 특히 이들 도표는 단순하면서도 시각적으로 효과가 있어 공정의 분석과 개선에 도움이 되기 때문에 합리적인 생산공정의 설계와 개선에 유용하게 쓰인다.

01 공정분석표

1) 공정분석표와 공정도시(圖示) 기호

공정분석기호(process analysis symbol)는 길브레스(F. B. Gilbreth)에 의해 창안되었는데, 그는 공정분석을 가공(작업), 검사, 운반, 정체, 저장과 같은 5가지 기본동작의 분석기호를 고안했고, 이와 관련한 많은 파생기호들을 만들었다. 공정분석기호는 공정분석 유형에 따라 크게 제품공정분석표, 작업자공정분석표, 사무공정분석표 등이 있다.

(1) 제품공정분석표

제품공정분석표(products process chart)란 원료나 소재가 순차적으로 가공되어 제품화되는 과정을 분석 · 기록하기 위해 사용되는 기호로 공정내용을 가공(작업), 검사, 운반, 저장, 정체의 5가지로 구분한다.

(2) 작업자공정분석표

작업자공정분석표(operation process chart)란 모겐센(A. H. Mogensen)이 창안한 작업간소화계획(work simplification program)에 근간한 기법으로, 작업자가 한 장소에서 다른 장소로 이동하면서 수행하는 일련의 이동활동분석(multi activity analysis)을 의미한다.

(3) 사무공정분석표

사무공정분석표(form process chart)는 사무실 내에서 사무제도나 업무수속 등을 기호로 표시하여 분석・기록하거나 사무제도의 개선을 위해 사용된다. 사무작업인 경우에는 사무공정분석표에 업무의 표기를 작업(기안 등), 검사(결재 등), 운반(이송 등), 정체(보류 등)의 4가지 공정으로 나타낼 수 있다.

공정분석표는 공정을 분석하고 관리하는 종류와 방법에 따라 여러 가지가 있지만 널리 사용되고 있는 일반적인 기호는 [그림 4-14]와 같다.

[그림 4-14] 공정분석표 공정도시 기호

KSA 원용 기호				설 명	주요 조사항목(비고)
KSEM 식		길브레스 식			
기호	명칭	기호	명칭		
○	작업(가공)	○	가공	형태, 내용, 정보의 의도적인 물리적, 화학적 변경(변형)	가공내용, 작업시간, 작업자, 루트, 가공조건, 주요소모품, 기계설비
□	검사	◇	질검사	기준(표준)과 일치여부를 비교 품질규격의 일치 여부(질적)	검사항목, 검사방법, 계측기, 검사기준, 불량율, 불량내용, 불량원인
		□	양검사		
		◈	양과 질검사(양 우선)		
⇨	운반	○	운반	작업 대상물이 어떤 위치에서 다른 위치로 이동	운반방법 및 수단, 운반거리, 운반횟수, 운반시간, 작업자, 조건
▽	저장	△	원재료 저장	가공・검사되는 일 없이 일시적인 보관 및 계획적인 보관	출고방법, 단위, 용기, 보관방법, 보관장소, 정체시간, 수량, 보관책임자, 정체요인, D 기호는 정체와 저장을 구별하고자 할 때 사용
		▽	제품 저장		
D	정체	✡	일시적 정체	가공・검사되지 않은 채 한 장소에 정지되고 있는 상태	
		▽	(로트)대기		
보조도시기호	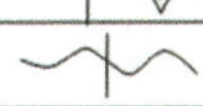		관리구분	관리상의 책임구분 또는 공정구분을 할 때 사용한다.	
	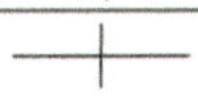		담당구분	담당자 또는 작업자의 책임구분을 나타낼 때 사용한다.	
	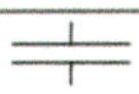		생략	공정계열상의 특정 공정을 생략하고자 할 때 사용한다.	
			폐기	원재료・부품 또는 제품의 일부를 폐기할 경우에 사용한다.	

2) 공정의 기본적인 활동

작업자나 기계가 수행하는 생산현장에서의 모든 활동을 능률적으로 수행하기 위한 기본활동을 [그림 4-14]에서와 같이 작업, 검사, 운반, 저장, 정체의 5가지로 표시한다.

(1) 작업

작업(operation)이란 부가가치를 창출하기 위한 생산적인 활동 혹은 다음 공정을 위한 변환과정을 수행하는 것이다. 예를 들어 원료, 부품 등이 가공 · 조립 · 결합되어 완제품으로 만들어지는 과정 등을 말한다.

(2) 검사

검사(inspection)란 진행된 작업이나 가공물이 사전에 설정한 기준과 일치하는지를 확인하는 활동을 말한다. 검사는 작업의 내용을 변화시키지는 않지만, 신뢰도나 품질을 유지하는데 중요한 역할을 한다. 예를 들어 원료 · 투입물을 검사하거나 조립과정에서의 가공물 검사, 완제품이 출하되기 전에 행하는 최종검사 등이 있다.

(3) 운반

운반(transportation)은 작업을 위해 가공물 또는 제품이 한 장소에서 다른 장소로 이동하는 것을 말한다. 예를 들면 작업을 위해 원료, 부품 등이 자재창고에서 작업장으로의 이동, 앞의 공정에서 다음 공정으로 이동, 완제품이 만들어진 후 완제품창고로 이동하는 것 등이다.

(4) 저장

저장(storage)이란 원료, 부품, 완제품 등이 일정한 공간이나 창고에서 보관되는 상태를 말하는 것으로, 일반적으로 다음 공정을 위해 대기하는 경우를 의미한다. 예를 들면 자재창고는 생산활동을 위한 재고의 의미이고, 완제품재고는 시장에서 수요가 발생되었을 때 출하를 기다리는 의미의 재고이다.

(5) 정체

정체(delay)란 공정 간의 작업이나 처리능력의 불균형으로 발생하는 것으로 공정의 능률을 떨어뜨리는 원인이 된다. 정체는 원료, 부품, 가공물 등이 작업이나 생산활동 없이 정지되고 있는 상태로서, 비능률을 의미하는 지표 중 하나이다. 또한 작업장을 혼잡하게 만들고, 사고의 원인이 되며, 이로 인해 작업자의 사기가 낮아지는 원인도 된다.

작업의 내용을 공정분석기호로 나타낼 때는 효과를 극대화하기 위하여 목표를 분명히 하는 것이 중요하며, 공정을 분석하는 방법을 검토할 때는 브레인스토밍(Brainstorming)이나 스캠퍼(SCAMPER)의 방법을 이용하게 된다.

① **대체하기(substitute, S)** : 더 능률적인 새로운 방법으로 대체할 수 있을까?
② **결합하기(combine, C)** : 결합하여 시간을 줄이고, 공정을 단축할 수 있는 방법은 없을까?
③ **동화시키기(adapt, A)** : 상황, 조건, 목적을 달성하기 위한 새로운 방법은 무엇인가?
④ **수정하기(modify, M)** : 색, 모양, 형태 등을 바꾸어 현재보다 더 높은 가치를 기대할 수는 없을까?
⑤ **확대하기(magnify, M)** : 현재의 상황을 개선하기 위해 추가할 것은 없는가?
⑥ **축소하기(minify, M)** : 축소를 통하여 현재보다 더 능률적으로 수행할 수 있는 방법은 없는가?
⑦ **다르게 활용하기(put to other uses, P)** : 다른 용도로 사용할 수는 없을까?
⑧ **제거하기(eliminate, E)** : 삭제, 제거할 수 있는 요소는 무엇인가?
⑨ **재배열하기(rearrange, R)** : 다른 형식, 모양, 위치로 바꿀 수 없을까?

이와 같이 스캠퍼나 체크리스트를 이용한 질문과 분석과정을 거치면, 공정의 문제점이 노출되고 그에 대한 개선방안이 발견된다. 예컨대 공정에서 발견되는 이동, 저장, 정체과정의 비생산적 요소를 제거하거나 둘 이상의 요소를 결합하여 동시에 수행할 수 있는 것 등의 개선안을 찾을 수 있다.

02 조립도표

조립도표(assembly chart or Gozinto chart)는 다양한 부품을 조립하는 가공, 조립, 검사의 생산공정을 순서대로 나타내어 전체 공정을 한눈에 볼 수 있게 나타낸 도표로서, 조립순서를 선으로 연결하여 조립흐름을 쉽게 파악할 수 있는 도표이다.

이 조립도표에서는 가공(○)과 검사(□) 기호만을 사용하게 되는데, 복잡하지 않은 공정이나 운반 · 정체가 많이 이루어지지 않는 주문생산의 단순조립형태의 공정을 분석하는데 많이 이용한다.

[그림 4-15]는 제품이 조립되는 과정을 보여주는데, 조립되는 과정을 조립그림(assembly drawing)과 함께 표시하는 경우는 시각적인 효과도 기대할 수 있다.

조립도표는 제조업이나 서비스산업에서 사람, 자재, 장비 등의 가공 · 처리과정을 간단한 방법으로 보여주기 때문에 생산공정을 설계하는 경우에도 많이 사용된다.

[그림 4-15] 조립그림 및 조립도표

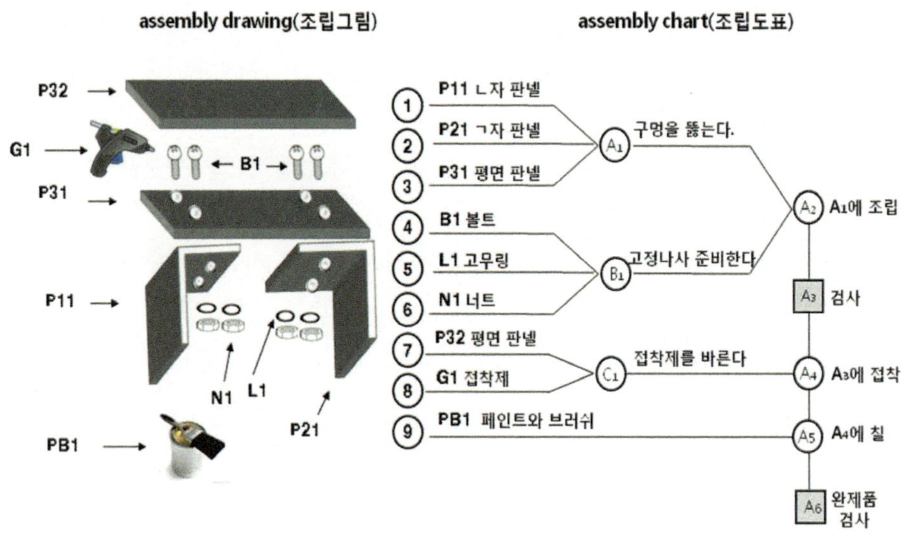

03 작업공정도표

작업공정도표(operations process chart)는 공정도표라고도 하는데, 이 도표는 제조공정의 작업 및 검사순서를 나타내는 도표로서, 부품의 가공과정을 작업의 진행순서대로 표현하면서 동시에 작업소요시간, 위치를 표시하기도 한다([그림 4-16] 참조). 작업공정도표는 주요부분의 조립과정만이 표시되는 조립도표보다 좀 더 상세하고 구체적인 그림이다.

[그림 4-16] 작업공정도표

작업공정도표	
공 정	책상조립
작업시작	나무 절단
작업종료	상판과 다리 조립
작업담당	목공 조립팀
작 성 자	김한국
작성일자	2020.1.11

요약		
활동(activity)	단계	시간(분)
작업(operation) ○	9	13
검사(inspection) □	3	2

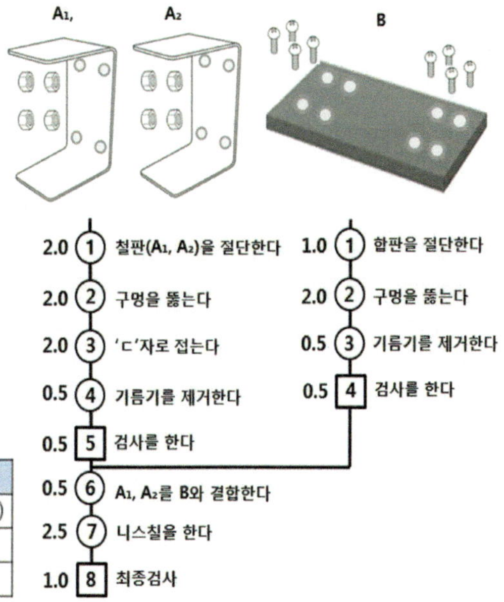

04 흐름공정도표

흐름공정도표(flow process chart)는 공정분석도표(process flow chart)라고도 하는데, 제조공정을 작업, 운반, 검사, 정체, 저장의 5가지 기호로 나타낸 것이다. 5가지의 공정분석기호를 이용하여 작업 대상물의 흐름이나 움직임을 상세하게 표시하는 도표이기 때문에 비능률과 비생산적인 활동(정체, 저장 등)의 파악이 쉽고, 공정의 효율성 분석이나 개선을 위해 많이 사용된다.

[그림 4-17]은 타이어를 교체하기 위하여 입고된 차량이 작업을 마치는 공정을 공정분석기호로 표시한 것이다. 전체 공정을 26단계로 나누었으며, 각 공정별 작업내용과 시간 및 거리를 표시하였다. 총 소요시간은 34.2시간이며, 정비사는 36m를 이동하였다. 만약 작업의 목표시간이 30시간이라면 공정분석도표로 개선해야 할 점을 분석·조치하는 내용을 찾아 개선하여야 한다. 예를 들면 이동거리를 단축(2, 5, 8, 12, 14, 22 공정)하거나 대기시간을 단축(10 공정)할 수 있는 작업의 내용을 찾고 개선하는 것이다.

[그림 4-17] 흐름공정도표

흐름공정도표 (flow process chart)	
공 정	타이어 교환
작업시작	고객 차량 입고
작업종료	수납 후 차량 출발
작업부서	타이어 정비사
작 성 자	김한국
작성일자	2020.1.11

요약			
활동	회수	시간(분)	거리(m)
○ (작업)	11	19.0	8
□ (검사)	3	3.5	
⇨ (운반)	10	10.7	28
D (정체)	1	0.5	
▽ (저장)	1	0.5	
합 계	26	34.2분	36

단계	활동(기호)					시간	거리	활동내용	분석(조치)				
	○	□	⇨	D	▽				제거	결합	재배열	대치	간소화
1	○	□	**⇨**	D	▽	2		고객 방문 차량 주차장 입고					
2	○	□	**⇨**	D	▽	1.5	10	고객 서비스센터 안내 이동					
3	**○**	□	⇨	D	▽	2		고객 서비스 접수					
4	○	□	**⇨**	D	▽	0.2		고객대기실 이동					
5	○	□	**⇨**	D	▽	2	5	차량 리프트로 이동					
6	**○**	□	⇨	D	▽	2		타이어 차체에서 분리					
7	○	**□**	⇨	D	▽	0.5		브레이크 라이닝 교체 시기 확인					
8	○	□	**⇨**	D	▽	0.5	3	고객 대기실로 이동					
9	**○**	□	⇨	D	▽	1.5		라이닝 교체 서비스 제안					
10	○	□	⇨	**D**	▽	0.5		고객의사결정 대기					
11	**○**	□	⇨	D	▽	1	3	고무 타이어 휠에서 분리					
12	○	□	**⇨**	D	▽	0.5	2	규격 확인 후 저장고로 이동					
13	**○**	□	⇨	D	▽	0.5		타이어 위치 파악 찾음					
14	○	□	**⇨**	D	▽	1	2	타이어 가져옴					
15	**○**	□	⇨	D	▽	2		분리된 휠에 새타이어 결합					
16	○	**□**	⇨	D	▽	1		타이어 공기압 확인					
17	**○**	□	⇨	D	▽	2		차체에 조립					
18	○	**□**	⇨	D	▽	2		휠 발란스 및 얼라이먼트 점검					
19	**○**	□	⇨	D	▽	1		차량을 리프트에서 내림					
20	**○**	□	⇨	D	▽	2	5	차량 주차장으로 이동					
21	○	□	⇨	D	**▽**	0.5		주차					
22	○	□	**⇨**	D	▽	1.5	8	고객대기실로 이동					
23	**○**	□	⇨	D	▽	1		고객에게 서비스 완료 통보					
24	**○**	□	⇨	D	▽	3		고객 차량 점검 대금 수납					
25	○	□	**⇨**	D	▽	1.5		고객 주차장으로 이동					
26	○	□	**⇨**	D	▽	1		고객 차량 정비공장에서 출발					

05 경로도

경로도(flow diagram)는 작성방식이나 양식이 정해진 것은 없으나 작업공정도표나 공정분석도표(흐름공정도표)와 함께 이용되는 경우가 많다. [그림 4-18]은 공정분석의 대상이 되는 작업자의 동작이나 설비 및 자재(부분품, 재료, 제품 등)의 흐름을 추적하기 위해서 이동경로순서에

[그림 4-18] 경로도

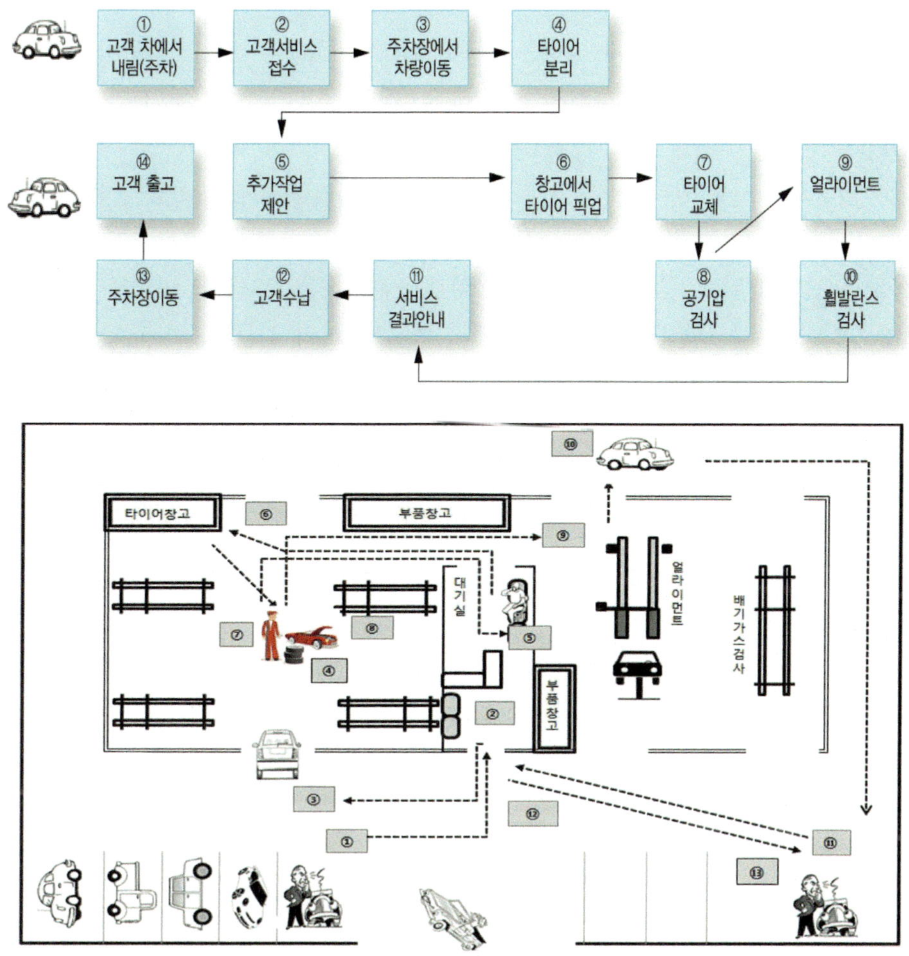

따라 작업장의 배치도를 나타낸 것으로, 공정 전체의 이동거리, 작업의 교차 및 중복상태 그리고 임시저장 등과 같은 흐름의 상태를 파악할 수 있다. 또한 레이아웃과 경로의 흐름에 대한 통제가 가능하기 때문에 공정설계와 작업자 배치계획에도 사용된다.

경로도를 작성하는 방법은 단순한 네모(□), 선(–), 화살표(→) 등을 이용해 공정의 흐름을 표시하는데, 네모 상자 옆에 경과시간이나 오류의 원인 등에 대한 정보를 써 넣기도 한다.

06 최근의 공정관리 방법

앞에서 예시한 공정관리 기법과 방식은 오래전에 개발되었지만 방법이 간단하고 적용이 수월하기 때문에 규모가 작거나 범용기계를 사용하는 기업에서는 아직도 많이 사용하는 공정분석의 방법들이다.

그러나 앞으로는 사물 인터넷(IoT), 인공지능(AI), 빅 데이터(Big Data) 등을 융합한 스마트 공장(smart factory)으로 전환되어가고 있기 때문에 과거의 공정관리방식과 다른 새로운 관리방식을 요구하게 된다. 즉 과거와 같이 작업자가 관리하는 오프라인 방식보다는 첨단화된 설비로 공정효율을 극대화시키는 방법이 요구되고 있다. 특히 최근의 첨단화된 설비의 기능이 스스로 공정과 관련된 모든 자료를 수집, 비교, 분석, 통제하는 기능과 스스로 의사결정을 하는 기능을 가지고 있기 때문에 생산 과정의 모든 단계를 결합하여 전체 제조과정의 효율을 극대화시키는 접근방법이 개발되고 있다.

따라서 공정관리를 기계 스스로 행하여 공정의 균형과 효율을 높일 수 있으며, 문제가 발생되기 전에 예방조치를 할 수 있고, 생산하는 제품의 정밀도, 품질, 생산성 향상 등의 효과도 기대할 수 있다.

그러나 아무리 기계가 정교하게 생산공정을 관리 · 통제하더라도 기계가 대신할 수 없는 부분(경험이나 감정을 필요로 하는 영역)은 인간이 할 수밖에 없으며, 설비의 신뢰도가 매우 중요한 비중을 점하게 되었다. 왜냐 하면 설비의 신뢰도가 낮아 고장이 났을 때 그 피해나 손실이 너무 크기 때문이다.

제 5 장

기업의 입지결정

생산활동의 유효성을 극대화시키기 위해서는 여러 가지 요소들이 잘 조화를 이루어야 하는데, 그 중에서도 공장의 위치를 정하는 공장입지(plant location)는 매우 중요한 요소이다. 공장의 위치가 어디냐에 따라 제조원가, 수송비, 인건비, 동력비, 제품의 이미지 등이 영향을 받게 될 뿐만 아니라 제품의 품질은 물론 마케팅활동에도 영향을 미치기 때문이다.

또한 공장의 입지는 국내뿐만 아니라 해외입지를 고려해야 하는 경우도 많아졌는데, 해외입지는 국내입지보다 더 고려해야 할 요소들이 많다.

본장에서는 입지에 관련된 기초개념, 입지요인, 입지결정기법 등을 다룬다.

제1절 입지의 의의와 중요성

기업이 공장의 위치를 어디로 할 것인가 하는 입지결정(location decision)문제는 기업이 생산하는 제품의 경쟁력은 물론 기업의 성공과 실패와도 직결되는 매우 중요한 요소이다. 더욱이 공장의 위치는 한번 결정되면 쉽게 변경할 수 없을 뿐만 아니라 그 영향이 상당기간 지속되는 장기적 의사결정 문제이기 때문에 업종의 성격, 제품의 특성, 원자재의 공급, 시장과의 거리, 노동력의 유무, 지역사회의 특성 등 수많은 요소들을 고려한 신중한 결정이 되어야 한다.

또한 입지에 따라 수송비, 노무비, 동력비, 용수비, 세금과 같은 금융비용 등이 달라지기 때문에 제품의 생산원가에도 영향을 미치며, 시장의 확보나 유통 및 마케팅에도 상당히 많은 영향을 주는 중요한 의사결정이다. 따라서 공장의 위치를 잘못 선정하여 실패하는 경우와 공장의 위치를 경쟁기업보다 유리한 곳으로 결정함으로써 더 높은 경쟁력을 발휘하는 경우가 많다. 특히 공장의 입지가 해외인 경우는 국내보다 고려해야 할 요소들이 많고 영역도 넓어진다.

기업의 위치결정이 미치는 영향과 입지결정을 할 때 고려해야 하는 내용을 살펴보면 다음과 같다.

첫째, 공장의 위치가 어디냐에 따라 제조원가, 수송비 및 물류비, 제품의 이미지 등이 크게 달라진다. 특히 해외에 공장을 세우는 경우는 새로운 해외시장을 구축하기 위한 거점 확보 역할을 하기도 한다.

둘째, 과거에는 공장입지문제가 국내로 한정되는 경우가 많았지만, 갈수록 해외 입지문제가 중요해지고 있다.

셋째, 노동집약적인 산업의 경우는 인건비가 낮은 지역으로 공장을 옮기는 경우가 많았으나 최근에는 각종 기술의 발전과 첨단 자동화 설비의 출현으로 오히려 인건비가 높은 지역으로 옮겨 제품이나 기업의 이미지를 높이고자 한다.

넷째, 서비스 산업의 위치선정은 제조업의 선정과 전혀 다른 요소들을 고려하여 결정해야 하는데, 예를 들면 이용의 편의성, 접근성, 부대시설 이용가능성, 유동인구의 수 등을 더 중시해야 한다.

다섯째, 해외입지의 경우는 해당 국가의 사회·문화·정치적인 요소나 경영환경을 분석한 모든 정보가 동원되어야 한다.

여섯째, 최근 4차 산업혁명시대의 스마트 팩토리(smart factory)의 출현은 공장을 다시 본국으로 유턴(U-turn)시키고 있다.

제2절 입지결정 요소

제조업이나 서비스업 모두 입지를 결정할 때 고려해야 할 요소들은 매우 많지만 어떤 경우이든 전체 유효성을 극대화시킬 수 있는 위치로 결정하여야 한다. 특정 한 두 가지만의 유리한 요소가 고려된 입지의 결정은 기업 전체의 유효성을 극대화시킬 수 없기 때문이다. 특히 2차 산업의 제조기업인 경우 고려해야 할 요소와 3차 산업인 서비스업의 경우 고려해야 할 요소는 그 기준과 방법, 우선순위, 제품의 특성, 산업과 시장의 속성 등에 따라 달라져야 한다.

제조업의 입지요인을 다음과 같이 경제적 요인, 사회적 요인, 자연적 요인으로 구분하여 체계적으로 접근할 수 있다.

1) **경제적 입지요인** : 시장과 관련된 요소, 노동력의 공급 가능성, 노동조합의 강성 여부, 임금 수준 및 인상률, 외주를 이용할 수 있는 가능성, 수송 및 물류시설의 편의성, 관련 업종으로부터의 정보이용 가능성 등
2) **사회적 입지요인** : 해당 지역의 문화, 가치관, 종교, 관습 등
3) **자연적 입지요인** : 기후, 습도, 공업용수, 천연자원 등
4) **산업 인프라** : 전력, 동력, 배수, 주택의 공급, 교통 등과 같은 유틸리티(utility), 4차 산업 기술의 이용가능성 및 밀집도

01 제조기업의 입지요인

제조기업이 공장의 위치를 결정하는 단계에서 고려해야 할 대표적인 요소를 그림으로 나타낸 것이 [그림 5-1]이다.

[그림 5-1] 공장의 입지 요인

1) 노동력의 이용 가능성

노동력은 일반적으로 기업이 위치한 주변으로부터 공급받게 되기 때문에 공장입지 결정 시 입지 예정지역 주변에서 공급받을 수 있는 노동력의 양과 질은 매우 중요하며, 특히 노동집약적인 업종은 풍부한 노동력의 공급가능성이 우선 고려대상이 된다.

그러나 노동력이 풍부하더라도 노동력의 질이 낮다면 고려대상에서 제외되는 경우가 많은데, 그 이유는 낮은 수준의 노동력은 추가적으로 지불하여야 하는 교육·훈련비가 많이 소요되기 때문이다.

또한 임금수준과 임금인상률도 고려되어야 하는데, 보통 임금수준이 낮으면 노동력의 질도 낮은데, 고부가가치·고품질의 제품은 임금수준이 높더라도 노동력의 질이 높은 지역을 택해야 하며, 갈수록 업종에 관계없이 요구되는 노동력은 고급화되어 가는 추세이다. 그 이유는 단순하고 반복적인 작업은 기계로 대체되기 때문이다.

2) 원료나 원자재의 속성

제품의 특성에 따라 원료의 부피가 크거나 혹은 무게가 많이 나가거나, 제품의 부패 가능성이 높거나, 완제품으로 전환되었을 때 부피가 급격하게 커지는 제품도 입지의 결정에 영향을 미친다. 예를 들면 시멘트, 철강, 펄프 공장은 원자재의 부피가 크고 무게가 많이 나가기 때문에 가급적 원료의 공급처 근처에 공장이 위치하여 수송 및 물류비를 줄여야 하며, 부패하기 쉽거나 신선도가 떨어지는 육류가공업, 낙농업 등도 원료산지 근처에 위치하는 것이 유리하고, 가구산업, 유리병입 제품, 캔음료 제품 등과 같이 완성품의 부피가 커지는 경우도 시장과의 거리가 가까울수록 유리하다.

3) 물류의 편의성

물류는 원자재가 기업에까지 도달되는 조달물류의 영역과 완제품이 소비시장에 까지 도달되는 판매물류의 영역으로 나눌 수 있는데, 경제적인 물류활동이 유지되기 위해서는 기업입지 선정 시 해당 지역의 도로, 철도, 항만, 항공 등의 편의성이나 이용가능성이 고려되어야 한다. 아무리 좋은 위치라도 사회간접자본(SOC : Social Overhead Capital)이 취약하여 물류관련 비용을 많이 지불해야 한다면 경쟁력 확보차원에서 최적입지가 되기 어렵다.

과거에 비하여 수송수단이 갈수록 발달되어 가고 있지만, 해당지역의 사회간접자본 시설이 취약하다면 수송비는 매우 높아질 것이다. 특히 원료, 부품, 완제품이 이동하는 거리가 길어지고 동선(動線)이 복잡해짐에 따라 물류의 중요성은 점점 강조되고 있다.

4) 시장과의 거리

공장의 입지를 시장에 가깝게 위치시켜 시장의 변동요인과 정보를 빠르게 파악하여 신속하게 대처하는 것이 유리하다. 특히 소비자의 요구가 자주 변하는 제품인 경우에는 빠른 기동력과 유연성이 중요하다.

그러나 시장근처에 공장부지를 확보하면 부지매입비용이 높기 때문에 비용분석을 통하여 비용을 상쇄시킬 수 있는 이점이 있어야 한다.

5) 자연적 요인

자연적 요인인 공업용수, 기후, 강우량, 강설량 등에 의해 생산성, 품질, 설비의 능률, 정밀도 등이 영향을 받기 때문에 이들 요소는 중요하다. 예를 들면 섬유산업과 철강산업은 공업용수가 중요하며, 스키장은 강설량이 중요한 요인이다(물론 중동지역에서도 스키를 즐기는 시설이 있지만).

이와 같은 요인 이외에도 토지가격, 배수시설 등도 고려되어야 하며, 사회입지요인으로서 지역사회의 특성, 법규, 기업에게 제공하는 각종 세제혜택 등을 고려해야 한다.

6) 산업 인프라

생산활동을 위해 반드시 필요한 유틸리티(utilities : 전력, 배수시설, 통신 등)를 편리하고 낮은 가격으로 이용할 수 있는 지역이 유리한 것은 당연하다.

인건비가 싸고 풍부한 노동력이 있는 지역이지만 산업 인프라가 취약하여 최적입지가 되지 못하는 경우가 많다. 이러한 문제를 국가차원에서 체계적으로 해결하여 기업에게 최적입지요건을 제공하는 것이 산업공단이나 공업단지이다. 특히 최근에는 디지털 기술의 이용 가능성이 높은 지역이 입지로서 각광을 받고 있다.

7) 지역사회와의 관계

기업이 최적입지로 선정하였더라도 지역사회가 기업을 바라보는 감정이 긍정적인 경우와 부정적인 경우가 현실적으로 존재한다. 아무리 다른 입시조건이 충족되었더라도 진출 후 지역사회와의 관계가 좋지 않으면 상당한 어려움이 뒤따르게 된다. 환경파괴, 공해발생 등으로 지역사회에 악영향을 미치는 업종의 경우에는 더욱 심각하다.

긍정적인 경우는 기업의 진출이 지역사회에 고용과 소득의 창출, 세금증대, 지역사회개발을 통하여 생활의 질(quality of life)을 높일 수 있다고 보는 경우로서, 기업은 해당 지역에서 지원하는 각종지원(금융, 세금, 행정)을 제공받을 수 있다.

8) 정보이용 가능성

동일한 업종이 한 지역에 밀집되어 있다면 제품과 관련된 정보를 쉽게 이용할 수 있으며, 관련 기술자가 많고, 자재의 구매나 유통 면에서도 협동화를 꾀할 수 있다는 장점이 있다. 예를 들면 운동화를 생산하는 경우 부산지역이 유리하며, 안경테를 생산하고자 하는 기업은 대구지역이 유리하다.

9) 수송비

수송비는 공장의 위치를 결정하는데 가장 중요한 요소 중 하나이다. 그 이유는 갈수록 수송의 거리가 길어지고 있기 때문에 수송비와 수송효율이 중요해지고 있다. 또한 수송은 납기를 단축시키는 측면에서도 중요하다.

수송비를 원자재 수송비와 완제품 수송비로 나누어서 생각할 수 있는데, 원자재 수송비가 완제품 수송비 보다 높은 경우에는 원자재가 위치한 곳에 입지를 정하고, 완제품 수송비가 원자재 수송비보다 높은 경우는 시장에 가까운 곳에 공장의 위치를 정하는 것이 유리하다.

기업에게 좋은 입지요인

미국 산업의 중심지역은 전통적으로 북부 미시간주의 디트로이트이지만 남부로 이동하였다. 남부로 이동하는 이유는 입지요인이 남부가 훨씬 유리하기 때문이다. 그 유리한 점이란 값싼 노동력이 풍부하고 물류활동을 용이하게 하는 고속도로, 철도 등의 사회간접자본이 발달되어 있으며 정부의 다양한 인센티브 때문이다. 이렇게 유리한 입지조건 때문에 메르체데스 벤츠(알러바마주 밴스), 혼다(앨러바마주 링컨), 닛산(미시시피주 칸톤), 토요타(알러바마주 헌트빌), 현대(알러바마주 몽고메리) 등이 생산기지를 옮겼다.

또한 기업의 위치가 어디냐에 따라 기업이나 제품의 혁신과 개량에도 영향을 미치게 되는데, 기업주변에 수준 높고 세련된 고객(기업에게 혁신기능을 갖게 함), 전문화된 기술인력, 부품공급업자, 경쟁자, 관련 인프라 및 정보 등이 위치하고 있는 것이 유리하다.

이러한 요소를 이용하여 기업이 경쟁력을 갖춘 예는 여러 지역에서 볼 수 있다. 카펫(미국의 조지아 주), 사무용 가구(미국의 미시간 주), 의약(미국의 뉴저지 주), 자동차(독일 남부지역), 첨단 융 · 복합연구기술(미국의 실리콘 밸리), 자동차(태국의 라용), 안경테(대구), 운동화(부산) 등이다.

이러한 지역의 공통점은 기업이 경쟁력을 갖기 위해 필요한 혁신이나 개선을 지원하고 자극을 받을 수 있는 요소들이 한 곳에 모여 있다는 것이며, 기업은 그러한 요소를 최대한 활용하면서 경쟁력을 높여나가고 있다는 점이다. 홀로 격리된 지역에서 기업활동을 하기 보다는 경쟁집단의 군락이 형성되어 있는 지역이 지속적인 경쟁력을 유지하는데 도움이 된다.

02 서비스 산업의 입지요인

서비스 산업도 입지문제는 매우 중요한데, 서비스 산업의 특성인 무형성, 서비스 제공자와 고객과의 접촉을 통한 가치창출, 재고의 활용이 어렵거나 불가능하다는 점, 생산과 소비 장소의 일치성, 측정이 어렵다는 점 등 때문에 제조업의 입지요인과는 다른 기준이 적용되어야 한다. 제조업에서 고려되는 요소 이외에 서비스 산업에서 강조되어야 하는 기준 몇 가지는 다음과 같다.

우선 서비스를 제공받고자 하는 고객과의 접촉가능성이 높은 지역이 수요의 발생확률이 높기 때문에 잠재고객의 숫자, 유동인구, 접근성, 편리성(교통수단이나 주차시설 및 문화시설 이용 가능성 등), 부대시설 이용 가능성 등을 고려하여야 한다. 특히 고객의 수준이 높을수록 서비스의 요구품질수준이 높기 때문에 고객의 경제 및 문화수준의 파악도 중요하고, 그에 맞는 서비스 제공 가능성을 충분히 고려해야 한다. 예를 들면 입지 예정지역의 경제능력 및 가처분 소득, 문화적 수준, 다른 서비스 업종(병원, 극장, 문화산업 등)의 이용가능성 등을 고려해야 한다.

입지의 집단화

공장이나 영업장소의 입지를 결정할 때는 여러 가지 요소를 고려하여 결정하여야 한다. 예를 들면 공장의 위치는 노동력의 공급 가능성, 원료조달, 임금수준, 시장과의 거리 등을 고려해야 하며, 서비스의 영업장소일 경우는 특히 사람이 오가는 숫자나 접근성, 편리성 등이 중요하다. 업종마다 특별히 더 비중 있게 고려해야 하는 요소를 가장 경제적으로 이용할 수 있는 장소로 결정하여야 한다.

특히 소매업과 서비스 업종의 입지를 결정하는 경우는 기존 경쟁업체가 위치한 곳은 피하는 것이 유리하지만 때로는 같은 업종이 한 곳에 많이 모여 있는 것이 유리한 경우도 많다. 같은 업종이 한 장소에 모여 집단화되어 있으면 고객을 유인하는 흡인력이 강해지기 때문이다. 고객의 입장에서도 가격비교, 다양한 제품관련 정보를 한 장소에서 비교할 수 있다는 등의 장점이 있기 때문에 선호한다.

03 해외입지의 중요성

1) 해외입지

공장의 위치를 확대하여 해외에 공장을 세울 때는 국내의 입지결정보다 더 많은 요인을 철저히 분석하여야 한다. 예를 들면 앞에서 살펴 본 입지요인 외에도 시장의 성장 가능성, 관세, 환율, 정치적 안정성, 에너지 비용, 투명하고 공정한 법률, 낮은 세율과 규제, 기업활동에 필요한 각종 지원제도, 기업친화적인 가치관, 해당 국가의 종교적인 특성이나 분쟁 가능성, 해당 국가의 가치관, 사회 · 문화적인 특성 등을 고려하여 입지를 결정하여야 한다.

공장을 해외로 이전하는 궁극적인 목적은 비용절감과 낮은 인건비를 이용하여 경쟁력 있는 제품을 생산하거나 신시장을 개척하고자 하는 것이다.

최근의 정보통신기술(ICT)의 발전 및 스마트 공장(smart factory)의 출현은 제조원가에서 인건비의 비중을 낮추고 있기 때문에 노동비용(임금)의 급상승과 각종 규제가 까다로운 지역은

회피하는 경향이 있다. 오히려 제품의 이미지를 높이기 위해 자국으로 회귀하는 경우가 늘고 있다.[1)]

해외 입지요인

한때 우리나라에서 해외에 공장을 세우는 경우 가장 인기 있었던 국가가 중국이었다. 1990년대 초부터 많은 한국기업들이 중국으로 진출하였다. 특히 지리적으로 가까운 산동성(山東省)의 칭다오(靑島)지역에 많이 진출하였다. 낮은 임금수준, 공장부지의 싼값 불하, 세금감면 등으로 경쟁적으로 진출하였으나 임금의 급상승, 세금인상, 사회적 책임의 강요, 환경보호 규제강화 등의 경영환경변화로 중국에서 다른 나라로 공장을 옮길 수밖에 없는 상황이 되었다.

동남아의 베트남, 인도네시아, 필리핀 등으로 공장을 이전하는 것이다. 특히 베트남은 인건비가 중국보다 훨씬 낮고, 숙련공이 풍부하다는 장점과 최근 TPP(환태평양경제동반자협정)의 가입으로 세계의 생산기지로 각광을 받고 있다. 나이키의 세계 최대 생산공장, 삼성전자의 휴대폰 공장, 인텔의 반도체 공장이 진출해 있고, 2015년에는 마이크로소프트가 중국의 휴대폰 공장을 폐쇄하고 베트남으로 설비를 옮겼다.

그러나 이러한 국가들도 시간이 지나면서 지금과 같은 조건이 계속 유지될 수 없는 것이기 때문에 조만간 동남아 보다 더 조건이 좋은 지역으로 공장의 입지를 이전할 수도 있다. 특히 4차 산업혁명시대의 도래에 의한 스마트 공장(smart factory)의 출현은 낮은 인건비의 잇점을 상쇄시키고 있으며, 자국생산을 통한 제품의 이미지를 높일 수 있는 기대효과를 활용할 수 있게 되었다. 따라서 최근에는 자국으로 다시 공장을 옮기는 리쇼오링(reshoring : 제조업의 본국회귀)이 급격히 이루어지고 있는 추세이다.

기업의 U-TURN현상

※ 저렴한 임금을 활용하기 위하여 동남아 국가 등으로 떠났던 우리나라의 기업들이 다시 우리나라로 유턴하는 이유의 몇 가지는 다음과 같다.

① 진출한 국가의 인건비 급상승과 구인난으로 기대만큼 효과를 볼 수 없다고 판단했기 때문이다.
② 한국에서 생산할 때 기대할 수 있는 "made in korea"라는 브랜드 가치와 이미지가 훨씬 유리하다. 즉 진출국의 국가이미지가 낮은 경우는 원산지표시에 의해 제품이나 기업의 이미지가 낮아지기 때문이다.
③ 해외 시장에서 한국제품(made in korea)의 선호도가 높아졌다.
④ 제조생태계(낮은 부품수준, 낮은 노동력수준, 부족한 인프라 등)의 불리함 때문이다.
⑤ 자유무역협정(FTA)체결로 관세가 낮아졌고, 한국에서 부가가치가 높은 고급제품을 만들어 해외시장에 수출하는 것이 과거보다 유리해졌다.
⑥ 가치사슬의 통합효과 즉 연구개발, 기획, 생산기능 등의 협력으로 가치의 최적화를 통한 역량극대화를 위한 이유이다.
⑦ 공장자동화나 스마트 공장의 출현은 우리나라에서도 제조원가를 충분히 낮출 수 있다.

1) 기업의 입지를 해외로 옮기는 것을 오프쇼오링(offshoring)이라고 하며, 다시 자국으로 유턴하는 것을 리쇼오링(reshoring)이라고 한다.

미국과 일본을 비롯한 유럽 각국들도 자국으로 기업을 유턴시키는 노력을 상당히 하고 있다. 기업이 자국으로 유턴하면, 입지 지원금 · 설비투자 지원 보조금의 혜택을 주며, 법인세 · 소득세를 감면 해 주는 방법으로 유치에 힘을 쓰고 있다. 이러한 유턴현상을 가속화시키는 이유 중 한 가지는 스마트 공장(smart factory)의 출현으로 인건비가 과거 만큼 중요한 요소가 아니기 때문이기도 하다.

※ 2017년 중국의 화웨이는 일본의 도쿄 인근지역인 지바현에 대형통신장비 공장을 설립하고 생산을 시작하였다. 앞으로는 통신장비를 연구개발(R&D)하는 연구소까지 짓기로 하였다. 화웨이가 일본에 공장을 설립한 이유는 일본의 고급기술과 인재를 활용하기 위해서이며, 특히 중국의 인건비가 급등해 일본과의 격차가 과거 만큼 크지 않기 때문이다.

※ 우리나라의 신발업체들도 부산지역으로 다시 돌아오고 있는 추세이다. 이러한 부산지역신발업체의 유턴으로 부산은 공단을 조성하여 기업(특히 신발산업)에게 유리한 사업환경을 제공하고 있다. 부산지역의 신규 일자리 창출효과와 함께 한때 신발의 메카로 알려졌던 부산의 부활을 기대하고 있다.

2) 글로벌 생산

기업은 더 유리한 기업입지를 위하여 국내뿐만 아니라 해외에서 최적입지를 찾아 기업활동을 하고자 한다. 물론 해외의 공장입지는 생산비용을 줄이기 위한 경우도 있지만 미래의 잠재시장을 선점하거나, 현지시장에서 판매를 극대화하거나 아니면 현지공장에서 생산한 제품을 제3국의 시장으로 수출하는 경우도 있다.

일반적으로 노동집약적인 저가품은 개발도상국에서 생산하고, 고급기술을 요하는 제품은 선진국에 위치하는 경우가 많다.

해외에서의 생산활동을 위해서는 해당 국가의 여러 가지 요소들을 비교우위에 의하여 결정하여야 하는데, 특히 해당국의 자원(고급인력, 첨단기술 등)의 이용 가능성, 사회간접자본(SOC : Social Overhead Capital), 노동력, 노조의 강성화 정도, 임금 수준, 원자재 및 제품의 수송비 · 물류비, 자원확보의 용이성, 정치적 안정성, 해당 국가의 관습이나 기업에 대한 우호적 입장, 상호작용비용(interaction cost) 등을 고려해야 한다.

글로벌 생산은 원자재 · 생산비 · 인건비가 가장 낮고 경영환경이 유리한 곳에서 생산요소의 최적결합을 통한 시너지 효과의 극대화를 꾀하는 것이지만 생산 시스템을 최적으로 유지하기는 쉽지 않은 것이 사실이다. 왜냐하면 각국마다 시장의 여건, 사회문화적 여건, 생산여건 등이 복잡하게 작용하기 때문이다. 또한 갈수록 스마트 팩토리(smart factory)의 출현이 일반화되면서 자국으로 다시 돌아오는 리쇼오링(reshoring)이 많아지기 때문이다.

제3절 입지결정을 위한 기법

기업이 공장의 위치를 결정하는 경우는 창업하여 최초공장의 입지를 결정하는 경우, 기존의 공장이 있으면서 추가적으로 공장을 세우는 경우, 해외에 신규로 공장을 설립하는 경우 등 여러 가지가 있다.

어느 경우이든 앞에서 설명한 공장입지 요인을 고려하여 가장 유리하게 기업활동을 수행할 수 있는 위치로 결정하여야 한다.

입지를 결정하는 기법은 다음과 같은 방법으로 구분된다.

① **단일입지결정기법** : 하나의 공장입지를 결정하는 기법으로써 총비용비교법, 입지손익분석법, 요인평가법, 이동량 · 거리법, 중심법 등이 있다.

② **복수입지결정기법** : 여러 개의 후보입지 중에서 가장 유리한 최적의 입지를 결정하는 방법 혹은 기존공장이 있는 상태에서 추가로 하나의 공장을 더 건설하고자 하는 경우이다. 이 경우는 단일입지결정보다 좀 더 복잡한 선정기준이 적용되는데, 여러 개의 후보지들 사이에서 존재하는 요소들을 복합적으로 고려해야 한다. 대표적인 요소의 예는 물류비(physical distribution cost), 후보입지(location), 과업배정(allocation), 생산능력(capacity) 등이다.

이러한 요소를 고려하여 최적입지를 결정하는 방법에는 수송계획법, 휴리스틱접근법, 시뮬레이션기법 등이 있다.

본 장에서는 수송계획법을 이용하여 최적입지를 찾는 방법을 다루어 보기로 한다.

제4절 수송계획법

01 수송계획법의 이해

대부분의 입지선정 기법은 단일시설의 입지를 결정하기 위해 사용되는 기법이지만 수송계획법(transportation method)은 복수공장의 입지선정 문제를 해결하기 위해 이용하는 계량적 접근방식이다. 즉 수송계획법은 m개의 복수공급지에서 n개의 복수수요지까지 소요되는 총수송비를 최적화(optimization)하는 패턴을 찾는 방법이다. 이 기법에서는 생산활동에 영향을 미치는 모든 요소를 고려하는 것이 아니라 원자재나 완제품의 수송비용 만을 고려하여 입지를 결정하는 방법이다.

수송계획법은 특수한 형태를 갖는 선형계획모형으로 볼 수 있으므로 선형계획법으로 최적해를 도출해 낼 수 있으나 계산과정이 매우 복잡하고 비효율적이기 때문에 북서코너법(north-west corner method), 징검다리법(stepping-stone method : 디딤돌법), 최소비용법, 보겔의 추정법, 수정배분법(modified distribution method : $MODI$) 등이 널리 이용된다.

수송계획법은 선형계획법보다 간편하게 계산할 수 있기 때문에 널리 이용되는데, 북서코너법, 최소비용법, 보겔의 추정법은 초기해를 구할 때 유용하고, 징검다리법과 수정배분법은 초기해를 개선하여 최적해를 유도하는데 주로 사용된다.

그러나 수송계획법을 적용하기 위해서는 다음과 같은 전제가 필요하다.

첫째, 함수의 형태가 선형(1차식)이다.
둘째, 각 공급지의 제품생산 능력과 각 수요지에서 요구하는 수요량이 일정하다.
셋째, 수송량의 크기와 관계없이 단위당 수송비의 단가는 일정하다.
넷째, 수송하고자 하는 제품의 종류는 단일품목에 한한다.

02 선형최적화 모형

앞의 수송계획법의 전제조건으로 m개의 공장과 n의 창고가 있다고 가정할 경우(〈표 5-1〉 참조), S_i를 공급자 i의 생산능력(공급 가능한 수량), D_j를 창고 j의 수요량, C_{ij}는 공급처 i에서 창고 j까지의 수송단가라 할 때, 단위당 수송비용을 최적화할 수 있는 모형은 다음과 같다. 이때 공급처 i에서 창고 j로의 수송량을 X_{ij}로 한다.

- 목적함수식 : $Min\,Z(TC) = \sum_{i=1}^{m}\sum_{j=1}^{n} C_{ij}X_{ij}$
- 제약조건식 : $\sum_{j=1}^{n} X_{ij} = S_i,\ S_i > 0\ (i = 1, 2, \cdots, n)$

  $\sum_{i=1}^{m} X_{ij} = D_j,\ D_j > 0\ (i = 1, 2, \cdots, m),\ X_{ij} \geq 0$

단, S_i : 공급자 i에서 공급가능한 수량
D_j : 창고 j에서 필요로 하는 수량
C_{ij} : 공급자 i에서 창고 j까지의 단위당 수송비용
X_{ij} : 공급자 i에서 창고 j까지의 수송량

수송계획법은 계산이 쉽고 이해하기 쉬워 널리 이용되고 있지만 몇 가지 한계점을 가지고 있다. 우선 입지가 변동적일 경우, 다수의 제품을 수송해야 하는 경우, 질적 평가 요소인 소비자의 수준을 고려해야 하는 경우 등은 이용에 제약이 따른다. 특히 수요에 대한 예측은 확률적으로 계산되기 때문에 오차가 발생할 수 있고, 변수(공급자와 창고)가 많아지면 제약조건식이 커져 계산이 매우 복잡해지기 때문에 오히려 최적해를 구하는 데 불편함이 따른다.

03 수송계획법의 최적해 구하기

수송계획법을 이용하여 최적해를 구하는 예를 살펴보면 다음과 같다.

강판을 생산하는 (주)코리아스틸이 포항과 울산에 공장을 운영 중이다. 최근 경기호황으로 현재의 생산능력을 초과한 수요가 발생하고 있어서 새로운 공장건설이 필요하게 되었다. 현재 포항과 울산의 생산능력은 각각 900단위, 600단위이며, 네 곳의 수요지역(창고)에 공급하고 있다. 그러므로 증가한 수요를 충족시키기 위해 400단위 능력의 후보지로 당진을 고려하고 있다.

이 자료를 토대로 문제를 해결하기 위해서는 먼저 초기해를 북서코너법과 최소비용법을 이용하여 총수송비용을 구한 후 수정배분법을 이용해 초기해를 개선해 나가면서 최적해를 구한다. 위의 예시를 토대로 최적해(수송비가 최저인 수송량)를 구하는 절차는 다음과 같다.

1) 초기수송계획표 작성

첫 번째 단계는 〈표 5-1〉과 같이 수송계획표(표준 매트릭스)를 작성한다. 세로와 가로에 각각 복수의 출발지(공장)와 복수의 목적지(창고)를 기입한 후 세로의 하단에는 수요량을 표시하고, 가로의 우측에는 생산능력을 표시한다. 복수의 입지가 만나는 칸의 우측 상단에는 수송단가를 기입한다.

〈표 5-1〉 최초의 수송계획표

공장 \ 창고	제1창고 (D_1)	제2창고 (D_2)	제3창고 (D_3)	제4창고 (D_4)	생산능력
포항 (S_1)	3,000 (X_{11})	4,000 (X_{12})	6,000 (X_{13})	3,000 (X_{14})	900
울산 (S_2)	5,000 (X_{21})	6,000 (X_{22})	2,000 (X_{23})	4,000 (X_{24})	600
당진 (S_3)	1,000 (X_{31})	5,000 (X_{32})	3,000 (X_{33})	7,000 (X_{34})	400
수요량	700	600	400	200	1,900

〈표 5-1〉에서 현재 포항공장에서 제1창고로 수송하는데 소요되는 수송단가는 3천원이다. 이때 비용은 수송량에 비례하여 증가한다고 가정하며, 단위당 수송비는 수송량의 크기와 관계없이 일정하고, 세로와 가로의 총수요량과 생산능력은 일치해야 한다.

2) 북서코너법을 이용해서 수송량을 할당한다.

공급량을 북서쪽의 첫 칸(왼쪽 상단)부터 수요량과 생산능력의 범위 내에서 가능한 많은 양을 할당한다. 즉 왼쪽 위부터 오른쪽 아래로 가면서 단가에 관계없이 가능한 많은 수요량을 할당해 나간다. 할당 방법을 요약하면 다음과 같다.

① 왼쪽 상단(북서코너)에서 출발한다.

② ①의 칸에 공급지에서 공급할 수 있는 최대량을 공급한다(단 수요지의 수요를 초과할 수 없다)

③ 공급이 수요를 충족시키지 못하면 나머지 수요를 같은 열의 공급지로부터 충족시킨다. 수요와 공급이 충족된 행과 열을 지워 나간다.

④ 모든 수요 또는 공급이 충족될 때까지 ①, ②, ③ 과정을 반복한다.

〈표 5-2〉 북서코너법의 초기해 수송계획표

공장 \ 창고	제1창고	제2창고	제3창고	제4창고	생산능력
포항	① 3,000 / 700	② 4,000 / 200	6,000	3,000	900
울산	5,000	③ 6,000 / 400	④ 2,000 / 200	4,000	600
당진	1,000	5,000	⑤ 3,000 / 200	7,000 / 200	400
수요량	700	600	400	200	1,900

3) 북서코너법을 이용한 초기 총수송비용을 구한다.

모든 수요 또는 공급이 충족될 때까지 위 과정을 반복하여 모든 생산능력을 할당한 후 총수송비용(TC)을 계산한다. 〈표 5-2〉 북서코너법에 의한 수송계획표의 총수송비용은 다음과 같다.

$$TC = \sum_{i=1}^{m}\sum_{j=1}^{n} C_{ij}X_{ij}$$

$$\begin{aligned} TC &= (3,000 \times 700) + (4,000 \times 200) + (6,000 \times 400) + (2,000 \times 200) + (3,000 \times 200) \\ &\quad + (7,000 \times 200) \\ &= 2,100,000 + 800,000 + 2,400,000 + 400,000 + 600,000 + 1,400,000 \\ &= 7,700,000\text{원} \end{aligned}$$

수송계획법의 목적은 총수송비를 최소화하는 것이기 때문에 비용을 전혀 고려하지 않고 계산하는 북서코너법의 문제점을 극복하기 위해 최소비용법을 이용하기도 한다. 최소비용법은 단위당 수송비가 가장 낮은 조건에 가능한 많은 수송량을 할당하는 방법이다.

〈표 5-1〉의 자료를 최소비용법으로 계산하면, 〈표 5-3〉과 같이 나타낼 수 있다.

최소비용법(least cost method)은 여러 수송 경로 가운데 가장 적은 비용을 갖는 조건의 경로부터 우선적으로 할당하는 방법이다. 할당 방법은 다음과 같다.

① 수송표에서 단위당 수송비가 가장 적은 조건을 탐색한다(최소비용 발견).
② 최소비용칸에 최대량을 할당한다(단, 수요를 초과할 수 없다).
③ 공급량과 수요량을 수정해 나가면서 남은 양이 0이 되면 행과 세로와 가로를 지워나간다.
④ 모든 수요 또는 공급이 충족될 때까지 ①, ②, ③ 과정으로 나머지를 할당한다.

〈표 5-3〉 최소비용법의 초기해 수송계획표

공장 \ 창고	제1창고	제2창고	제3창고	제4창고	생산능력
포항	③ 3,000 300	⑤ 4,000 400	6,000	④ 3,000 200	900
울산	5,000	⑥ 6,000 200	② 2,000 400	~~4,000~~	600
당진	① 1,000 400	~~5,000~~	~~3,000~~	~~7,000~~	400
수요량	700	600	400	200	1,900

최소비용법에 의한 최소비용은 다음과 같이 구해진다.

$$TC(MinZ) = \sum_{i=1}^{m}\sum_{j=1}^{n} C_{ij}X_{ij}$$

$$TC = (1,000 \times 400) + (2,000 \times 400) + (3,000 \times 300) + (3,000 \times 200) + (4,000 \times 400)$$
$$+ (6,000 \times 200)$$
$$= 400,000 + 800,000 + 900,000 + 600,000 + 1,600,000 + 1,200,000$$
$$= 5,500,000\text{원}$$

북서코너법과 최소비용법의 총비용을 비교하면, 북서코너법에 의한 총수송비용은 7,700,000원이었지만, 최소비용법에 의한 총비용은 5,500,000원으로 낮아진다.

만약 수요량과 생산능력이 일치하지 않은 경우엔 가상의 공장과 가상의 창고를 설정해 초과하는 부분을 할당해야 한다. 예컨대 생산능력이 수요량보다 r단위만큼 초과할 경우 〈표 5-4〉와 같이 가상창고를 설정해 전체수요와 생산능력의 균형을 맞추어야 한다. 그러나 가상창고(또는 공장)의 초과분은 재고과잉이나 재고부족으로 처리되므로 수송비는 발생하지 않기 때문에 0원으로 간주한다.

〈표 5-4〉 가상창고를 고려한 북서코너법의 수송계획표

창고 \ 공장	제1창고	제2창고	제3창고	가상창고	생산능력
포항	3,000 400	4,000 200	5,000	0 r	600+r
당진	6,000	3,000 150	4,500 250	0 r	400+r
수요량	400	350	250	r	1,000+r \ 1,000+r

4) 수정배분법을 이용하여 초기해를 개선한다.

수정배분법(Modified Distribution Method : *MODI*)은 최적해를 구하기 위해 초기해를 개선하는 방법으로 이용되기 때문에 일명 *MODI*법이라고도 한다. 북서코너법에 의해 구해진 초기해의 수송계획표를 수정해 나가는 절차는 다음과 같다.

(1) 1단계 : 최적여부 판단

① 초기해를 북서코너법 또는 최소비용법 등에 의해 구한 〈표 5-3〉의 수송계획표 왼쪽 세로에 r_i를, 위쪽 가로에 k_j를 추가해 기록한다. 공급지와 수요지의 제약식에 상응하는 쌍대변수는 각각 r_i와 k_j이라 하고, 기저변수(해당 칸에 값이 배정되어 있는 변수) X_{ij}에 대해, $r_i + k_j = c_{ij}$의 관계식을 이용해서 r_i와 k_j를 구한다.

이때 현재의 수송계획표 $r_i = 0$으로 고정한다(〈표 5-5〉 참조). 등식이 $m+n-1$개, 미지수가 $m+n$개인 부정방정식이므로 r_i와 k_j 중 한 개의 값은 '0'으로 고정시켜 구한다. 그리고 나머지 값은 교차하는 모든 칸에 r_i와 k_j를 아래와 같이 계산하고 계산의 편의를 위해 수송단가의 단위 천원을 생략한 값으로 계산하고, r_i와 k_j 값을 수송계획표 〈표 5-5〉에 작성한다.

- $c_{ij} = r_i + k_j$

$$
\begin{aligned}
c_{11(3)} &= r_1 + k_1 = 0 + k_1 = 3 &\rightarrow\quad k_1 &= 3 - 0 = 3 \\
c_{12(4)} &= r_1 + k_2 = 0 + k_2 = 4 &\rightarrow\quad k_2 &= 4 - 0 = 4 \\
c_{14(3)} &= r_1 + k_4 = 0 + k_4 = 3 &\rightarrow\quad k_4 &= 3 - 0 = 3 \\
c_{22(6)} &= r_2 + k_2 = r_2 + 4 = 6 &\rightarrow\quad r_2 &= 6 - 4 = 2 \\
c_{23(2)} &= r_2 + k_3 = 2 + k_3 = 2 &\rightarrow\quad k_3 &= 2 - 2 = 0 \\
c_{31(1)} &= r_3 + k_1 = r_3 + 3 = 1 &\rightarrow\quad r_3 &= 1 - 3 = -2
\end{aligned}
$$

〈표 5-5〉 수정배분법에 의한 수송계획표

$m+n$-1개
미지수가 $m+n$개인 부정방정식
r_i, k_j 중 하나를 '0'으로 고정

	창고 / 공장	제1창고 ($k_1 = 3$)	제2창고 ($k_2 = 4$)	제3창고 ($k_3 = 0$)	제4창고 ($k_4 = 3$)	생산능력
$r_1 = 0$	포항	3,000 **300** c_{11}	4,000 **400** c_{12}	6,000	3,000 **200** c_{14}	900
$r_2 = 2$	울산	5,000	6,000 **200** c_{22}	2,000 **400** c_{23}	4,000	600
$r_3 = -2$	당진	1,000 **400** c_{31}	5,000	3,000	7,000	400
	수요량	700	600	400	200	1,900

② 비용개선을 위해 할당되지 않은 칸에 대하여 배정되지 않은 변수, 즉 비기저변수에 대하여 수정비율 $c'_{ij} = c_{ij} - r_i - k_j$(비용개선지수)를 계산한다. 이에 대한 계산결과는 다음과 같고, 그 결과를 〈표 5-6〉과 같이 기입한다.

- $c'_{ij} = c_{ij} - r_i - k_j$

$$
\begin{aligned}
c'_{13} &= c_{13} - r_1 - k_3 = 6 - 0 - 0 = 6 \\
c'_{21} &= c_{21} - r_2 - k_1 = 5 - 2 - 3 = 0 \\
c'_{24} &= c_{24} - r_2 - k_4 = 4 - 2 - 3 = -1 \\
c'_{32} &= c_{32} - r_3 - k_2 = 5 - (-2) - 4 = 3 \\
c'_{33} &= c_{33} - r_3 - k_3 = 3 - (-2) - 0 = 5 \\
c'_{34} &= c_{34} - r_3 - k_4 = 7 - (-2) - 3 = 6
\end{aligned}
$$

③ ②에서 비기저변수(배정되지 않은 변수)에 대하여 수정비용 $c'_{ij} = c_{ij} - r_i - k_j$ 값이 모두 '음수'가 아니어야 최적해이다. 즉 c'_{ij}값이 '0' 보다 크거나 같으면 현재의 할당이 최적해로 더 이상 수정이 필요 없다. 그러나 이의 식에서 음수값(−1)이 존재함으로 다시 수정과정을 거쳐야 한다.

〈표 5-6〉 수정배분법에 의한 수송계획표 1차 수정

	창고 / 공장	제1창고 ($k_1=3$)	제2창고 ($k_2=4$)	제3창고 ($k_3=0$)	제4창고 ($k_4=3$)	생산능력
$r_1=0$	포항	3,000 300 c_{11}	(+) 4,000 400 c_{12}	6,000 $c'_{13}=6$	(-) 3,000 200 c_{14}	900
$r_2=2$	울산	5,000 $c'_{21}=0$	(-) 6,000 200 c_{22}	2,000 400 c_{23}	(+) 4,000 $c'_{24}=-1$	600
$r_3=-2$	당진	1,000 400 c_{31}	5,000 $c'_{32}=3$	3,000 $c'_{33}=5$	7,000 $c'_{34}=6$	400
	수요량	700	600	400	200	1,900

(2) 2단계 : 진입변수와 탈락변수의 결정

④ 1단계 ③의 계산에서 〈표 5-6〉과 같이 최적해가 없으므로 가장 큰 음수 값을 갖는 c'_{ij} 칸의 변수를 진입변수로 정하고 새롭게 할당한다. 할당하는 방법은 선택된 진입변수 c'_{ij} 로부터 기존 할당 칸(기저변수)들을 경유하는 사이클(폐쇄 고리)을 그린 후 해당하는 칸의

값을 최대한 이동(+, −)시킨다. 사이클에 해당하는 변수들에 대해 출발점부터 교대로 수송량의 '증가'와 '감소'를 표시하여 '감소'에 해당하는 값 중 가장 작은 값의 변수를 탈락시킨다. 단, 해당되지 않는 칸의 할당량이 지장을 받지 않는 범위 내에서 할당한다.

〈표 5-6〉에서 음수의 값을 갖는 칸 c'_{24}를 중심으로 $c'_{24} \rightarrow c_{22} \rightarrow c_{12} \rightarrow c_{14} \rightarrow c'_{24}$의 사이클(폐쇄 고리)을 형성하게 된다. c_{14}와 c_{22}의 값이 200으로 같으므로 c'_{24}에 200만큼 할당한 후 차례로 할당을 더하거나 빼서 수정한다. 새로 할당된 수송표는 〈표 5-7〉과 같다.

〈표 5-7〉 수정배분법에 의한 수송계획표 1차 수정(할당 갱신)

		$k_1 = 3$	$k_2 = 4$	$k_3 = 0$	$k_4 = 3$	
	창고 공장	제1창고	제2창고	제3창고	제4창고	생산능력
$r_1 = 0$	포항	3,000 300 c_{11}	(+) 4,000 600 c_{12}	6,000	(−) 3,000 0	900
$r_2 = 2$	울산	5,000	(−) 6,000 0	2,000 400 c_{23}	(+) 4,000 200 c_{24}	600
$r_3 = -2$	당진	1,000 400 c_{31}	5,000	3,000	7,000	400
	수요량	700	600	400	200	1,900

⑤ 〈표 5-7〉의 변경된 할당량을 토대로 최적 수송계획표를 그리기 위해 ②와 ③의 절차에 의해 $c_{ij} = r_i + k_j$와 $c_{ij} = c'_{ij} - r_i - k_j$값을 구해 정리한다.

- $c_{ij} = r_i + k_j$

$$c_{11(4)} = r_1 + k_1 = 0 + k_1 = 3 \rightarrow k_1 = 3 - 0 = 3$$
$$c_{12(4)} = r_1 + k_2 = 0 + k_2 = 4 \rightarrow k_2 = 4 - 0 = 4$$
$$c_{23(2)} = r_2 + k_3 = r_2 + 0 = 2 \rightarrow k_2 = 2 - 0 = 2$$
$$c_{24(4)} = r_2 + k_4 = 2 + k_4 = 4 \rightarrow r_4 = 4 - 2 = 2$$
$$c_{31(1)} = r_3 + k_1 = r_3 + 3 = 1 \rightarrow r_3 = 1 - 3 = -2$$

- $c'_{ij} = c_{ij} - r_i - k_j$

$$
\begin{aligned}
c'_{13} &= c_{13} - r_1 - k_3 = 6 - 0 - 0 = 6 \\
c'_{14} &= c_{14} - r_1 - k_4 = 3 - 0 - 3 = 0 \\
c'_{21} &= c_{21} - r_2 - k_1 = 5 - 2 - 3 = 0 \\
c'_{22} &= c_{22} - r_2 - k_2 = 6 - 2 - 4 = 0 \\
c'_{32} &= c_{32} - r_3 - k_2 = 5 - (-2) - 4 = 3 \\
c'_{33} &= c_{33} - r_3 - k_3 = 3 - (-2) - 0 = 5 \\
c'_{34} &= c_{34} - r_3 - k_4 = 7 - (-2) - 3 = 6
\end{aligned}
$$

(3) 3단계 : 최적해의 계산 및 결정

⑥ 수정배분법에 의해서 〈표 5-7〉를 현재의 수송계획표에서 2차 $c'_{ij} = c_{ij} - r_i - k_j$ 로 계산한 결과는 〈표 5-8〉과 같다. 〈표 5-8〉의 2차 수정 결과 비기저변수(배정되지 않은 변수)의 모든 값이 0보다 크므로 〈표 5-8〉의 수송계획표의 할당량이 최적해이다.

5) 신규 입지선정 시 수정배분법에 의한 최적 총수송비용을 계산한다.

당진공장을 입지로 선정했을 때 총수송비용은 다음과 같다.

$$
\begin{aligned}
TC(MinZ) &= (3 \times 300) + (4 \times 600) + (2 \times 400) + (4 \times 200) + (1 \times 400) \\
&= 900 + 2,400 + 800 + 800 + 400 \\
&= 5,300(\text{천 원}) = 5,300,000\text{원}
\end{aligned}
$$

최적해는 포항에서 제1창고와 제2창고로 각각 수송량 300, 600을, 울산에서 제3창고로 400, 제4창고에 200을, 당진은 제1창고에 400을 할당하는 것이다.

〈표 5-8〉 수정배분법에 의한 수송계획표 2차 수정(최적해)

	공장 \ 창고	제1창고 ($k_1 = 3$)	제2창고 ($k_2 = 4$)	제3창고 ($k_3 = 0$)	제4창고 ($k_4 = 2$)	생산능력
$r_1 = 0$	포항	3,000 **300** c_{11}	4,000 **600** c_{12}	6,000 $c'_{13} = 6$	3,000 $c'_{14} = 0$	900
$r_2 = 2$	울산	5,000 $c'_{21} = 0$	6,000 $c'_{22} = 0$	2,000 **400** c_{23}	4,000 **200** c_{24}	600
$r_3 = -2$	당진	1,000 **400** c_{31}	5,000 $c'_{32} = 3$	3,000 $c'_{33} = 5$	7,000 $c'_{34} = 6$	400
	수요량	700	600	400	200	1,900

각각의 방법으로 계산한 총수송비용은 북서코너법이 7,700,000원이며, 최소비용법은 5,500,000원이고, 수정배분법에 의한 총수송비용은 5,300,000원이다.

제 6 장

기술전략

기업이 기술 및 기술개발능력을 어느 정도 가지고 있느냐가 기업의 성장가능성과 경쟁력을 나타내는 척도가 된다. 특히 기술의 발전속도가 급격한 경영환경에서는 항상 미래에 전개될 기술의 동향을 예측하고, 기술개발을 위한 노력을 철저히 하여야 하며, 이를 통하여 경쟁우위를 확보하도록 노력해야 한다.

기업이 경쟁력을 확보하는 방법은 크게 가격경쟁력과 비가격경쟁력으로 구분할 수 있는데, 어느 전략을 추구하던 그 바탕이 되는 것은 기술이다.

물론 기술에 대한 투자효과는 단기간에 나타나는 것이 아니고 위험성도 높기 때문에 신중함을 기해야 하며, 또한 꾸준하게 기술에 대한 투자를 해야 한다.

본 장에서는 기술(혁신)의 기본개념 및 기술개발의 이점과 제약요인, 기술개발 전략의 유형을 살피고 특히 기업이 기술혁신을 촉진하기 위하여 추구하여야 할 방향에 대하여 알아보았다.

제1절 기술과 기술개발

01 기술의 정의 및 유형

1) 기술의 정의

기술에 대한 정의는 상당히 다양하게 내릴 수 있지만, 제품생산·용역제공 혹은 과업수행을 가능하게 하는 지식이나 정보를 뜻한다. 과거의 기술개념은 유형재를 생산하는 2차 산업의 기계설비 조작, 제품생산방법 등의 개념으로 정의하였으나 최근에는 3차 산업인 서비스산업까지 확대되었고, 그 영역은 더 넓어져서 엔지니어링, 관리, 경험, 생산노하우 등을 포함하는 지식·정보까지 확대하여 정의하고 있다.

기술은 실제 및 이론적 지식들을 포함하는 노하우, 절차, 경험을 의미하는 소프트웨어 기술과 물적인 장비를 포함하는 하드웨어 기술을 포함하는 모든 지식의 총 집합이라고 볼 수 있다. 즉 기업이 성장하고 발전하는 것 자체가 기술을 기반으로 이루어지고 있다고 볼 수 있다.

기업에서 보유하고 싶어 하는 가장 좋은 기술이란 기업의 영속성을 유지할 수 있으면서 동시에 기업에게 이익을 가져다 줄 수 있는 기술로서, 소비자가 원하는 가치의 제품이나 서비스를 가장 낮은 가격으로 공급하여 만족시킬 수 있는 방법이며, 경쟁기업이 모방할 수 없는 독특하고 유일한 것이라면 더욱 좋다. 이러한 기술을 보유하기 위해서는 기술을 계속 개발할 수 있는 기업의 노력이 중요한데, 그 이유는 지속적인 기술개발이 이루어지지 않으면 기업의 기본목표인 기업의 영속성을 유지할 수가 없기 때문이다.

최근의 기술환경에서 경쟁력 있는 기술이란 급변하는 경영환경에서 살아남을 수 있는 사물인터넷(IoT), 인공지능(AI), 빅 데이터(Big Data), 3D, 로봇기술, 가상현실(VR), 증강현실(AR), 5G기술 등의 활용과 함께 모든 기술을 융·복합할 수 있는 능력이라고 할 수 있다(최근의 기술환경의 변화내용은 제2장 생산전략을 참고 바람).

2) 기술의 유형

기술은 일반적으로 그 존재형태가 ① 생산설비나 기계설비와 같은 유형의 물체에 융합된 형태, ② 숙련된 기술자가 보유하고 있는 무형의 형태, ③ 순수한 지식의 형태 등으로 분류할 수 있는데, 대부분의 경우는 이상의 세 가지 형태 중 두 가지 이상이 복합된 형태를 취하는 경우도 많다.

제조기업의 현장에서 사용하는 기술분류의 몇 가지 예는 다음과 같다.

(1) 생산활동과 관련된 기술의 분류

① **제조기술**(processing technology)

투입요소의 처리, 가공 및 제품의 검사 · 시험에 관련된 기술로서 다음과 같다.

- **재료처리**(raw material handling)**기술** : 완제품의 생산을 위해 원자재에 물리적 · 화학적 성질을 가하여 변형시키는 기술
- **가공**(main physical or chemical processing)**기술** : 소재나 가공물에 물리 · 화학적 성질을 가하는 기술
- **조립**(assembling)**기술** : 가공공정에서 부품을 조립하는 기술
- **합성**(synthesizing)**기술** : 가공단계에서 화학적으로 합성 · 처리하는 기술
- **검사시험**(inspecting or testing)**기술** : 성능 · 규격을 검사하고 시험하는 기술

② **운영관리기술**(operating technology)

생산공정의 운영에 관한 영역과 관련된 기술로서 생산설비, 시설 등을 효율적으로 관리하는 기술로서 다음과 같다.

- **공정관리**(operating control)**기술** : 생산공정을 효율적으로 운영하는 기술
- **설비관리**(installation control) **기술** : 생산설비의 운영, 보존 · 유지와 관련된 기술

③ **설계기술**(design technology)

소프트웨어 기술로서 제품 · 부품의 설계와 공정 및 공장설계에 이용하는 기술로서 다음과 같다.

- **제품설계**(product design)**기술** : 부품 및 완제품을 설계하는 기술
- **공정설계**(process design)**기술** : 생산성과 능률을 높일 수 있도록 공정을 구축 하는 기술
- **공장설계**(plant design)**기술** : 공장증설이나 신 공장건설 등을 설계하는 기술

(2) 위계적 구조에 따른 분류

기술의 위계적 구조(hierarchical structure)에 따라 [그림 6-1]과 같이 세 가지로 구분할 수도 있다.

① 일반기술

일반기술(general technology)은 생산과정에 포함되는 공통된 지식을 뜻하는 기술로서 수학·물리학·화학 등과 같은 순수과학의 전문적 지식을 말한다. 일반기술은 보통 기초과학 수준을 의미하는 경우도 있는데, 국가차원의 거시적인 계획과 장기교육과정을 통하여 습득할 수 있으며, 단기적인 투자로는 효과를 기대하기가 어렵다. 일반기술을 단단하게 보유하였을 때 국가나 회사의 시스템 특유기술과 회사특유기술의 발전을 기대할 수 있다.

② 시스템 특유기술

특정한 산업분야에서 하나의 제품시스템을 생산하기 위해서 반드시 보유하여야만 하는 기본적인 기술·지식이 시스템 특유기술(system-specific technology)이다. 특정 프로젝트를 통하여 습득한 지식, 생산하고자 하는 제품시스템과 직결되는 절차나 해법과 같은 기술들도 여기에 속한다. 제조업의 예를 들면 시스템 특유기술은 하나의 시스템(완제품)을 생산하는데 필요한 기술을 가리키는데, 동일한 제품의 생산에 성공했다면 동일한 시스템기술을 보유하였다고 볼 수 있다.

[그림 6-1] 기술의 유형

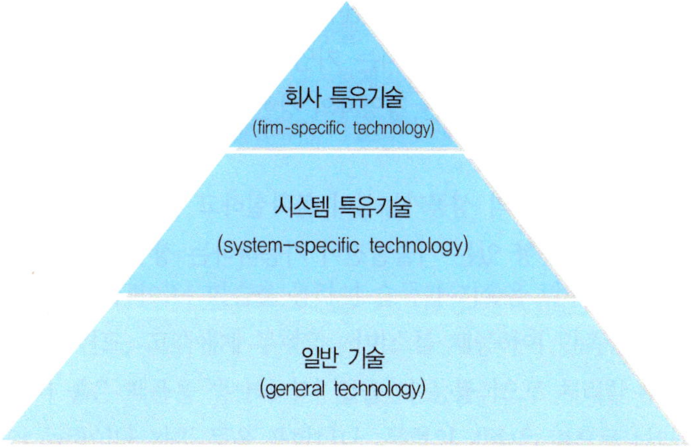

암묵적 기술과 명시적 기술

암묵적 지식(tacit knowledge)과 명시적 지식(explicit knowledge)이라는 용어를 처음 사용한 학자는 영국의 물리화학자인 마이클 폴러니(Micheal Polanyi)이다. 이러한 의미를 기업의 기술분야에 적용하여 암묵지(暗默知)와 형식지(形式知)라는 용어를 처음 사용한 사람은 일본의 노나카 이쿠지로(野中郁次郎)이다.

- **암묵적 기술(tacit technology)** : 경험의 축적에 의해서 습득되는 기술로서 겉으로 들어나지 않는 기술이다. 계량화할 수 없는 기술로서 오랜 경험을 토대로 습득한 노련한 숙련도가 대표적이다.
- **명시적 기술(explicit technology)** : 계량화하거나 문자로 표시할 수 있으며 노출되어 있는 기술로서 데이터화할 수 있는 기술이다.

(5) 최근의 기술환경

최근의 기술환경은 급변하고 있으며 기술의 발전 속도도 매우 빠르다. 특히 다양한 기술이 융·복합적인 결합을 통하여 새로운 기술을 탄생시키고 있다. 정보통신기술(ICT)의 발전에 따라 사물 인터넷(IoT), 인공지능(AI), 3D, 각종 센서기술, 지능화되어가는 로봇기술 등이 결합하는 새로운 생산기술은 생산의 패러다임이나 기계설비, 작업방법의 혁신을 이루고 있다. 예를 들면 단순한 작업을 로봇으로 대체하여 제조원가 중 인건비가 차지하는 비중을 낮춘 지 오래되었고, 스마트 공장(smart factory)이 일반화되고 있다.

따라서 기업의 생산활동은 이 같은 소위 4차 산업혁명의 핵심기술을 활용한 융·복합적인 기술을 통하여 경쟁력을 확보하여야만 살아남을 수 있게 되었다.

02 기술개발

1) 기술개발의 이점

기술의 발전은 모든 경제시스템의 효율성을 높여 인류에게 삶의 질을 향상시켜 준다. 특히 경쟁기업보다 더 싸고, 더 편리하며, 더 높은 가치의 제품이나 서비스를 제공할 수 있는 기술개발은 경쟁력의 무한한 원천이며, 이윤을 창출해 주는 중요한 요소이다.

기업이 기술개발의 효과를 극대화하려면 특히 기술의 전문성, 기술력이 있는 고급인력의 확보, 기술을 중시하는 기업문화 등이 선행되어야 하고, 기술의 활용시점(timing)과 투자되는 자금도 고려해야 한다. 또한 기업들의 기술개발이 독자적인 능력으로 이루어지기 어려울 때는 동종기업, 이업종기업, 경쟁기업 등과의 협동화 전략을 활용할 수도 있다. 최근에는 연결성(connectivity)을 발휘할 수 있는 융·복합기술이 강조되고 있다.

기업이 기술개발을 하였을 때 기대되는 이점은 다음과 같다.

첫째, 기업의 지속가능한 경영을 가능하게 한다. 기술은 기업의 기본목표인 존속과 발전을 달성하는데 가장 중요한 수단이다. 왜냐하면 경쟁력 있는 기술은 다양한 제품을 생산할 수 있는 확장가능성을 높여주며, 경쟁기업의 추격을 따돌릴 수 있는 핵심요소이기 때문이다.

둘째, 전문성을 기대할 수 있다. 지속적으로 기술개발을 하는 기업은 특정 영역에서 자기만의 고유한 기술을 확보하여 기술수준이 높은 전문기술기업으로 발전할 수 있다. 따라서 자기 기업만의 독특한 전문화를 가능하게 한다.

셋째, 신속한 기술개발을 통하여 시장에 신속하게 진출할 수 있다. 경쟁기업보다 빠르게 개발된 기술은 소비자의 욕구를 경쟁사보다 더 빨리 충족시킬 수 있을 뿐만 아니라 선발자 우위효과(first-mover advantage effect)를 누릴 수 있다.

2) 기술개발의 제약요인

기업에서 기술개발을 성공적으로 수행하기 위해서는 예상되는 제약요인을 철저히 분석하여 대처하여야 한다. 제약요인의 철서한 분식이 이루이지지 않으면 기술개발의 실패는 물론 경제적 손실 및 개발자의 사기에도 매우 큰 영향을 미치기 때문에 많은 기업은 기술개발이 중요하다는 것을 알면서도 하지 못하는 경우가 많다. 따라서 제약요인의 내용을 잘 분석하고 관리하여 기술개발의 성공과 함께 이점이 극대화되도록 해야 한다.

제약요인의 내용을 기업내적 요인(인적 요인, 물적 요인, 조직적 요인)과 기업외적 요인(환경적 요인, 정책적 요인)으로 나누면 다음과 같다.

(1) 기업내적 요인

기업의 기술개발을 제약하는 기업내부의 요인은 다음과 같다

첫째, 경영자의 기술개발에 대한 인식과 의욕이 부족하다. 또한 장기적인 기술전략을 수립하지 않고 근시안적으로 기술문제를 해결하고자 한다.

둘째, 기술개발 인력의 확보에 어려움이 있다. 기업에서 아무리 기술을 개발하고자 하는

② **공정혁신**

제1단계에서는 시장수요의 불확실성과 고객요구의 잦은 변동으로 생산공정은 설비의 유연성을 높일 수 있는 개발에 초점이 맞추어져야 하며, 제2단계는 수요가 증가하는 폭에 따라 유연하게 대응할 수 있는 공정혁신기술이 중시되어야 하고, 제3단계에서는 표준화된 제품생산을 위한 전용설비가 중심이 되는 공정기술의 개발이 중요하다. 공정혁신을 위한 각 단계별 특성은 〈표 6-2〉와 같다.

〈표 6-2〉 공정혁신의 단계별 특징

	유동기 패턴	과도기 패턴	고정기 패턴
생산공정	유연하나 비효율적임, 변화에 대한 수용기능성이 높다	경직화의 진행, 부분적인 공정변경이 일어남	자본집약적인 설비이기 때문에 변경비가 매우 높음
설비의 특징	범용설비	부분 자동화	대량생산을 위한 전용설비
공정변경 비용	낮음	보통	매우 높음
노동	숙련노동을 요구 다양한 업무수행	노동력 활용방법은 과도기적인 성격을 띰	단순노동은 자동화 설비로 대체됨
수직통합정도	낮음, 원자재 · 부품을 개별적으로 직접구입	보통	수직적 통합의 정도가 경쟁력을 좌우하기도 함

기업이 기술을 개발하는 방법에는 여러 가지가 있으나 현실적으로 로열티를 지불하는 방법으로 필요한 기술을 확보하는 경우가 많다. 또한 기술제휴를 하는 방법, 기술을 보유한 기업을 인수 · 합병(M&A)하는 방법 등이 있다. 이 같은 방법을 많이 사용하는 이유는 기술을 개발하는데 소요되는 시간을 줄이고, 기술개발의 위험성을 낮출 수 있으며, 단기간에 필요기술을 공급받을 수 있어 기동력을 발휘할 수 있기 때문이다.

특히 최근에는 필요한 기술을 인수 · 합병하는 방법과 함께 기술의 융 · 복합적인 협업의 방법으로 해결하고자 하는 경향이 강해지고 있는 추세이며, 전략적 제휴나 공동개발 하는 방법으로 시간, 비용, 위험을 극소화시키는 방법이 보편화되어 가고 있다. 어느 경우이던 다른 경쟁사와 차별화될 수 있는 전문기술의 확보가 이루어지도록 해야 한다.

open innovation

이 개념은 2003년 UC버클리 하스(Hass) 경영대학원의 헨리 체스브로(H.Chesbrough) 교수가 『open innovation』이라는 저서에서 처음 사용하였다.

"open innovation"이란 '개방형 혁신'이라고 하는 기술개발전략이다. 연구개발을 할 때 기술개발과 관련된 모든 과정을 기업이 독자적으로 수행하는 것이 아니라 대학·연구소·경쟁기업 등과 함께 공동으로 개발하는 것이다. 즉 외부의 자원과 협력하거나 활용하여 기술의 연구, 개발, 상업화 과정을 수행하는 것이다. 이러한 open innovation전략은 기술이나 R&D에 투자하는 자금의 규모는 갈수록 커지고 있는데 반해 성공확률은 갈수록 떨어진다는 단점을 보완하기 위해서이며, 기술투자에 대한 위험을 극소화시키고 동시에 R&D의 성공확률을 높일 수 있어 최근 기업이 많이 활용하고 있는 방법이다.

이 방법에는 외부의 아이디어와 기술을 받아드리는 것(outside in)과 내부적으로 활용되지 않는 아이디어나 기술을 다른 기업이 활용할 수 있도록 하는 전략(inside out)의 두 가지가 있는데, 어떤 방법이든 서로 공동으로 기술을 개발하여 효과를 높이고자 하는 것이다.

일반적으로 기업들이 보유한 특허의 활용비율은 평균 5% 정도인데, 이는 95%의 특허는 아무런 가치도 창출하지 못하고 사장(死藏)되고 있다는 것이다. 이러한 기술을 공유하여 보다 가치있는 기술을 개발하고자 하는 것이다.

혁신의 특성과 유형

혁신(innovation)이란 모든 분야에서 자주 사용하는 용어이지만, 그 정의는 학술적인 의미 이외에도 다양하게 해석할 수 있다. 예를 들면 제품이나 서비스를 고객에게 더 편하고 낮은 가격으로 제공하는 방법, 고객의 불편함을 찾아내 해결할 수 있는 방법 등으로 현실적인 정의를 내릴 수 있다.

요즘과 같이 기업이 혁신을 강조하는 시대에서, 혁신이 성공하기 위해서는 기술적인 우월성이 필요한 것도 사실이지만, 실패를 포용하는 기업문화를 통하여 창의성을 유발시킬 수 있어야 하며, 혁신을 위한 행동에 대하여 관용과 인내심을 가지고 격려해주어야 하고, 가급적 위계를 강조하는 수직적인 서열문화보다는 자유롭게 의견을 교환할 수 있는 수평적인 문화를 조성하는 것이 중요하다.

왜냐하면 혁신을 시도하는 내용들이 모두 성공을 할 수 없기 때문에 실패하였을 때, 실패의 책임을 묻거나 무능력하다고 평가한다면 혁신과 창의성을 발휘하고자 하는 구성원의 의욕과 사기가 떨어지기 때문이다. 또한 기업이 보유하고 있는 핵심역량을 기초로 혁신을 주도해 나가는 것이 혁신의 성공확률을 높일 수 있다.

제품과 기술의 라이프 사이클이 짧아지고 있는 최근의 경영환경에서 혁신은 속도 면에서도 초고속화(highspeed)가 요구되고 있다.

기업에서 요구되는 혁신을 위한 연구개발은 다음과 같은 세 가지 분야에서 그 효과를 기대할 수 있다.

① **공정혁신**(process innovation) : 투입에서 산출까지의 거리나 시간을 단축하는 혁신을 의미한다.
② **재료혁신**(material innovation) : 동일한 기능을 발휘할 수 있으면서 내구력, 강도, 경량화 등을 높일 수 있는 재료를 선택한다. 예를 들면 금속 대신 엔지니어링 플라스틱이나 뉴 세라믹을 사용하는 것이다.
③ **방법의 혁신**(method innovation) : 혁신을 통하여 방법(설계·생산·작업방법 등)을 개선하는 것으로 혁신에서 가장 큰 효과를 가져다준다.

개발속도를 기준으로 기술혁신의 유형을 분류하면 일반적으로 점진적 혁신, 기술적 혁신, 획기적 혁신으로도 나눌 수 있다. 이 같은 분류를 하지만 어느 경우든 현실적으로 개발의 속도는 기업의 생존과도 직결되는 이러한 기술개발의 성공가능성을 높이는 방법으로, 기술개발과 R&D의 경제성을 평가하는 기법이 기술경영(MOT ; Management of Technology)이나 연구개발경영(R&D Management)기법이다. 보통 대기업에서만 행하는 기법으로 알고 있지만, 오히려 규모가 작은 기업에서 행할 때 효과가 더 클 수 있다.

기술경영이란 기술을 비즈니스와 연결하여 예상되는 수익성이나 경제성을 사전에 예측하는 기법이고, 연구개발경영은 연구개발을 얼마나 효율적으로 관리하는가에 대한 관리기법이다. 두 개념 모두 기술개발과 연구개발을 통한 새로운 기술, 새로운 제품 등을 생산활동에 무조건 활용하는 것이 아니라 이들 활동에 경영개념을 추가하여 수익성, 타당성이 있는지를 고려하는 것이다. 많은 기업들이 어렵게 기술개발을 성공한 후에도 소비시장에서 실패하는 경우가 많은 것은 기술경영의 개념이 도입되지 않았기 때문이라는 것이 이 기법을 많이 활용하는 이유이다.

결론적으로 기술경영이란 기술개발이 계획단계에서부터 최종단계에까지 가장 경제적으로 진행될 수 있도록 도와주는 개념이다.

⑥ 기술인력을 유인할 수 있는 환경을 조성해야 하고, 그들의 능력을 충분히 발휘할 수 있는 유연한 조직구조와 기술을 중시하는 풍조를 구축해야 한다. 특히 개인의 능력보다는 집단지성(collective intelligence)과 함께 팀웍을 발휘하여 높은 수준의 결과를 얻어낼 수 있어야 한다.

⑦ 기술개발이 실패하였을 때 실패를 포용하는 기업문화가 중요하다. 실패를 포용하는 문화가 조성되어 있지 않으면 개발자의 사기가 낮아지고 개발의 의지를 약화시킨다.

연구개발형 기업의 특성

기술을 바탕으로 큰 성과를 얻고 있는 기업의 특징 중 하나는 경쟁력을 발휘할 수 있는 특정 분야의 핵심역량(core competence)기술에 집중하고 있으며, 기술개발능력을 가지고 있는 기술인력에 꾸준한 투자를 하고 있다.

기술적으로 우월한 기업의 공통적인 특징은 다음과 같다.

① 특정 영역의 기술에 특화되어 있다.
기술적으로 우월한 기업은 경쟁기업이 갖고 있지 않은 특정 분야의 기술경쟁력을 갖고 있다. 이 같은 독특한 경쟁력을 갖기 위해서는 특정 분야에 집중하는 특화전략을 전개하여야 한다.

② 기술을 강조하고, 실패를 포용하는 기업문화를 가지고 있다.
기업에서 아무리 강조해도 지나침이 없는 것이 바로 기술이다. 특히 기업만의 고유기술을 가지고 있을 때, 성장과 발전이 가능하다는 사실을 조직의 구성원 모두가 잘 알고 있다. 실패를 포용하기 때문에 창의적인 아이디어를 적극적으로 실행에 옮긴다.
나만의 기술경쟁력을 가지려면 기술에 대한 투자에 적극적이어야 하며, 매출액의 상당비율을 신기술 개발에 투자하는 동시에 기술인력의 팀웍을 발휘할 수 있는 제도를 구축하고 있다. 또 고급기술 · 기술인력에 대한 투자와 관리를 철저히 하고, 기술인력이 기술경영 마인드도 가지고 있다.

③ 기술을 가진 사람에 대한 투자와 관리를 철저히 한다.
기업에서 높은 이직률과 잦은 부서이동은 기술의 발전을 저해하기 때문에 기술인력의 이직을 막기 위한 기술인력의 복지, 승진, 성취동기를 높이기 위한 제도를 통해 기술업무에 자부심을 갖도록 하고 있다. 기술인력의 높은 이직률은 기술의 발전을 저해하며, 결국 기업의 핵심역량을 떨어뜨리기 때문이다.

⑧ 업종이 다른 기업이나 심지어 경쟁기업과도 공동기술개발을 추진하여 상승효과(synergy effect)나 윈윈(win-win)효과를 기대할 수 있도록 해야 한다.

공동기술개발은 동일한 업종끼리 하는 방법, 업종이 다른 기업과 하는 경우, 대기업과 중소기업이 하는 경우 등이 있다. 특히 공동기술개발은 대기업과 중소기업이 협력하는 경우 많은 효과를 기대할 수 있는데, 대기업의 높은 기술이 중소기업으로 이전되어 서로 윈윈할 수 있기 때문이다. 또한 대기업의 개방적인 사고와 함께 대기업에서 생산하는 완제품의 가치사슬(value chain)을 개선할 수 있기 때문이다.

기술의 융합

기술의 융합화란 전혀 다른 분야와 결합하여 새로운 사업영역을 구축하는 것으로서, 최근에는 창조적인 기술개발전략 중 하나로 발전되고 있다.

예를 들면 철강, 석유, 자동차 등 전통적인 2차 산업이 ICT(Information & Communication & Technology)와 결합하여 새로운 산업이나 제품을 만들어가는 것이다. 자동차회사가 디지털 음원회사와 결합하여 운전자의 성별, 연령, 취향, 날씨 등에 맞춰 적절한 음악을 추천하는 "smart music service"방법, 사물 인터넷·인공지능·빅 데이터 등의 기술과 결합하여 새로운 산업과 제품을 만들어내는 방법 등이다. 최근에 소비자들이 요구하는 제품이나 가치는 이 같은 융합제품의 성격을 띠고 있는 것들이 많으며, 특히 정보통신기술과 접목되어 편리함과 시간을 단축시켜줄 수 있는 제품들이다.

기술인력의 이동

일본의 기술인력이 한국으로 이동하고, 한국의 기술인력이 중국이나 제3국으로 이동하는 것은 기술유출을 의미하기 때문에 해당 기업은 상당한 손실이 발생된다. 한국이 경제발전을 하는 과정에서 일본을 추격하는 방식을 활용하였듯이, 중국의 많은 기업들은 한국의 기술자나 연구개발담당자를 임원으로 채용하고 있다.

이러한 이동을 자연스러운 현상으로 보아야 한다는 견해도 있지만, 기술자들의 동종업계로의 진출은 법적이고 윤리적인 문제가 존재함으로 막아야 한다는 견해도 있다.

이렇게 한국기술자가 중국으로 취업하여 기술유출이 우려되는 분야는 자동차, 철강, 선박설계, 반도체, 의류디자인 등 거의 모든 산업분야이다.

⑩ 기술개발을 독자적으로 행하기 어려울 때에는 외부자원과의 기술, 노하우, 경험을 적극적으로 활용하는 것도 바람직한 방법이다. 특히 소재나 부품 조달업체는 단순한 거래관계의 대상이 아니고, 공동연구의 상대자가 될 수 있다는 의미에서 이들과의 연계를 강화해야 한다. 기업에서 필요한 기술을 획득하는 방법은 자체기술개발 뿐만 아니라 인수·합병(M&A)의 방법으로 해결할 수도 있다.

외부기술 획득방법

기업이 경쟁력을 확보하는데 가장 중요한 요소인 기술을 단기간에 획득하고자 할 때 M&A나 기술제휴를 이용하는 경우가 많다.

과거에는 기업에서 필요한 기술개발을 기업 스스로 해결하고자 하였으나 최근의 추세는 외부의 다양한 아이디어와 기술을 구매하거나 이용하는 방법을 많이 사용한다. 그것은 기술을 M&A하거나 기술제휴 등의 방법을 활용하는 것이다. 필요한 기술을 M&A를 통하여 조달하는 경우는 전문기술을 기동력 있게 확보할 수 있는 장점이 있고, 기술의 라이프 사이클이 갈수록 짧아지고 있기 때문에 기술개발의 위험성을 낮출 수 있다는 이점도 있다. 그러나 M&A나 기술제휴를 통하여 획득한 기술도 다른 경쟁사보다 앞선 기술이어야 하며, 시장의 요구를 경쟁사보다 먼저 충족시킬 수 있는 기술이어야 한다.

연결개발

기업이 연구개발에 투자하더라도 혁신적인 기술을 개발하는 것이 쉬운 일이 아니며, 혁신적인 기술이 탄생되었더라도 그 기술로 만들어낸 제품이 시장에서 소비자들로부터 인정을 받고 판매로 이어지기 까지는 상당한 어려움이 뒤따른다. 왜냐하면 개발한 신제품이 기존 경쟁사의 제품과 차별화될 수 있는 경쟁우위를 확보해야 하고, 소비자들로부터 그것을 인정받아야 하기 때문이다.

제품의 성공확률을 높이는 방법으로 많이 사용되는 방법이 연결개발(connect & development)이다. 이 방법은 기업이 연구개발을 하는 초기단계부터 소비자, 협력기업, 연구소, 경우에 따라서는 경쟁사 등과 협력하여 개발을 진행하는 일종의 공동개발형태를 의미한다.

연구개발을 활발하게 진행하는 세계적인 기업들도 이러한 방법의 활용으로 성공가능성이 높은 아이디어만을 시장에 내보내기 때문에 개발의 실패율이 낮다. 또한 이 방법은 독자적으로 연구개발을 행하는 기업보다 연구개발의 부담을 줄일 수 있으며, 개발에 소요되는 시간도 단축시킬 수 있는 장점이 있다. 혁신의 영역이 확대되고 혁신에 동원되어야 하는 기술이 다양해지면서 자체개발만으로 혁신을 하기에는 위험성이 높기 때문에 갈수록 이 방법은 확산되는 추세이다.

모든 개발을 자체적으로 행하는 순혈주의(NIH : Not Invented Here)[3]의 개발방식으로는 급변하는 경영환경에 기동력과 적응력이 떨어질 수밖에 없다.

3) NIH : Not Invented Here란 '여기서 개발한 것이 아니다'의 의미로, 자기가 직접 개발하지 않은 기술을 인정하지 않는 배타적인 태도를 말한다. 이를 NIH 증후군이라고도 한다.

제2절 기술이 영향을 미치는 영역

역설적이기는 하지만 '기술수준이 높은 선도기업은 반드시 추락할 수 있다'는 것이 기술의 법칙이다. 이는 항상 선도기업의 기술을 추격하는 많은 기업이 존재하기 때문에 기술적으로 우위를 확보하고 있는 기업이라고 하더라도 현재의 기술에 안주하지 말고 지속적인 혁신노력을 해야 한다는 의미이다. 따라서 기업은 모든 기술자원을 활용하여 혁신해 나가야 하는 것은 물론 새로운 기술의 개발과 함께 신기술의 출현에 대한 경계를 소홀히 해서는 안 된다.

기업은 제품생산에 필요한 기술적 우위를 확보하여야 하고, 동시에 그 기술을 지속적으로 개선해 나가야 한다. 왜냐하면 소비자의 욕구수준이 갈수록 높아지고 있기 때문에 기업도 그 욕구를 충족시키기 위한 기술을 계속 발굴하고 유지할 때, 기업의 지속 가능한 경영이 가능하기 때문이다. 특히 급변하는 기업환경에서는 새로운 핵심·원천기술을 보유한 기술선도기업(first mover)이 되기 위한 기술이 절대적으로 요구되고 있다.

기술의 발전은 기업활동의 여러 부문에 영향을 미치게 되는데, 영향을 미치는 대표적인 영역과 내용은 다음과 같다.

(1) 생산설비의 고도화

기계설비 영역에서 기술의 발전이 이루어진다는 것은 기계설비가 기계화, 자동화, 첨단화, 정밀화됨을 의미한다. 특히 사물 인터넷(IoT), 인공지능(AI), 빅 데이터(Big Data) 등을 융·복합한 스마트 공장(smart factory)의 출현은 모든 생산설비의 구성과 패러다임을 바꾸고 있다. 이러한 기술의 발달은 낮은 가격으로 생산성과 효율을 높이고, 품질의 균일화를 가능하게 하며, 소비자의 까다로운 욕구를 충족시키는데도 많은 공헌을 하고 있다.

(2) 제조기술과 마케팅

고객의 요구가 갈수록 다양함을 요구하는 상황에서 제품을 다양화시키는 기술의 발전은 마케팅 영역에도 큰 공헌을 하고 있다. 다양화와 유연성을 가능하게 하는 제조기술이 다양한 소비자의 욕구를 기동력있게 충족시키고 있으며, 특히 소비자의 요구가 생산현장으로 즉시 전달되고, 소비자의 취향을 빅 데이터로 사전에 예측할 수 있으며, 유통과정이나 단계를 축소시키고, 서비스방법을 획기적으로 개선시켜 고객만족을 극대화시킨다.

또한 최근에는 소비자의 취향이 기능, 품질, 가성비, 브랜드 가치 등과 함께 짧은 조달기간을 요구하는데, 빅데이터 및 첨단기술의 활용으로 마케팅의 경쟁력을 높이고 있다.

(3) 공정기술과 작업인력

제조나 공정기술의 발전은 자동화 설비의 출현을 가능하게 하는데, 특히 사물 인터넷(IoT), 인공지능(AI), 센서기술의 발전은 공정의 혁신을 꾀하고 있다. 이러한 설비와 공정기술의 발전은 더 적은 인력으로 더 높은 생산성을 기대할 수 있게 되었다. 특히 인간의 단순 반복적인 작업은 기계로 대체되어 생산현장에서 노동인력을 감소시켜 제조원가 중에서 인건비의 비중을 낮추고 있다.

(4) 기술발전과 전략

기업의 방향을 설정하는 경영전략도 기술의 발전속도나 방향을 고려하여 수립되어야 한다. 특히 정보통신기술(ICT)의 발달과 융·복합적인 기술은 기업에게 새로운 사업영역을 창출하고 있기 때문에 이러한 기술의 변화를 고려하여 기업의 미래를 설계하여야 한다.

(5) 기술개발과 특허

기술의 개발을 통하여 획득한 고도기술은 보통 특허를 통하여 권리를 보호받을 수 있다. 그러나 반대로 고급기술이나 특허를 외부에 공개하여 모두 사용할 수 있도록 하는 전략도 있다. 소위 말하는 "특허 무료 공개"라는 것인데, 이 같은 전략은 특허공개를 통하여 시장의 규모를 키우고자 하는 것이며 동시에 플랫폼(platform)을 선점하고자 하는 이유이다. 물론 쉽지 않은 결정이지만 전체시장의 확장을 통하여 매출도 향상시킬 수 있다는 기대로 공개하는 경우가 많다.

특허의 무료개방

특허를 공개한 예는 테슬라(TESLA)가 2014년 전기자동차 관련 특허를 모두 공개하여 누구나 사용할 수 있도록 함으로서 전기자동차시장 규모와 수요를 키우고자 한 것이 대표적이다. 테슬라는 '만약 어떤 회사가 특허에 의존한다면 더 이상 혁신을 하지 않고 있다는 뜻'이라고 강조하였다.

토요타 자동차도 2015년에 수소연료전지자동차의 보급을 위해 수 십년 간 축적해 온 독점기술(약 5680건의 연료전지 관련 세계특허)을 무상으로 제공하였다. 토요타는 기술의 무상제공이유를 '기술을 독점해 얻는 이익보다 자동차회사, 수소생산·공급업체들과 공유하여 전체시장을 확대하는 것이 더 큰 이익'이기 때문이라고 하였다.

이 같이 특허를 공개하는 추세는 앞으로 기술과 관련하여 경쟁사들 간에 벌이고 있는 특허분쟁에도 직·간접으로 영향을 미칠 것으로 보인다.

오픈 소스전략

최근에는 소스 코드(source code : 소프트웨어 설계도)를 공개하는 오픈 소스전략(open source strategy : 소프트웨어를 무상으로 공개하여 누구나 사용할 수 있도록 하는 전략)으로 개발한 기술을 보급하여 경쟁력을 확보하기도 한다. 이는 과거 독자적인 기술만을 고집하는 갈라파고스 신드롬(섬처럼 떨어진 채 자기 표준만을 고집하다가 외면당하는 현상)전략과는 정반대되는 전략이다.

4차 산업혁명 시대는 모든 제품과의 호환성을 강조하는 시대가 되었기 때문에 자기만의 독자적인 기술을 고집하는 기술전략은 오히려 경쟁력을 떨어뜨릴 수 있다.

기술전략의 성공 예(SONY)

소니(SONY)는 1946년 창업한 후 제품개발을 하면 반드시 성공하며, 소니가 만들면 세계표준이 된다는 전설을 가지고 있는 회사였다. 1968년 트리니트론(trinitron)방식*의 브라운관을 개발하여 세계TV시장을 석권하면서, 미국의 RCA를 무너뜨렸다. 1996년에는 평면 브라운관을 개발하여 TV시장에서 탄탄한 저력을 과시하였다.

물론 실패도 있었다. 1970년대 후반에 비디오(VCR)시장에서 독자기술인 베타(β)방식을 고집하다가 경쟁사의 VHS방식에 밀려 고립과 실패를 했다. 1980년대는 워크맨(walkman)으로 세계시장을 석권했지만, 애플의 아이팟과 MP3 player에 대비하지 못했다. 또한 2000년대에 들어서면서 TV시장이 LCD TV로 전환하는 추세에, SONY는 평면 브라운관을 고집하였다. 특히 LCD TV시장에서 삼성과 LG의 추격은 대단했으며, 결국 LCD TV의 핵심부품을 삼성으로부터 공급받는 처지가 되었다.

과거의 영광에 도취되었던 소니가 계속적인 실패로 다급해지자 기술전략의 변경을 통한 기업의 재창업을 선언하였는데, 1995년 취임한 이데이 노부유키(出井伸之)는 엔터테인먼트 분야에 집중 투자하기 시작하였고, 2005년 미디어, 엔터테인먼트 전문가인 하워드 스트링어를 CEO로 영입하고 변신을 시도하였으며, 2012년에 취임한 히라이 가즈오(平井一夫)는 스마트 폰과 태블릿PC의 기술개발에 집중하였다.

변신을 위해서 계속 노력하였지만 기술전략의 실수가 계속된 사업의 실패로 이어지면서 "기술의 소니"는 이제 제조업에서 계속적인 적자로 제조업을 포기할 수도 있다는 얘기도 있었다.

한 번의 기술개발전략의 실수는 한 시대를 호령하던 세계적인 초우량기업도 추락시킬 수 있다는 것을 보여주며, 기술전략의 방향설정이 중요하다는 것을 보여주는 것이다.

* 1개의 전자총으로부터 3개의 전자빔을 내는 방식으로 이 기술의 개발은 브라운관의 화질을 개선시켰다.

(2014.2.10. 조선일보에서 발췌)

이 같은 위기에 봉착하였던 소니가 카메라 이미지 센서기술을 토대로 2016년부터 부활하기 시작하여, 2017년에는 창업 이래 최대의 영업이익을 내게 되었다. 카메라 이미지 센서란 '기계의 눈'이라고 불리는 것으로 카메라와 스마트 폰 및 자율주행자동차에 들어가는 핵심부품이다. 소니는 이 분야의 원천기술을 보유하고 있었으며 회사가 어려울 때도 이 분야의 기술개발을 위한 투자는 지속적으로 유지하여 계속 업그레이드를 해왔다.

이러한 예는 원천 및 핵심기술의 위력과 중요성을 보여주는 좋은 예로서, 기술이 위기를 극복할 수 있다는 것을 보여주고 있다.

제 7 장

품질관리

기업의 목표인 이윤을 극대화하려면 생산하는 제품이나 서비스의 품질이 고객의 욕구를 충족시켜 판매(매출)를 높였을 때 가능하다. 그러므로 좋은 품질의 제품이란 고객이 원하는 품질수준을 파악하고 가장 경제적으로 생산하여 제공된 제품을 말한다.

생산활동의 최종목표 달성 여부는 생산하는 제품이나 서비스의 품질을 소비자로 부터 평가 받게 되는 것이기 때문에 소비자에게 가치와 만족을 주어야 한다. 특히 제한된 자원으로 소비자의 요구를 충족시키는 능력도 품질관리의 중요한 관건이 된다.

본 장에서는 생산하는 제품과 서비스의 품질관리 내용을 이해하기 위해 품질의 의의, 목표, 정의, 분류, 품질비용 등의 내용을 다루고 통계적 품질관리와 통계적 공정관리 기법 등을 다룬다.

제1절 품질의 기본개념

01 품질의 개요

1) 품질의 중요성

소비자가 요구하는 제품이나 서비스의 품질수준이 갈수록 높아지고 있기 때문에 품질기준도 갈수록 강화되어 가고 있다. 만약 기업이 소비자의 높아져가는 품질수준을 충족시키지 못하면 경쟁력상실과 함께 소비자의 외면으로 지속적인 기업활동을 할 수 없을 뿐만 아니라 궁극적으로 소멸할 수밖에 없다. 따라서 품질은 기업활동을 수행하는데 가장 중요한 핵심영역이며, 경쟁력을 확보하기 위해 반드시 충족해야 하는 중요한 요소이다.

소비자들은 제품을 구매할 때 기능, 성능, 디자인, 가격, 납기 등을 고려하지만 무엇보다도 품질로부터 얻을 수 있는 가치를 가장 중시하기 때문에 소비자의 욕구를 충족시켜줄 수 있는 품질을 유지함으로서 기업의 기본목표인 존속·발전을 이룰 수 있다. 따라서 기업은 생산하는 제품이나 서비스의 품질가치를 높여 경쟁력을 확보하는 품질관리의 중요성을 강조하고 있다.

더욱이 기업의 경영환경이 갈수록 치열해짐에 따라 기업의 생존을 위한 경쟁이 더욱 심화되고 있으며, 고객의 영향력이 갈수록 강력해지는 시장환경에 적극적으로 대응해야 하는 시대가 되었기 때문에 기업은 품질관리의 수준을 과거 어느 때보다 더욱 강조하게 되었다. 이러한 추세에 맞춰 기업은 품질을 최우선으로 하는 경영철학을 강조하면서 연구개발(R&D)부터 최종 완제품단계까지 첨단기술, 인공지능(AI), 사물인터넷(IoT) 등을 동원하여 품질수준을 높이는 노력을 하고 있다.

좋은 품질의 제품을 생산하기 위한 품질관리활동을 수행하기 위해서는 다음과 같은 노력을 해야 한다.

첫째, 소비자에게 높은 품질가치를 제공함과 동시에 기업 수익성도 고려해야 한다. 이를 위해 품질을 향상시킬 수 있는 모든 노력과 함께 4차 산업혁명기술(AI, IoT, Big Data 등)을 활용하여야 한다.

둘째, 모든 기업자원의 품질효용을 극대화시킬 수 있는 품질관리기법을 개발·활용해야 한다.

셋째, 품질활동의 목표는 항상 고객의 욕구를 충족시키는 것이 되어야 한다.

넷째, 품질은 물론 고객의 안전과 환경까지도 고려해야 한다.[1)]

다섯째, 품질문제는 전략적으로 다루어져야 한다. 전략적 접근방법은 최고경영자의 강력한 품질의지로 개발, 구매, 제조, 서비스, 품질교육 등의 전 과정을 통합하여 시스템화하는 것이다.

2) 품질의 의미

품질을 뜻하는 'Quality'는 라틴어인 'qualitas/qualis'에서 유래되었으며, 품질의 사전적 의미는 '인간의 기대 · 욕구 · 가치를 충족시켜 주는 것'이다.

품질(기대 · 욕구 · 가치)은 소비자가 원하는 요구사항(성능 · 용도 등)과 지불하는 가격에 따라 달라진다. 즉 소비자에게 제공된 제품이나 서비스의 품질수준이 소비자의 기대치를 초과할 때는 만족할 수 있는 품질이 달성되었다고 할 수 있으나 미치지 못하면 만족할 수 없는 품질이 된다. 품질은 다음과 같이 표현할 수 있다.

$$Q = \frac{P}{E} \quad \begin{bmatrix} Q = \text{품질} \\ P = \text{성능} \\ E = \text{기대} \end{bmatrix}$$

이 식에서 만약 Q의 값이 1보다 크면 소비자는 좋은 품질이라고 평가하게 되며, 품질에 만족하게 된다. 물론 제품의 성능(P)은 기업이 결정하고, 기대수준(E)은 소비자의 주관적인 관점에 따라 달라지기 때문에 같은 품질이라도 소비자의 경제적 및 의식 수준, 교육 및 지적 수준, 가치관 등에 따라 달라질 수 있으며, 관점이나 상황에 따라서도 달라질 수 있다.

미국 하버드대학의 가빈(D. A. Garvin)교수는 그의 저서 『*Managing Quality* : *The strategic and Competitive Edge*』(1988)에서 품질을 〈표 7-1〉과 같이 8가지의 품질특성(characteristics)으로 나누어 설명하였다.[2)] 가빈의 품질특성은 객관성을 강조하지만, 생산자 측면에서 강조하는 품질특성을 강조하였다고 볼 수 있다.

---

1) 예를 들면 국제표준기구인 ISO9001과 환경경영시스템인 ISO14001 등을 의미한다.

2) David A. Garvin, *Managing Quality* : *The Strategic and Competitive Edge* (New York : Free Press). 1988.

〈표 7-1〉 가빈의 품질특성

품질의 특성	특성의 의미
성능(performance)	제품과 서비스의 기본 특성(자동차의 안전성 등)
기능(features)	제품과 서비스의 부가적 특성(리모트 콘트롤의 기능 등)
일치성(conformance)	시방이나 산업표준에 일치하는 정도
신뢰성(reliability)	특정 기간 동안 제품이 고장 나지 않은 확률
내구성(durability)	사용 가능한 제품수명의 길이
서비스능력(serviceability)	고장이나 불만의 해결·수리의 신속성과 서비스 수준
심미성(aesthetics)	감각적 특성·외양·질감 등
인지된 품질(perceived quality)	소비자가 제품에서 만족하는 품질 인식의 정도

일반적으로 각 품질특성들은 서로 독립적인 성격을 띠고 있기 때문에 모든 품질특성을 동시에 만족시키는 것은 쉽지 않다. 왜냐하면 제품이나 서비스는 차별적인 독특한 특성을 경쟁우위요소로 발휘해야 하기 때문이다. 어떤 제품은 한 가지 특성에서는 높은 평가를 받을 수 있지만, 다른 특성에서는 평균적인 수준이거나 오히려 뒤떨어질 수 있다.

따라서 가빈이 제시한 8가지 품질특성을 모두 충족시키는 뛰어난 성능을 가진 제품이나 서비스는 거의 없거나, 있다면 극히 소수가 된다.

02 품질의 정의

품질은 평가하는 사람의 주관에 따라 달라지기 때문에 품질정의를 획일적인 한 가지로 내리는 것은 쉽지 않다. 왜냐하면 원하는 기준이 너무 다양하기 때문이다. 국제표준화기구(ISO)의 품질경영시스템에서는 "품질이란 제품 또는 서비스가 고객의 명시적 혹은 묵시적 요구사항을 충족시키는 특성의 총체"라고 규정하고 있는데, 이 의미는 '품질특성에 대한 고객의 만족'이라는 의미로 해석할 수 있다.

그러나 일반적으로 품질에 대한 정의는 크게 생산자관점, 소비자관점, 사회적 관점으로 구분할 수 있다.

'생산자관점의 품질'이란 생산자의 관점에서 규정한 품질기준을 일치시킨 정도를 품질의 기준으로 삼는 것이다. 즉 생산자가 설정한 기준에 어느 정도 일치되었느냐?의 정도를 품질기준으로 보는 것으로서, 주로 생산기업에서 많이 지지하고 사용하는 정의이다. 생산자 관점의 품질을 주장한 학자는 가빈(D. A. Garvin), 크로스비(P. B. Crosby), 그루콕(J. M. Groocock), 세게찌(H. D. Seghezzi) 등이 대표적이다.

'소비자관점의 품질'이란 소비자가 원하는 요구를 어느 정도 충족시키고 있는지?를 소비자 입장의 품질기준으로 평가하는 것이다. 즉 소비자가 지불하는 제품가격과 제품으로부터 얻을 수 있는 성능 · 특성 · 가치의 관계로 품질을 평가하는 것으로, 소비자의 욕구파악을 정확히 했을 때 높은 품질로 평가를 받을 수 있다. 소비자관점의 품질을 주장한 대표적인 학자는 쥬란(J. M. Juran), 파이겐바움(A. V. Feigenbaum), 그리나(F. M. Gryna) 등이다.

좋은 제품이란?

소비자 관점에서 품질을 평가하는 것이 중요하다고 주장하는 제임스 애덤스 교수(James L. Adams : 스텐퍼드대)는 2012년 그의 저서 『Good products bad products : 좋은 제품이란 무엇인가?』에서 가성비, 인간 적합성, 심미성, 세련미, 서비스성 등을 중요한 품질평가기준으로 꼽았다. 이와 같은 평가기준은 과거의 생산자 측면에서 품질을 평가하고자 하는 견해와는 많은 차이가 있는 것으로, 소비자의 입장에서 바라보는 기준으로 좋은 품질을 규정하여야 한다는 것을 의미한다. 또한 그는 자원고갈, 환경과 기후변화 등 사회문제를 적극적으로 고려할 것을 주장하면서 인류의 삶과 지속가능성(sustainability) 측면에서의 공헌도가 품질의 평가기준으로 중요하다고 강조하였다.

이와 같은 관점은 품질을 평가하는 기준이 생산자에서 소비자로 바뀌어졌다는 것을 의미한다. 따라서 기업이 좋은 품질의 제품을 생산하고자 한다면, 목표고객의 욕구를 정확하게 파악하고, 그 욕구사항을 가장 효율적으로 생산하여 제공하였을 때, 소비자들로부터 좋은 품질의 제품으로 인정받을 수 있다.

물론 이러한 과정에서 경쟁기업의 경쟁제품이 갖지 못하는 차별적인 요소를 보유하도록 해야 한다.

'사회적 관점에서의 품질'이란 1980년대 이후 품질에 대한 사회의 영향력이 커지면서 대두된 견해로서, 국제 · 사회단체에서 객관적으로 규정한 정의로 품질을 평가하는 것이다. 이 관점은 생산자나 소비자 관점이 아닌 객관적으로 설정한 기준을 사용하기 때문에 최근에는 주로 이 기준을 많이 적용한다. 예를 들면 ISO규격이나 각종 세계표준기구들의 객관적인 규격이 대표적이다.

미국표준협회(ANSI: American National Standard Institute)와 미국 품질관리학회(ASQC : American Society for Quality Control)가 사회적 관점의 품질에 대하여 공동으로 내린 정의는

"품질이란 제품이나 서비스가 지니고 있는 주어진 요구 등을 만족시키는 능력에 관계되는 특징 및 특성의 전체(Quality is the totality of features and characteristics of a product or service that bear on its ability to satisfy given needs.)"라고 규정지었다. 이러한 사회적 관점의 품질을 적용해야 한다고 주장한 대표적인 학자는 다구찌(田口玄一)이다.

지금까지의 견해를 표로 분류하여 정리한 것이 〈표 7-2〉이다.

〈표 7-2〉 품질정의의 요약

관점별	품질정의	주장하는 학자
생산자 관점	제조자관점의 품질과 일치 요건에 대한 일치성 시방과의 일치성	D. A. Garvin P. B. Crosby J. M. Groocock H. D. Seghezzi
소비자 관점	사용·용도의 적합성 사용목적을 만족시키는 성질·성능 고객의 기대에 부응(충족)하는 특성 고객이 만족하는 수준	J. M. Juran A. V. Feigenbaum F. M. Gryna
사회적 관점	객관적인 요구를 만족시키는 특성 사용목적을 만족시키는 고유의 성질·성능 사회 손실을 극소화시키는 특성	ISO, ANSI/ASQC KS, JIS 등 다구찌(田口玄一)

03 품질의 분류

소비자의 욕구가 과거와 다르게 갈수록 다양해지고 개성화되며, 제품과 기술의 라이프사이클이 점점 짧아지는 경영환경 속에서 기업이 경쟁력을 확보하기 위해서는 고객을 만족시킬 수 있는 경쟁우위요소(competitive advantage)를 확보하는 것이 중요한데, 경쟁우위요소 중에서 품질의 비중은 갈수록 더 강조되고 있다.

생산하는 제품이나 서비스의 품질을 높이기 위해서는 [그림 7-1]과 같이, 고객의 요구를 충족시킬 수 있는 제품의 목표품질을 정하고, 고객의 요구사항을 설계도에 담아내는 설계품질의 수준을 높이고, 설계도대로 생산현장에서 만들어졌을 때 제조품질수준이 높아지게 되는 것이며, 사용단계에서는 사용자가 제품의 성능을 유지하기 위해서 지켜야 하는 사용방법을 준수했을 때 전체품질수준이 높아지게 된다. 즉 목표품질, 설계품질, 제조품질, 사용품질이 일관성을 가지고 유지되었을 때 궁극적으로 품질수준이 높아지는 것이다.

[그림 7-1] 품질수준의 단계별 내용

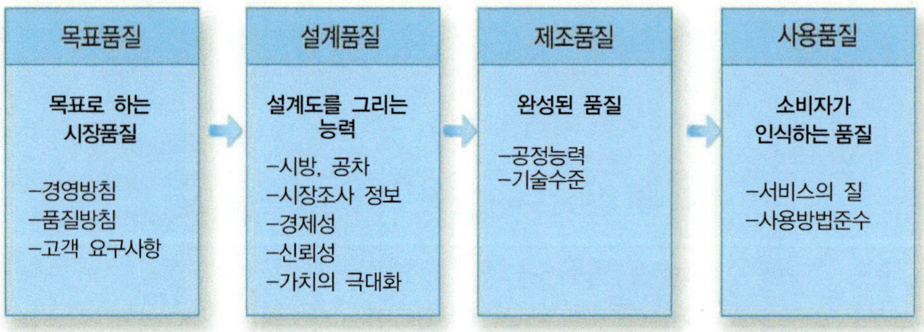

1) 목표품질

목표품질이란 시장에서 고객이 요구하는 기대품질로서 목표품질을 충족시키기 위해서는 고객의 요구를 정확하게 파악하는 것이 중요하며, 이를 토대로 제품이나 서비스가 기본적으로 갖추어야 할 품질특성을 정확하게 설정하여야 한다. 목표품질을 시장품질이라고도 하는데, 그 이유는 목표품질의 핵심이 시장(소비자)의 요구사항이기 때문이다.

따라서 목표품질을 높이기 위해서는 목표시장과 목표고객의 정확한 설정과 그들의 요구사항을 파악한 후, 기업이 보유한 내부자원이 그 요구를 충족시킬 수 있는지를 고려하여 결정해야 한다. 최근에는 빅 데이터(Big Data)를 활용하여 소비자의 욕구를 정확하게 파악할 수 있게 되었고, 정보의 높은 신뢰도로 소비자 개개인의 요구사항을 충족시킬 수 있게 되었다.

2) 설계품질

목표고객의 요구사항이 목표품질로 정해지면, 다음 단계는 이 내용을 바탕으로 설계도를 그리게 되는데, 이 단계의 품질을 설계품질이라고 한다. 설계품질단계에서는 고객의 요구를 정확하게 찾아내야 하며, 이를 충족시킬 수 있는 기업의 자원과 능력을 고려하여 설계하는 것이 중요하다. 즉 고객의 요구와 기업의 기술수준, 설비 능력, 목표원가의 달성능력 등을 결합하여 설계도로 구체화되는 것이다. 또한 사용용도 및 요구사항을 포함시키는 것이 중요하며, 원가구조와의 균형을 유지하여 경제적 생산이 가능한 최적의 설계도를 그려야 한다.

3) 제조품질(적합품질)

설계도에 의해 제품의 생산시방(specification)이 결정되면 구체적으로 그 시방에 따라 제조 및 생산활동이 이루어지게 된다. 제조품질이란 설계품질(설계도의 내용)을 제조 및 생산 공정에서 어느 정도 일치(적합)시킬 수 있는지를 나타내는 능력을 의미하는 것으로, 적합품질이라고도 한다.

제조품질은 생산과정에서 형성되는 품질로서 설계품질과 일치할 수 있도록 관리되어야 하는데, 설계품질의 기준이나 허용공차를 벗어나면 그 제품은 불량품으로 판정되는 것이다. 이러한 제조과정에서의 모든 활동들이 품질관리의 주요 대상이 되는 것이며, 이 과정을 철저하게 관리하였을 때 제조품질 수준이 높아지게 된다.

4) 사용품질(성과품질)

사용품질은 생산과정(목표 → 설계 → 제조의 단계)을 거친 완성품을 사용자가 사용하는 단계에서 평가받는 품질을 말한다. 사용품질의 수준을 높이기 위해서는 생산자와 사용자 모두의 노력이 일치되어야 하는데, 생산자의 노력은 목표와 설계단계에서 의도한 대로 생산하여 소비자가 제품의 기능을 편리하게 사용할 수 있도록 하거나 제품의 정보(설계품질에서 의도된 제품특성)를 충실하게 제공하는 것이다.

사용품질을 높이는 방법 중에 중요한 비중을 점하는 것이 서비스 활동이다. 소비자가 사용 중에 생기는 제품의 불만을 완전하게 제거한다는 것은 기술적으로나 경제적으로 매우 어렵지만, 서비스의 질, 불만의 처리방법 · 내용 · 속도, 보증 및 보상 등의 방법을 개선하여 소비자의 불만을 최소화시켜야 한다. 고객의 불만에 대한 신속한 처리는 물론 고장이나 불만이 발생하기 전에 정보제공을 통하여 예방하는 것이 중요하다. 최근에는 디지털기술의 발전을 접목한 서비스 활동으로 소비자의 사용품질 수준을 높일 수 있는 방법이 개발되고 있다.

사용자가 제품의 조작방법이나 사용매뉴얼을 잘 준수하는 것도 사용품질을 높이는데 중요하다.

04 품질비용

1) 품질비용의 개념

기업이 생산하는 제품이나 서비스는 소비자가 원하는 수준의 품질로 생산되어야 한다. 만약 소비자가 원하는 품질을 유지하지 못하면 기업은 소비자로부터 외면당한다. 기업이 시장에서 원하는 욕구나 요구를 충족시키는 품질을 생산하기 위해서는 제품의 계획, 설계, 제조, 유통, 서비스 등의 모든 과정을 철저하게 관리하여야 한다.

이러한 일련의 과정에서 품질목표를 달성하기 위해 지불하여야 하는 비용은 다음과 같다. 예를 들면 품질의 계획과 관련된 비용, 품질관리업무를 수행하는데 필요한 교육비, 제품생산 과정에서 각 단계(수입검사, 중간검사, 최종검사)별로 수행하는 검사 관련비용, 불량을 처리하는 비용(재작업비용, 폐기비용 등), 서비스와 관련하여 발생되는 비용 등이다.

이와 같이 기업에서 '품질목표를 달성하기 위해 지불하는 모든 비용' 즉 '제품이나 서비스의 품질교육 · 평가 · 유지 · 개선을 위하여 투입되는 모든 비용을 품질비용(quality cost)'이라고 한다.

2) 품질비용의 분류

기업이 높은 품질수준의 제품이나 서비스를 생산하기 위한 여러 가지 활동이나 과정에서 발생되는 품질비용을 구분하면, 다음과 같이 예방비용, 평가비용, 실패비용으로 나눌 수 있다.

(1) 예방비용

예방비용(prevention cost)이란 생산하는 제품이나 서비스의 불량을 예방하기 위하여 사용되는 비용을 말하는데, 예를 들면 품질계획이나 설계에 관련된 비용, 품질교육과 관련된 비용, 품질향상을 위한 훈련비, 외주업체의 품질지도에 관련된 비용 등이 대표적이다.

(2) 평가비용

평가비용(appraisal cost)이란 생산하는 제품이 일정한 품질을 유지하고 있는지를 평가하는데 소요되는 비용으로서, 예를 들면 원 · 부자재의 수입검사비용(incoming inspection cost), 가공 · 조립 중에 있는 공정품의 검사비용, 완제품이 시장으로 출하되기 전에 행하는 최종검사비용 등이 대표적이다.

(3) 실패비용

실패비용(failure cost)이란 생산공정에서 가공 중인 공정품이나 최종제품이 정해진 품질규격과 기준에 미달되었기 때문에 지불하게 되는 비용을 말하는데, 불량품을 양품으로 바꾸기 위한 재작업비용이나 불량품의 폐기비용 등이 대표적이다.

실패비용은 불량으로 판명되는 시점을 기준으로, 기업의 내부에서 판명되는 경우의 내적 실패비용(IFC : Internal Failure Cost)과 기업의 외부에서 판명되는 외적 실패비용(EFC : External Failure Cost)으로 구분한다. 내적 실패비용은 가공 중 혹은 출하직전에 행하는 출하검사에서 불량으로 판명되는 경우이며, 외적 실패비용은 수송 중에 파손되거나 소비자에게 인도된 후에 불량으로 판명되는 경우와 같이 기업 외부에서 발생되는 경우의 불량처리비용을 말한다.

3) 품질비용의 트레이드오프

품질과 품질비용의 관계를 분석하고 활용하는 방법은 품질관리활동에서 매우 중요한 영역이다. 왜냐하면 이들의 관계는 서로 영향을 미치면서 동시에 트레이드오프(tradeoff) 관계를 나타내기 때문이다. 예를 들면 고객이 요구하는 품질을 달성시키기 위하여 품질수준을 높이면 품질비용과 원가가 증가하게 된다.

품질과 품질비용의 관계에 관한 견해는 크게 두 가지가 있는데, 품질을 향상시키기 위해서는 품질비용의 증가가 불가피하다는 견해와 품질이 향상되면 오히려 품질비용이 삼소된다는 견해가 있다.

쥬란(J. M. Juran)은 총 품질비용이 최소인 점에서 적합품질의 최적수준이 결정되고, 이때 불량률도 최적수준으로 유지할 수 있다는 전통적 견해를 주장하였다. 이 견해에서는 적합품질 이상의 품질을 유지하기 위한 품질개선 노력은 오히려 총비용을 증가시킨다고 보는 것이다. [그림 7-2]의 (A)는 전통적인 품질비용의 모형으로서, 기업의 총 품질비용은 높은 품질을 달성하기 위해 사용되는 예방 및 평가 비용과 실패비용의 합으로 총 품질비용이 최소가 된다는 것을 보여주고 있다.

크로스비(P. B. Crosby)는 총 품질비용과 제품의 품질수준과의 관계에서 철저한 품질관리로 제품을 생산한다면 불량품을 줄일 수 있기 때문에 실패비용을 최소화시킬 수 있다고 보았다. 즉 예방과 평가활동을 철저히 하면 실패비용이 극소화되기 때문에 총 품질비용도 최소가 된다고 보는 것이다. [그림 7-2]의 (B)는 철저한 예방과 평가활동으로 완벽한 품질을 달성하게 되면 품질비용이 최소화될 수 있다는 것을 보여준다.

그림에서 보여주는 쥬란과 크로스비의 견해는 품질향상을 위한 품질과 품질비용 사이에 트레이드오프(tradeoff)가 존재한다는 것을 잘 보여주고 있다.

[그림 7-2] 품질비용의 모형

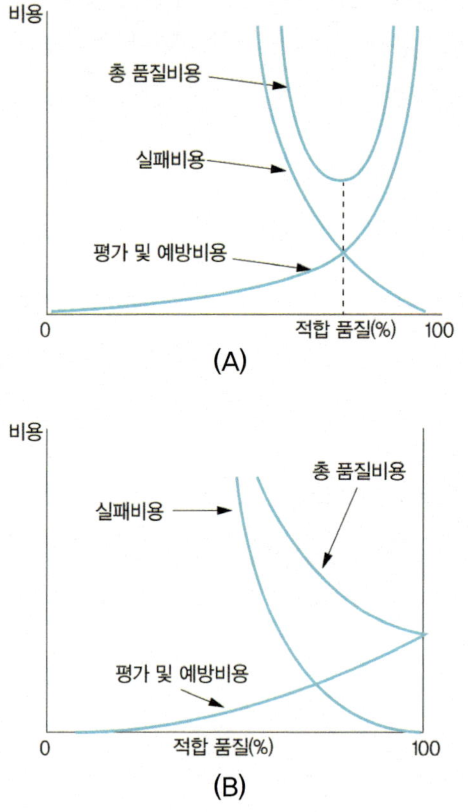

제2절 품질관리의 정의 · 기능 · 목표

01 품질관리의 정의와 기능

1) 품질관리의 정의

품질의 정의가 기준이나 관점에 따라 다양하듯이 품질관리에 대한 정의도 다양하다.

품질관리 발전에 큰 공헌을 한 쥬란(J. M. Juran)은 1974년 『*Quality Control Handbook*』에서 "품질관리란 품질성과를 측정하고 표준과 비교하여 차이가 발생하였을 때 수정조치를 취하는 공정활동"이라고 정의하였으며, ANSI/ASQC에서는 품질관리를 "주어진 요구를 만족시키는 제품이나 서비스의 품질을 유지하려는 기능과 행동 또는 그러한 기술과 행동의 사용"이라고 정의하였다.

따라서 품질관리의 정의는 "제품이나 서비스의 질을 높이고, 유지하고, 개선하기 위한 여러 가지 활동을 체계적으로 수행하는 과정"이라고 할 수 있다. 즉 제품이나 서비스의 품질을 계획하고, 체계적인 활동을 수행하여, 고객의 욕구를 만족시킬 수 있는 품질을 지속적으로 제공할 수 있도록 관리하는 과정이라고 할 수 있다.

2) 품질관리의 기능

기업이 품질목표를 달성하기 위해서는 품질관리의 내용과 활동을 효율적으로 행하여야 하며, [그림 7-3]의 품질관리 사이클이 순차적으로 수행되어야 한다.

품질관리 사이클은 표준이나 목표를 설정하는 계획단계(plan), 계획한 내용대로 실행하면서 표준과 일치시키는 평가 · 실시단계(do), 목표와 실제 실행된 값의 차이를 비교하는 검토단계(check), 계획과 표준의 개선을 위한 조치단계(action)을 거치게 된다.

이러한 품질관리 사이클은 데밍(W. E. Deming : 1900~1993)에 의해 처음 제시되었으며, 이를 일명 '데밍 사이클(Deming Cycle)'이라고 한다.

[그림 7-3] 품질관리 사이클(데밍 사이클)

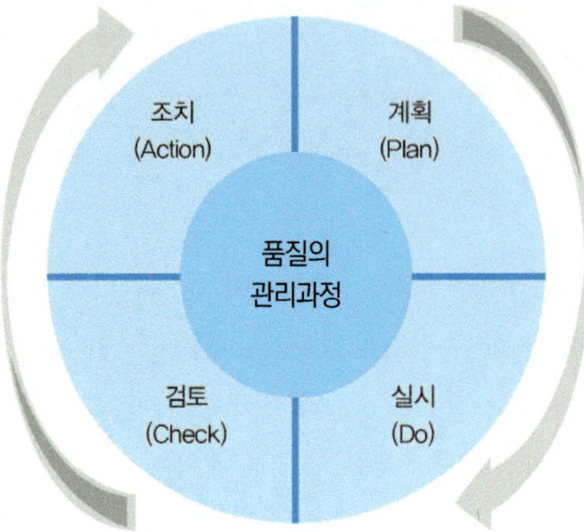

품질의 PDCA사이클(데밍 사이클)

02 품질관리의 목표

경영학에서 관리(control)란 계획이나 목표를 달성하기 위해 행하는 일련의 체계적인 활동을 의미하는데, 현상의 유지와 현상의 개선이라는 두 가지 활동으로 이루어진다. 현상의 유지란 계획대로 결과가 도출되도록 점검하고 조치를 취하는 것이고, 현상의 개선이란 현재보다 높은 목표를 설정하고 이를 달성하기 위한 활동을 의미한다. 어떠한 유형이든 관리란 기업의 목표를 효과적으로 달성하기 위한 일련의 행동들을 말한다.

생산활동에서의 관리는 단순히 불량을 줄이거나 생산성을 높이는 업무뿐만 아니라 고객의 요구에 맞는 좋은 품질의 제품을 적정한 가격으로 소비자가 원하는 시기에 제공하면서 동시에 이익이 발생되도록 해야 한다.

이 같은 관리의 개념으로 품질관리의 목표를 다음과 같이 요약할 수 있다. 즉 '고객에게 양질의 제품과 서비스를 제공함으로써 고객만족을 극대화시킴과 동시에 기업은 수익을 올릴 수 있도록 관리하여야 한다. 또한 품질수준을 달성하기 위한 구체적이고 체계적인 품질관리활동과 기법을 활용하여야 한다'.

이 같은 품질관리의 목표는 생산성, 원가, 납기, 작업자의 안전과 사기 등과 함께 소비자가 요구하는 품질에 관한 정보가 조화를 이루어야 한다. 왜냐하면 좋은 품질의 제품이란 생산자의 품질요소와 함께 소비자를 충족시키는 요소로 결정되기 때문이다. 특히 작업장의 안전이나 사기가 강조되는 이유는 생산현장이 안전하면 작업자의 직무만족도와 사기가 높아 그들이 생산하는 제품의 품질향상에도 영향을 미치기 때문이다. 품질과 함께 고려해야 하는 내용은 다음과 같다.

① **생산성**(Productivity) : 노동생산성, 부가가치생산성, 설비생산성과 같이 생산요소를 효율적으로 결합하는 방법 등
② **품질**(Quality) : 원자재·가공 중인 공정품, 완제품의 불량률, 고객의 불만 등을 줄여 높은 수준의 품질을 유지하는 모든 활동 등
③ **원가**(Cost) : 제조원가를 절감하여 가장 합리적인 가격으로 공급할 수 있는 방법
④ **납기**(Delivery) : 고객이 원하는 납기를 준수하고, 경쟁기업보다 더 빨리, 더 자주, 더 정확하게 공급할 수 있는 방법의 개발
⑤ **안전**(Safety) : 생산현장에서 사고나 산업재해를 예방하고 안전을 확보할 수 있는 작업 환경의 조성
⑥ **사기**(Morale) : 인간관계를 우호적으로 유지하고, 조직의 만족도를 높여 구성원들의 사기를 높이는 방법

제3절 품질관리의 약사(略史)

1) 작업자 중심의 품질관리

생산공정의 대부분을 소규모의 수공업에 의존하였던 과거의 기업형태에서는 기업가와 작업자가 동일하였으며 작업자가 구매에서부터 설계, 조립 및 생산의 모든 생산과정을 수행하고 품질수준도 스스로 결정하였다.

이러한 형태의 생산방식은 기업의 생산규모가 아주 작은 초기의 기업에서 볼 수 있는데, 장인(匠人)이 소비자의 요구를 주문·접수받아, 그에 맞는 제품의 시방과 생산 및 검사업무까지 수

행하는 경우이다.

그러나 18세기 후반 산업혁명에 의한 기계화로 대량생산이 가능해지면서 생산활동은 생산성을 높이기 위한 작업의 전문화, 분업화가 강조되었다. 이 시기에 가장 중요한 관리의 핵심요소는 생산성을 높이는 내용이었으며, 품질의 개념은 생산성보다 경시되었다.

2) 검사중심의 품질관리

기업에서 생산하는 제품의 생산규모가 커짐에 따라 기업에서는 대량생산체제를 구축하게 되었으며, 생산공정은 생산성을 높이기 위한 방법과 함께 품질을 향상시키기 위한 방법으로 검사기능과 부서에 초점을 맞추어 관리하였다. 또한 소비자 요구수준이 높아지면서 기업은 품질수준을 높이기 위한 검사의 중요성을 인식하기 시작하면서 다양한 검사기법이 개발되었다.

검사기능을 통해 품질수준을 향상시키려는 노력은 과학적 관리법을 주창한 테일러(F. W. Taylor)로부터 서서히 시작되었으며, 1924년 벨전화회사(Bell Telephone Company : 현재 AT&T의 전신)에 근무하였던 슈하트(W. A. Shewhart : 1891~1967)는 제품의 품질변동을 관리할 수 있는 통계적 관리도를 개발하였는데, 이 관리도는 통계적 품질관리의 토대가 되었다.

3) 통계적 품질관리

1920년대 후반에 닷지(H. F. Dodge)와 로믹(H. G. Romig)이 100% 검사를 하는 전수검사(total inspection)에 대한 대안적인 방법으로 샘플링 검사(sampling inspection)이론을 정립하였으나, 당시 미국 경영자들은 통계적 품질관리(SQC : Statistical Quality Control)의 가치를 중요하게 인식하지 못하였다.

통계적 품질관리의 가치에 대한 인식은 1940년대 후반 미국품질관리협회가 설립된 이후부터라고 볼 수 있는데, 미국품질관리협회는 기업에게 효율적인 품질관리를 위한 통계적 품질관리기법의 적용을 적극적으로 유도하기 시작하였으며, 이러한 협회의 노력으로 기업에서도 통계적 품질관리의 방법을 적극 활용하기 시작하였다.

통계적 품질관리기법이란 품질관리의 활동을 위해 품질에 영향을 미치는 자료를 수집 · 분석 · 해석하는데 통계적 기법을 활용하는 방법으로서 특히 통계적 공정관리(SPC : Statistical Process Control)와 샘플링 검사는 통계적 품질관리의 중요한 기법이다.

4) 전사적 품질관리

데밍(W. E. Deming : 1900~1993)은 기업에서 생산하는 제품의 품질을 향상시키기 위해서 최고경영자의 품질의식과 역할이 가장 중요하다는 점을 강조하면서, 데밍 사이클(Plan-Do-Check-Action)에 의한 품질관리방법과 함께 14가지의 품질개선을 위한 행동철학을 제시하였다. 데밍의 이러한 품질철학은 1950년대에 일본기업이 품질관리에 대한 이론과 필요성을 정립하는데 큰 공헌을 하였다.

쥬란(J. M. Juran)은 1954년 쥬란의 3분법(The Juran Trilogy)[3]을 내세워, 기업이 생산하는 제품의 품질을 높이기 위해서는 경영자가 품질문제의 해결을 위해 솔선수범하는 자세와 함께 설계품질의 중요성 및 소비자가 요구하는 품질을 충족시킬 수 있는 노력을 강조하였다.

데밍과 쥬란의 품질운동은 이시가와 가오루(石川馨)와 다구찌 겐이찌(田口玄一)에 계승・발전되어 일본이 품질표준을 정착시키는데 크게 도움을 주었는데, 그들의 영향으로 일본에서는 1960년대 품질관리분임조 활동(QCC : Quality Control Circle)에 의한 품질개선활동을 활발하게 전개하게 되었다.

이러한 노력을 바탕으로 통계적 품질관리기법이 일본기업에 빠르게 적용되기 시작하였으며, 더욱 확장된 개념의 전사적 품질관리(CWQC : Company-Wide Quality Control)로 발전되었다. 전사적 품질관리란 기업의 모든 구성원과 부서가 품질을 위해 노력하여야 한다는 접근방법이다.

5) 종합적 품질경영

1970년대 후반과 1980년대 초 일본제품이 높은 수준의 품질로 시장에서 경쟁력을 확보해 나가자 미국 기업과 경영자들은 일본기업의 품질관리기법에 관심을 갖기 시작하였으며, 그 결과 새로운 품질관리기법이 개발되었는데, 1980년대 중반에 일본의 전사적 품질관리기법을 더욱 확장하고 향상시킨 개념의 종합적 품질경영(TQM : Total Quality Management)개념이 출현하게 되었다.

1980년대 후반에는 공급자와 생산자 모두가 통계적 공정관리(SPC)기법을 적용하기 시작하였으며, 특히 말콤볼드리지 상이 제정되면서 고객만족을 위한 제품이나 서비스의 품질이 강조되기 시작하였다.

---

3) 품질경영의 효과를 높이기 위해서는 품질계획(quality planning), 품질관리(quality control), 품질개선(quality improvement)의 3단계를 효과적으로 전개하여야 한다고 주장하였다.

1990년대부터는 품질개선에 대한 중요성을 인식하고 소비자만족과 품질인증을 위해 ISO 9000, QS 9000을 품질 시스템의 모델로 삼고 이를 적용하여 품질개선을 위한 기틀을 마련하기 시작하였다.

그 후 생산활동과 소비활동에서 발생하는 환경오염을 예방하고 쾌적한 삶을 영위하기 위한 환경경영을 실천하는 수단으로서 ISO 14000(Environmental Management System : EMS)이 공식적인 국제규격으로 채택되어 환경경영시스템까지 품질의 영역을 확장시켰다.

제4절 통계적 품질관리

01 통계적 품질개선 도구

통계적 기법을 활용하여 품질관리를 행하기 위해서는 공정상태의 분석에 필요한 데이터를 수집하는 과정이 우선 필요하며, 수집한 데이터의 체계적인 분석과 활용으로 품질과 관련된 문제를 효율적으로 개선해 나가야 한다. 그러나 이러한 과정에서 데이터의 단순한 수집이나 나열은 공정의 상태를 파악하기 어렵기 때문에, 데이터를 재구성하거나 변형하여 공정의 특징이나 분포 · 산포의 정도 등에 관한 관리정보로 전환시켜 활용해야 한다. 생산활동에서 품질활동을 수행하는 통계적 도구는 히스토그램, 그래프, 체크시트, 특성요인도, 산포도, 파레토그림, 관리도, 샘플링 검사, 관리도, 공정능력분석, 실험계획법 등을 활용하여 제품과 공정의 상태를 분석 · 관리한다.

통계적 품질관리에서 많이 사용하는 가장 보편적인 도구는 다음과 같다.

1) 히스토그램

히스토그램(histogram)이란 수치화가 가능한 데이터를 몇 개의 등급으로 나누어 도수분포도를 만든 뒤 이를 막대 그래프의 형태로 나타낸 것으로서, 히스토그램을 막대그래프(bar graph) 또는 도수분포도(frequency distribution graph)라고도 한다. 히스토그램은 아주 간단하게 데이터를 활용하면서도 추출한 자료의 분포를 한 눈으로 쉽게 파악할 수 있는 그림이다.

데이터를 히스토그램으로 표시함으로써 공정이나 품질에 관련된 데이터의 분포 형태, 중심화 경향, 산포의 경향 등을 쉽게 파악할 수 있다.

[그림 7-4] 히스토그램

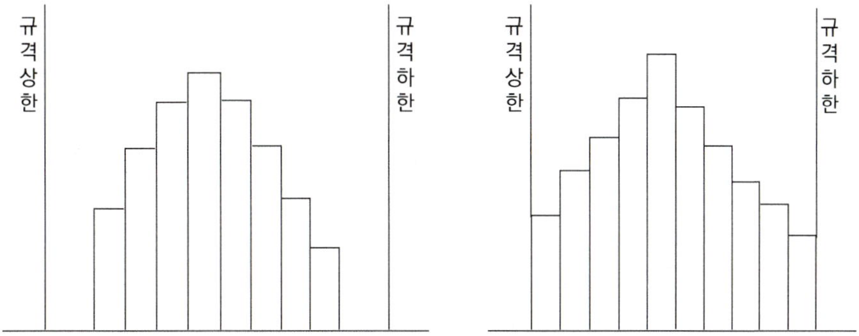

2) 파레토도

파레토도(Pareto Diagram)는 불량품, 결점, 클레임, 사고 등의 데이터를 발생 원인별로 분류하고, 불량원인을 크기 순서대로 막대그래프를 그리고 동시에 누적비율을 표시한다.

파레토도는 문제점의 원인이 어디에 있으며, 그 비율은 얼마인지를 쉽게 파악할 수 있고, 또한 어떤 문제부터 개선하면 좋은가에 대한 우선순위를 결정하는데 매우 유용한 도구이다. 파레토도는 QC 도구 중에서 가장 많이 쓰이고 있다.

〈표 7-3〉 불량 원인과 건수

불량원인	불량개수	누적개수	상도도수(%)	누적상대도수(%)
작업자 부주의	24	24	47.0	47.0
재료 불량	8	32	15.7	62.7
기계 불량	7	39	13.7	76.4
검사 오류	6	45	11.8	88.2
공구 불량	3	48	5.9	94.1
설계 불충분	2	50	3.9	98.0
기타	1	51	2.0	100.0
계	51		100	

[그림 7-5] 파레토도

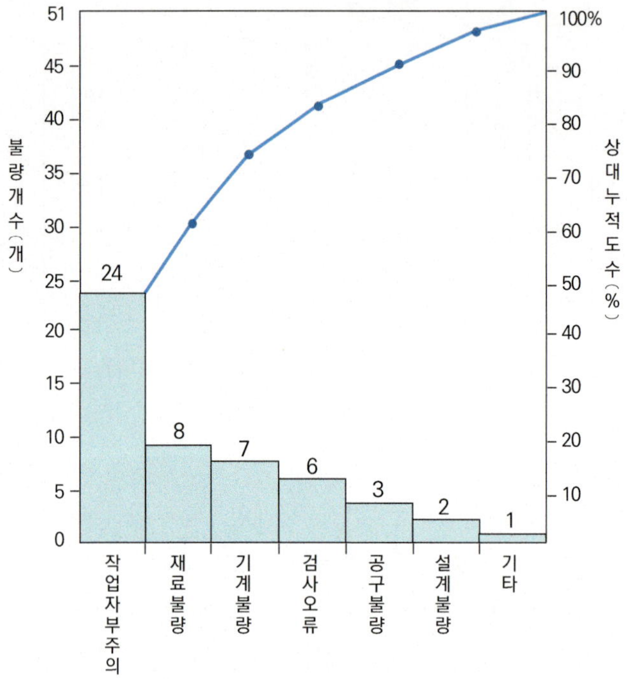

3) 특성요인도

특성요인도(cause-and-effect diagram)는 1943년에 이시가와 가오루(Kaoru Ishikawa)에 의해 고안된 것으로, 불량발생의 원인과 결과의 위계(hierarchy)와 상호관계를 쉽게 이해할 수 있도록 체계적인 화살표로 나타낸다. 특성요인도는 문제점을 해결하기 위한 원인을 추적하는데 매우 유용하게 이용되는 그림이며, 문제점의 원인을 제거하는 우선순위나 방법도 쉽게 발견할 수 있다.

특성요인도를 작성할 때는 문제점을 4M(Man, Material, Method, Machine)을 중심으로 분석하는 것이 일반적이다.

[그림 7-6] 특성요인도

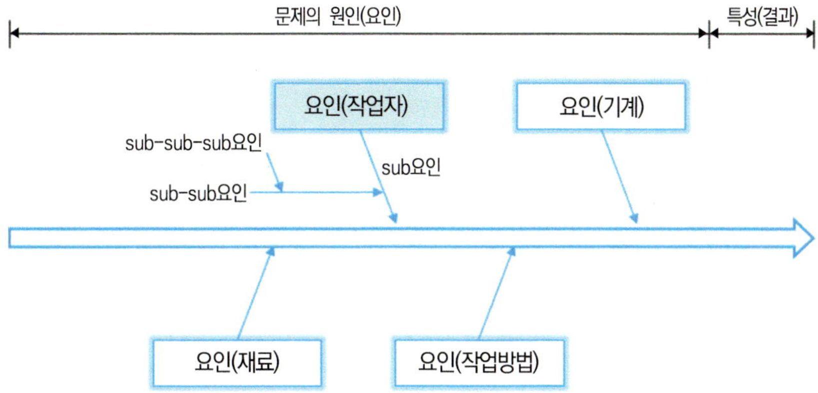

4) 체크시트

체크시트(check sheet)란 공정으로부터 수집한 데이터를 통하여 문제점의 원인을 주기별(일별, 주별, 월별 등)로 표시하여 품질의 상황과 불량을 확인할 수 있도록 나타낸 표이다. 또한 문제점을 데이터로 표현하여 품질개선활동을 할 수 있도록 여러 가지 문제점을 조사하여 일목요연한 자료로 만들 수도 있다. 체크시트를 작성할 때는 사용자 및 공정이나 제품의 특성에 따라 다양한 양식이 사용된다.

〈표 7-4〉 체크시트의 예

일자 / 불량원인	2019. 11.1	11.2	11.3	11.4	11.5	11.6	11.7	계
작업자 부주의	/	//	//		///	~~////~~	/	14
재료 불량		/		//		///		6
기계 불량	//		~~////~~		//		/	10
계	3	3	7	2	5	8	2	30

5) 산점도

산점도(scatter diagram)란 서로 상관관계가 있는 2개의 변수 특성치를 가로와 세로의 교차점에 찍은 점을 나타낸 그림으로서 산포도라고도 한다. 이는 원인과 결과 사이의 상관관계를 파악할 수 있는 용도로 많이 사용된다. 품질관리를 효과적으로 수행하기 위해서는 산점도를 특성요인도(단순히 원인과 결과의 관계를 파악하는데 유리 함)와 함께 활용하는 것이 좋다.

[그림 7-7] 산점도의 예

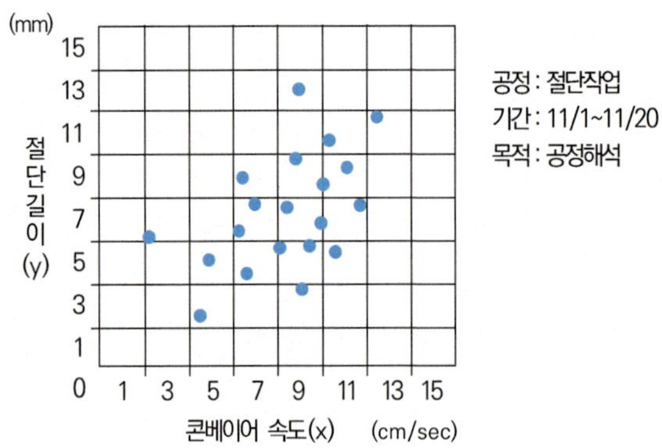

6) 그래프와 관리도

데이터를 간단한 표로써 요약하거나 특징을 쉽게 파악하기 위하여 그래프와 관리도를 사용한다. 그래프의 종류에는 막대그래프, 원그래프, 꺾은선 그래프 등이 있다.

관리도(control chart)란 꺾은선 그래프의 일종으로 세로축에는 특성치, 가로축에는 시간 또는 관측치를 순서대로 표시하는 것으로, 관리중심선(CL : Center Line)으로부터 관리상한선(UCL : Upper Control Limit)과 관리하한선(LCL : Lower Control Limit)을 정하고, 품질 특성치를 나타내는 그래프가 이 관리상한선과 하한선 내에서 어떤 형태와 추세로 변화하는지를 확인하여 공정이 이상상태에 있는지 또는 안정상태에 속하는지 그리고 이상이 있다면 어떤 증상을 갖고 있는지를 확인할 수 있다.

지금까지 설명한 기법의 특징을 간단히 요약하면 〈표 7-5〉와 같다.

〈표 7-5〉 QC 도구의 목적과 용도

도 구	목 적	용 도
히스토그램	데이터의 산포 상태를 파악	• 분포의 모양파악 및 규격비교 • 중심위치와 산포의 크기 파악
파레토도	문제 및 개선활동의 우선순위를 결정	• 주요요인과 부가적 요인 파악 • 결점, 불량, 클레임 등 현상 파악
특성요인도	문제의 원인과 결과의 관계를 파악	• 원인 전체를 그림으로 그려 계통표시 • 문제의 상호관계 표시 및 영향 파악
체크시트	데이터의 간단한 정리 및 관리	• 데이터의 누락 및 착오 방지 • 정보(숫자, 현상)의 관리
산점도	데이터의 상관관계 파악	• 변수 간 상관관계 파악 • 개선방안 파악
그래프와 관리도	데이터의 시각화와 공정의 이상여부 파악	• 분포 변화의 비교 분석 • 공정능력 파악

02 관리도

동일한 작업환경(투입요소, 기계설비, 작업자 등)에서 동일한 품질기준을 적용하여 제품을 생산하더라도 다양한 품질이 생산될 수 있다. 이 같이 동일한 작업환경에서 동일한 기준(criterion)으로 생산하더라도 품질의 차이가 발생하는 경우를 변동(variation)이라고 한다.

동일한 조건에서 이루어지는 생산활동에서 품질변동을 제거하는 것이 품질관리의 주요 목표인데, 제조현장에서 품질변동을 제거하기 위해 쓰이고 있는 주요 통계적 품질관리기법은 관리도·샘플링 검사·공정능력분석·실험계획법 등이 많이 사용된다. 이들 모두는 통계적 공정관리(SPC : Statistical Process Control)의 주요 도구들이다. 특히 관리도는 통계적 품질관리의 중요한 수단인데, 그 이유는 다른 기법들보다 간단하고 효과가 크기 때문이다.

1) 관리도의 개념

관리도(control chart)는 1924년 슈하트(W. A. Shewhart)에 의해 고안된 방법으로서, 생산공정에서 정해진 품질목표를 달성하기 위한 공정관리의 수단으로 이용되며 또한 정해진 품질목표가 어느 정도 달성되었는지를 평가할 수 있는 방법이다. 특히 제조공정에서 생산하는 제품의 품질에 대한 이상 유무를 동태적으로 살펴볼 수 있고, 품질변동에 대한 산포를 간단하게 표시함으로써 품질특성을 쉽게 확인할 수 있는 기법이다. 이를 위해 관리상한선(UCL : Upper Control Limit)과 관리하한선(LCL : Lower Control Limit)을 이용한다.

생산현장은 관리도에서 시작하여 관리도로 끝이 난다고 할 만큼 관리도의 활용은 공정문제를 해결하고 나아가 품질향상과 생산성 향상에 많은 도움을 주고 있다.

2) 관리도의 종류

관리도는 데이터의 종류에 따라 계량형 관리도와 계수형 관리도로 나누어진다.

계량형 관리도란 측정치가 연속적인 값을 가지며, 측정가능하고 측정치 자체를 값으로 나타낼 수 있는 데이터를 사용하는 관리도이다. 예를 들면 길이 · 무게 · 습도 · 순도 · 성분 등은 계량형 관리도의 대표적 데이터들이다.

계수형 관리도는 불량품의 개수나 결점수 같이 측정치가 불연속적인 값을 갖는 특성의 데이터를 사용하는 관리도이다.

계량형 관리도와 계수형 관리도의 종류와 특징을 구분하면 다음 〈표 7-6〉과 같다.

〈표 7-6〉 관리도의 종류

	데이터의 종류	관 리 도	적 용	적용이론
계량형 관리도	길이, 무게, 강도, 화학, 성분, 온도, 압력, 수율, 생산량	$\bar{x}-R$ 관리도 (평균치 · 범위의 관리도)	품질을 계량치로 관리하는 경우 많은 양의 품질정보를 얻을 수 있는 경우	정규 분포
		$\bar{x}-s$ 관리도 (평균치 · 표준편차의 관리도)	$\bar{x}-R$ 관리도와 같으나 품질의 산포를 보다 상세히 나타낼 수 있는 경우. 편차의 계산이 번거로움	
		$\tilde{x}-R$ 관리도 (중앙치 · 범위의 관리도)	$\bar{x}-R$ 관리도와 같으며, 중앙치 $\tilde{x}$의 계산이 간단함	
		x관리도 (생데이터 관리도)	데이터의 발생간격이 긴 공정관리나 데이터 측정에 시간과 비용이 많이 소요될 때 적용	
계수형 관리도	불 량 률	p관리도 (불량률 관리도)	군(群)의 크기가 다를 때 품질을 불량률로 관리하는 경우에 사용	이항 분포
	불량개수	np관리도 (불량개수 관리도)	군(群)의 크기가 일정할 때 품질을 불량개수로 관리할 때	
	결 점 수	c관리도 (결점수 관리도)	군(群)의 단위수가 일정할 때 품질을 결점수로 관리하는 경우에 사용	포아송 분포
	단 위 당 결 점 수	u관리도 (단위 당 결점수 관리도)	군(群)의 단위수가 다를 때 품질을 결점수로 관리하는 경우에 사용	

3) 관리도의 원리

(1) 중심화 경향과 분산

관리도는 관측치의 값들이 중심화 경향과 분산에서 생기는 변동을 이용하여 공정을 분석 · 관리하는 방법으로, 관측치의 독특한 품질속성을 통하여 공정이 안정상태에 놓여 있는지 혹은 불안정한 상태에 있는지를 알 수 있다.

[그림 7-8]은 $\bar{x}$관리도의 예인데, 이 관리도는 표본의 평균값으로부터 변동의 원인이나 공정의 이상 유무를 찾아내는데 사용된다.

[그림 7-8] 관리도($\bar{x}$관리도)의 예

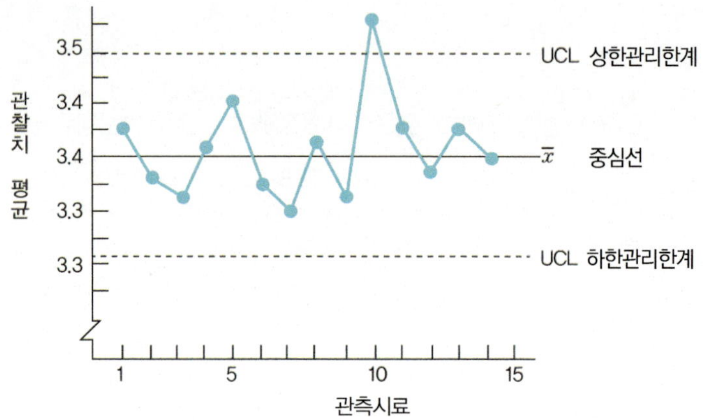

그래프의 가로축은 관측시료(1~14개)의 수집된 관측치의 개수 및 관찰값을 나타내며, 세로축은 평균값, 관리상한선(UCL), 관리하한선(LCL)을 표시한다. 각각의 타점(spot)들은 관측치의 평균값을 나타낸다.

예를 들면 관측시료 10번은 관찰값의 평균값인 3.56이다.

평균값은 변동의 변화를 쉽게 알 수 있기 때문에 관리도에서 가장 많이 이용하는 값이다. 또한 표본의 둘 이상 관측치에서 구해지는 분산값도 관리도에서 중요하다.

관리도의 중심선은 다음과 같은 3가지의 성격을 가지고 있다.

첫째, 타점된 점들의 평균이며, $\bar{x}$관리도의 경우에 평균값 즉 $\bar{x}$가 된다.

둘째, 표준값의 의미를 가지고 있다.

셋째, 모평균을 뜻하며, μ로 나타낸다.

한편 관리도에서 관리상한선과 관리하한선은 관리한계를 나타내는데, 관리한계는 통계적 값을 이용하여 중심선으로부터 $\pm 3\sigma$로 정해진다.

정규분포에서 $+3\sigma$와 -3σ 사이의 확률은 99.73%이기 때문에 샘플의 값이 관리상한선과 관리하한선 사이에 있다는 것은 1,000개 중 997개가 포함된다는 의미이며, 이 경우 공정은 잘 관리되고 있다고 판단한다. 샘플의 값이 관리한계선 밖에 존재하면 공정은 관리상태를 벗어났거나 변동을 일으키는 이상원인이 존재하고 있다고 판단하는 것이다.

[그림 7-8]의 관리도에서 10번째 관측시료는 한계선 밖에 있는데, 공정이 안정상태를 벗어난 이상상태이기 때문에 그 원인을 찾아 조치를 취해야 한다는 의미이다. 보통 $\bar{x}$관리도는 중심화 경향을 나타내고, R관리도는 분산을 나타내는데, $\bar{x}$-R관리도에서는 두 가지의 관리도를 동시에 사용하여 이상을 찾아내는 것이다.

(2) 품질의 변동원인

생산현장에서 동일한 조건과 작업을 수행하더라도 품질특성치는 중심값을 기준으로 산포(변동)가 발생한다. 이러한 품질의 산포원인을 슈하트(W. A. Shewhart)는 우연원인(chance cause)과 이상원인(assignable cause)으로 나누었으며, 데밍(W. D. Deming)은 공통원인(common cause), 특수원인(special cause)으로 구분하였다.[4]

(가) 우연(공통)원인

엄격하게 표준화된 상태에서 제조되었음에도 불구하고 불가피하게 품질변동이 생기는 것으로 피할 수 없는 원인이다. 이를 불가피(不可避) 원인 혹은 만성적 원인이라고도 하는데, 예를 들면 작업자의 숙련도 차이, 작업환경의 차이, 허용오차 내에 있는 원자재 차이 등을 말한다.

(나) 이상(특수)원인

생산조건을 제대로 갖추지 못하여 발생되는 품질변동으로 주의를 기울인다면 충분히 제거할 수 있는 원인을 말한다. 이를 가피(可避) 원인 혹은 우발적 원인이라고도 하는데, 이 원인은 원자재의 불량, 작업자의 부주의나 오류, 설비의 오작동, 공구의 마모 또는 파손 등과 같이 제조조건을 갖추지 못하여 발생한 원인을 말한다.

(3) 관리도의 3σ법

관리도에서 사용하는 3σ법의 개념은 어떤 통계량 x의 표준편차의 3배에 해당하는 폭으로 관리한계선를 정하여 관리하는 방법이다. 다시 말해서 시료에서 얻어진 데이터가 평균치를 중심으로 $\pm 3\sigma$ 안에 포함될 확률은 정규분포에서 평균을 중심으로 표준편차의 3배와 같은 99.73%가 된다. 이는 공정의 산포가 우연원인으로만 존재한다면 3σ의 영역을 벗어날 확률(즉 제1종 과오의 확률)은 0.27%이다.

3σ법에 의한 관리한계선은 다음과 같다.

---

4) L. P. Provost & C. L. Norman, Variation Through the Ages, Quality Progress, Dec, 1990, p.42.

$$\frac{UCL}{LCL} = E(X) \pm 3D(X)$$

만약 통계량 X가 정규분포를 하고 공정이 정상상태에 있을 때 품질특성의 확률분포의 모수를 θ_0라 하고, 공정의 이상 유무를 판정하기 위한 시료를 추출하는 시점에서의 모수를 θ라고 한다면, 다음과 같은 가설이 설정된다.

$$H_0 : \theta = \theta_0 \text{(공정의 관리상태)}, \quad H_0 : \theta \neq \theta_0 \text{(공정의 이상상태)}$$

시료에서 채취한 데이터가 평균치를 중심으로 $\pm 3\sigma$안에 포함될 때 귀무가설 H_0를 채택하고 공정에는 이상원인이 없다고 본다.

[그림 7-9]에서 관리도의 3σ법에서 H_0가 기각되는 확률(제1종 과오 α)은 0.27%이다. 그리고 모수 θ에 약간의 변화가 생겨 H_1이 옳은 경우에 H_1을 기각할 확률(제2종과오 β)이 크다는 특징과 검출력$(1-\beta)$이 작다는 특징이 있다. 그리고 관리도가 공정변화를 얼마만큼 정확히 나타내는지 여부를 파악하는 것이 OC곡선(Operating Characteristic curve : 검사특성곡선)이다.

[그림 7-9] 관리도의 3σ 법과 OC 곡선

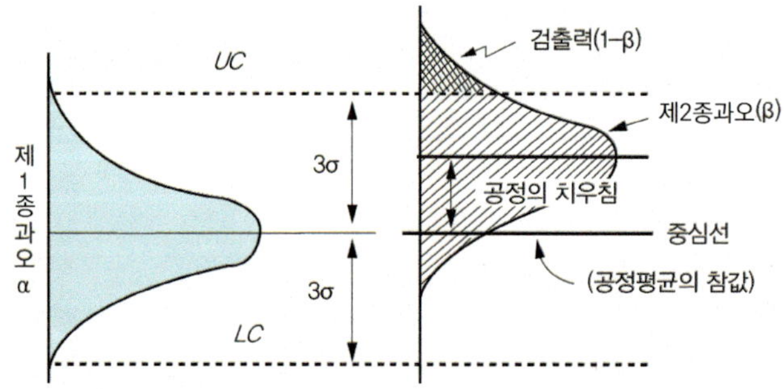

예를 들어 제1종 과오는 공정이 실제로 관리상태인데도 한 점이 우연히 관리한계선을 벗어나 공정이 관리상태에 있지 않다고 잘못 판단하는 것을 말하며, 반대로 공정이 관리상태에 있지 않은데도 점이 관리한계선 밖으로 표시되지 않고 관리상태에 있다고 판단하는 것이 제2종 과오이다.

4) 관리도의 요건

관리도는 품질의 변동이나 데이터의 산포상태를 그림으로 표시하여 작업자가 공정의 상태를 쉽게 파악할 수 있도록 도움을 주는 방법이다. 또한 시간에 따른 품질변동의 추이를 살필 수 있고, 한계선의 기준 내에서 품질이 어떻게 달라지고 있는가를 보여주기 때문에 공정개선을 위한 해석이나 관리방법으로 많이 쓰이고 있다.

관리도는 다음과 같은 요건을 갖추어야 한다.

① 이상원인이 어디에 존재하고 있고, 이상원인이 무엇인가를 밝힐 수 있어야 한다.
② 이상원인을 발견할 수 있는 방법을 제시하여야 한다.
③ 관리도의 궁극적 목적은 안정된 공정의 상태를 유지하는 것이므로 품질변동이 발생할 경우 즉시 개선조치가 이루어질 수 있어야 한다.

03 공정능력검사

통계적 공정관리의 주요 기능은 주어진 제품을 규격에 맞춰 생산할 수 있도록 공정을 안정상태로 유지하는 것이다. 즉 공정의 변동정도를 측정·분석하여 규격에 맞는 제품을 생산할 수 있는지 혹은 불량의 크기는 어느 정도인지 등의 공정능력에 대한 정보를 분석하는 것으로, 이를 공정능력분석이라 한다.

1) 공정능력의 정의

쥬란(J. M. Juran)은 그의 저서 『*Quality Control Handbook*』에서 공정능력(process capability)이란 그 공정이 관리상태에 있을 때 각각의 제품변동이 어느 정도인가를 나타내는 양이라고 정의하였다. 즉 일정기간을 통하여 안정된 공정상태에서 설계규격에 얼마나 일치하는 제품을 생산할 수 있는가를 나타내는 척도이다. 그는 공정능력이라는 용어와 동의어로 자연공차(natural tolerance : 보통 6σ라고 정의)를 사용하였다. 공정능력이 정규분포를 따르는 경우 정규분포의 특성에 따라 [그림 7-10]과 같이 분포된다.

[그림 7-10] 정규분포를 따르는 공정능력

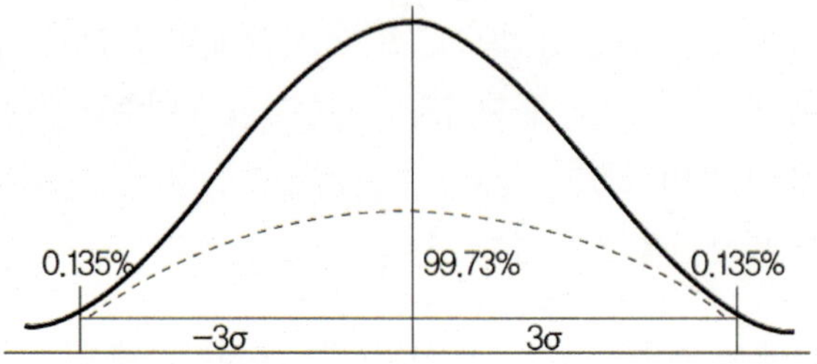

2) 공정능력지수와 판정

(1) 공정능력지수

공정능력을 공정개선에 이용하려면 공정과 관련된 정보를 수치화할 필요가 있다. 그 중 가장 단순한 방법은 정량화된 공정능력과 규격을 직접 비교하여 만족하는 비율과 만족하지 못하는 비율로 구분하는 방법이다. 또 하나의 평가척도방법으로는 공정능력지수(process capability index)가 있는데, 현재 진행되고 있는 현장의 작업 상태 즉 기계의 작업능력을 수치로 나타내는 방법이다.

현장에서 가장 많이 사용하는 공정능력지수는 C_p와 C_{pk}인데, 사용하는 데이터의 형태에 따라 연속형, 이산형 데이터로 구분되고, 데이터 수집기간에 따라 단기와 장기로 구분한다.

연속형 데이터의 경우 정규분포를 따르는지 여부, 이산형 데이터가 이항분포인지 포아송분포인지를 구분해야 하지만 대부분 연속형, 단기, 정규분포 데이터를 사용하고 있다.

공정능력지수는 [그림 7-11]에서와 같이 공정능력(6σ)과 규격의 폭과의 비율을 의미하며, C_p로 나타낸다.

[그림 7-11] 6σ와 T와의 관계

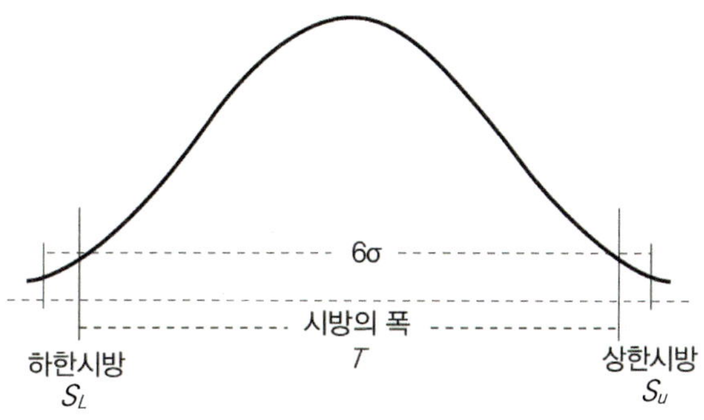

C_p와 C_{pk}의 관계를 좀 더 구체적으로 설명하면 다음과 같다.

C_p와 C_{pk}는 모두 공정능력지수라는 명칭을 사용하지만 공정능력지수의 기본은 C_p이므로, 일반적으로 공정능력지수라고 하면 C_p를 의미한다. 그러나 두 개념을 구분한다면 다음과 같다.

① C_p값은 데이터의 중심값(평균값)을 사용하고, C_{pk}값은 데이터의 중심값 대신에 규격범위의 중심값을 사용한다.

② C_p는 수집된 데이터의 평균과 표준편차의 관계를 나타내는 데 반해, C_{pk}는 주어진 규격범위의 중심값과 수집된 데이터의 표준편차의 관계를 나타낸다.

③ 현공정의 산포를 중시한 공정능력은 C_p가 유리하고, 규격을 중시한 공정능력은 C_{pk}가 유리하기 때문에 두 가지를 모두 참고해야 한다.

규격은 한쪽이 주어진 경우와 양쪽이 주어진 경우가 있는데, 양쪽 규격이 주어진 경우 공정능력지수는 다음과 같이 나타낸다.

C_p 계산의 계산식은 다음과 같다.

$$C_p = \frac{T}{6\sigma} = \text{양측규격}$$

$$C_pU = \frac{\text{상한규격} - \mu}{3\sigma} = \text{상한만 있는 단측규격}$$

$$C_pL = \frac{\mu - 하한규격}{3\sigma} = 하한만\ 있는\ 단측규격$$

$$C_p = \frac{T}{6\sigma} = \frac{S_u - S_L}{6\sigma} = \frac{S_u - S_L}{6s} = \frac{S_u - S_L}{6\sqrt{V}}$$

(T는 시방의 폭(규격 범위), S_u=상한시방, S_L=하한시방)

C_p는 규격과 산포의 관계를 잘 나타내고 있으나, 데이터의 중심에 대해 고려하지 않아 엉뚱한 결과를 나타내는 경우 즉 공정평균이 상한의 중심으로부터 어느 한쪽으로 치우치게 되는 경우에는 [그림 7-12]에서 표시된 치우침도 k와 $T/6\sigma$를 이용하여 '실제공정능력지수(C_{pk})'를 구한다. 공정능력지수 C_p의 단점을 해소한 공정능력지수가 C_{pk}이다.

실제공정능력지수는 공정변동폭의 중앙점 즉 평균으로부터 벗어난 크기를 판단할 수 있는 척도이다. 이에 반해서 C_p는 공정평균이 규격상 하한의 폭인 시방의 폭 중앙에 놓인다는 가정 아래 계산되는 것이므로 어디까지나 추정치일 뿐이다. 그러므로 실제 공정능력지수(C_{pk})는 실제 공정능력을 나타내는 유용한 척도이다.

[그림 7-12] 중심이 벗어났을 때의 분포와 시방과의 관계

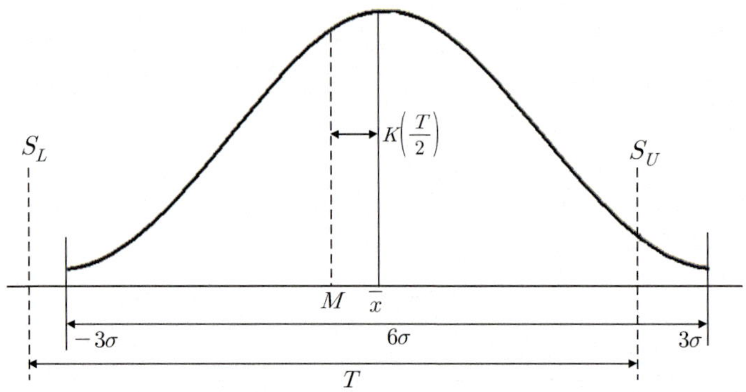

$$치우침도\ k = \frac{|M - \bar{x}|}{\frac{T}{2}} = \frac{\frac{S_u - S_L}{2} - \bar{x}}{\frac{S_u - S_L}{2}}$$

$$C_{pk} = \frac{(1-k)(S_u - S_L)}{6\sigma} = (1-k)C_p \quad 0 < k < 1$$

시방이 한쪽만 주어지는 경우의 공정능력지수는 다음과 같이 계산한다.

① **상한시방이 주어지는 경우**

$$C_{pk} = \frac{S_u - \bar{x}}{3\sigma}$$

② **하한시방이 주어지는 경우**

$$C_{pk} = \frac{\bar{x} - S_L}{3\sigma}$$

(2) 공정능력지수 판정 : 공정능력지수(Cp, Cpk) 활용

공정능력지수를 판정할때는 C_p, C_{pk}를 모두 고려하여야 하는데, 공정을 판단할 때는 C_p를 먼저 보고 C_{pk}로 판단해야 한다. 공정능력의 상태는 〈표 7-7〉와 같이 공정능력지수의 범위에 따라 5등급으로 나누어 평가하는데, C_p의 값이 작을수록 공정능력은 부족하다는 것을 의미하며, C_p의 값이 클수록 공정능력은 크다는 의미이다. C_p가 1.33 이상인 1등급은 매우 만족하다고 판정하며, 안정된 상태를 유지하고 있다고 판단한다. 2등급은 현상의 유지에 급급한 공정상태를 유지하고 있음을 의미한다. 3등급은 공정능력이 불만족한 공정상태로 작업방법을 달리하여 공정능력향상을 도모해야 하며, 4등급은 매우 불만족한 상태로 작업방법을 변화시키는 공정개선이 요구된다.

〈표 7-7〉 공정능력지수와 판정

Cp 범위	등 급	공정능력 판정	조 치
Cp > 1.67	특등급	과잉	현상유지와 원가절감 고려
1.67 ≥ Cp ≥ 1.33	1등급	충족	현상유지와 관리비용 절감 고려
1.33 ≥ Cp ≥ 1	2등급	만족	1등급으로 향상 노력
1 ≥ Cp ≥ 0.67	3등급	부족	작업방법의 변환, 공정능력향상도모
0.67 ≥ Cp	4등급	없음	작업방법의 변화, 공정개선

04 샘플링검사

1) 검사와 샘플링

(1) 검사의 의의와 종류

① 검사의 의의

검사란 측정치의 결과를 기준과 비교하여 그 일치 여부를 확인하는 과정으로서, 합격이나 불합격, 양품이나 불량품의 판정을 내리게 된다. 검사의 목적은 생산하는 제품이나 서비스의 합격 여부를 결정하는 것이며, 이 목적은 소비자 만족, 제품의 이미지 향상은 물론 궁극적으로는 제품의 경쟁력을 높이는데 있다.

생산과정에서 행하는 검사의 역할은 다음과 같다.

- 로트의 좋고 나쁨 및 제품의 양품과 불량률 구분
- 제품의 결점정도 평가
- 다음 공정에 불량품을 넘기지 않음
- 공정상태의 변화 여부 판단
- 측정기기의 정밀도 평가
- 검사원의 정확도 평가
- 제품설계에 필요한 정보의 확보
- 공정능력의 측정
- 품질정보의 제공
- 작업자의 품질의욕 자극
- 고객에게 품질에 대한 신뢰도 제공

기업에서 생산하는 제품이나 서비스의 목표품질을 달성하기 위해서는 반드시 검사를 실시해야 한다. 검사를 통하여 합격과 불합격, 양품과 불량품, 합격로트와 불합격로트를 구별하고, 또한 공정변화를 식별하고, 공정의 측정치가 관리한계 내에 존재하는지 등도 검사의 영역이며, 제품의 결점을 평가하거나 성능과 신뢰도를 위한 정보를 얻고자 할 때도 검사를 실시한다.

② 검사의 종류

검사의 종류는 검사를 행하는 목적, 장소, 성질, 대상에 따라 다양하게 구분한다.

㉠ **검사가 행해지는 공정에 따라**

- 원·부자재를 납품받을 때 행하는 수입(受入)검사
- 작업이 이루어지는 공정과 공정 사이에서 행하는 중간검사
- 제품의 최종 완성단계에서 행하는 최종검사
- 제품이 고객이나 납품처로 출발하기 전에 행해지는 출하검사

㉡ **검사가 행해지는 장소에 따라**

- 정위치검사
- 순회검사
- 출장검사

㉢ **검사의 성질에 따라**

- 파괴검사
- 비파괴검사

㉣ **검사를 하는 대상에 따라**

- 전수검사
- 샘플링검사
- 무검사
- 자주검사

여러 가지 검사방법 중에서 검사하고자 하는 모든 대상을 검사하는 전수검사(total inspection)와 샘플값으로 전체를 추정하여 로트의 합격과 불합격을 판정하는 샘플링검사(sampling inspection)의 특징을 비교하면 〈표 7-8〉과 같다.

〈표 7-8〉 전수검사와 샘플링검사의 비교

항 목	전수검사	샘플링검사
검사항목	검사항목이 적고, 간단한 것	검사항목이 많고, 복잡한 것
생산품의 크기	검사하는 크기가 작을 때	검사하는 크기가 클 때
신뢰도가 매우 중요한 경우	적합	부적합
불량품이 조금도 있어서는 안 되는 경우	적합	부적합
제품단위 당 검사비용	크다	적다
생산자·작업자에게 주는 자극의 정도	작다	크다

(2) 샘플링 검사

샘플링검사는 품질을 측정하고자 하는 대상로트에서 발췌한 샘플에서 일정한 데이터를 추출한 후 그 값을 기준과 비교하여 로트의 합격과 불합격을 판정하는 방법이다. 이러한 과정에서 로트로부터 추출한 시료(표본)를 샘플(sample)이라고 하고, 샘플로부터 다시 추출하여 최종검사의 값을 추정하는 것을 샘플링(sampling)이라고 한다. 이러한 샘플링 검사는 전수검사와 비교하여 장점과 단점이 있다(〈표 7-8〉 참조).

2) 샘플링 검사와 OC곡선

샘플링 방식의 특성을 그래프로 나타낸 것이 OC곡선(Operating Characteristic curve)인데, 검사특성곡선이라고도 한다. OC곡선을 활용하면 어느 정도의 품질을 갖는 로트가 얼마의 확률로 합격하거나 불합격할 수 있는가를 알 수 있으며, 좋은 로트가 잘못되어 불합격되는 확률 또는 나쁜 로트가 합격할 확률도 추정할 수 있다.

예를 들면 생산자의 측면에서 볼 때, 좋은 품질의 로트가 OC곡선 상 불합격판정을 받을 경우가 발생할 수 있는데, 이런 경우는 생산자의 입장에서 매우 불리한 경우이다. 이처럼 좋은 제품이 불량으로 판정되는 위험을 생산자위험(producer's risk)이라고 하며, α-risk, '제1종의 오류'(Type I Error)라고도 한다. 보통의 경우 생산자위험은 0.05(5%) 정도이다.

이와는 반대로 불량품이 좋은 제품으로 판정될 수 있는 위험도 있다. 이를 소비자위험(consumer's risk)이라고 하며, β-risk, '제2종의 오류'(Type Ⅱ Error)라고 한다. 보통 β-risk는 0.1(10%)로 관리한다.

일반적으로 $\alpha = 0.05$, $\beta = 0.1$로 정하면, 생산자와 소비자에게 어느 정도의 보증을 부여할 것인가 수량적으로 명확히 할 수 있다(〈표 7-9〉 참조).

〈표 7-9〉 샘플링 검사의 오류와 위험

구분	불합격 판정	합격판정
좋은 로트	제1종의 오류(α-risk)	바람직한 결과
나쁜 로트	바람직한 결과	제2종의 오류(β-risk)

샘플링 검사에 영향을 주는 요인은 합격품질수준(AQL : Acceptance Quality Level), 로트허용불량률(LTPD : Lot Tolerance Percent Defective)이 있다([그림 7-13] 참조).

[그림 7-13] *OC곡선*

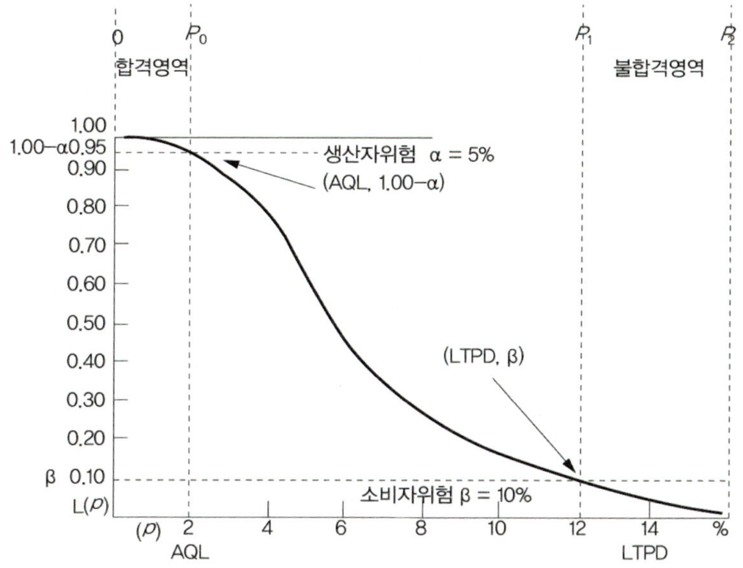

합격품질수준(AQL)은 소비자가 만족할 수 있는 좋은 로트의 품질수준을 말한다. 또한 생산자측면에서는 생산자위험인 α수준에서 로트가 불합격판정을 받지 않는 불량품의 한계점이 된다.

로트허용불량품(LTPD)은 소비자가 로트를 불량품으로 판단하기 시작하는 한계값을 말한다. 이것은 소비자위험 β의 수준에서 로트가 합격하게 되는 허용불량품을 의미한다.

[그림 7-14(a)]는 이론적으로 가장 이상적인 OC곡선을 나타내는 경우이다. AQL 이상의 로트는 합격시키고 AQL 이하의 품질은 불합격시키며 동시에 생산자위험과 소비자위험을 완전히 배제하는 것을 보여주고 있는데, 이는 완벽한 전수검사에서만 가능하다.

[그림 7-14(b)]는 샘플링 검사에서 생산자위험과 소비자위험을 완전히 없애는 것이 불가능하다는 것을 보여주고 있다. 즉 표본을 추출하는 샘플링 검사이기 때문에 양품이 불량품으로, 불량품이 양품으로 분류될 수 있다.

[그림 7-14] *OC*곡선의 형태

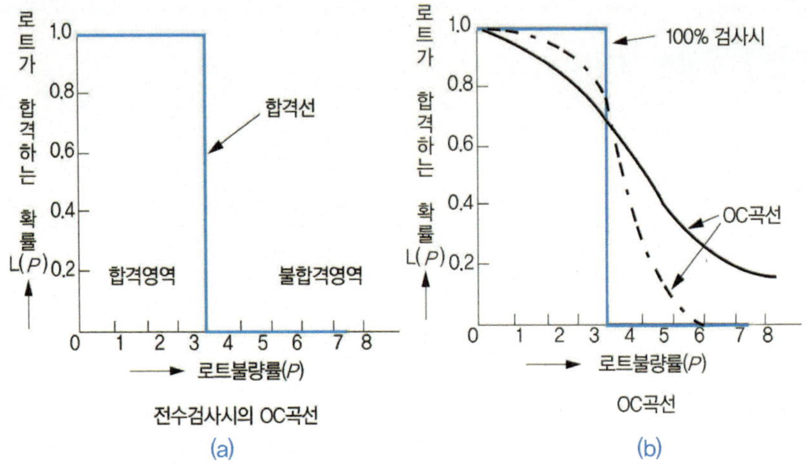

05 표준화

1) 표준화의 본질

표준화(standardization)란 "어떤 표준을 정하는 것", "정한 표준을 따르는 것", "표준을 설정하고 이것을 활용하는 조직적인 행위"를 의미이다.

예를 들면 여러 가지 부품이나 자재를 체계적으로 관리하거나 복잡한 생산현장을 합리적으로 관리하기 위하여 작업방법 · 관리방식 · 기술 등의 표준을 설정한 후 설정된 표준대로 작업이나 생산활동을 수행함으로서 자원절약, 능률 및 생산성 향상, 원가절감 등을 꾀하거나 제품이나 서비스를 설정한 표준과 일치시킴으로서 생산자와 소비자에게 능률향상과 편리함을 주는 것 등이다.

생산영역에서 표준화를 적용할 수 있는 영역은 부품이나 재료의 표준화, 제조공정과 작업방식의 표준화, 제품 · 검사 · 서비스의 표준화 등 매우 다양하고 많으며, 표준화를 통하여 생산성 · 작업능률 품질의 향상, 관리의 효율화 등의 효과를 기대할 수 있다.

KSA / ISO / IEC Guide 2에서는 '표준'과 '표준화'를 〈표 7-10〉과 같이 정의하고 있다.

〈표 7-10〉 표준 · 표준화의 정의

KSA / ISO / IEC Guide 2의 표준 및 표준화	
표준	주어진 환경에서 최적의 질서를 성취할 것을 목표로, 합의에 의해 설정되고 인정기관에 의해 승인된 기준으로서 활동에 대한 규칙이나 지침 또는 특성을 정하는 것이다.
표준화	주어진 환경에서 최적의 목표로, 공통되고 반복된 사용을 위한 기준을 설정하는 활동으로서 다음의 내용을 포함한다. 1) 표준을 설정하여 시행하는 과정으로 구성된다. 2) 표준화의 중요 목적은 제품 · 공정 및 서비스의 적합성을 개선하고자 하는 것이다.

2) 표준화의 목적 · 원리 및 효과 · 한계

(1) 표준화의 목적

표준화의 궁극적인 목적은 생산 · 소비 · 유통과정의 각 분야는 물론 재고 · 창고관리 분야에서 작업과 관리의 능률을 증신시키고, 생산성과 경제성을 높이고자 하는 것이다. 예를 들면 작업, 생산과정, 부품, 제품이나 서비스, 유통과정, 보관, 물류, 서비스 등의 모든 영역에서 표준화를 통하여 작업이나 업무의 효과를 극대화하고자 하는 것이다.

국제표준화기구(ISO)에서는 표준화를 추구하는 목적을 다음과 같이 규정하고 있다.

① 제품의 단순화를 통한 효과(simplification)
② 호환성의 증대(interchangeability)
③ 경제적인 효과(overall economy effect)
④ 안전 · 건강 및 생명의 보호(safety, health, protection of life)
⑤ 무역장벽의 제거(elimination for trade barriers)
⑥ 의사소통수단으로서의 표준(standards as a means for communication)
⑦ 소비자 및 사회이익의 보호(protection of consumer and community interest)

(2) 표준화의 원리

표준화를 효과적으로 달성하기 위해서는 표준화의 원리를 잘 활용하여야 한다. 일반적으로 표준화의 목적을 달성하기 위한 원리는 다음과 같다.

① 단순화의 원리(principle of simplification)

② 관계자 합의의 원리(principle of general consensus)

③ 다수이익의 원리(principle of benefit of the many)

④ 고정의 원리(principle of fixing)

⑤ 개정의 원리(principle of revision)

⑥ 객관성의 원리(principle of objectivity)

⑦ 보편성의 원리(principle of universality)

(3) 표준화의 효과

기업의 생산활동에 표준화를 적용하면 생산성 향상, 작업능률의 향상, 재고 및 창고의 능률적인 관리, 품질향상 등 많은 효과를 기대할 수 있다. 물론 생산활동 이외의 영역인 마케팅활동, 유통 및 서비스영역에서도 많은 효과가 있다.

① 생산자 측면의 효과

- 생산성 향상과 생산원가의 절감을 기대할 수 있다.
- 작업자의 훈련과정이 용이하여 시간을 단축할 수 있다.
- 품질의 균일성을 유지할 수 있다.
- 불량품이 감소되어 자재를 절약할 수 있다.
- 보관 · 창고관리(원자재 · 제품 등)를 합리적으로 할 수 있다.
- 작업자의 숙련도 향상과 작업능률향상을 기대할 수 있다.

② 사용자 및 유통측면의 효과

- 거래의 단순화와 보관 및 관리가 용이하다.
- 제품의 합리적인 사용과 경제성 및 안정성을 기대할 수 있다.
- 수송의 합리화로 물류비를 줄일 수 있다.
- 제품 및 부품의 유지 · 관리비용을 절감할 수 있다.

(4) 표준화의 한계

기업에서 표준화를 꾀하는 효과는 매우 많지만, 동시에 많은 한계를 가지고 있는 양면성이 있다.

① 표준화는 소비자의 다양한 욕구 충족을 위한 제품의 다양화를 저해할 수 있다.
② 빠르게 발전하는 기술의 표준화는 기술발전의 효과를 제품에 포함시킬 수 없다.
③ 다양함(비용상승 요인)을 요구하는 소비자와 기업의 표준화 노력(비용절감 요인)은 상충관계(tradeoff)에 있다.
④ 다양한 소비자의 요구를 표준화된 품질로 제공하는 것은 많은 한계가 있다.
⑤ 수송이나 물류 분야에서 표준화를 꾀하기 위해서는 모든 거래기업과 협업을 하여야 하기 때문에 많은 시간과 비용이 요구된다.

3) 표준화의 구조와 분류

(1) 표준화 구조

표준화 구조는 표준화를 적용하는 업종, 생산형태, 규모 등에 따라 차이가 있다. 랄 베르만(L. C. Verman)에 의해 고안된 표준화의 구조([그림 7-15] 참조)는 표준화를 추진할 때 그 대상을 쉽게 파악할 수 있는데, 주제・국면・수준의 세 가지 측면으로 나눌 수 있지만 적용하는 업종, 생산형태, 기업규모 등에 따라 다르게 구분할 수 있다.

[그림 7-15] 표준화 구조

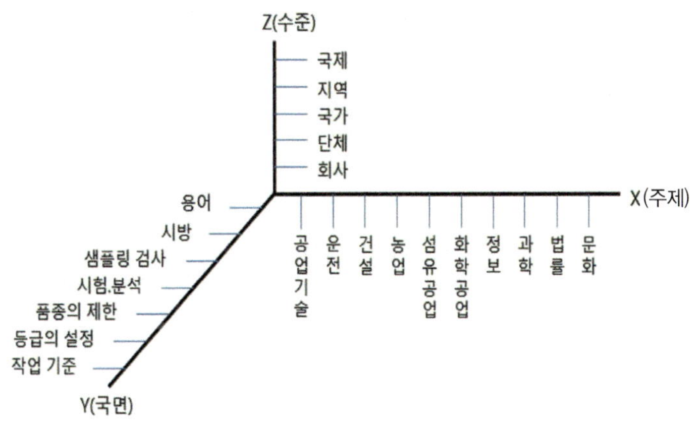

(2) 표준화의 분류

표준화를 분류하는 기준은 여러 가지가 있으나 일반적으로 [그림 7-16]과 같은 기준을 많이 사용한다. 이러한 피라미드 형태의 분류는 표준이 적용되는 영역에 따라 크게 사내표준(회사표준)과 사외표준(국제표준, 지역표준, 국가표준, 단체표준)으로 분류할 수 있다.

[그림 7-16] 표준화 수준의 예

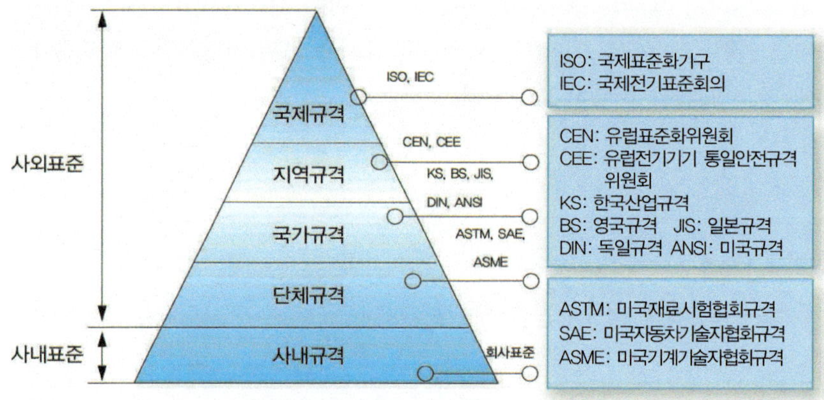

제 8 장

품질경영과 보증

기업이 생산하는 제품이나 서비스의 최종 평가는 소비자가 판단하는 품질로 결정된다. 따라서 기업이 추구하는 품질목표는 소비자의 요구를 최우선적으로 충족시킬 수 있도록 설정되어야 한다.

그러나 소비자의 품질에 대한 요구수준은 갈수록 까다로워지고 품질영역도 넓어지고 있기 때문에 품질문제를 관리 차원을 넘어 "품질경영"이라는 전략적 사고로 전환되어야 한다.

또한 기업은 자신들이 생산한 제품과 서비스의 품질이 소비자의 요구사항을 충족시키고 있음을 증명하기 위한 노력으로 '품질보증'활동에도 최선을 다하여야 한다.

따라서 본 장에서는 품질경영에 대한 이해와 품질보증의 개요 그리고 품질보증을 위한 다양한 기법과 제도를 다루었다.

01 품질경영의 개요

1) 품질경영이란?

기업에서 생산하는 제품의 품질을 향상시키기 위한 기법들은 오래 전부터 다양한 방법으로 많이 개발되어 왔다. 예를 들면 검사(inspection), 샘플링(sampling), 통계적 품질관리(statistic quality control), 전사적 품질관리(total quality control) 등의 기법들이 활용되었으며, 특히 1980년대 이후 품질경영(quality management)기법이 출현되었다.

품질경영(QM)이란 고객이 요구하는 제품과 서비스를 생산하기 위해 품질전략을 수립하여 실행하는 총체적 경영활동을 말한다. 즉 최고경영자의 리더십 아래 품질전략(Quality Strategy)을 정하고, 그 방침에 따라 실행하는 품질계획(QP : Quality Planning), 품질관리(QC : Quality Control), 품질보증(QA : Quality Assurance), 품질개선(QI : Quality Improvement)의 과정을 포함하는 것이다([그림 8-1] 참조).

[그림 8-1] 품질경영의 구성

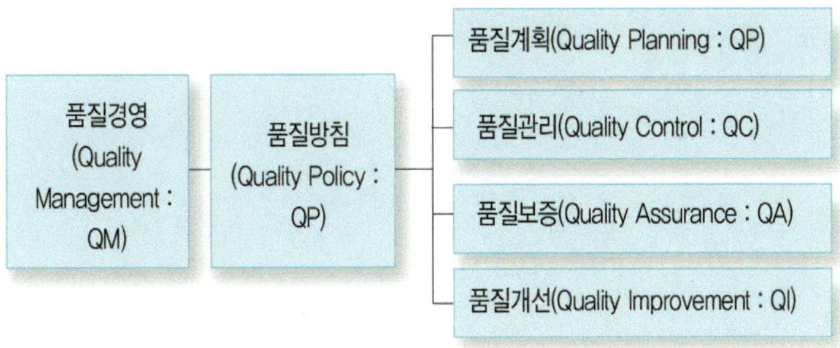

고객의 요구를 충족시키면서 동시에 경영의 효율을 극대화하기 위해 기업은 제품이나 서비스의 품질문제를 중요하게 인식하여야 하는데, 이를 위해서는 품질을 중시하는 경영자의 리더십을 바탕으로 소비자의 욕구, 경영 및 관리 업무, 작업장의 환경, 조직구성원의 능력 등이 조화를 이룰 수 있도록 해야 한다. 또한 제품의 검사나 공정에서의 품질문제를 관리의 차원에서 벗어나 전략적으로 전개하여야 한다. 즉 최고경영자의 전사적이고 지속적인 품질향상의지와 조직구성원의 품질지향적인 사고와 품질을 중시하는 기업문화가 요구된다.

2) 품질관리와 품질경영의 비교

품질경영은 품질관리보다 폭 넓고 좀 더 발전적인 개념이지만 대부분의 경우 이들 용어에 대한 정확한 구분 없이 사용하고 있다.

품질관리는 고객이 요구하는 수준의 제품과 서비스를 생산하기 위해 공정과정에서 행하는 품질개선활동을 의미하며, 주로 관리활동에서 수행하는 기능을 중심으로 시방(specification)[1]과 공차(tolerance)[2]내에서 양품을 생산하기 위해 공정을 표준화하여 관리하는 것이다.

반면 품질경영은 소비자가 원하는 품질을 생산하기 위한 경영자의 품질 리더십을 바탕으로 접근하는 전략적인 광의의 개념이다.

쥬란(J. M. Juran)은 "품질경영이란 단순히 공정상에 존재하는 불량을 제거하는 것이 아니라 소비자 욕구를 충족시키기 위한 봉사이다"라고 정의하면서, 이를 위한 접근방법으로 품질계획(quality planning), 품질관리(quality control), 품질개선(quality improvement)의 3가지 기본적 과정을 거치는 품질활동을 강조하였다. 이는 품질개선과 품질관리를 품질계획과 연계하여 생산의 영역을 규정한 뒤 기업의 전략적 차원으로 확대한 것이다.

품질관리와 품질경영과의 차이는 〈표 8-1〉과 같다.

---

1) 시방이란 고객의 욕구에 맞는 품질특성을 충족시키는 요건으로서, 품질, 특성, 정밀도, 작업방법 등을 말한다.
2) 공차란 어떤 기준값에 대한 최대값과 최소값의 차이로서, 설계를 할 때 허용되는 범위의 오차를 말한다.

〈표 8-1〉 품질관리와 품질경영의 비교

	품질관리(QC)	품질경영(QM)
경영이념	– 기업이익 우선의 공정관리	– 고객만족 중시(소비자 중심)
경영목표	– 제품과 공정의 불량감소	– 제품, 공정, 설계, 업무, 사람 등을 포함하며, 소비자를 만족시킬 수 있는 총체적 품질향상
개념	– 생산중심적인 품질관리 기법 강조 – 품질요건 충족을 위한 방법 활용	– 품질에 영향을 미치는 모든 요소의 협력을 강조 – QM=QP+QC+QA+QI
관리방식 및 사고	– 단위중심 – 생산현장 근로자의 공정관리개선에 초점 – 생산현장중심 – QC 전문가의 역할을 강조 – 일정한 품질규격을 설정하여 적합성을 추구	– 시스템 중심의 전략적 사고 – 제품의 계획, 설계, 제조, 검사, 판매의 전 분야에 걸친 유기적 결합 강조 – 총체적 품질향상으로 경영목표의 달성을 추구
품질책임	– 생산 중심의 QC 담당자	– 최고경영자, 관리자, 작업자(전사적)
관리기술	– 주로 SQC	– QC, IE, VE, TPM, JIT, 6σ 등
동기	– 기업자체의 필요성에 의해 자율적으로 추진	– 소비자의 강력한 요구를 충족시키기 위해 자발적으로 전개

02 종합적 품질경영

대부분의 기업들은 치열한 경영환경에서 경쟁우위(competitive advantage)를 확보하기 위한 여러 가지 전략 중 한 가지 방법으로 종합적 품질경영(TQM : Total Quality Management) 기법을 도입하여 품질의 향상을 꾀하고 있는데, 이 기법은 미국에서 1980년대 중반 이후 품질을 강조하는 일본기업의 경영기법을 벤치마킹하여 성공하면서 더욱 빠르게 확산되기 시작하였으며, 그 대상은 제조업뿐만 아니라 서비스업까지 광범위하게 확산되고 있다.

1) 종합적 품질경영의 이해

종합적 품질경영(TQM)이란 최고경영자의 품질리더십을 바탕으로 고객에게 높은 품질의 제품을 생산 · 제공할 수 있도록 조직의 전 부문이 노력하는 광범위한 개념으로, 다음과 같이 요약할 수 있다. 즉 조직 전체가 품질을 높이려는 접근방법으로 각 부문의 모든 구성원과 활동이 서로 융 · 복합적으로 노력하는 기법이며, 품질과 관계된 기업 내 · 외의 모든 요소들이 고객이 만족할 수 있는 제품을 만들 수 있도록 최고경영자가 적극적으로 지원하는 기법이다.

이러한 내용을 바탕으로 종합적 품질경영을 요약하면, 최고경영자의 적극적인 지원으로 품질에 영향을 미치는 외부 및 조직내부의 모든 구성원들이 고객을 만족시킬 수 있는 제품을 생산할 수 있도록 노력하는 지속적인 과정이라고 할 수 있다.

2) 종합적 품질경영의 변천

종합적 품질경영(TQM)은 최고경영자의 리더십 아래 고객을 만족시킬 수 있는 품질을 생산하기 위한 모든 수단을 활용하는 전사적이고 종합적인 시스템이다. 이러한 종합적 품질경영은 [그림 8-2]와 같은 시대적인 과정을 거치면서 출현되었다.

[그림 8-2] 종합적 품질경영의 진화

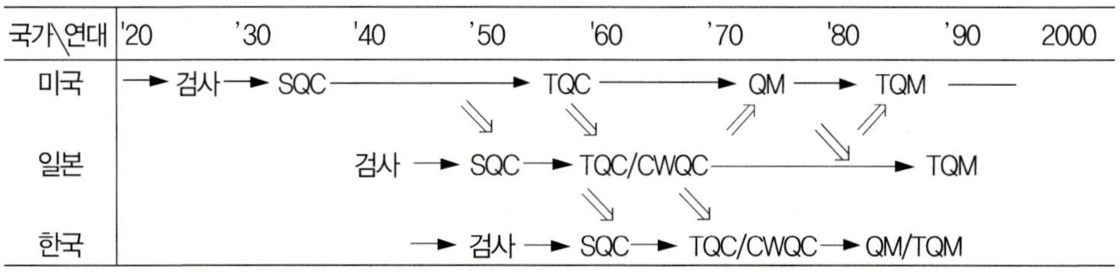

출처 : 이순룡, 품질경영론, 법문사, 1999, p.530.

① **1920년대 ~ 1970년대 :** 소비자가 원하는 제품의 품질을 주로 제품의 품질보증(Quality Assurance)을 통하여 달성하려는 품질관리기법을 강조하였다.

② **1970년대 :** 기업이 품질활동을 품질관리기법 위주에서 관리철학으로 바꾸어 나가는 시기이다. 이때부터 품질문제를 일종의 통합된 경영철학으로서 지속적인 개선, 고객

요구 만족, 종업원의 참여와 팀웍, 공정의 재설계, 팀에 근거한 문제해결, 결과에 대한 꾸준한 측정 그리고 공급자와의 우호적인 관계를 강조하는 과정이 중요하다는 인식이 강조되기 시작하였다.

③ **1980년대** : 전사적 품질관리(TQC)의 개념에 최고경영층의 강력한 리더십을 동원하여 기업의 내부는 물론 외부의 요소까지 품질향상을 위해 노력하여야 한다는 종합적 품질경영의 개념이 정착되기 시작하였다.

④ **1990년대 이후** : 모든 계층의 구성원들이 전사적으로 품질향상에 몰입할 수 있도록 조직문화가 형성되어야 한다는 의식과 특히 최고경영자의 품질향상을 위한 강한 의지가 전략에 포함되어야 한다는 것을 강조하였다. 즉 품질의 전략적 개념화가 정착되기 시작하였다.

3) 종합적 품질경영의 원리

소비자를 만족시킬 수 있는 좋은 품질을 생산하기 위해 기업의 내부요소는 물론 고객과 모든 이해관계자가 협력해야 한다는 종합적 품질경영(TQM)은 경영환경의 변화에 따라 더 체계적으로 진화·변천하고 있다. 이러한 발전은 생산제품의 품질수준이 경쟁력을 결정하는 가장 중요한 요소이기 때문이며, 종합적 품질경영이 그 역할을 능률적으로 수행할 수 있기 때문이다. 또한 [그림 8-3]처럼 품질은 생산활동의 각 영역과 관련하여 전부분에 걸쳐 영향을 미치고 있기 때문에 종합적 품질경영의 완성을 위해서 다음과 같은 원리가 요구되고 있다.

[그림 8-3] 종합적 품질경영과 영역 간의 연계

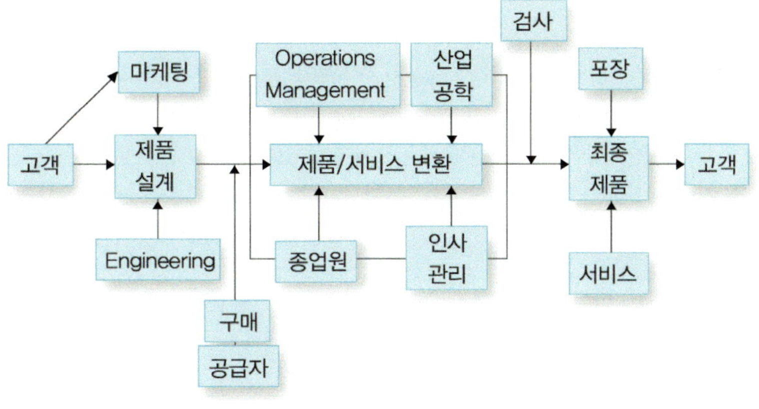

(1) 최고경영층의 강력한 의지

기업의 모든 구성원이 참여하는 종합적 품질경영이 고객만족이라는 목표를 달성하기 위해서는 최고경영층의 적극적인 품질의지가 가장 중요하며, 소비자의 품질요구를 충족시키고자 하는 고객지향적인 품질가치관을 바탕으로 조직의 모든 역량을 집중할 수 있는 품질전략의 수립과 실행이 필요하다.

(2) 고객의 요구품질 파악

종합적 품질경영의 궁극적 목표는 고객만족이다. 생산하는 제품이 고객을 만족시키기 위해서는 고객의 요구에 관한 정확한 정보를 수집하여야 하며, 그 내용을 토대로 품질을 설계하고, 제조공정의 철저히 관리와 함께 지속적인 품질개선 노력으로 생산활동을 수행해야 하며, 고객이 만족할 수 있는 서비스 제공 등을 종합적으로 계획하고 관리하여야 한다.

(3) 품질문제의 전략적 접근

치열한 경쟁환경에서 기업이 지속적으로 성장하기 위해서는 고객이 요구하는 품질을 충족시킬 수 있는 품질목표와 전략을 수립하여야 한다. 이러한 전략을 토대로 기업의 모든 자원과 능력을 결합하여 높은 수준의 품질을 달성할 수 있어야 하며, 이러한 과정을 장기적인 전략으로 추진하여야 한다.

(4) 모든 구성원의 참여와 협력

합리적이고 체계적인 품질활동을 수행하기 위해서는 시장조사 · 연구개발 · 제품계획 · 설계 · 구매 · 제조 · 검사 · 판매 · 서비스활동에 포함되어 있는 기업내부의 모든 구성원들의 적극적 참여와 협력이 필요하며, 부품을 공급하는 협력기업과의 우호적인 관계를 유지하는 것이 중요하다. 즉 품질문제는 기업 내 · 외의 모든 구성원이 참여하는 전사적 품질활동으로 전개해 나가야 효과를 극대화시킬 수 있다.

(5) 지속적인 품질개선

시장환경과 고객요구의 변화에 대응할 수 있는 품질의 제품을 생산하기 위해서는 생산활동의 프로세스에 참여하고 있는 모든 활동을 지속적으로 개선하여야 한다.

특히 품질문제를 지속적으로 개선하기 위해서는 품질의 명확한 개념과 목표설정, 품질문제의 핵심파악, 문제해결 과정의 데이터 수집과 분석 그리고 수시로 변하는 고객의 요구사항을 모니터링(monitering)하는 노력이 필요하다.

(6) 체계적인 품질관리

종합적 품질경영활동이 성공하기 위해서는 품질개선활동의 추진과 성과 및 불량의 원인에 대한 측정과 분석이 체계적으로 이루어지도록 관리해야 하며, 활용할 수 있는 모든 품질관리 기법도 체계적으로 실행하여야 한다. 또한 기업의 모든 구성원은 이러한 체계적인 품질관리기법의 원인과 결과를 분석하고 개선할 수 있는 능력을 갖도록 해야 한다.

(7) 교육 · 훈련의 실시

제품이나 서비스의 품질향상을 위해 생산에 참여하는 구성원들(경영자 · 관리자 · 작업자 · 종업원 · 납품 및 공급업자 등)의 기술 · 생산 · 관리능력을 향상시킬 수 있도록 품질관리 교육을 철저히 실시하여 품질관리활동의 수준을 높이고, 작업자의 품질에 대한 자부심과 책임감을 올려 품질 모티베이션을 높여야 한다. 지속적인 품질개선을 위한 교육 · 훈련은 필수적인 요소이다.

제2절 품질개선활동

01 품질관리분임조

1) 품질관리분임조의 개요

(1) 품질관리분임조의 의의

품질관리분임조(QC 서클, QC 분임조)는 동일부서 내에서 자주적으로 품질관리 활동을 하는 소집단을 의미하는 것으로, '현장의 문제는 현장에서 작업하는 작업자가 가장 잘 알고 있기 때문에 이들 작업자의 자발적인 참여로 문제점을 개선하는 것이 효과가 높다'는 사고에 바탕을 두고 있다.

품질관리분임조란 같은 작업현장이나 공정에서 작업자 스스로 품질관리활동을 자주적으로 행하는 소규모 집단으로서, 분임조원들은 자기 및 상호계발을 통해 품질관리기법을 활용하여 품질관리나 개선을 지속적으로 해 나가는 일련의 과정이다.

기업이 행하는 품질개선활동은 품질관리분임조 뿐만 아니라 작업자의 동기부여를 통하여 품질을 개선하는 무결점 운동(ZD : Zero Defect 운동),[3] 자율경영팀, 종업원 제안제도, 목표관리, QWL(Quality Work of Life) 활동 등이 있다.

(2) 품질관리분임조의 목적

품질관리분임조는 다음과 같은 기본이념을 토대로 품질개선 활동을 수행해 나간다.

① 프로세스 및 품질개선으로 원가절감을 기대할 수 있다.
② 자발적인 참여이기 때문에 인간 중심의 조직이 될 수 있다.
③ 작업자 개개인의 능력과 독창성을 발휘할 수 있다.

이러한 기본이념으로 개인과 조직의 상호발전 및 전사적 품질개선활동을 수행하여 생산성을 향상시킬 뿐만 아니라 모든 구성원의 자발적인 참여로 품질의 개선의식을 높이는 것이 목적이다.

2) 품질관리분임조의 조직과 추진방법

(1) 품질관리분임조의 조직

품질관리분임조의 조직은 10명 내외의 인원으로 구성되는 자주적이고 유연한 비공식조직이기 때문에 결속력이 매우 높다. 품질관리분임조의 조직은 계층과 작업의 속성에 따라 다양한 형태로 편성할 수 있는데, [그림 8-4]와 같이 세 가지 유형으로 나눌 수 있다.

[그림 8-4] 품질분임조 편성 형태

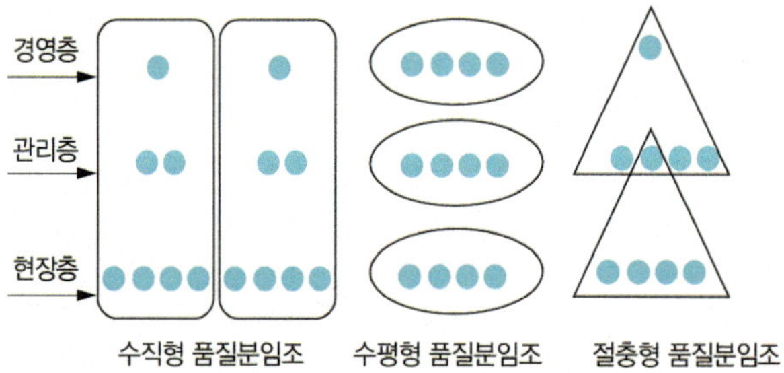

3) ZD(Zero Defect)운동은 무결점운동이라고도 하는데, 1960년대 초 미국의 마틴사(Martin Co.)가 종업원의 동기부여를 통하여 품질을 향상시키고자 도입하였던 운동을 말한다. 이 운동의 핵심은 결점(defect)은 오류로부터 생기는 것이기 때문에, 오류의 원인을 조직적이고 자주적으로 제거하여 품질의 수준을 높이고자 하는 것이다.

① **수직형** : 최고경영층, 중간관리층, 하위관리층 등의 모든 계층을 포함하는 형태로 현장작업자+관리자+경영자로 구성한다.

② **수평형** : 현장 작업자, 관리자, 경영자 분임조 등과 같이 수평적인 형태를 말한다.

③ **절충형** : 계층별 편성에서 품질관리분임조의 리더를 각 계층의 상위직으로 하는 형태로 현장작업자+관리층, 관리층+경영층으로 구성한다.

(2) 품질관리분임조 활동의 추진방법

품질관리분임조는 품질개선과 생산성 향상을 위해 자주적으로 모인 조직이지만 회사의 상황과 방침에 따라 달리 구성되고, 회사원칙 안에서 분임조 편성, 조장 선정, 부서 간 교류방법 등을 정해진 운영규정에 따라 수행한다.

품질관리분임조 활동을 효율적으로 운영하기 위해서는 다음과 같은 운영원칙을 지켜 나가는 것이 중요하다.

① 활동시간과 방법은 사전에 계획된 원칙대로 진행한다.
② 강요가 아닌 자발적 참여를 유도한다.
③ 자기의견을 지나치게 주장해서는 안 된다.
④ 반대 의견을 가진 분임조원의 의견도 존중한다.
⑤ 개인의 의견보다는 구성원 모두의 객관적이고 통일된 의견을 중시한다.

3) 품질관리분임조 활동의 추진단계

품질관리분임조 활동을 추진하는 일반적인 절차는 다음과 같다.

① **문제점 파악 및 주제의 선정** : 개선해야 할 기업 내부의 다양한 문제 중 현장의 목표(품질, 원가, 납기, 사기, 안전), 4M(사람, 기계, 재료, 방법), 5S(정리, 정돈, 청소, 청결, 습관화), 점검항목, 6하원칙(5W1H), 아이디어 발상법, QC 공정도, 작업 표준, 규격 등을 분석하여 문제점을 파악한다.

파악한 문제점 중에서 분임조활동으로 개선해야 할 주제를 자발적으로 선정하는데, 가장 시급하다고 판단된 내용을 중심으로 합의·선정한다. 이때 가급적 개선이 쉽고, 공통적인 문제이며, 단기간에 걸쳐 해결이 가능한 주제를 선정하는 것이 중요하며, 주제가 선정된 후에는 많은 아이디어 제공과 참여를 유도해야 한다. 주제는 품질과 관련된 내용도 있지만 업무추진 방법, 정보공유 방법, 작업환경 개선, 작업자의 개인적인 문제(건강관리, 자기관리, 개인품질 등) 등도 포함될 수 있다.

② **현상 파악과 데이터 분석 :** 주제로 선정된 문제점의 개선에 필요한 기본적인 데이터를 수집하는 단계로서, 데이터는 품질, 원가, 납기, 불량률, 생산량 등에 관련된 데이터가 포함된다.
현상파악에서 수집한 데이터는 그래프, 히스토그램, 산점도, 특성요인도, 관리도 등으로 체계화하고, 원인을 분석할 때에는 모든 분임조원의 자유로운 토론을 보장하는 브레인스토밍(Brainstorming) 방법을 사용할 수 있다.

③ **목표설정 :** 현상을 파악한 후에는 개선하기 전의 데이터와 개선할 목표치의 데이터를 결정한다. 목표를 설정할 때는 가급적 계수화하는 것이 중요하며, 단기적인 효과 보다는 지속적이고 장기적인 효과를 기대할 수 있는 목표를 설정한다.

④ **구체적인 활동계획 수립 :** 주제와 목표가 확정되면 구체적인 활동계획을 수립해야 한다. 분임조활동의 초기단계에는 누적된 경험이 부족하기 때문에 많은 시행착오를 거치게 되지만 지속적인 수정과 개선으로 보완할 수 있게 된다. 활동계획은 3W2H방식 또는 간트 차트를 이용하여 주별로 각 일정을 명확하게 표시하는 방법이 유리하다. 3W2H 방식은 What(무엇을 : 추진항목), When(언제까지 : 일정), Who(누가 : 역할), How(어떤 방법으로 : 수단과 방법), How much(얼마나 : 활동 목표) 등이다.

⑤ **활동의 실행 :** 목표설정에 맞추어 아이디어 발상법(연상법, 브레인 스토밍법, 특성열거법, 결점열거법, 체크리스트법 등)을 활용하여 대책을 수립하고 실시한다. 분임조활동의 내용은 조원들이 스스로 해결할 수 있는 개선이지만 비용이나 시간이 많이 소요되는 활동은 회사의 적극적인 지원이 필요하다.
특히 실행의 결과가 충분한 의미가 있다고 판단되고 향후 지속적인 효과를 기대할 수 있다면 일정한 심사를 거쳐 표준화하여야 하며, 그 내용을 교육 · 홍보하여 회사 전체가 공유하는 것이 좋다.

⑥ **효과분석 :** 분임조활동의 효과를 체계적으로 분석하는 단계로서, 효과는 태도와 의식의 변화, 안전의 확보, 업무의 자신감, 만족도 등과 같은 무형효과와 품질향상, 원가절감, 납기단축, 생산량 증가 등의 유형효과가 있다. 이러한 효과분석을 개선전과 비교하여 계수화한다.

⑦ **활동결과의 피드백 :** 품질관리분임조의 활동목적과 관련성, 목표달성에 대한 평가, 분임조 활동기간 동안에 발생한 문제점 등을 분석하여 향후 품질관리분임조 활동에 참고하는 자료로 사용한다. 또한 개선의 결과를 정리하여 해당 분임조뿐만 아니라 다른 분임조가 참고할 수 있도록 기록 · 보관 · 공유한다.

02 6시그마 기법

1) 6시그마기법의 이해

(1) 6시그마기법의 개념

6시그마(6σ)기법은 기업에서 완벽에 가까운 제품이나 서비스의 품질을 제공하려는 목적의 품질경영 혁신기법이다. 6시그마기법의 탄생은 1981년 당시 모토롤라의 회장인 갈빈(R. W. Galvin)이 품질경쟁력을 획기적으로 향상시키기 위한 품질개선전략의 연구를 시작하게 되면서부터이며, 그 후 꾸준한 연구를 거쳐 1987년 마이클 해리(M. J. Harry)에 의해 완성되었다.

6시그마기법은 이전에 많이 쓰였던 무결점(ZD : Zero Defect)운동, 종합적 품질경영기법(TQM) 등의 다양한 품질관리기법을 바탕으로 완성된 기법이라고 볼 수 있는데, 1990년대 제너럴 일렉트릭(GE), 텍사스 인스트루먼트(TI), 소니(SONY), 모토로라(Motorola) 등 세계적인 우량기업들이 6시그마를 채택하면서 빠르게 확산되었다.

(2) 6시그마의 원칙과 통계적 의미

① **6시그마의 원칙**

6시그마를 완성한 마이클 해리는 6시그마 기법을 효율적으로 활용하기 위해 다음과 같은 두 가지 원칙을 지켜야 한다고 했다. 첫 번째 원칙은 “모든 것은 수치로 표현해야 한다”는 것이다. 수치로 표현해야 개선이 가능하다고 보았기 때문이다. 두 번째 원칙은 “문제는 반드시 원인을 찾아 해결해야 한다”는 원칙이다. 6시그마 활동은 기존의 품질혁신 기법과 같이 원인과 결과를 나누어 결과에 중요한 영향을 미치는 원인을 관리하는 것이기 때문에 결과가 바뀌려면 반드시 결과에 영향을 미치는 원인을 찾아야 한다는 것이다.

② **6시그마의 통계적 의미**

6시그마 경영은 품질을 획기적으로 향상시키기 위해 통계지식을 활용하는 데서 출발하는데, 시그마(σ)는 통계학에서 데이터가 중심으로부터 얼마나 흩어져 있는지 여부를 나타내는 통계 척도로서 공정중심에서 규격한계까지의 거리가 표준편차(σ)의 몇배인가를 나타내는 것이다.

예를 들어 [그림 8-5]에서 공정 A의 표준편차가 2이고, 규격중심에서 규격상한까지의 거리가 12(규격상한-규격중심)이므로 시그마 수준은 6($\frac{\text{규격상한} - \text{규격중심}}{\sigma}$)이다.

[그림 8-5] 시그마 수준

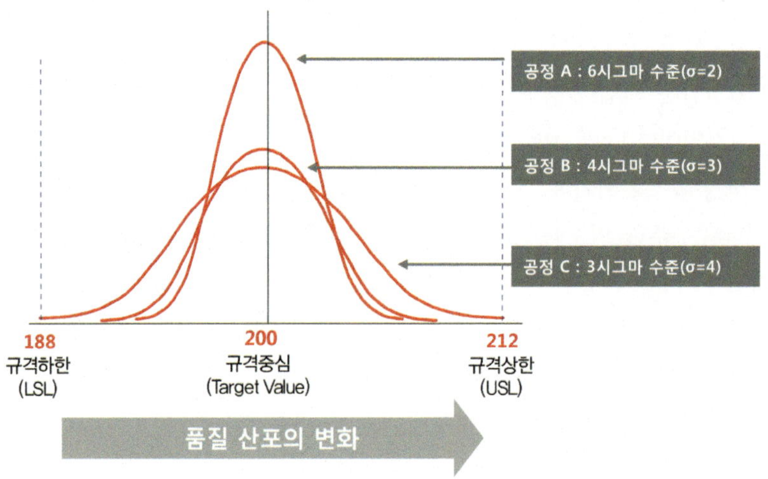

6시그마 기법은 [그림 8-6]에서와 같이 정규분포에서 표준편차를 나타내며, 100만 개 중 3.4개의 불량(DPMO : Defects Per Million Opportunities)을 목표로 한다. 실제로 ±6시그마 수준은 100만 개중 0.002 개의 불량률로서, 6시그마는 불량률의 수준이 거의 제로(0)를 추구하는 의미이다. 6시그마의 수치는 산포의 크기를 나타내는 것으로서, 중심값에 몰려 있을수록 좋은 품질이 된다.

과거에 많이 사용하였던 운동인 100PPM은 1백만 개당 100개 이하의 불량을 목표로 하였으나, 6시그마는 1백만 개당 불량품 3.4개를 목표로 하기 때문에 무려 30배가량 차이가 나는 수치이다.

그러나 6시그마 경영은 100PPM운동과 같은 단순한 품질개선 활동이 아니라 총체적인 경영혁신전략으로 기업문화 자체를 바꾸는 경영혁신운동으로 제품설계에서 출하까지의 모든 경영활동과정을 대상으로 하고 있다.

[그림 8-6] 6시그마 모델의 통계적 가정이 되는 정규분포

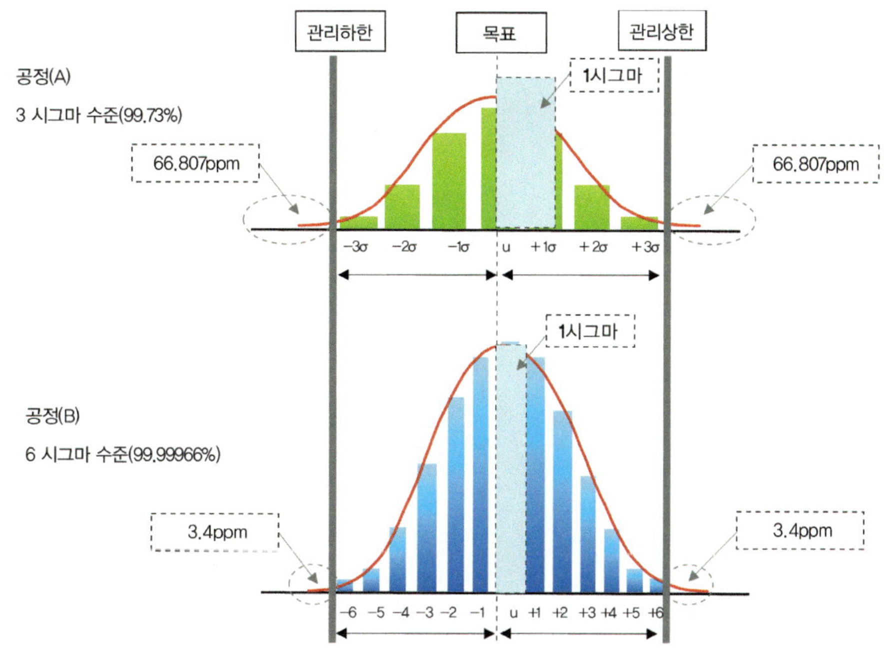

2) 6시그마 척도와 계산방법

(1) 결함과 수율

① 결함

6시그마기법은 CTQ(Critical To Quality : 소비자 요구품질을 충족시키기 위한 공정의 중요사항) 측정이 가능해야 효과가 높다. 그 이유는 CTQ로 규격 및 표준을 확인하고 이를 현재의 수준에서 시그마로 계산한 불량률(DPMO)을 확인할 수 있기 때문이다. 6시그마기법에서 결함을 측

정하기 위해 사용되는 척도는 DPU(Defects Per Unit : 생산단위당 평균 결함 수), DPO (Defects Per Opportunity : 기회 당 결함수), DPMO(Defects per Million Opportunity : 제품의 복잡도를 고려한 비교기준으로 백만 기회 당 결함수) 등이 있다.

결함(defect : 결점)은 고객의 불만족을 야기하거나 고객의 요구사항에 적합하지 않은 산출을 의미하고, 고객의 입장에서 평가되는 사항이기 때문에 품질관리에서 사용되는 불량과는 차이를 가진다.

기회(opportunity)는 결함이 발생할 가능성이 있는 검사 또는 시험대상 모두를 의미하며, 특성, 부품, 구성품 등 제품의 모든 요소에 존재한다. 생산단위별 평균 결함수를 나타내는 DPU는 결함 수의 상대적 비율을 고려하지 않고 단지 결함 수만 판단하는 한계가 있기 때문에 이를 극복하기 위한 DPMO를 사용한다.

DPU, DPO, DPMO는 다음과 같은 식으로 표현된다.

① $DPU = \dfrac{\text{총결함 수}}{\text{총 생산단위 수}}$

② $DPO = \dfrac{\text{총결함 수}}{\text{총결함기회 수}}$

③ $DPMO = \dfrac{DPU}{\text{생산 한 단위에 대한 결함발생 기회 수}} \times 1{,}000{,}000$

예제

[그림 8-7]과 같이 4개의 생산단위에서 각 단위당 6개의 구멍을 뚫어 완성하는 제품이 있다. 이러한 공정과정을 거친 생산단위 (A), (B), (C), (D)를 중심으로 생산 단위당 결함 수, 기회당 결함 수 그리고 백만 기회당 결함 수의 값을 구하면 다음과 같다.

① $DPU = \dfrac{2+2+1+0}{4} = 1.25$

② $DPO = \dfrac{2+2+1+0}{6 \times 4} = 0.21$

③ $DPMO = \dfrac{DPU(1.25)}{6} \times 1{,}000{,}000 = 208{,}333$

즉, 100만개 중 208,333개의 결함이 발생할 수 있다.

[그림 8-7] 드릴링 가공의 예

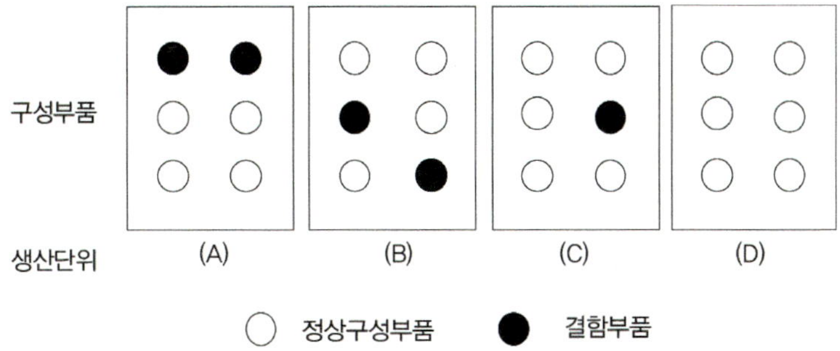

② **수율**

수율(yield)이란 투입 대비 양품의 비율을 의미하는 것으로, 수율을 파악하기 위해서는 초기수율, 누적수율, 공정평균수율이 이용된다.

- **초기수율**(FTY : First Throughput Yield) : 전통적인 수율의 개념으로 단위공정에서 불량 없이 프로세스나 작업을 통과하는 비율이다. 그러나 초기수율의 개념은 여러 개의 공정이 연결되는 연속공정에서 발생하는 누수현상(불량에 의한 재작업, 제투입, 폐기 등)을 설명할 수 없기 때문에 한계가 있다.

  초기수율은 다음과 같이 구한다.

  $$\text{산출공식은 } \frac{\text{총 양품 수량}}{\text{총 투입 수량}} \text{이다.}$$

- **누적수율**(RTY : Rolled Throughput Yield) : 초기수율의 한계를 극복하는 대안으로 누적수율을 사용한다. 실제 연속공정에서는 단위공정에서 나온 제품을 검사하여 양품은 다음 공정으로 넘기고 불량은 재작업이나 폐기단계를 거치기 때문에 여러 단계의 공정에서 수리, 재작업, 폐기하지 않고 최종 양품이 될 확률을 계산함으로써 불량에 대한 누수현상을 확인하고 조치할 수 있다.

  산출공식은 다음과 같다.

  $$FTY_1 \times FTY_2 \times \cdots \times FTY_n$$

- **공정평균수율**(Ynm : Normalized Yield) : 프로세스의 성능을 표현하는 지표로 활용한다. FTY의 기하평균 값으로 정규수율이라고도 한다.
  산출공식은 다음과 같다.

  $$RTY^{\frac{1}{Process}} \quad \text{단, } Process(N) : RTY \text{ 산출을 위한 공정수}$$

  DPU의 활용에 관한 것으로서, 주어진 데이터가 결함수와 같이 이산형인 경우의 수율 계산은 포아송 모형을 이용한다. 제품단위당 평균 결함수를 DPU로 나타내면, 결함수는 포아송 분포를 따르며 결함수 X의 확률밀도함수는 다음과 같다.

  $$P(X) = \frac{(DPU)^x e^{-DPU}}{X!}$$

  예를 들어 DPU가 1.67인 경우 결함 수가 0일 확률을 구하면 다음과 같다.

  $$P(X) = \frac{(1.67)^0 e^{-DPU}}{0!} = 0.19$$

(2) 6시그마 수준의 계산

품질수준을 시그마 수준으로 환산하기 위해서는 측정하고자 하는 품질특성치가 계수치인지 계량치인지를 판단해야 한다. 품질의 특성치가 계수치일 경우엔 앞의 결함과 수율을 계산하는 방식으로 정규분포를 고려해 시그마 수준을 계산한다.

먼저 DPU를 시그마 수준으로 변환하기 위해서는 정규분포 확률 값을 계산하여 평가한다. 시그마 수준과 불량률 수율간의 관계는 〈표 8-2〉와 같다.

〈표 8-2〉 시그마 수준과 불량률 수율간의 관계

불량률(ppm)	수율	시그마수준
308,770.00	69.12%	2σ
66,811.00	93.31%	3σ
6,210.00	99.37%	4σ
233.00	99.97%	5σ
3.40	99.99%	6σ

먼저 DPU를 시그마 수준으로 변환하기 위해서는 정규분포 확률값을 계산하여 평가한다. DPU가 0.01이라고 한다면, 합격 판정확률인 누적수율 y는 e^{-DPU}로 계산되어 0.9900의 Z 값은 대략 2.33이 되며, 이를 시그마 수준으로 활용하게 된다. 통계적으로 수치를 나타내기 어려울 때는 〈표 8-3〉과 같이 100만 단위의 수로 환산하여 나타낸다.

예를 들어 공정중심이 [그림 8-5]의 시그마 수준을 계산하는 예에서는 공정중심이 목표치(규격중심)와 일치한다는 것을 가정하였다. 그러나 실제 현장에서는 제품생산과정에서 데이터를 수집했을 때 규격중심값(목표 : μ)과 데이터 평균($\overline{x}$)간에는 항상 편차가 발생한다. 즉 μ와 $\overline{x}$간의 편차가 (자연$\pm 1.5\sigma$변동)라고 가정하고 통계적으로 접근하는 방법이 6σ이다.

따라서 $\pm 1.5\sigma$ 자연변동을 고려하지 않으면 0.002ppm으로 10억 개 중 2개만이 불량(부적합품)이지만 $\pm 1.5\sigma$ 자연변동을 고려하면 3.4ppm으로 1백만개 당 3.4개(10억개당 3,400개)의 불량이 발생한다.

통상적인 불량률이 사용되는 경우에는 이항분포에서 사용하는 불량률 p를 활용하게 된다. 이 경우 공정상의 수율을 $1-p$로 보아 시그마 수준을 수율에 대한 표준화 계수 Z를 이용해 시그마 수준으로 산정된다. 물론 단기간의 시그마 수준으로 변환하기 위해서는 1.5를 추가하여 계산한다.

〈표 8-3〉 시그마 수준 불량률 환산표(1.5σ 이동)

시그마수준	결함률(DPMO)	시그마수준	결함률(DPMO)	시그마수준	결함률(DPMO)
0.0	933,193	2.2	242,071	4.4	1,866
0.2	903,199	2.4	184,108	4.6	968
0.4	864,334	2.6	135,687	4.8	483
0.6	815,940	2.8	96,809	5.0	233
0.8	758,036	3.0	66,811	5.2	108
1.0	697,672	3.2	44,566	5.4	48
1.2	621,378	3.4	28,717	5.6	21
1.4	541,693	3.6	17,865	5.8	8.6
1.6	461,139	3.8	10,724	6.0	3.4
1.8	382,572	4.0	6,210		
2.0	308,770	4.2	3,467		

※ 장기간에 걸쳐 수집, 평가된 품질수준을 의미하고 있어 단기간의 시그마 수준으로 변환하기 위해서는 산출된 시그마 값에서 1.5σ를 추가하여 계산한다.

3) 6시그마기법과 품질경영

(1) 6시그마기법과 기존의 품질경영 방법과의 차이

6시그마기법은 QC, TQC, TQM 등 전통적 품질경영활동과는 큰 차이가 있다. 과거 품질관리 기법이 생산자 위주의 대량생산시대에 많이 사용되었다면, 6시그마기법은 21세기형 전방위 경영혁신운동이라고 할 수 있다. 예를 들면 샘플링으로 불량률을 관리하던 방식의 한계를 극복한 TQC와 TQM은 품질운동의 대상과 범위를 확대하였지만, 6시그마기법은 특정 부문의 개선이 아니라 경영전반을 대상으로 행하는 품질혁신활동이라 할 수 있다.

구체적으로 설명하면 과거의 품질운동은 부품이 공정을 거치면서 최종제품의 품질을 결정한다는 것을 전제하였으나, 6시그마는 설계 · 자재구입단계에서부터 소비자에게 제품이 인도된 이후까지를 대상으로 한다. 이상의 내용을 참고로 6시그마 경영과 기존 품질경영과의 차이를 정리해 보면 〈표 8-4〉와 같다.

〈표 8-4〉 6시그마 경영과 기존의 품질경영과의 차이

구 분	과거의 품질경영	6시그마 경영
방침결정	대부분 상향식	하향식
목표설정	추상적이면서 정성적	구체적이면서 정량적
문제의식	겉으로 드러난 문제 중시	드러난 문제와 잠재적 문제까지 포함
성공요인	감각과 경험	감각과 경험 및 객관적 데이터 분석 중시
개혁대상	문제점이 발생한 곳	모든 프로세스
적용범위	부분 최적화	전체 최적화
활동기간	제약이 없음	제약이 있음(일반적으로 6개월 이내)
담당자	자발적 참여 중시	전임요원 및 의무적 수행
교 육	자발적 참여 중시	체계적이고 의무적
기본수법	PDCA 4단계	DMAIC 5단계
적용수법	QC 7가지 도구 및 통계적 기법	광범위한 기법 및 통계적 분석 방법
평가방법	노력을 중시	가시화된 이익으로 평가

(2) 6시그마기법의 추진목표와 기대효과

6시그마기법의 추진목표는 소비자의 요구사항을 충족시키지 못하는 불량률의 수준을 1백만분의 3.4로 낮추는 것을 목표로 하며, 이러한 6시그마기법의 기대효과는 다음과 같이 요약할 수 있다.

첫째, 제품이나 업종, 업무 및 생산 프로세스가 다르더라도 객관적인 통계수치로 나타낼 수 있다.
둘째, 품질수준은 높아지고 원가는 낮아지기 때문에 고객만족경영을 달성할 수 있다.
셋째, 6시그마기법은 철학적 의미를 담고 있기 때문에 기업의 사고방식을 바꿔준다.

이상을 종합하여 보면 6시그마기법은 다음과 같은 의미를 지닌다.

① 6시그마기법은 기업이나 프로세스의 품질수준을 나타내는 지표이다.
② 6시그마기법은 프로세스의 문제점을 해결하고 고객만족을 높이는 활동과 방법을 의미한다.
③ 6시그마기법의 의미는 경영혁신방법의 전략적 의미를 가지고 있다.

(3) 6시그마기법과 경쟁력 및 추진 이유

① 6시그마기법과 경쟁력

6시그마기법을 채택한 기업들이 품질향상으로 고객만족을 달성하고 이를 통해 경쟁우위를 획득하는 성과가 확인되면서 많은 기업들이 이 기법을 도입하고 있으나 기업에 따라 6시그마의 수준이 다르기 때문에 경쟁력도 차이가 날 수밖에 없다.

따라서 〈표 8-5〉의 6시그마 수준별 기업의 평가에서 보듯이 2시그마 이하인 기업은 경쟁력이 전혀 없는 경우도 있다. 왜냐하면 시그마 간의 차이를 불량률로 비교해 보면 [그림 8-8]과 같이 나타나기 때문에 시그마 수준은 기업의 신뢰도와 직결되기 때문이다.

현실적으로 시그마 수준을 높이기는 쉽지 않지만 시그마 수준이 높아질수록 품질수준은 향상된다. 예를 들면 6시그마와 5시그마의 차이는 69배이지만, 3시그마 수준과 6시그마 수준의 차이는 무려 2만배 이상 난다.

〈표 8-5〉 6시그마 수준별 기업의 평가

시그마 수준	백만개당 불량수	무결점 백분율(%)	기업경쟁력 평가
1시그마	680,000개	68.00%	경쟁력 전무
2시그마	308,000개	69.20%	경쟁력 없음
3시그마	66,800개	93.32%	경쟁력 낮음
4시그마	6,230개	99.38%	산업 평균(평균기업)
5시그마	230개	99.977%	경쟁력 높음(일류기업)
6시그마	3.4개	99.9997%	경쟁력 매우 높음(초일류기업)

[그림 8-8] 시그마 수준간의 불량률 차이

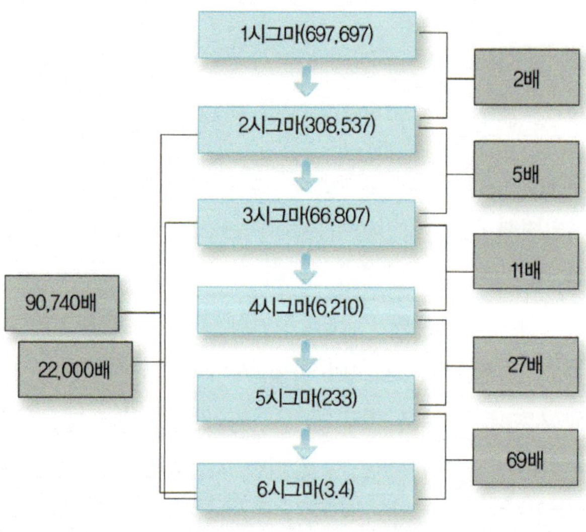

단위 : dpmo (결함률)/100만개당

② **6시그마기법의 추진 이유**

대부분의 기업은 다음과 같은 이유로 6시그마기법을 경영방침으로 활용하고 있다.

- 6시그마기법의 교육·훈련과정을 통해 동기부여, 자기개발 및 자신의 가치를 향상시키기 때문에 개인뿐만 아니라 조직의 경쟁력이 향상된다.
- 6시그마를 모든 영역에 적용함으로써 기업의 품질비용(Quality Cost)을 효과적으로 절감할 수 있다.
- 6시그마기법은 직관이나 경험에 의존하는 것이 아니라 데이터에 의한 분석이기 때문에 체계적이고 과학적인 품질혁신방법이다.
- 6시그마기법의 과제를 정의하고 문제해결을 위한 혁신지표를 찾아내고 이를 지속적으로 개선해가기 때문에 구성원의 능력이 향상된다.
- 공통의 목표달성을 위한 구성원의 자발적 활동과 참여를 바탕으로 하기 때문에 새로운 기업문화가 정착된다.

4) 6시그마 추진기법

6시그마기법에서 주로 사용하고 있는 절차는 DMAIC와 DMADOV가 있다. 이는 기존의 PDCA 사이클에서 진보된 프로세스 개선 절차로서 과거 경험, 업무에 대한 지식, 통계기법에 의한 근거를 바탕으로 한 체계적인 문제해결 과정이다.

DMAIC(Define, Measure, Analyze, Improve, Control)의 문제해결 방법은 기존 프로세스에서 발생하는 문제점을 해결하거나 프로세스의 성능을 향상시키기 위해 사용하는 방법이다. 그러나 DMADOV(Define, Measure, Analyze, Optimize, Verity)는 DFSS(Design for Six Sigma)를 위한 절차로서 신제품이나 새로운 서비스를 개발할 때, 프로세스가 존재하지 않을 때, 프로세스 효율을 극대화시키고자 할 때 활용된다.

이 중 가장 일반적으로 활용되는 DMAIC의 추진 절차는 〈표 8-6〉과 같다.

〈표 8-6〉 DMAIC 단계별 정의

단계	세부단계별 추진내용	비 고
Step 1 Define (정의)	· 현황파악 및 문제의 정의 · 고객만족을 위한 CTQ 파악 · CTQ 파악을 위한 내부 프로세스 검토	· 고객의 정의 CTQ(고객의 핵심적 요구사항)를 파악한다
Step 2 Measure (측정)	· CTQ 측정방법 결정 및 측정실시 · CTQ의 시그마 현수준 확인(파악) · 목표수준을 결정	· 고객의 핵심요구사항 파악 CTQ의 현재수준을 측정한다
Step 3 Analyze (분석)	· 데이터 수집 및 분석 · 모든 가능한 인자 도출 및 영향력 검토 · 핵심인자(Vital Few) 결정	· 제품과 서비스의 원인 · 결과 분석 CTQ가 왜 문제인지 그리고 그것의 핵심인자는 무엇인지를 찾는다
Step 4 Improve (개선)	· 개선안(전략)수립 후 핵심인자 개선 · 개선 후 CTQ의 개선 여부 확인 검토 · 목표 도달 여부 검토	· 대안 · 정의 · 핵심인자를 통계적으로 찾아 해결한다
Step 5 Control (관리)	· 개선에 성공한 조건의 표준화 · 관리계획 수립 및 실행 · 문서화 및 공유 확산	· 최적의 값을 적용 · 관리 표준화 · 성공한 개선을 표준화하고 공유한다

※ CTQ(Critical to Quality) : 제품이나 서비스의 품질특성 중 고객이 가장 중요하게 생각하는 특성
- 제품(수요자) : 적시납기, 좋은 품질, A/S, 가격, 디자인 등
- 서비스(수요자) : 예의바름, 정확성, 쉬움, 단순성, 적기지원 등
- 생산작업(내부수요자/관리자) : 높은 생산성, 좋은 품질, 안전, 정직성 등
- 관리작업(수요자/관리자) : 생산성, 좋은 품질, 안전, 정직성, 적기지원, 효율관리 등

03 제조물책임법

1) 제조물책입법의 이해

제조물책임법(PL : Product Liability)은 제품의 결함에 의해 소비자가 신체 또는 재산상의 손해를 입었을 때 소비자의 피해를 구제하기 위한 법으로서, 그 손해배상을 제조업자나 수입업자 등에게 청구할 수 있도록 정한 법률이다. 제조물책임법에서는 소비자가 제조업자 등의

과실여부의 입증이 필요 없고, 제품에 결함이 존재하고 그 제품으로 피해를 입었다는 사실만 증명하면 피해를 보상받을 수 있도록 하고 있다.[4] 또한 책임을 지는 자의 책임범위와 한계를 명확하게 규정하고 있다.

(1) 제조물책임법(PL)의 출현

1963년 미국 캘리포니아 주에 거주하는 그린 맨(Green Man)이라는 소비자가 소매상에서 구입한 목공선반의 기계 결함으로 눈을 다치게 되자 제조회사와 소매상을 상대로 제소하였는데, 캘리포니아 대법원은 소매상은 책임이 없으며 제조회사가 제조결함에 따른 책임을 져야 한다고 판결을 내린 것이 제조물책임법이 탄생되는 계기가 되었다. 이 사건을 계기로 미국에서는 제조결함을 근거로 한 제조물책임제도가 법제화되었으며, 일본・유럽 등 선진국가가 이를 도입하여 확산되기 시작하였다.

우리나라에서도 제품 생산과정과 기술이 복잡해짐에 따라 제조물 위험이 증가하고 소비자보호와 기업책임에 대한 요구가 늘어나게 되면서, 소비자 피해구제의 원활화, 제품안전향상 등의 소비자 권익을 강화하기 위한 제조물 책임법을 시행(2000년 1월 법제정, 2002년 7월 1일 시행)하고 있다.

(2) 제조물책임법(PL)의 의미와 기본법리

(가) 제조물책임법의 의미

제조물책임법은 제조물의 결함으로 인한 생명, 신체 또는 재산상의 손해에 대하여 제조업자에게 손해배상 책임을 지도록 함으로써 피해자 및 국민의 권리와 안전, 국민경제의 건전한 발전에 기여하며, 제품안전에 대한 의식을 제고하여 기업의 경쟁력 향상을 도모하기 위한 것이다.

제조물책임법에서 말하는 제조물이란 제조나 가공을 거쳐 소비자에게 공급되는 모든 제품을 말하는 것으로, 가정용품, 사무용품, 식・약품 및 공업용 기계 등을 의미한다. 다시 말하면 완제품이나 부품, 원재료 등과 같은 모든 공산품을 뜻하며, 가공하지 않은 농산물이나 어패류 그리고 건축물과 같은 부동산은 제조물책임법의 대상에서 제외된다.

(나) 제조물책임법의 기본법리

제조물책임법은 소비자를 보호하고자 하는 것이 핵심이며, 소비자 측면에서 안전하고 결함

---

4) 그러나 제조물의 결함이 제조업자가 당해 제조물을 공급할 당시의 법령이 정하는 기준을 준수하였음에도 불구하고 발생한 경우는, 그 사실을 입증하면 손해배상책임을 면할 수 있다.

이 없는 제품을 사용할 수 있는 권리를 찾게 해주는 법이다.

제조물책임에서의 책임은 과실책임, 보증책임, 불법행위상의 엄격책임, 연대책임, 비교과실 책임 등이 있는데, 가장 일반적인 과실책임은 제조물책임의 주체가 되는 제조업자나 유통업자가 제조 및 가공 상의 결함, 설계상의 결함, 사용표시상의 결함 등 주의의무를 위반하였을 때 부과하는 책임이다.

보증책임(warranty)의 경우는 판매자와 구매자 간에 제품의 품질에 대하여 명시적(express warranty : 설명서, 카달로그, 라벨, 광고 등에 명시된 내용) 또는 묵시적(implied warranty : 상품으로서의 기능을 발휘, 사용의 적합성 등)으로 보증을 하였으나 판매자가 보증한 제품내용이 명백히 사실과 다를 경우에 책임을 부과하는 것이다.

불법행위상의 엄격책임은 생산자 또는 판매자가 결함상품을 판매한 경우, 결함상품에 위해(危害)의 원인이 있는 것 등 과실존재의 입증과 계약관계의 요건 없이 배상청구를 가능하게 하는 것이다.

(3) 제품결함의 종류

제조물책임법에서 결함이란 제품의 단순한 하자가 아니라 인적손해 또는 해당 제조물 이외의 물적 손해를 야기시킬 수 있는 제품의 안전상 하자를 의미한다. 즉 결함상태란 제품의 통상적인 사용과 소비과정에서 안정성을 갖추지 못한 상태로서, 그것이 최종제품의 소비자에게 위험한 경우를 뜻한다.

제품결함은 〈표 8-7〉에서 보는 바와 같이 제품 자체의 결함(설계 및 제조상의 결함), 경고·표시 상의 결함으로 나눈다.

〈표 8-7〉 제품결함에 대한 법적 정의

구 분		내 용
제품 자체	설계 상	제품의 개발 및 설계단계에서 잘못된 결함
	제조 상	원자재 불량과 제조 과정에서의 불량으로 생긴 결함
경고 · 표시 상		사용방법의 안내부족과 사고발생의 경고 가능성을 알리지 않아 생긴 결함

2) 제조물책임법(PL) 도입과 기업의 대응

(1) 기업의 제조물책임법 대책

제조물책임법의 도입으로 기업은 소비자의 피해 입증에 대한 부담이 커지고 있으며, 제조업자에 대한 소송이나 제조물에 대한 클레임이 증가하는 추세이다(<표 8-8> 참조). 이러한 증가는 제품원가의 상승요인으로 이어지고, 기업에게 큰 부담과 영향을 미치고 있다. 따라서 기업은 품질관리 활동을 한층 더 강화해야 한다.

〈표 8-8〉 제조물 책임법이 기업에 미치는 영향

구분	PL법 도입 이전	PL법 도입 이후
PL소송 증가	소비자가 법 및 제도를 알지 못하여 제소하는데 어려움이 있었음	소비자가 보호를 받을 수 있는 제도를 이용하여 제소가 쉬워졌음
기업경영의 어려움	제품 결함에 대한 배상 배상규모가 크지 않았음(실비배상) – 소송과정에서 소비자가 불리 – 소비자 피해에 대한 기업의 면책이 용이	제품결함에 대한 배상규모가 커짐(부수적 · 정신적 손해도 배상) – 소송과정에서 기업이 불리 – 소비자 피해에 대한 기업의 면책이 어려움
비용의 증가	– 제품 안전보다는 매출확대 중심 – 신속한 신제품출시에 중점 – 수리비용	– 매출보다 안전성을 강조 – 안전을 우선하는 제품의 설계 – 예방을 위한 리콜제도 활용
소비자와 기업의 의식	– 제품 안전을 상대적으로 경시 – 사용상의 불안감 – 외관 중심	– 제품의 안전한 사용 – 안전성을 강조하는 기업의 능력에 따라 경쟁력이 차이가 남

기업에서 제조물책임법에 대응하기 위한 대책은 [그림 8-9]와 같이 크게 제조물책임 예방대책(PLP : Product Liability Prevention)과 제조물책임 방어대책(PLD : Product Liability Defence)으로 나눌 수 있다.

제조물책임 예방대책은 제조물의 결함으로 인한 사고발생을 방지하기 위한 활동으로 제품안전(PS : Product Safety)대책이라고도 한다. 이는 제품의 기획 · 설계 · 제조단계는 물론 제품의 수명주기(PLC : Product Life Cycle) 동안의 안전성을 확보하는 것으로, 설계상의 결함 예방대책, 제조상의 결함 예방대책, 주의 · 경고 표시상의 결함 예방대책이 포함된다.

제조물책임 방어대책이란 기업이 예방대책을 통하여 제조물의 결함을 제거하더라도 완벽하지 못하여 제품사고가 발생할 경우, 신속하게 대응하여 처리할 수 있도록 대응체제를 갖추는 것을 말한다. 다시 말해서 제조물책임 사고 발생 시 기업의 손실을 최소화하기 위해서 제조물책임과 관련된 각종 문서의 작성과 보관, 관련업자와의 책임관계를 정한 계약철 확보, 제조물책임 보험가입, 손해배상자금의 확보대책 등을 전사적인 차원에서 제도화하는 것이다.

[그림 8-9] 기업의 제조물책임(PL) 대책 구성도

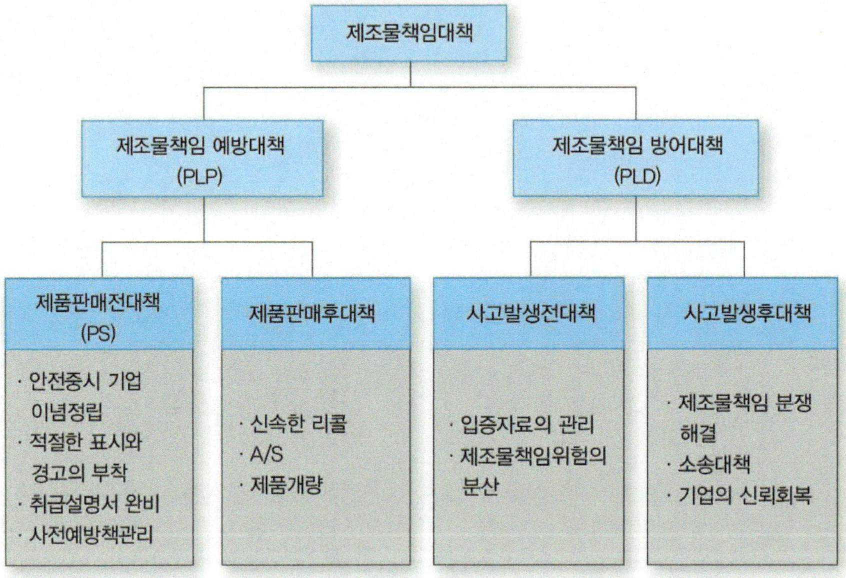

출처 : 제조물책임(PL) 가이드, 중소기업청.

(2) 애프터서비스와 리콜 제도

소비자의 불만이나 제품의 하자를 줄이기 위해서는 고장이 나지 않도록 제품의 설계단계에서부터 제조과정에 이르기까지 엄격한 품질관리가 이루어져야 한다. 제조물책임제도와 관련하여 가장 보편화되어 있는 기업의 대응방식 중 하나가 애프터서비스(A/S)와 리콜제도이다. 애프터서비스는 생산자가 판매한 제품에 하자가 발생되어 소비자의 불만이나 시정요구가 있는 경우, 수리 또는 교환해 주는 소극적인 의미의 소비자 보호제도이다.

리콜(recall)제도는 제품의 결함으로 소비자가 생명이나 신체상의 위해(危害)를 입을 우려가 있다고 판단될 때 생산자·수입자·유통업자가 자발적으로 또는 관계기관의 명령에 따라 공개적으로 결함상품 전체를 회수하여 수리·교환·환불 등의 조치를 취함으로써 피해를 사전에 예방하는 가장 직접적인 소비자 보호제도를 말한다.

제조물책임법이 배상절차를 통하여 소비자의 피해에 대한 손해를 보상해 주는 제도라면, 리콜제도는 제품의 결함으로 인한 소비자의 위해(危害)를 사전에 막기 위한 제도라는 점에서 구분된다.

최근에는 각종 첨단기술 및 정보통신기술(ICT)을 이용하여 제품에 관한 모든 정보와 함께 소비자의 사용정보를 실시간으로 수집·분석하여 고장을 사전에 예방하는 방법이 일반화되고 있다.

제3절 품질보증

01 품질보증의 개요

1) 품질보증의 정의

품질보증(QA : Quality Assurance)[5]이란 품질경영의 기본요건 중 하나로서, 품질이 규격에서 요구하는 일정한 수준에 위치하고 있음을 소비자에게 보증하는 것이다. 여기서 소비자는 제품의 사용자, 구매자, 다음 공정 등을 가리키며, 보증은 제품과 서비스를 일정 기간 동안 안전하게 사용할 수 있음을 뜻한다.

소비자가 제품이나 서비스의 품질을 판단하는 기준은 성능이나 기능과 같은 기술적인 부분과 함께 제조업체의 지명도 또는 브랜드의 평판에 의존하는 경우도 많기 때문에 좋은 제품을 만드는 것도 중요하지만 제품의 이미지나 브랜드 파워를 높이는 것도 중요하다. 즉 제품의 기술적인 품질을 높이는 것 못지않게 좋은 품질과 기능이 일정기간 동안 체계적이고 조직적으로 유지되고 있다는 것을 소비자에게 알리는 것이 필요하다. 예를 들면 ISO 9000 또는 ISO 14000시리즈 인증과 같은 제3자의 입증 즉 인증(certification)이 중요하며, 이러한 인증제도로

5) KS A 3001-2006 : "품질보증이란 제품 또는 서비스가 제시된 품질 요구사항을 만족시키기 위한 모든 계획적이고 체계적인 활동"으로 규정하고 있다.

제품의 신뢰성, 안전성 등을 소비자에게 제공하여 신뢰도를 높일 수 있다.

2) 품질보증의 효과

기업이 품질보증활동을 철저히 수행했을 때 기대되는 효과는 여러 가지가 있다.

품질보증이 철저한 제품을 사용하는 소비자는 구매하는 제품의 품질이 객관적으로 보증된 제품이기 때문에 신뢰하고 구매하는 것이다. 또한 제품보증에 대한 정확한 정보제공은 고장이나 돌발사고 등에 대한 불안감과 위험요인에 대한 불안감을 줄일 수 있으며, 품질불만에 대한 해결방법과 정보를 사전에 제공함으로서 안전하게 제품을 사용할 수 있다.

품질보증은 소비자의 만족도를 높일 수 있으며, 이는 생산자에 대한 신뢰로 이어지기 때문에 제품에 대한 반복구매 및 충성도를 유도할 수 있고, 기업의 이미지가 높아질 수 있을 뿐만 아니라 매출증대에도 영향을 미친다.

02 품질보증활동의 절차

품질보증활동을 체계적으로 수행하기 위해서는 다음과 같은 절차가 필요하다.

① **품질계획의 수립 :** 고객이 요구하는 제품과 서비스의 품질을 파악하고 자사의 기술과 관리능력을 고려해 품질수준을 계획하고 구체적인 품질목표를 설정하여야 한다. 즉 어떤 수준의 품질로 생산 및 공급할 것인지의 품질방침을 결정하는 것이다.

② **품질보증의 기준 설정 :** 제품의 신뢰성을 보장하는 보증기준과 내용, 기간에 관한 기업의 입장을 객관적으로 사전에 제공하여 소비자에게 신뢰를 줄 수 있어야 한다.

③ **품질보증시스템의 운영 :** 품질기준을 지속적으로 유지할 수 있도록 품질 보증시스템을 구축하여 운영하는 것이 필요하다. 예를 들면 품질보증을 위한 생산, 포장 · 보관 · 수송 · 판매 등 각 부문의 보증시스템을 운영하는 것이 중요하며, 각 부문의 유기적인 정보교류를 통하여 전체 유효성을 높여야 한다.

④ **사용설명서 관리와 A/S :** 제품에 첨부된 품질보증에 관한 내용과 설명서는 객관적이고 사용자가 쉽게 이해할 수 있어야 한다. 설명서가 잘못되면 사용자의 오용가능성이 있을 수 있고, 치명적인 피해도 당할 수 있기 때문이다. 아무리 완벽하고 좋은 제품이라도

고장이나 불량으로 인한 고객의 불만에 항상 대비하여야 한다.
이와 함께 서비스에 관한 방법과 정보를 소비자에게 항상 공개하여야 한다. 특히 최근에는 정보통신기술(ICT)을 바탕으로 서비스의 방법을 개선하고, 시간을 단축할 수 있는 방법으로 소비자가 만족할 수 있도록 해야 한다.

⑤ **제품보증시스템의 감사** : 기업이 구축한 품질보증시스템이 소비자에게 정확하게 전달되어 운용되고 있는지, 더 좋은 방법은 없는지 등을 지속적으로 점검하는 노력으로 소비자의 만족도를 높이도록 해야 한다. 특히 각종 첨단기술을 활용하여 시간, 비용, 노력을 줄이면서 동시에 소비자의 만족도를 높일 수 있는 효율적인 방법의 도입을 제시해 주어야 한다.

제4절 국제 품질보증 시스템 인증제도

01 품질시스템의 개요

1) 품질시스템 인증제도의 의의와 내용

소비자 측면에서의 품질보증을 강조하는 선진국과 달리 우리나라는 오래 동안 공급자의 입장에서 품질개선 및 보증활동을 추구해왔으나 1990년대 이후 ISO 9000 시리즈 품질보증 규격을 국가규격으로 규정한 후 구매자(소비자) 입장에서의 품질보증에 대한 접근으로 전환되었다.

품질보증 시스템에 대한 인증은 일반인증과 구별되는데, 품질보증 시스템은 제품구매자에게 제품이나 서비스를 제공하는 기업의 전반적인 품질보증능력을 목적으로 하며, 제3자가 생산품의 품질에 관련된 시스템이 표준에 적합함을 인증하는 제도이다. 이에 반해 일반인증은 제품이 해당규격에 적합한지의 여부와 규정된 품질과 안전요건이 충족되었음을 증명하는 것이다.

따라서 제품인증기관들은 품질시스템 인증의 취득조건으로, 생산자의 품질보증제도에 대한 인증을 우선적으로 취득하면서 동시에 소비자가 만족할 수 있는 품질보증을 요구하고 있다.

품질인증의 구분과 인증내용 및 규격을 구분하면 〈표 8-9〉와 같다.

〈표 8-9〉 인증별 인증내용 및 규격

인증구분	인증내용	규 격
대상별 구분	제품인증(Product Certification)	KS, GQ, Q마크, 싱글PPM인증
	시스템 인증(System Certification)	ISO 9001, ISO/TS 16949, TL 9000
목적별 구분	안전(Safety)	안전인증, UL마크, CSA마크
	품질(Quality)	ISO 9001, GQ, 싱글PPM인증
	보건(Heality)	GMP, OHSAS 18001
	환경보호, 소비자 보호, 에너지, 전자파, 기타	E마크, 열마크, EMI/EMC, 재활용마크 등
규격별 구분	국제인증	ISO 9001, IECEE, IECQ
	지역인증	CE, ECE
	국가인증	KS, JIS, BS, DIN
	단체인증	UL, CSA, ASME

2) ISO 품질경영시스템의 이해

(1) ISO 품질경영시스템

품질경영과 품질보증에 관한 국제규격(ISO 9000~9004)은 1987년에 제정되었으며, 1994년 1차 개정을 거쳐 2000년에 품질경영시스템-요구사항(ISO 9000 : 2000)과 품질경영시스템 성과개선 지침(ISO 9004 : 2000)으로 2차 개정되었고, 2008년 3차 개정이 이루어졌다. 이 규격과 지침은 전 세계에 보급이 확대되면서 각국의 품질경영활동을 촉진시키고 있다.

ISO 9001에 의한 품질경영시스템 인증제도는 구입자가 공급자를 직접 심사하는 대신에 제3자 인증기관이 심사·등록·공표하는 것이고, 제3자에 의한 인증획득 결과에 따라 제품을 구입할 때 그 품질에 대한 신뢰도를 높여주기 위함이다.

즉 ISO 9000 시리즈는 기업이나 조직에서 품질인증을 위해 갖추어야 할 요구사항을 제정해 놓은 국제규격으로, 공급자의 품질시스템을 제3자(인증기관)가 평가하여 품질보증능력을 인증해주는 제도이다. 또한 제품 자체에 대한 품질을 보증하는 것뿐만 아니라 제품생산과정 등의 프로세스에 대한 신뢰성 여부를 판단하기 위한 기준이다.

ISO 9000 시리즈는 기존의 품질관리상인 일본의 데밍상, 미국의 말콤볼드리지상, 유럽의 품질경영상 등에 비해 상대적으로 인증조건이 까다롭지 않은 수준이어서 품질경영 시스템을 개선하고 규범을 준수하고자 하는 노력만 있으면 기업의 품질 시스템 구축을 위한 가장 효과적인 방법이 된다.

(2) ISO 품질경영시스템 인증 절차

ISO 9001 품질인증에 대한 인증심사는 크게 품질매뉴얼(quality manual)심사와 공장심사(factory assessment)로 구성되며, 인증절차는 각 인증기관별로 약간씩 차이가 있으나 일반적인 인증절차는 다음과 같다.

① **품질매뉴얼심사** : 품질보증시스템의 인증서에서는 일반제품 인증제도와 달리 서류심사격인 품질매뉴얼심사가 중요하다. 품질매뉴얼심사는 제3자에 의한 생산제품 전반에 걸친 증명이기 때문에 제품품질에 관한 정확한 설명이 중요하다.

② **현장(공장)심사** : 품질매뉴얼심사가 완료되면 품질매뉴얼에 나타난 품질시스템이 해당 ISO 품질보증규격의 요구사항에 적합한가를 확인하는 과정이다.

③ **사후관리심사** : 인증을 획득하면 통상 연 2회에 걸쳐 사후관리(surveillance)의 준수여부를 확인받게 되는데, 품질시스템이 규정된 요건에 맞게 지속적으로 일치하고 있는지의 여부를 확인한다.

02 ISO 9000 시리즈

1) ISO 9000 품질경영 시스템의 개요

(1) ISO 9000 시리즈의 의의

기업은 소비자의 요구조건을 '시방'이라는 형태로 구체화하는데, 그 시방 자체와 설계・생산하는 과정에서 결함이 발생할 수 있기 때문에 기술시방서 만으로는 고객의 요구조건을 충족시키기 어렵다. 따라서 생산자는 소비자가 요구하는 품질에 대한 기대를 충족시키기 위해서 높은 수준의 품질을 달성하고 꾸준히 유지하기 위한 품질개선노력이 필요하다.

이와 같은 기술시방서상에 나타난 제품이나 서비스의 요건을 보완하기 위해 품질시스템 규격과 지침이 개발되었는데, 이 경우 ISO 9000 시리즈는 품질시스템을 합리적으로 구체화시켜 주는 역할을 한다.

(2) ISO 9000 시리즈의 기본 규격과 구성 내용

ISO 9000 시리즈는 기업외부에 대한 품질보증을 목적으로 할 때 사용되는 ISO 9001, 9002, 9003의 품질시스템 규격과 기업내부에 대한 품질보증을 목적으로 사용되는 ISO 9004 품질시스템 규격이 있다.

ISO 9000 품질경영과 품질보증 규격(선택과 사용에 대한 지침)은 제품 및 서비스 공급자가 갖추어야 할 품질시스템을 규정한 것으로, [그림 8-10]과 같이 다섯 가지 규격으로 구성되어 있다.

[그림 8-10] ISO 9000 시리즈 기본 규격

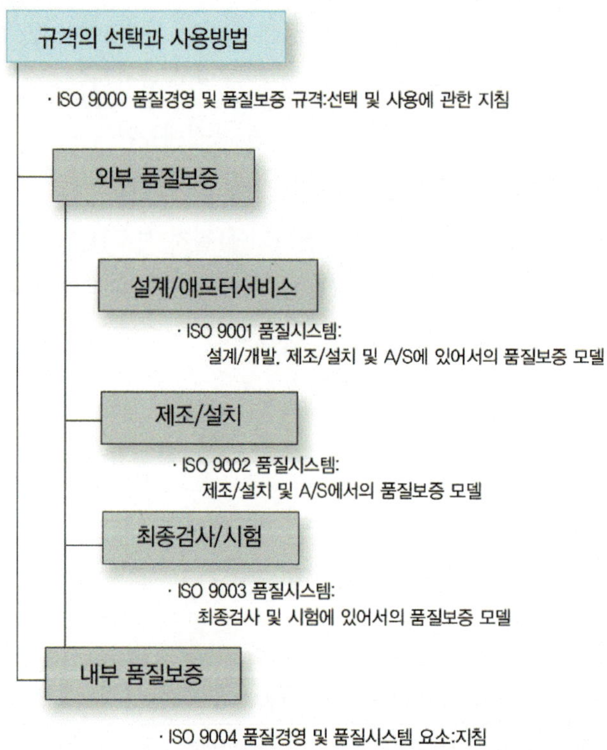

ISO 9000~9003 시리즈는 요구사항(requirement) 중심이 되는 영국의 BS 5750과 가이드라인(guide line)이 중심이 되는 미국의 ANSI/ASQC Z 1.15가 근간이 되어 만들어진 규격이며, ISO 9004는 ANSI/ASQC Z 1.15가 주로 근간이 되어 만들어졌다.

일반적인 제품의 생산과정은 설계 · 개발 → 제조 · 설치 → 최종검사 · 시험 → 애프터서비스의 과정을 거치지만, 기업마다 다를 수도 있다. 예를 들면 전 과정의 품질보증이 필요한 기업이 있는가 하면 최종검사나 시험만 필요한 기업도 있다. 따라서 ISO 9000 시리즈는 [그림 8-10]과 같이 기업외부에 대한 품질보증을 목적으로 제품 및 서비스의 생산 및 공급형태에 따라 ISO 9001, 9002, 9003의 세 가지 규격으로 나누어 신청기업의 상황에 맞추어 등록하도록 규정하고 있으며, 기업내부에 대한 품질보증에는 ISO 9004 품질시스템 규격이 사용된다.

그러나 1987년 ISO 9000 시리즈가 제정된 후 전 세계적으로 많은 기업들이 도입 · 추진하면서 많은 문제점이 나타났다. 이러한 문제점을 개선하여 새로 개정된 ISO 9000 : 2000 시리즈의 핵심규격은 다음 〈표 8-10〉과 같다.

〈표 8-10〉 ISO 9000 : 2000 시리즈의 규격

개정 ISO 9000 : 2000 시리즈의 주요 규격
· ISO 9000 (기본사항 및 용어) · ISO 9001 (품질경영시스템 - 요구사항) · ISO 9004 (품질경영시스템 - 성과개선지침) · ISO 19011 (품질 및 환경검사)

2) ISO 9000 : 2000 패밀리의 핵심 규격

ISO 9000 시리즈는 제품자체에 대한 품질을 보증하는 것이 아니라 제품생산과정 등의 품질시스템 즉 프로세스에 대한 신뢰성 여부를 판단하는 기준이다.

1987년 제정된 이 규격은 ISO/TC 176에서 작성되는 모든 규격을 ISO 패밀리(family)라 칭하고 있으며, ISO 패밀리 가운데 〈표 8-10〉과 같이 ISO 9000, 9001, 9004, 19011의 네 가지 규격을 총칭하여 ISO 9000 시리즈란 용어를 사용하고 있다.

개정된 ISO 9000 : 2000 패밀리 핵심 규격의 구성은 다음과 같다.

① **ISO 9000(기본사항 및 용어)** : 품질경영시스템에 대한 기본사항을 서술하고, 품질경영시스템에 대한 용어를 규정하고 있다.

② **ISO 9001(요구사항)** : 고객의 요구사항, 적용되는 규제, 고객만족을 위한 목표 등을 충족시키는 조직의 능력과 품질경영시스템에 대한 요구사항을 규정하고 있다.

③ **ISO 9004(성과개선 지침)** : 고객만족 및 기타 이해관계자의 만족을 위한 지속적인 개선으로 조직의 성과를 향상시키고 품질경영시스템의 완성도를 평가하는 지침을 제시하고 있다.

④ **ISO 19011(요구사항)** : 품질심사 및 환경심사를 관리하고 수행하기 위한 지침을 제공한다.

이러한 ISO 9000 시리즈의 핵심은 품질에 관한 조직의 성과개선을 목표로 하며, 이를 통하여 고객 및 모든 이해관계자의 만족을 추구하는 것으로, [그림 8-11]과 같이 품질계획(QP : Quality Planning), 품질관리(QC : Quality Control), 품질개선(QI : Quality Improvement), 품질보증(QA : Quality Assurance)을 포함하는 총체적인 활동으로 구성된다.

[그림 8-11] ISO 9000 품질경영시스템

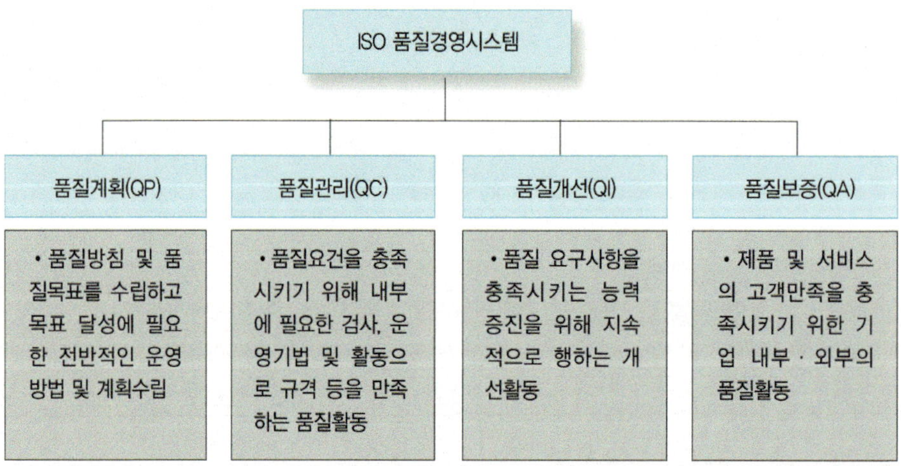

제5절 각국의 품질대상

대부분의 기업들은 경쟁우위 확보를 위하여 다양한 경영혁신이나 고객만족기법을 활용하고 있다. 이러한 노력 중에서도 특히 좋은 품질을 생산하기 위한 품질향상과 품질개선의 문제는 기업의 목표달성을 위해 필수적이며, 국가차원에서도 기업을 격려하고 지원하는 제도를 도입하고 있다.

모든 국가는 자국의 산업계 실정에 맞는 품질기준을 정하여 우수한 성과를 달성한 기업을 선정·수상함으로써 기업의 발전과 고객의 만족을 극대화할 수 있는 경영환경을 구축하고 있다. 예를 들면 품질관리를 성실히 수행하는 기업에 대하여 국가나 민간단체가 상을 주는 제도를 활용하여 좋은 품질의 제품이나 서비스가 소비자에게 제공되도록 노력하고 있다. 다음은 미국, 일본, 유럽 및 우리나라의 품질상의 내용이다.

01 말콤볼드리지상

1) 제정 배경

말콤볼드리지상은 미국의 제품 경쟁력이 일본에게 크게 뒤진 1980년대에 미국 상무성장관을 지낸 말콤 볼드리지(Malcolm Baldridge)에 의해서 제안·제정되었다. 그 당시는 세계시장에서 미국제품의 경쟁력이 약화된 시기였으며, 특히 높은 품질을 앞세운 일본제품으로부터 자국시장의 보호에 위협을 느끼는 시기였다.

미국제품의 경쟁력 약화원인이 품질에 있다는 것을 인식한 미국은 높은 품질의 제품생산을 위하여 일본의 데밍상(The Deming Prize)과 같은 국가적 차원의 품질상을 제정해야 한다는 판단으로 1987년 8월 말콤볼드리지 품질개선법을 제정하여 시행하였고, 이를 기준으로 말콤볼드리지상(Malcolm Baldridge National Quality Award)을 제정하여 품질이 우수한 기업에게 시상하기 시작하였다. 말콤볼드리지상 제도는 품질을 향상시키는 것이 경쟁력을 회복하는 가장 좋은 방법이기 때문에 기업의 품질전략과 개선을 촉진시키고자 하는데 있으며, 그 결과를 일반 소비자에게 널리 알리는 역할을 하고자 하는데 있다.

말콤볼드리지상의 모든 기준은 고객만족을 최우선으로 하고 있으며, 제조업, 서비스업, 중소기업 3개 부문으로 나누어 적용하고, 부문 당 최대 2개 기업에게 수여하였으나 최근에는 수상업체 수를 3개까지 늘렸다.

말콤볼드리지상의 평가기준은 품질경영에 대한 기업의 전반적인 시스템을 점검하고, 개선하는 것을 중요한 기준으로 하며, 수상의 효력은 5년이고, 5년이 지나면 재도전을 할 수 있다. 말콤볼드리지상을 주관하는 미국 상무부 산하의 국가표준청(NIST)은 2000년부터 범위를 확대하여 의료분야와 교육분야에도 상을 수여하고 있다.

2) 말콤볼드리지상의 수상기준

말콤볼드리지상은 미국기업에게 품질에 대한 인식을 고취시키고 품질활동의 높은 성과를 달성하기 위해서 필요한 모든 정보를 공유하고 품질개선활동의 효율성을 도모하는 것이 목적이다.

이러한 목적을 달성하기 위해 매우 체계적이고 까다로운 심사규정을 적용하고 있는데, 이 상이 추구하는 11개의 핵심가치는 ① 고객위주의 품질, ② 리더십, ③ 지속적인 개선과 학습, ④ 인간존중과 종업원의 참여, ⑤ 신속한 대응, ⑥ 설계 및 예방품질, ⑦ 미래의 장기적 관점, ⑧ 사실에 근거한 경영, ⑨ 협력관계의 구축, ⑩ 기업책임과 시민의식, ⑪ 결과중시 경영 등이다.

말콤볼드리지상은 위의 내용을 7개 범주의 기준으로 나누어 평가하는데, 구체적으로 평가하는 7개의 범주는 [그림 8-12]와 같다.

[그림 8-12] 말콤볼드리지상 심사의 7가지 범주

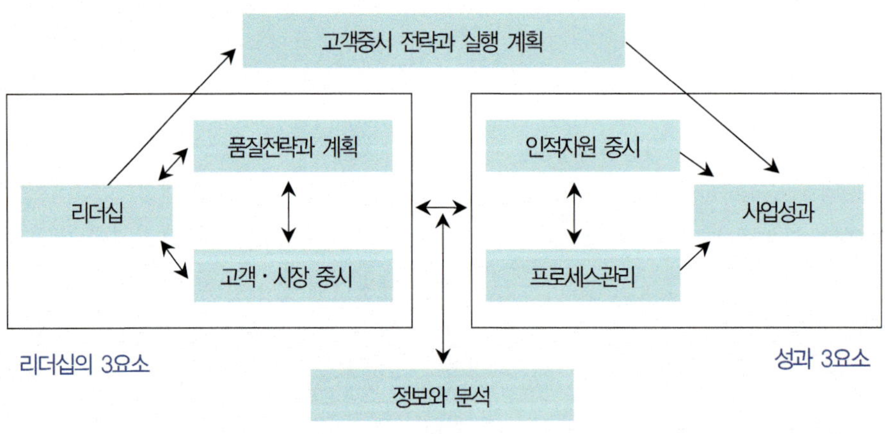

02 데밍상

데밍상(The Deming Prize)은 미국의 통계학자 데밍(W. E. Deming : 1900~1993)이 일본기업의 품질향상에 기여한 공을 기리기 위해 일본과학자 및 엔지니어연합(JUSE)에 의해 1951년 제정된 상이다. 이 상은 일본 최고의 산업표창으로 자리를 잡고 있으며, 주로 통계적 품질관리의 구현에 초점을 맞추고 있다.

데밍상은 데밍본상과 데밍실시상으로 구분되는데, 데밍본상은 통계적 품질관리 이론 및 응용 면에서 탁월한 업적을 올린 사람 또는 그 방법을 보급하는데 현저한 공적이 있는 사람에게 수여하고, 데밍실시상은 통계적 품질관리기법의 보급에 큰 업적이 있는 사람에게 주게 되며 국적에 제한을 두지 않는 특징이 있다.

데밍상의 심사항목은 방침, 조직, 정보, 표준화, 인재육성과 능력개발, 품질보증, 유지관리 상황, 개선활동 및 효과, 장래계획 등의 10개 항목을 각각 10%씩 반영하여 평가한다. 또한 이와 별개로 1995년 미국의 말콤볼드리지(MB)상을 벤치마킹하여 고객중심의 품질경영상인 '일본경영품질상'을 제정하였다.

03 유럽 품질상

1) 유럽 품질상의 제정

유럽연합(EU)은 미국의 말콤볼드리지상의 영향을 받아 유럽 각국에서 생산하는 제품의 품질향상이 기업경쟁력 확보와 생존에 필수적이라는 인식하에 유럽의 대표적인 14개 기업이 1988년 유럽품질경영재단(EFQM : The European Foundation for Quality Management)을 설립하였다. 이 재단은 유럽품질협회(European Organization for Quality : 1957년)와 EC(European Commission)의 후원을 받아 유럽 품질대상(The European Quality Award)을 1992년 제정하여 운영하고 있다.

이 상은 전사적인 품질경영(TQM) 활동에서 최고의 성과를 거둔 유럽의 기업에게 수여되는 품질상으로서, 신청기업 중 심사를 거쳐 '유럽 품질상'(The European Quality Prize)을 수여하고, 신청기업 중 최고의 성적을 거둔 기업 하나를 선정해 '유럽 품질대상'(The European Quality Award)을 수여한다.

2) 유럽 품질대상 심사기준

유럽 품질대상은 일반기업, 사업부, 공공기관, 중소기업 등 네 부문으로 나누어 신청할 수 있다. 유럽 품질상은 아홉 개의 범주로 나누어 심사를 하는데, 심사기준 항목으로는 리더십, 정책과 전략, 종업원 관리, 지원 프로세스, 고객만족, 종업원 만족도, 고객만족도, 사회기여도, 활동성 등을 평가한다.

① 리더십의 평가는 조직의 사명과 비전 및 가치제공 방향 설정 그리고 경영진의 헌신정도를 평가한다.
② 정책과 전략 평가에서는 조직의 사명과 비전을 달성하기 위한 전략을 측정한다.
③ 종업원 관리 평가에서는 종업원들의 지식과 잠재력 개발과 활용도를 측정한다.
④ 지원 프로세스 평가에서는 외부자원과 협력관계 및 내부자원의 계획 및 관리를 평가한다.
⑤ 프로세스 평가에서는 고객과 다른 이해관계자 만족과 가치증진을 위한 과정을 심사한다.
⑥ 고객만족 평가에서는 고객만족을 위해 조직이 어떤 성과를 이루었는지 검토한다.
⑦ 종업원 만족도에서는 종업원의 만족을 위한 노력과 제도를 측정한다.
⑧ 사회기여도 평가에서는 지역사회, 국가, 국제사회에 기여한 성과를 측정한다.
⑨ 활동성 평가에서는 사업의 결과를 계획 대비 성과로 측정한다.

04 각국의 품질상 비교

미국의 말콤볼드리지상과 일본의 경영품질상 그리고 유럽의 유럽품질대상의 심사기준을 비교해 보면 〈표 8-11〉과 같다.

〈표 8-11〉 말콤볼드리지상, 일본경영품질상, 유럽품질상

말콤볼드리지상(2000)	일본경영품질상(1999)	유럽품질상(2000)
1. 리더십(125) 1.1 조직의 리더십(85) 1.2 사회적 책임과 시민의식(40)	1. 경영비전 및 리더십(170) 1.1 리더십 발휘의 구조 (100) 1.2 사회적 책임과 기업윤리 (70)	1. 리더십(100) 1.1 TQM문화에 대한 비전제시 1.2. 적절한 자원과 지원을 통한 향상과 참여유도 1.3 고객, 공급자, 협력업체 참여 1.4 종업원의 노력과 성과이해

말콤볼드리지상(2000)	일본경영품질상(1999)	유럽품질상(2000)
2. 전략 기획(85) 2.1 전략의 개발(40) 2.2 전략의 전개(45)	2. 고객・시장의 이해와 대응(150) 2.1 고객・시장의 이해(70) 2.2 고객에의 대응(40) 2.3 고객만족의 명확화(40)	2. 방침과 전략(80) 2.1 정보에 기반을 둔 정책과 전략 2.2 정책과 전략개발 2.3 정책과 전략에 대한 의사교환과 수행 2.4 지속적인 정책과 전략의 개발과 향상
3. 고객과 시장중시(85) 3.1 고객과 시장지식(40) 3.2 고객만족과 고객관계(45)	3. 전략의 책정과 전개(80) 3.1 전략의 책정(40) 3.2 전략의 전개(40)	3. 인력(90) 3.1 인적자원 계획 3.2 종업원 능력 유지와 개발 3.3 목표 일치와 계속적인 성과평가 3.4 참여를 통한 권한 위양 3.5 효과적인 의사소통 3.6 종업원 복지
4. 정보와 분석(85) 4.1 조직성과의 측정(40) 4.2 조직성과의 분석(45)	4. 인재개발과 학습환경(110) 4.1 인재계획의 입안 및 학습환경의 구축(20) 4.2 학습환경(30) 4.3 사원교육(30) 4.4 사원만족(30)	4. 협력관계 및 자원(90) 4.1 재무자원관리 4.2 정보자원관리 4.3 공급자 관계와 원자재관리 4.4 자산관리 4.5 기술 및 지적소유권관리
5. 인적자원 중시(85) 5.1 업무시스템(35) 5.2 종업원 교육, 훈련 및 개발(25) 5.3 종업원 복지 및 만족(25)	5. 프로세스 관리(110) 5.1 기간업무 프로세스의 관리 (50) 5.2 지원업무 프로세스의 관리 (30) 5.3 사업 파트너와의 협력 관계 (30)	5. 프로세스(140) 5.1 사업성공의 비결인식 5.2 시스템적 프로세스 관리 5.3 목표를 위한 프로세스 관리 5.4 혁신과 창조를 통한 향상 5.5 프로세스의 변화와 평가
6. 프로세스 관리(85) 6.1 제품/서비스 프로세스(55) 6.2 지원 프로세스(15) 6.3 공급업체와 협력 프로세스(15)	6. 정보의 공유와 활용(80) 6.1 정보의 선택과 공유화(30) 6.2 경합비교와 벤치마킹(30) 6.3 정보의 분석과 활용(20)	6. 고객만족(200) 6.1 상품, 서비스, 고객관계에서의 고객의 인식 6.2 고객만족에 대한 측정
7. 경영성과(450) 7.1 고객중심의 성과(115) 7.2 재무와 마케팅 성과(115) 7.3 인적자원 관리 성과(80) 7.4 구매 및 협력업체 성과(25) 7.5 조직 유효성 성과(115)	7. 기업활동의 성과(200) 7.1 사회적 책임과 기업윤리의 성과(40) 7.2 인재개발과 학습환경의 성과(40) 7.3 품질활동의 성과(60) 7.4 사업성과(60)	7. 인적성과(90) 7.1 조직에 대한 종업원의 인식 7.2 종업원만족에 대한 측정

말콤볼드리지상(2000)	일본경영품질상(1999)	유럽품질상(2000)
	8. 고객만족(100) 8.1 고객만족과 시장에서의 평가(100)	8. 사회적 성과(60) 8.1 조직에 대한 사회의 인식 8.2 조직의 사회적 책임에 대한 측정
		9. 핵심 사업성과(150) 9.1 조직성과에 대한 재무적 측정 9.2 조직성과에 대한 추가적 측정
19개 항목 1,000점	22개 항목 1,000점	9개 대항목 1,000점

출처: Single PPM품질혁신추진본부, 한국표준협회.

05 한국의 품질경영대상

1) 한국품질대상 개요

(1) 제정 배경 및 목적

우리나라의 국가품질상인 한국품질대상(Korean Quality Award : 1994년 공업진흥청 제정)은 매년 한국표준협회 산하 한국생산성본부가 주관하여 외국자본비율이 50% 미만인 국내 전 업종의 업체를 대상으로, 생산성 향상을 통하여 경영합리화 및 경쟁력을 확보하고 국가경제발전에 기여한 기업과 유공자를 선발하여 시상하는 제도이다.

우리나라 국가품질상제도의 도입목적은 생산성 및 품질향상에 대한 의식을 제고하고 추진의욕을 고취시키기 위한 것으로, 미국의 말콤볼드리지상과 유럽의 품질대상보다 훨씬 앞선 1975년에 도입했다. 도입 초기 국가품질상은 일본과학기술연맹(JUSE)이 제정한 데밍상(1951년 제정)을 모방하여 운영하였으나 미국식 품질경영 이론이 주목을 받자 미국의 말콤볼드리지상(MB)을 참고하여 심사기준을 대폭 수정한 한국품질경영상 제도를 운영하고 있다.

(2) 국가 품질상의 종류

우리나라의 품질관련 상(award)의 종류는 〈표 8-12〉와 같이 여러 가지가 있다.

〈표 8-12〉 국가품질상 종류

부분		종류
단체상	종합상	국가품질대상(대통령표창)/품질경영상(대통령표창)
	부분상	생산혁신상(대통령표창)/설비관리상(대통령표창)/6시그마혁신상(대통령표창)/고객만족상(대통령표창)/녹색경영상(대통령표창)/인재개발상(대통령표창)/서비스혁신상(대통령표창)
	특별상	품질경영추진우수지자체상(대통령표창)/분임조우수기업상(장관상)/서비스품질우수상(장관표창)/품질경쟁력우수상(장관표창)
품질경영유공자		훈 · 포장/대통령표창/국무총리표창/기술표준원장표창/한국표준협회장표창
분임조		우수분임조
품질명장		품질명장(제조, 서비스)
제안상		제안우수자

2) 심시항목

단체상 가운데 '한국품질대상'과 '한국품질경영상'은 품질종합상이며, 선정기준은 전사적 품질경영활동을 추진하여 품질혁신 및 생산성 향상에 탁월한 성과를 거둔 기업에게 수여한다. 이때 국가품질대상은 품질경영상을 수상한 기업에 한한다.

우리나라 품질경영대회의 단체상부문 중 종합상 심사기준은 〈표 8-13〉과 같다.

〈표 8-13〉 심사항목 및 배점표

심 사 항 목		배점	소 항 목
Ⅰ. 리더십(120점)	1. 경영진의 리더십	70	비전과 가치 커뮤니케이션과 조직성과
	2. 지배구조의 사회적 책임	50	조직의 지배구조 합법적 및 윤리적 사업수행 사회공헌
Ⅱ. 전략기획(85점)	1. 전략의 개발	40	전략개발 프로세스 전략목표
	2. 전략의 전개	45	실행계획 개발과 전개 성과측정
Ⅲ. 고객과 시장중시(85점)	1. 고객과 시장지식	45	고객과 시장 지식
	2. 고객관계와 고객만족	40	고객관계 구축 고객만족관리
Ⅳ. 측정분석 및 지식경영(90점)	1. 측정, 분석 및 조직성과의 개선	45	성과측정 성과의 분석, 검토 개선
	2. 정보, 정보기술 및 지식의 관리	45	정보자원의 관리 데이터, 정보 및 지식의 관리
Ⅴ. 인적자원 중시(85점)	1. 인적자원 관리의 체계	45	인적자원의 충실화 인적자원 개발 인적자원 헌신의 평가
	2. 인적자원 복지와 근무환경	40	인적자원 잠재력과 수용능력 근무환경
Ⅵ. 프로세스 관리(85점)	1. 업무시스템 체계	40	핵심역량 업무프로세스 설계 긴급사태 대비
	2. 업무 프로세스 관리와 개선	45	업무프로세스 관리 업무프로세스 개선
Ⅶ. 경영성과(450점)	1. 제품과 서비스의 성과	100	제품과 서비스 성과의 수준과 경향
	2. 고객중시 성과	70	고객중시성과의 수준과 경향
	3. 재무와 마케팅 성과	70	재무와 마케팅 성과의 수준과 경향
	4. 인적자원 중시 성과	70	인적자원 중시 성과의 수준과 경향
	5. 프로세스 성과	70	프로세스 효과성 성과의 수준과 경향
	6. 리더십성과	70	리더십과 사회적책임 성과의 수준과 경향

※ 품질경영대상(제조-대기업/중소기업, 공공, 서비스 공통).
※ 한국품질대상(대기업, 중소기업공통).

제 9 장 구매전략

기업의 여러 가지 활동 중에서 구매활동이 차지하는 비중은 과거 어느 때 보다 더 커져가고 있다. 특히 과거에는 소홀하게 다루었던 제조기업의 구매기능이 새로운 원가 절감 영역으로 인식되면서, 구매활동은 기업의 원가절감을 실현시킬 수 있는 중요한 부문으로 자리잡아 가고 있다.

또한 원자재의 가격 급등, 원자재의 품귀현상 등은 기업에게 구매의 중요성을 더욱 강조하게 되었다.

구매활동을 통하여 기대할 수 있는 비용절감과 이익창출은 기업의 다른 부문활동에 비하여 그 효과가 매우 크며, 큰 투자 없이 구매방법이나 구매선의 변경을 통하여 기대할 수 있는 효과가 매우 크다.

제1절 구매관리의 목표와 중요성

기업에서 구매활동이란 생산에 필요한 요소들을 획득하는 것을 말하는데, 그 대상은 원재료, 반제품, 부품, 기계, 정보, 에너지, 기술 등 기업에서 필요로 하는 모든 요소를 포함하며, 그 영역이 갈수록 넓어지고 있다.

구매활동을 어떻게 그리고 어떤 방법으로 하느냐에 따라 생산활동에 미치는 영향이 매우 광범위하다. 예를 들면 생산공정을 원활하게 유지할 수 있으며, 품질에 직접적인 영향을 미치고, 제조원가를 낮추는데 결정적으로 영향을 미친다.

따라서 구매관리란 기업의 생산활동에 필요한 요소들을 합리적이고 체계적으로 관리하여, 구매요소를 최소의 비용으로 필요한 시기에 최적의 품질로 공급하여 원가 절감, 품질향상, 수익성 향상 등을 꾀하는 것이 목표이다.

01 구매의 중요성

고객이 원하는 제품을 최적의 조건으로 생산하여 제공하기 위해서는 여러 가지 활동의 최적 조합이 이루어져야 한다. 그 중에서도 생산활동에 필요한 수많은 투입요소의 구매가 가장 중요한 출발점이다. 왜냐하면 경쟁력의 대부분이 구매활동단계에서 결정되는 경우가 많기 때문이다. 따라서 투입요소의 구매와 관련된 모든 활동이 체계적이고 합리적으로 관리되어야 한다. 예를 들면 구매방법 · 기준 · 가격 · 품질, 납기, 신뢰도 등을 철저하게 관리하여 경쟁력을 높이도록 해야 한다. 구매활동이 영향을 미치는 대표적인 내용은 다음과 같다.

1) 제조원가를 낮출 수 있다.

기업에서 원가절감을 해야 하는 이유는 경쟁기업과의 경쟁에서 가격경쟁력을 확보하기 위해서, 소비자에게 낮은 가격으로 제공하기 위해서, 원가절감을 통하여 수익성을 향상시키기 위해서 등 매우 다양하다.

따라서 경제적이고 합리적인 구매활동으로 제조원가를 낮출 수 있도록 투입요소의 가격을 낮추어 경쟁력을 확보하여야 한다. 일반적으로 제조업은 제조원가의 약 60~70%가 구매품인 자재비인 점을 감안한다면 제조원가를 낮추기 위한 구매활동은 원가를 낮출 수 있는 가장 중요한 영역이다. 즉 완제품의 제조원가에 영향을 미치는 가장 중요한 요소가 구매품이기 때문에 좋은 구매품을 가장 낮은 가격으로 구매할 수 있는 능력은 기업의 가장 중요한 경영자산 중 하나이다.

그러나 구매활동에서 원가절감을 실현한다는 것은 현실적으로 매우 어려운 점이 많다. 왜냐하면 구매하는 기업과 납품하는 기업과의 거래관계는 항상 갈등과 대립관계인 경우가 많기 때문이다. 따라서 갈수록 치열해지는 경쟁환경에서 기업이 나름대로의 원가절감기법을 개발하지 못하면, 경쟁기업에 비하여 가격경쟁력을 확보할 수 없으며 결국 수익성 악화로 이어지고 적자를 면하기 어렵게 된다.

경영연구소인 노보스(NOVOS)는 '구매비용 1% 절감효과는 종업원 수 6.7% 감소, 재고 10% 절감, 판매량의 3%를 늘리는 효과와 동일하며, 판매량 10%를 늘렸을 때 경상이익 증가가 100%인데 반하여 구매비용의 5%를 절감하였을 때 경상이익 증가는 144%에 달한다'고 하였다. 이러한 구매의 중요성을 인식한 기업들은 구매담당최고책임자(CPO : Chief Procurement Officer)를 두어 구매활동을 체계적으로 수행하고 있다.

2) 품질과 신뢰도를 향상시킬 수 있다.

완제품의 품질은 구매하는 원 · 부자재 및 부품의 품질에 의해 결정되기 때문에 품질수준이 높은 구매품은 완제품의 품질 경쟁력을 높이는 매우 중요한 요소이다. 특히 조립산업의 경우는 구매에 의해 조달되는 구매품의 품질이 완제품의 품질에 결정적으로 영향을 미치게 된다. 따라서 품질수준이 높은 구매품의 공급처를 확보하여 소비자가 원하는 품질의 제품을 생산하는 것이 구매관리의 핵심이다.

제품의 신뢰도를 높이기 위해서는 구매품의 신뢰도가 매우 중요한데, 부품을 조립하여 완제품을 생산하는 경우, 99%의 신뢰도를 가진 부품 10개, 100개가 직렬조립방식으로 조립되어 완성되는 품질의 신뢰도는 다음과 같다.

99%의 부품 10개가 조립되었을 때 신뢰도(R_{10}) : $R_{10} = 0.99^{10} = 0.904(90.4\%)$
99%의 부품 100개가 조립되었을 때 신뢰도(R_{100}) : $R_{100} = 0.99^{100} = 0.366(36.6\%)$

3) 수익성을 높인다.

과거에는 기업의 가장 중요한 경영목표 중 하나가 성장이었으나 최근에는 수익성을 강조하고 있는 추세이다. 이러한 패러다임의 변화로 구매관리는 기업의 부문 활동 중 어느 부분보다 중요한 활동으로 인정받게 되었다. 즉 치열해진 환경에서 구매비용의 절감을 통하여 수익성을 높이는 방법을 더욱 중시하게 되었다.

전통적으로 수익성을 높이는 방법은 매출액을 높이는 방법, 제품의 판매가격을 인상하는 방법, 생산성을 높이는 방법, 일반관리비 절감 등을 강조하지만 이들 방법은 많은 투자와 시간을 필요로 한다. 예를들면 매출액을 높이는 방법은 판매확대를 위해 신제품 출하, 신 시장 개척, 제품 차별화, 판매가격 인상, 기존시장에서의 판매 강화 등을 꾀하여야 하고, 생산성 향상을 위해서는 설비투자와 작업자에게는 생산성 향상, 불량률 감소 등의 방법을 교육・훈련시켜야 하며, 일반 관리비를 줄이는 방법은 노무비 및 관련경비를 절감하는 방법 등을 활용해야 한다.

이 같이 수익성을 높이기 위한 기업 활동(특히 마케팅활동)은 막대한 추가 투입비용을 전제로 하는데 비하여 구매활동은 더 좋은 구매선(購買線)을 발굴하거나 구매방법의 변경만으로도 효과를 극대화시킬 수 있다.

02 가치사슬과 구매활동

구매활동을 포터(M. E. Porter)의 가치사슬(Value Chain)과 연결하여 살펴보는 것도 매우 의미있다. [그림 9-1]에서 보면 핵심활동(주활동)의 투입, 생산, 산출, 유통, 서비스 활동 중에서 특히 구매활동이 이루어지는 투입영역의 철저한 관리를 통하여 보다 높은 가치를 창출할 수 있나. 즉 투입요소를 경쟁사보다 더 유리한 조건으로 공급받을 수 있는 경우는 그 만큼 경쟁력이 높아질 수 있다. 유리한 조건이란 경쟁사보다 더 좋은 품질을, 더 낮은 가격에, 더 빨리 공급받는 것이다. 제조기업의 가치사슬 중에서 제조원가를 절감할 수 있는 조달방법의 발굴과 구매활동의 비중이 갈수록 중요해지면서 구매 대신 전략적 조달(strategic sourcing)이라는 용어를 사용하기도 한다.

특히 기업에서 구매활동이 갈수록 강조되는 이유는 생산, 유통, 기술 등의 요소는 갈수록 평준화되어 가고 있기 때문에 차별화를 기대하기가 어렵고, 또한 최근에는 구매품의 가격과 품질 및 신뢰도는 물론 적시공급능력, 환경보호, 사회적 책임의 실천 등으로 가치를 극대화시킬 수 있기 때문이다.

[그림 9-1]의 여러 가치사슬 과정 중에서 구매(조달)활동을 경제적으로 수행하여 가치를 창출하는 것이 투입단계 이후의 생산활동을 순조롭게 진행시킬 수 있을 뿐만 아니라 생산품의 경쟁력을 높여 이윤 극대화를 실현시킬 수 있다는 것을 알 수 있다.

[그림 9-1] 마이클 포터의 가치사슬

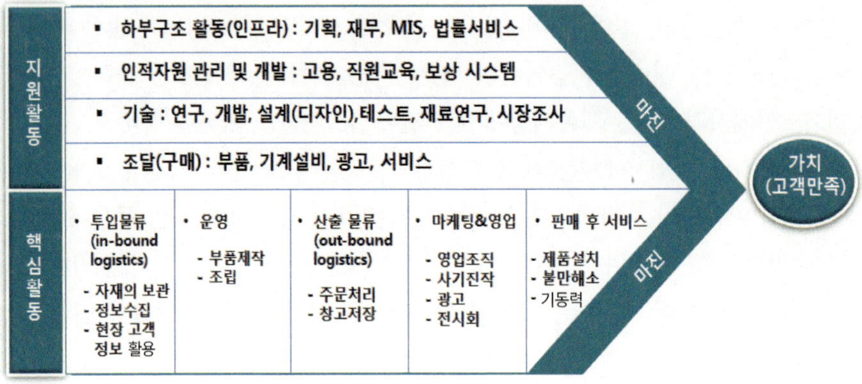

제2절 효과적인 구매관리 방법

기업에서 구매활동을 합리적이고 경제적으로 수행하여 수익성 향상을 꾀하려면 구매활동과 관련된 요소들의 철저한 관리와 함께 다른 부문활동과의 협력체제 구축, 구매활동과 관련된 인적자원의 책임과 윤리의식이 중요하다.

01 구매업체의 관리

기업에서 구매활동의 개선을 통하여 수익성을 올리려면 구매와 관련된 규정, 규모, 절차나 방법 및 행동들이 전략적이고 합리적으로 체계화되어야 한다. 합리적이면서 경제적이고 미래 지향적인 구매관리를 위해서는 다음의 내용을 시스템화하는 것이 중요하다.

(1) 공급업체의 주기적인 재평가

현재 거래하고 있는 공급업체의 여러 가지 거래조건을 지속적으로 재평가하여 개선을 유도하여야 한다. 특히 오랫동안 기존의 거래관행으로 납품하는 거래처라도 객관적 기준에 의한 재평가를 통하여 더욱 합리적인 구매방법을 도입하도록 해야 하며, 경우에 따라서는 거래를 중단해야 한다. 또한 지금의 거래처보다 더 좋은 거래조건과 방법으로 구매품을 조달할 수 있는 거래처가 있는지를 계속 발굴하는 노력을 해야 한다.

공급업자와 서로 정확한 구매정보를 공유하는 전략의 일관성을 유지하는 것도 중요한데, 두 집단이 전략의 일관성을 공유・유지하는 것은 구매품의 가격인하, 품질 향상 등을 꾀할 수 있는 좋은 방법이다.

(2) 구매정보의 축적과 공유

체계적으로 축적된 공급기업의 정보는 구매활동을 개선하는데 많은 도움이 되는데, 특히 구매활동의 지속적인 개선을 위해서 중요하다. 또한 정보의 지속적인 축적은 구매담당자가 자주 바뀌는 경우에 효과를 발휘할 수 있다. 기업에서 가장 힘들어하는 것 중 하나가 담당자의 교체에 따른 정보의 단절이나 부재로 일관성을 유지할 수 없다는 것이다.

또한 구매정보를 타부서(설계, 생산, 품질부서 등)와 공유하였을 때 구매프로세스의 개선, 구매비용의 절감 효과, 조달기간의 단축, 품질 향상 등에 매우 효과가 크다.

(3) 공급업체의 확대

생산활동에서 필요한 구매요소를 공급하는 최적의 공급업체를 확보하여 거래하는 동시에 잠재적 공급 가능성을 가지고 있는 새로운 공급 가능기업을 지속적으로 발굴하는 것이 중요하다. 왜냐 하면 기존 거래기업의 돌발상황(지진, 노사분규, 재해발생, 화재 등)으로 갑작스럽게 공급차질을 가져 올 경우, 차선(次善)의 공급업체로 즉시 대체할 수 있기 때문이다. 또한 공급업체를 변경하거나 확대하는 방법은 공급업체끼리의 자체경쟁을 유도하여 품질향상과 납품가격의 인하효과를 기대할 수 있는 이점이 있기 때문이다. 〈표 9-1〉은 바람직한 구매방식을 과거의 방식과 비교한 내용이다.

〈표 9-1〉 바람직한 구매개념

종래의 구매방식	과제	바람직한 미래의 구매방식
검사위주의 품질관리	품질향상	무(無)검사 확대를 통한 품질보증방법의 개선과 확립(신뢰경영)
사후관리구매	납기	최소재고 방식, 조달기간 단축 등을 위한 체계적인 관리
경험에 의한 일방적인 가격결정	납품가격	철저하고 합리적인 가격분석 방법의 시스템화, 비용절감을 위한 공동협력
구매윤리가 상실된 구매선과의 구태의연한 거래방식, 수동적인 신규거래	구매선 대 책	구매활동 개선을 위한 공동노력, 공급원 개척의 시스템화, 구매윤리의 확립
개인적이고 단절된 수동적 정보에 의존	정보구매	체계적인 구매정보시스템의 도입, 구매정보의 축적과 공유
외부기술에 의존(로열티 지불 방식)	기술구매	개방적인 기술개발(open innovation)
구매전문 인력이 부족하기 때문에 구매업무에 문제가 생겼을 때 해결능력 부족	문제해결	이익창조구매가 가능한 해결능력

02 구매방법

기업에서 구매활동으로 조달되는 투입요소의 품질이나 가격 등의 파급영향은 매우 크며, 특히 경쟁력에 치명적인 영향을 주게 된다. 구매품의 단가가 높으면 제조원가가 높아지게 되며, 구매품의 품질 수준이 낮으면 완제품의 품질도 낮아진다. 따라서 구매활동의 효과를 극대화하기 위해서 구매하는 방법, 구매조건, 가격협상 등이 더욱 치밀하고 철저하게 수행되어야 한다. 구매하는 방법은 집중구매와 분산구매로 나눌 수 있다.

(1) 집중구매

집중구매(centralized purchasing)란 기업에서 필요한 구매품을 구매전담부서에서 일괄하여 구매하는 방법이다. 즉 여러 부서나 현장에서 필요한 부품을 중앙의 구매부서로 집중시켜 일괄적으로 구매하는 방법이다. 이 같은 집중구매방식은 거래량의 크기가 커질 수 있기 때문에 거래의 협상력을 높일 수 있는 잇점이 있다. 그러나 분산구매에 비하여 시간이 많이 걸릴 수 있다는 단점이 있다.

집중구매의 장점은 다음과 같다.

① 거래규모가 커지기 때문에 가격협상력이 높다.
② 구매부서의 전문성을 활용할 수 있다.
③ 구매업무의 중복을 피할 수 있다.
④ 대량거래를 가능하게 하기 때문에 가격할인을 받을 수 있다.

(2) 분산구매

분산구매(decentralized purchasing)란 기업에서 필요한 구매품을 회사의 하위조직이나 해당 부서가 독자적으로 구매하는 방법이다. 구매품의 양이 소량이거나 기동력 있는 구매를 해야 하는 경우에는 분산구매가 유리하다. 일반적으로 분산구매는 소량으로 거래를 하는 경우가 많기 때문에 거래횟수의 증가로 인해 관리비용이 높아진다는 불리한 경우가 있지만, 다음과 같은 장점도 있다.

① 구매품을 필요한 시기에 적시 공급할 수 있다.
② 필요한 부품이 여러 군데의 사업장에서 사용되는 경우라면 분산구매가 유리하다.
③ 구매를 담당하는 여러 부서끼리 경쟁심리를 유발하기 때문에 더 좋은 거래조건과 낮은 가격을 기대할 수 있다.
④ 구매에 따른 책임영역을 확실히 할 수 있다.

03 구매업체의 선정기준

구매업체를 선정하는 것은 구매관리업무 중 가장 중요한 일이며, 여러 가지 기준을 고려하여 조건에 가장 적합한 기준을 충족시키는 업체를 최종적으로 선정하는 것이다. 이 때 먼저 고려해야 하는 것이 자작(自作 : make)과 외주(外注 : buy)의 경제성을 비교·분석하는 것이다.

1) 자작과 외주

제조기업에서 중요한 의사결정사항 중 한 가지가 기업에서 생산활동에 필요한 부품을 직접 제작하여 사용할 것인가? 혹은 외부로부터 조달받을 것인가?를 결정하는 문제이다. 이러한 결정은 기업의 규모, 입지, 설비의 선정, 고용인력의 크기 등을 결정하는데 매우 중요한 영향을 미치기 때문에 철저한 분석이 이루어져야 한다.

기업이 필요한 부품을 직접 생산하여 사용하는 자작과 필요한 부품을 외부로부터 구매할 때 고려해야 할 기준이나 요소는 매우 많지만 대표적인 내용은 다음과 같다.

예를 들면 품질 수준, 수요량, 보유기술 여부, 납기능력, 생산능력의 크기, 경제성, 미래에 발생할 원가절감 가능성 등을 종합적으로 분석하여 자작과 외주를 결정하여야 한다.

2) 자작과 외주의 결정요소

(1) 요구 품질수준

외주업체가 공급하는 조달품의 품질수준이 기업에서 희망하는 요구품질을 충족할 수 있는지 여부가 자작과 외주를 결정하는 요소로서 중요한 기준이 된다. 만약 부품을 공급하는 업체가 요구품질을 충족할 수 없다면 이는 자작을 하여야 한다.

물론 자작을 하는 경우 추가적으로 지불해야 하는 설비나 노동력 등의 생산비용이 더 들 수 있지만 원하는 품질수준을 충족할 수 있기 때문이다.

(2) 수요량의 크기

수요량이란 필요로 하는 부품의 양을 말하는데, 만약 수요량이 매우 작은 경우라면 외부의 전문생산업체로부터 공급받는 것이 유리하다. 왜냐하면 작은 양의 부품을 생산하기 위하여 투입하여야 하는 기계설비, 노동력, 관리비용 등의 증가가 오히려 비효율적이기 때문이다. 그러나 수요량의 크기가 매우 크고 생산기간이 장기간 지속된다면 자작도 충분히 고려할 수 있다.

(3) 기술보유 여부

부품을 생산하는 업체의 기술수준도 자작과 외주를 결정하는 중요한 요소인데, 발주업체와 부품공급업체가 장기적으로 거래를 지속하며 서로 윈윈할 수 있기 위해서는 부품을 생산하는 부품업체가 전문업체로서 필요한 기술을 보유하는 것이 중요하다. 특히 발주하는 부품의 기술변동이 자주 발생하는 경우에는 외부의 전문생산업체로부터 부품을 공급받는 것이 유리하며,

부품공급업체가 스스로 기술변동에 대처할 수 있는 능력이 부족한 경우는 자작을 통하여 필요한 부품을 조달하여야 한다. 최근에는 단순한 주문자 상표 부착방식(OEM : Original Equipment Manufacturing)을 하는 단순외주업체보다는 지속적으로 기술개발을 하는 제조자설계생산(ODM : Original Development Manufacturing)업체와 거래하는 비중이 많아지고 있다.

(4) 납기능력

납기능력이란 구매품을 적시에 조달할 수 있는 능력으로서, 발주기업에게는 생산의 원활한 관리를 위해서 중요한 요소이다. 공급업체의 정확한 납기준수가 이루어지지 않는다면 최종제품을 소비자에게 적시 공급할 수 없으며, 생산현장에서는 무작업(無作業)시간[1]이 발생할 수도 있다. 납기능력의 평가요소는 생산능력, 공급체계, 수송방법, 수송거리 등을 고려하지만, 비계량적인 요소로서 기업신용도와 책임의식, 기업문화, 노사관계 등을 고려하여 측정할 수 있다.

이 밖에도 거래처의 선정기준은 기본적으로 다음과 같은 계량・비계량적인 요소를 동시에 고려하여야 한다.

① 경영자의 전문성・인격・경영능력
② 기계설비의 전문성
③ 전문기술 보유정도
④ 현장작업자의 자질과 기술능력
⑤ 우호적인 노사관계
⑥ 신뢰도가 높은 품질관리기법의 활용
⑦ 거래처와의 거리(수송비 절감과 납기준수를 위하여)
⑧ 품질개선의 적극성 및 자금력
⑨ 납품가격
⑩ 납기를 준수할 수 있는 능력

일반적으로 구매를 할 때, 구매업체를 선정하는 기준을 항목별로 구분하여 보면 다음의 〈표 9-2〉와 같다.

---

1) 무작업(無作業)시간이란 작업현장에서 모든 생산준비는 이상이 없으나 자재가 조달되지 않아서 생산라인이 정지되는 시간을 말한다.

〈표 9-2〉 구매처의 선정요건

<table>
<tr><th></th><th>가격</th><th>품질</th><th>기타</th></tr>
<tr><td>기본적 요건</td><td>원가구조의 적정성
교체비용의 크기
공급가격
지불조건
물류비</td><td>품질수준
품질관리기법
특허의 유무
작업자의 경험
불합격률
설계품질 능력</td><td rowspan="2">사장의 경영철학
기업문화(투명성,
도덕 · 윤리성)
안정적인 노사관계
재무상태의 건전성
설비의 진부화정도
설비의 자동화율
재고보유의 여부
정확한 납기
안정적인 공급 가능성
작업장의 안전
생산의 유연성
관리능력
타기업과의 거래실적
작업자의 성실성
설비의 현대화 정도
절품(切品) 가능성
기술수준</td></tr>
<tr><td>부수적 요건</td><td>가격인하 가능성
원가절감 의지
가격의 유지가능성
(가격 등락폭)
표준화의 노력</td><td>품질의 일관성
품질개선 의지
품질보증 체계
불량발생의 대응능력</td></tr>
</table>

3) 자작과 외주의 기타 결정요소

자작과 외주의 결정단계에서 행하는 경제성 평가란 결정요소들의 경제성을 종합적으로 평가하여 자작과 외주를 최종 결정하는 것이다. 어떤 방법을 선택하든 경제성이 없으면 최적안으로 채택될 수 없다. 이 과정에서 손익분기분석(cost-benefit analysis)을 함께 고려하여 자작과 외주를 결정하게 된다.

앞에서 설명한 내용을 고려하여 자작과 외주를 결정하는 요소를 정리하면 다음과 같다.

(1) 자작이 유리한 경우

- 요구되는 품질수준이 높거나 특수가공법이 동원되어야 하는 경우
- 노하우를 외부에 노출하여서는 안 되는 경우
- 장기적으로 노하우를 축적하고 싶은 경우
- 독자적인 경쟁우위를 유발하는 핵심구매품
- 자동화 · 무인화로 상당한 원가절감을 기대할 수 있는 경우

(2) 외주가 유리한 경우

- 내부에 기술이 없는 경우
- 고가설비가 요구되면서 설비가동률이 낮은 경우
- 자동화는 어려우면서 인건비가 높은 경우
- 전문기술을 요구하지 않는 표준화된 단순범용구매품
- 생산량의 크기가 작으면서 사양이 자주 바뀌는 것

외주를 이용하는 것이 더 경제적이라는 분석결과가 나왔을 때 가급적 전문성을 가진 업체를 선정하는 것이 유리하다. 또한 제품의 사양(仕樣)이 자주 바뀌는 경우는 필요한 부품을 외부의 전문업체로부터 공급받는 것이 기동력을 발휘할 수 있기 때문에 유리하다.

04 구매전략

제조기업에서 구매활동이란 제품생산에 필요한 원·부자재를 포함하여 기술, 노동력, 정보 등을 포함하는 광범위한 개념이다. 이러한 구매활동의 효율적인 관리는 제조원가를 낮출 수 있는 여러 가지 방법 중에 가장 효과가 뛰어난 방법이다. 예를 들면 기업이 활용하는 아웃소싱, 주문자상표부착방식(OEM), 공장의 해외 이전 등도 모두 원가를 낮추는 시도로 이해할 수 있지만, 이러한 방법과 함께 포괄적인 의미로 구매활동을 합리적으로 운영할 수 있는 구매전략을 구축하는 것이 중요하다.

AT커니(A. T. Kearney : 글로벌 컨설팅회사)는 합리적인 구매전략을 위한 '구매 체스판(The Purchasing Chessboard)'을 개발하였는데, 그 내용을 간단히 설명하면 다음과 같다. 즉 공급자와 구매자가 가지고 있는 영향력을 기준으로 다음과 같은 4가지의 구매전략[2]을 제시하였다.

첫째, 공급자의 힘이 구매자보다 강한 경우 : 공급자의 힘이 강한 경우는 구매자가 할 수 있는 전략이 특별히 없기 때문에 가급적 공급자의 힘을 낮출 수 있는 방법을 찾아 거래할 수밖에 없다. 예를 들면 구매자가 당할 수 있는 위험(risk)을 철저히 관리하면서 장기적으로 기술혁신을 꾀하여 대응하여야 한다.

2) 구매 체스판(The Purchasing Chessboard)은 4가지의 전략을 기본으로 하고, 4가지의 전략을 다시 4개씩 세분화하여 16개의 접근법을 제시하였으며, 이를 다시 4가지씩 나누어 총 64개의 구매방법론을 제시하였다.

둘째, 구매자의 힘이 공급자보다 강한 경우 : 구매자가 힘을 가지고 있기 때문에 더 낮은 구매단가를 위하여 공급자를 서로 경쟁시키는 방법을 활용한다. 또한 구매방법을 경매나 입찰 방식으로 전환하여 구매단가를 낮출 수 있다.

셋째, 공급자와 구매자의 힘이 모두 약한 경우 : 구매자는 구매품의 정보관리를 통하여 가급적 구매단위의 크기를 대량화하여 교섭력(bargaining power)을 높이는 방법이 유리하다. 또한 동종업계와 공동구매를 꾀하는 방법 등을 활용하는 것이 유리하다.

넷째, 공급자와 구매자의 힘이 모두 강한 경우 : 공급자와 구매자가 모두 강한 힘을 가지고 있기 때문에 서로 협력적인 관계를 유지하면서 구매활동을 해 나가는 것이 유리하다. 협력적인 관계는 협업(協業), 장기계약, 기술협력 등을 말한다.

제3절 구매활동과 원가절감

일반적으로 기업이 이익을 창출하기 위하여 시도하는 방법은 여러 가지가 있지만, 다음과 같은 3가지 방법을 주로 활용한다.

첫째, 판매량을 증가시키는 방법 : 판매량의 증가를 통하여 매출액의 증가를 꾀하고 그 결과 이익의 크기를 늘리는 방법이다.

둘째, 판매가격을 인상시키는 방법 : 판매량 증가가 어려운 경우는 판매가격을 인상하여 이익을 증가시키는 방법이다.

셋째, 구매품의 구매원가를 절감하는 방법 : 판매량과 매출액의 증가가 어려운 경우는 구매품의 구매원가를 절감하여 이익의 크기를 높이는 방법이다.

이와 같은 3가지 방법은 현실적으로 많이 사용하는 방법이지만 이를 실현시키기란 쉽지 않다. 특히 치열해지는 경영환경에서는 판매량 증가와 가격인상을 통한 이익의 증가를 기대하기가 매우 어렵기 때문에 구매원가를 낮추는 방법의 비중을 높인다.

따라서 구매품의 원가를 절감하는 방법을 통하여 이익률을 높이는 방법을 택하게 되는데, 이 방법은 앞의 두 가지 방법에 비하여 많은 비용이 필요하지 않으며 구매방법만 바꾸어도 높은 효과를 기대할 수 있기 때문에 갈수록 더 선호되는 방법이다. 즉 제조원가를 절감하는 방법은 기업의 구매활동 개선노력 여하에 따라서 높은 결과를 기대할 수 있는 것으로 구매활동단계의 원가절감 방법은 갈수록 정교해지고 있다.

경쟁력 있는 제품을 생산하기 위해서는 경제적 · 합리적인 구매활동을 통하여 조달된 원 · 부자재로 제품을 생산하여, 소비자의 만족을 극대화시키고 동시에 기업은 적정한 이익을 통하여 지속성장이 이루어지도록 해야 한다. 더욱이 갈수록 치열해지는 경쟁환경에서 좋은 품질의 제품생산과 적정한 이윤확보를 위한 구매활동의 중요성이 강조되고 있다.

특히 제조기업의 제조원가 중에서 자재비의 비중이 절대적이기 때문에 구매활동을 합리적으로 개선하여 비용을 절감할 수 있다면 그 기대효과는 매우 크다. 즉 구매활동단계의 비용절감이 기업에서 생산하는 제품의 가격경쟁력에 크게 영향을 미치기 때문에 철저한 구매전략이 요구된다.

구매전략을 합리적으로 수행하여 구매원가를 줄일 수 있는 방법은 구매품의 속성에 따라 다르지만 다음과 같은 방법을 고려해 가면서 추진하여야 한다.

첫째, 가치개선 방법을 적극 활용한다.

구매단가를 가장 합리적이고 효과적으로 낮출 수 있는 방법으로 각광받고 있는 것이 구매품의 가치개선 활동인데, 이는 필요한 기능을 최소의 비용으로 달성하기 위한 조직적 노력을 의미한다.

구매활동에 가치분석기법[3]을 적용하는 것은 다음의 [그림 9-2]에서 보는 바와 같이, 기본기능을 저하시키지 않는 범위에서 불필요한 기능을 제거하는 것이 중요하다.

[그림 9-2] 가치분석의 내용

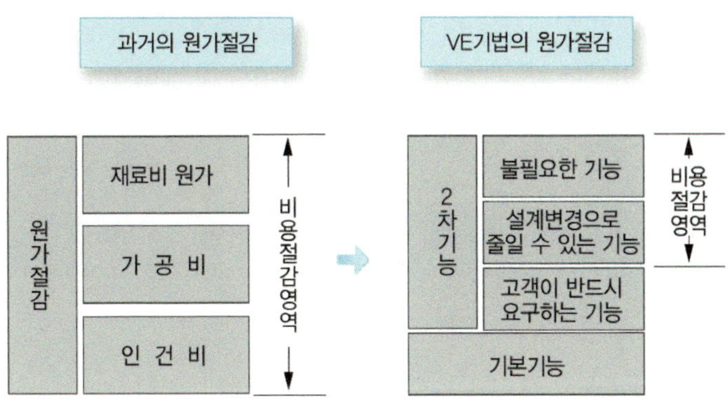

3) 가치분석(value analysis)에 관해서는 제3장 제3절을 참조 바람.

그림에서 보여주는 것은, 과거의 원가절감은 단순히 원가분석을 통하여 비용을 줄이고자 하는 노력이었다면, 가치분석 사고방식을 도입한 원가인하는 기능 중심의 개선활동을 의미하는 것이다. 즉 제품에 포함된 불필요한 기능을 찾아 설계변경을 통하여 제거하고, 동일한 기능을 발휘할 수 있으면서도 원가를 낮출 수 있는 대체재나 대체기능을 통하여 원가를 줄이고자 하는 것이다.

둘째, 부품의 표준화 · 공동화를 꾀한다.

제조과정에 소요되는 부품의 표준화는 원가절감을 위해 많은 효과를 기대할 수 있다. 구매품이 표준화되어 있다는 것은 규격이 통일되어 있는 일반품이라는 의미이기 때문에 구매할 때 협상력(bargaining power)을 발휘할 수 있다.

기업에서 사용하는 원 · 부자재가 표준품인 경우는 구매의 협상력을 발휘할 수 있기 때문에 구매비용을 절감할 수 있다. 만약 구매품이 공급업자의 독점품이거나 교체비용(switching cost)이 높은 부품을 사용하게 되면, 가격협상력을 공급자가 갖게 되기 때문에 원가의 인상을 가져올 수 있다. 따라서 가급적 표준화된 부품을 사용하는 것이 유리하다. 이러한 표준품 사용의 효과를 더욱 극대화하기 위해서는 설계단계에서부터 규격화된 구매품을 사용할 수 있는 설계기법을 도입해야 한다.

셋째, 대체재를 적극 활용한다.

기업활동의 모든 영역에서 낮은 가격으로 동일한 기능을 발휘할 수 있는 방법을 찾아 적용한다면 그 효과가 매우 크기 때문에 더 낮은 가격으로 동일한 기능을 발휘할 수 있는 원 · 부자재를 활용하거나 간단한 기술을 활용하여 대체기능을 행할 수 있는 방법을 찾는 것이 중요하다.

더 유리한 대체재를 찾기 위해서는 대체가능성을 찾을 수 있는 더 많은 정보가 있어야 하며, 동시에 대체기능을 발휘할 수 있는 기술의 발전 추세를 고려해야 한다.

제4절 구매담당자의 자질과 구매윤리

01 구매담당자의 자질

기업에서 구매활동을 담당하고 있는 구매담당자는 기업의 이익 창출자(profit maker)와 원가관리자(cost manager)로서의 역할을 동시에 수행하고 있기 때문에 그들의 자질과 역할은 매우 중요하다. 구매책임자는 구매품의 경제적 구매를 통한 원가절감을 실현하여 생산활동을 지원하고 제품의 경쟁력을 높이도록 해야 한다. 아무리 좋은 구매품이 있고 구매환경이 유리하더라도 구매업무를 담당하고 있는 구매담당자의 책임과 윤리의식이 부족하면 구매활동은 좋은 결과를 기대할 수 없다.

구매업무를 담당하는 구매담당자들에게 요구되는 자질은 구매활동과 관련된 전문지식, 인간성, 윤리의식, 협상력 등을 꼽을 수 있으며, 그 밖에도 〈표 9-3〉과 같은 내용이 중요하다.

〈표 9-3〉 구매 담당자의 자질

구매지식	국내 · 외 경제동향에 관한 정보, 원 · 부자재시장의 수급에 관한 정보 및 동향에 관한 예측력, 계획 및 관리에 대한 지식, 기술발전 및 기술이 생산공정에 미치는 영향에 관한 정보, 대체재의 출현 가능성 등
관리능력	경영분석 능력, 원가 · 가치분석 능력, 협상력, 외국어 능력 정보의 수집 · 분석 · 활용능력, 기획 · 조정 능력, 품질 · 기술의 활용능력
인간성	성실성, 적극성, 협조성, 치밀성
의 식	철저한 도덕 · 윤리성, 책임감, 애사심

02 구매담당자의 윤리의식

구매담당자는 항상 합리적이며 객관적인 기준을 바탕으로 업무를 추진하는 것이 중요하다. 특히 구매업무의 특성상 전문지식과 함께 높은 수준의 도덕 · 윤리성에 입각한 업무자세가 중요하다. 구매담당자가 전문지식과 윤리의식 · 책임감을 가지고 업무를 수행하지 않으면 그 파장은 매우 클 것이다. 예를 들면 정보부족으로 낮은 품질의 구매품을 높은 가격으로 구매하거나 납기를 제때 맞추지 못하면 결국 생산하는 제품의 경쟁력을 떨어뜨리게 되며, 비도덕적 · 비윤리적인 방법으로 일반적인 거래관행을 벗어나는 구매활동을 수행한다면 기업의 이미지가 낮아지게 되고, 장기적으로는 경쟁력 하락을 초래하게 된다.

따라서 구매담당자의 윤리성이 갈수록 중요해지고 있으며 또한 윤리적인 가치관의 정립이 필요하다. 구매관리자의 윤리문제는 거래선과의 관계에서 발생되는데, 거래선과의 관계는 신뢰, 신용, 예의가 필수적이며, 회사를 대표하여 거래상대와 접촉하고 있다는 자긍심을 바탕으로 항상 청렴하고 공정하게 업무를 처리하여야 한다. 구매담당자의 철저한 윤리의식으로부터 공정하고 객관적인 구매활동을 기대할 수 있으며, 궁극적으로 기업의 경쟁력과 이미지 향상을 꾀할 수 있다.

제 10 장

작업현장의 안전관리

기업에서 산업재해에 대한 인식이 갈수록 강조되고 있는바, 과거에 무시하였거나 경시되었던 작업현장에서의 산업재해나 안전관리 문제를 적극적으로 해결하고자 하는 추세이다.

산업재해는 기업은 물론 개인이나 국가의 불행이며, 그 해결을 위해서 기업이 지불해야 하는 시간, 노력, 금전적 지출의 문제와 기업의 이미지 하락 등에 치명적인 악영향을 미치며, 국가적으로는 사회적 비용을 지불해야 한다.

다행스럽게도 최근에는 그 인식이 바뀌어 가고 있으며, 산업재해 예방을 위한 비용들을 전략적 투자의 개념으로 보고 많은 개선을 하고 있다.

본 장에서는 산업재해의 개념, 경영과 산업재해의 관계, 산업재해를 위한 여러 가지 개선내용, 기계설비와 산업재해의 관계 등을 살펴보고자 한다.

제1절 산업재해의 의미와 중요성

01 산업재해의 의미

기술의 발전은 산업현장을 점점 고도화시켜 생산성 및 능률향상을 가져 왔지만 한편으로는 산업재해의 증가도 가져 왔는데, 산업재해는 생산현장은 말할 것도 없고 생산현장이 아닌 장소에서도 발생하지만, 작업현장에서 발생빈도가 가장 높다.

기업에서 산업재해의 중요성에 대한 인식이 갈수록 높아지고 있다. 산업재해란 모든 산업의 작업현장에서 발생하는 인간의 상해를 말한다. 재해는 보통 사고와 동의어로 사용되기도 하지만 산업재해 중에는 인간의 노력을 통하여 예방이 가능한 경우와 지진이나 홍수와 같이 인간의 노력에도 불가항력적일 수밖에 없는 경우가 있다.

제조현장에서 안전관리란 산업재해의 방지를 위한 노력을 통하여 예방할 수 있는 재해를 최소화시키는 것이 목표이다. 산업재해는 작업자의 불행은 물론 원가상승, 생산성 하락, 납품지연, 높은 불량률 등으로 치명적인 금전적 손실과 함께 기업의 이미지 추락, 구성원의 사기를 떨어뜨리는 원인이 된다. 재해의 종류와 체계를 그림으로 나타내면 다음의 [그림 10-1]과 같다.

이러한 산업재해발생을 막기 위해서는 기업차원에서의 전략적인 재해방지 대책과 함께 생산현장책임자의 재해발생 방지를 위한 교육과 훈련을 비롯하여 작업장의 환경개선, 안전도가 높은 기계설비의 선정과 배치 등을 통하여 안전한 작업장을 구축하여야 한다. 또한 산업재해발생 원인의 규명과 재해의 예방대책을 강구하여 작업현장의 안전도를 높이도록 해야 한다.

[그림 10-1] 재해의 종류와 체계

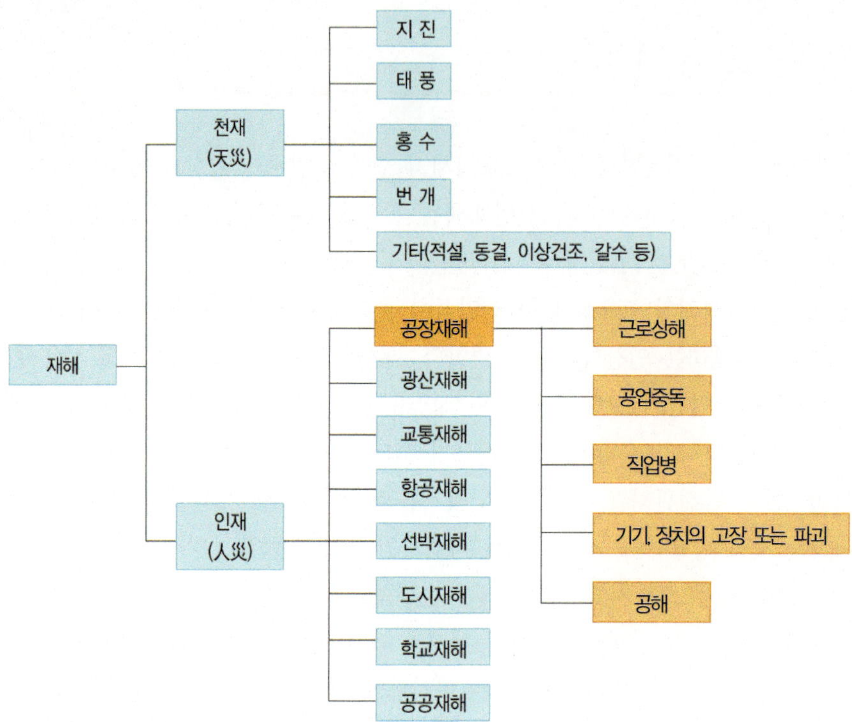

02 산업재해의 예방

생산현장에서 발생하는 산업재해의 발생을 막기 위해서는 사고가 발생하는 일련의 고리를 차단하는 것이 산업재해의 예방에 매우 중요하다.

이러한 연결고리를 규명하고, 재해발생을 예방하는 방법을 체계적으로 제시한 사람이 하인리히(H. W. Heinrich)인데, 그의 저서 『산업재해의 예방 : 과학적 접근(*Industrial Accident Prevention : A Scientific Approach*, 1931)』에서, 사고란 하나의 연결고리(유전적 요소 → 개인적 결함 → 불안전한 행위 및 기계적 위험 → 사고 → 산업재해)에 의하여 생기기 때문에 기업에서 산업재해를 방지하려면 불안전한 행위 및 기계적 위험의 가능성을 제거하는 것이 중요하다고 주장하였다. 그 제거방법으로는 작업장을 안전하게 설계하고 유지하는 것이 중요하며, 동시에 안전교육을 철저하게 실시하는 것이 필요하다.

하인리히 법칙

하인리히(H.W.Heinrich)[1]는 앞에서 설명한 '사고의 연결고리'와 함께 "1 : 29 : 300의 법칙"을 제시하였는데, 이 법칙은 "큰 사고나 재해는 우연히 갑작스럽게 일어나는 것이 아니라 반드시 작고 경미한 사고가 먼저 일어난다는 것이다. 따라서 작은 재해와 그 가능성을 방치해서는 안 되며, 사소한 사고나 재해가 발생하였을 때는 그 원인을 파악하고 개선하여 대형 사고나 재해가 발생하는 것을 예방하여야 한다"는 것이다.

또한 산업재해에 의해 1명이 크게 다치는 중상자가 발생한 경우, 그 전에 같은 원인으로 가볍게 다친 사람(경상자)이 29명, 같은 원인으로 다칠 뻔한 사람이 300명이라는 것이다. 즉 이 법칙은 큰 사고, 작은 사고, 잠재적 사고의 가능성 비율이 1:29:300이라는 것으로서([그림 10-2] 참조), 부상자로 밝혀진 1명의 재해가 전부가 아니라 밝혀지지 않는 사고와 잠재적 사고가 많다는 것이다.

[그림 10-2] 1 : 29 : 300의 법칙

1) 하인리히(H.W.Heinrich)는 1920년대 미국의 보험회사인 트래블러스의 직원이었는데, 업무상 수많은 교통사고를 처리하면서, 대형사고가 발생하기 전에는 여러 가지 징후가 나타난다는 하인리히법칙을 발견했다. 또한 산업재해를 분석하는 과정에서 1:29:300의 통계법칙을 발견했다.

제2절 안전관리의 요구

01 작업현장에서의 안전의 중요성

생산현장에서는 생산성과 능률을 강조하는 것만큼이나 안전을 중시해야 한다. 안전을 무시한 생산성 향상은 의미가 없다. 특히 안전 불감증이나 생산설비의 노후화에 따른 안전사고 및 재해의 가능성이 높은 작업환경은 기업에게 재해발생으로 인한 치명적인 손실을 가져다 줄 뿐만 아니라 작업자의 사기를 떨어뜨리기 때문에 현장에서 안전에 관한 대책과 예방은 갈수록 강조되어지고 있다.

예를 들면 작업현장의 환경이나 설비 및 시설의 안전관리를 강화하고, 안전을 위해 설비를 교체하거나 수리하고, 위험한 유독물질의 격리와 보호장비의 설치, 소방시설의 장비 등을 개선하고, 안전수칙 및 법규 준수, 불안전한 상태 및 행동 점검, 작업장의 안전환경을 고려하는 작업환경의 조성이나 작업설계로 안전경영을 강조하여야 한다. 또한 구성원들에게 안전문화가 정착되는 기업문화의 조성도 중요하다. 이 같이 현장의 안전을 위한 노력은 갈수록 더 강조되어져야 하며, 많은 경제적 투자도 요구된다.

최근의 작업현장의 안전관리는 정보기술(IT)의 발전과 고도로 첨단화된 인공지능(AI), 사물인터넷(IoT), 가상 및 증강현실 기술의 발전, 로봇의 발전 등으로 획기적인 향상이 이루어지고 있으며, 작업현장을 더욱 안전하게 만들고 생산성 향상에도 큰 공헌을 하고 있다.

이러한 첨단화된 작업현장의 안전관리 방식은 이제 필수요소가 되었으며, 첨단화된 안전설비의 구축 여부가 경쟁력의 기준이 되고 있기 때문에 작업환경의 안전을 위한 접근은 전략적으로 강조되어져야 한다.

02 현장에서의 안전관리의 요구

기술의 급격한 발전은 생산성 향상에 큰 공헌을 하였지만 기술의 발전 속도만큼 재해의 예방을 위한 노력은 소홀했던 양면성이 있다. 즉 재해발생에 대한 예방보다는 항상 생산성 향상이나 기업의 이익만을 먼저 고려했기 때문에 재해는 계속 증가해 왔다.

제조기업은 생산요소가 잘 결합되어 생산성이나 수익성이 높아졌더라도 재해의 발생을 막지 못하면 기업의 이미지가 낮아지고, 작업자의 사기저하, 생산성 하락은 물론 장기적으로는 기업의 존립에도 영향을 미치게 된다. 다행스럽게도 최근에는 재해에 대한 사회의 인식이나 가치관의 변화, 인간존중의 시대적 흐름에 따라 기업도 재해발생의 피해를 줄이기 위한 노력과 함께 재해의 예방을 강조하는 접근이 빠르게 이루어지고 있다.

이와 같이 제조현장에서의 안전과 산업재해의 예방이 강조되면서 인간존중의 이념에 바탕을 두고 산업재해를 막기 위한 노력을 기업의 전략차원으로까지 끌어 올려 접근하고 있다.

예를 들면 산업재해를 막기 위한 작업장의 설계를 강조하고, 재해발생을 줄이기 위한 작업현장의 개선과 재해예방을 위한 교육을 적극 추진하며, 안전한 작업장의 구축을 통하여 구성원의 사기향상을 꾀하는 노력을 하고 있다. 이러한 노력은 기업의 모든 영역에서 지속적으로 이루어져야 하며, 안전을 중시하는 문화가 정착되어야 한다.

03 안전관리의 향상방법

기업의 제조현장에서 합리적이고 조직적인 노력을 통하여 산업재해가 발생하지 않도록 하는 것이 안전관리가 추구하는 목표이다. 산업재해는 그 해결을 위한 경제적 비용과 노력은 말할 것도 없고, 사회적으로도 많은 댓가를 지불해야 하기 때문에도 적극적으로 예방하여야 하며, 작업자와 기업을 모두 만족시킬 수 있도록 접근되어야 한다.

기업에서 제공하는 작업장의 환경이나 기계설비가 재해발생을 예방할 수 있거나 극소화할 수 있도록 조성되었다면, 그 작업장에서 일하는 사람들이 심리적으로 안정되어 사기향상으로 인한 생산성 향상을 기대할 수 있다.

이렇게 작업장이나 기계설비의 개선・개량을 통하여 작업장의 안전관리를 향상시킬 수 있는 방법들의 예는 다음과 같다.

① 기계를 작동할 때 위험이 극소화되도록 설계한다.
② 안전장치가 포함된 기계를 선정한다.
③ 안전을 위한 장치를 다중방식(多重方式)으로 설계한다.
④ 작업자가 잘못된 동작을 하더라도 안전작동이 되도록 설계한다(fail-safe 설계방식)
⑤ 작업자가 잘못된 조작을 하더라도 사고를 막아주도록 설계한다(fool-proof 설계방식)
⑥ 기계설비의 점검, 수리, 보수 등을 자주 행하며, 그 방법도 용이해야 한다.

또한 기업활동에 동원되는 기계설비를 선정할 때도 재해와 사고예방을 할 수 있는 설비를 선정하여야 하며, 4M(Man, Machine, Material, Management)을 중심으로 체계적인 관리를 하여 재해를 예방해야 한다. 4M의 요소에서 안전을 고려하는 내용은 다음과 같다.

① **Man** : 작업현장과 설비를 안전하고 신뢰할 수 있도록 설계하고, 작업자는 사고를 예방하는 규정을 준수한다.

② **Machine** : 작업자의 안전을 고려한 인간공학적인 기계설비를 선택 · 배치한다.

③ **Material** : 투입과 생산과정에서 자재의 불량으로 인한 사고가 발생하지 않도록 관리하며, 작업에 관한 정보와 작업방법을 정확히 알리고, 작업환경은 안전을 최우선하여야 한다.

④ **Management** : Man, Machine, Material을 종합하는 개념으로서 전체적인 조화가 이루어질 수 있는 전략을 수립하는 경영자의 의지가 중요하다. 기업의 안전을 위한 전략에는 안전에 관한 규칙의 제정, 안전관리를 위한 규정 준수, 안전을 위한 조직구축, 안전을 위한 교육 프로그램 개발 및 계획 등도 포함되어야 한다.

이들 4M의 요소가 재해방지를 위해 체계적으로 구성되었다면 작업장의 안전관리는 효과적으로 운영될 수가 있으며, 그 결과 산업재해를 예방할 수 있고, 높은 생산성과 작업자의 높은 사기를 기대할 수 있기 때문에 기업의 경쟁력을 높일 수 있다.

04 산업재해의 예방 효과

선진국은 오래전부터 작업장에서 발생하는 재해를 예방하기 위한 노력과 시도를 해왔지만, 산업화의 초기 단계에 있는 국가에서는 산업재해의 예방을 위한 접근을 체계적으로 추진하지 못하였는데, 그 이유는 성장을 더 중시하는 사고와 함께 산업재해의 예방을 위한 투자를 단순한 비용의 개념으로 보았기 때문이다.

앞으로 모든 제조기업에서는 산업재해를 방지하기 위한 노력을 전략적으로 접근하여야 하며, 산업재해의 예방을 위한 투자는 '비용이 아니라 기업의 경쟁력을 높이기 위한 투자'의 개념으로 전환하여야 한다. 특히 노후화된 기계설비나 인프라는 산업재해의 발생 가능성을 높이기 때문에 교체하거나 개선하는 노력도 중요하다.

다음은 기업이 산업재해를 방지하기 위한 노력으로 기대할 수 있는 효과이다.

1) 산업재해로 인한 손실을 사전에 예방할 수 있다.

기업활동을 수행하는 과정에서 발생한 사고나 재해의 손실규모는 예측할 수 없을 정도로 크다. 그 손실이란 눈에 보이는 경제적 손실과 계량화할 수 없는 손실을 모두 포함한다. 예를 들면 경제적 손실이란 재해와 관련된 직접비 외에도 피해자에게 지불하여야 하는 보상비, 산업재해처리를 위해 지불해야 하는 비용 등이 있으며, 무형의 손실로는 사회적으로 추락한 기업의 이미지 등이다. 만약 기업이 산업재해를 예방하기 위한 노력과 투자를 철저히 한다면 재해발생 가능성을 사전에 차단하여 안전한 작업장을 유지할 수 있고, 결국 산업재해를 예방할 수 있게 된다. 예방의 원칙은 특히 산업재해를 줄이는데 매우 효과적인 방법이기 때문에 철저한 예방활동으로 재해의 발생 가능성을 낮추어야 한다.

2) 건전한 노사관계를 정립할 수 있다.

건전한 노사관계란 근로자와 기업이 서로 상생할 수 있는 방안을 구축하는데 매우 중요한 요소이다. 기업이 안전을 위한 투자나 노력을 통하여 작업환경을 개선한다면 근로자와 우호적이고 건전한 관계를 유지할 수 있으며, 작업자의 사기향상에도 영향을 미친다.

특히 재해예방은 기업의 노력이 우선 요구되지만 노사의 협력을 통한 예방활동도 더욱 큰 효과를 기대할 수 있기 때문에 노사와의 우호적인 협력관계는 중요하다. 즉 건전하고 우호적인 노사관계를 유지한다면 산업재해를 줄일 수 있으며, 기업과 근로자가 상생할 수 있다.

3) 근로자의 사기를 높일 수 있다.

제조기업에서 생산활동이 안전하게 수행되도록 작업환경을 제공하고 작업자의 안전을 우선 고려하는 작업장과 기계설비를 제공한다면 작업자의 사기가 높아지고, 작업자의 심리적 안정감과 자부심이 높아져 작업능률을 높이고 산업재해도 예방할 수 있다.

4) 기업의 이미지를 높일 수 있는 수단으로 활용될 수 있다.

산업재해를 예방하기 위한 투자를 적극적으로 하고 있다는 것이 외부로 알려지게 되면, 그 기업에게 높은 신뢰감을 갖게 되며, 기업의 이미지가 우호적으로 평가되기 때문에 경쟁력 향상에도 도움을 준다. 기업이나 제품의 이미지는 경쟁력을 높일 수 있는 무형의 자산 중에 대표적인 요소이다.

안전을 위한 반성

한국은 짧은 기간에 경제개발을 이루어 선진국 대열에 진입하였다. 짧은 기간에 너무 빠른 성장을 이루었기 때문에 부작용도 많은 것이 사실이다.

특히 안전을 경시하였던 풍조로 발생하는 사고들은 앞으로 우리가 지불하여야 하는 사회비용으로 남게 되었다. 한국이 비록 경제분야에서는 세계 10위권을 자랑하는 국가가 되었지만, 안전을 무시한 사회구조나 기업환경은 아직 높은 수준이 아니다. 성수대교 붕괴, 삼풍백화점 붕괴, 대구지하철 사고, 마우나오션 붕괴, 세월호 침몰 등은 안전을 무시하면서 성장만을 추구하였던 우리의 자화상이다. 이러한 사건들은 세계에서 우리나라의 이미지를 깍아 내리는데 너무나도 치명적인 악영향을 끼쳤다. 앞으로는 절대 일어나서는 안 되는 일 들이다.

안전을 위해서는 어떠한 비용도 최우선적으로 고려해야 하며, 안전 시스템 확보를 위한 투자가 우선되어야 한다. 발전의 속도가 더디고, 생산성이 좀 낮고, 좀 더 불편하더라도 안전을 최우선으로 하는 정책이 수립되고 실행되어야 한다.

제3절 산업재해 예방을 위한 작업환경개선

산업재해를 예방하고자 하는 노력을 하지 않으면 언제 어디서나 누구에게도 재해는 발생될 수 있다. 특히 작업현장에 미숙련공이 많거나 고령작업자가 많아지고 있는 현실은 작업현장의 환경개선을 더 강조하게 한다. 따라서 안전을 고려한 작업장설계나 작업환경개선을 통하여 산업재해를 줄이는 노력이 더욱 요구된다.

산업재해 예방을 위한 접근은 작업환경 개선과 안전한 기계설비의 선정 · 조작 · 보전 등을 통하여 산업재해를 예방하거나 줄일 수 있다.

작업현장에서 작업자들에게 안전한 작업환경을 제공한다는 것은 작업자에게 심리적인 안정감을 주는 것은 물론 산업재해를 줄여 생산성 향상에도 크게 도움이 되고 결국 기업이나 제품의 경쟁력 향상에도 도움이 된다. 작업환경의 개선은 채광 · 조명, 색채조절, 소음, 온도 · 습도, 통풍 · 환기 등을 포함한다.

1) 작업장의 조명관리를 철저히 한다.

조명관리란 자연 및 인위적인 광선을 이용하여 작업장의 명암을 조절하는 활동을 말한다. 빛의 명암과 조도(照度)는 작업자의 사기, 작업능률, 생산성 향상, 사고예방, 작업환경 개선 등에 매우 중요하게 영향을 미친다.

조명은 자연조명과 인공조명으로 구분할 수 있는데, 작업능률을 향상시키기 위해서는 인공조명보다 자연조명이 더 효과적이지만 현실적으로 작업장에서의 조명문제는 인공조명과 관련이 있는 경우가 대부분이다. 조명은 작업장의 안전, 작업자의 피로, 능률 등에 직접적으로 영향을 미치기 때문에 작업장의 구조, 위치, 방향, 크기에 따라 조명의 방법을 달리하여 재해를 줄이도록 해야 한다(<표 10-1> 참조).

〈표 10-1〉 작업장의 적정수준 조명도

작 업 장	요 구 조 명 도	
자동차 조립	50	footcandles
자동차 최종검사	200	〃
정밀가공 · 조립	700	
옷감 검사실	2000	〃
엘리베이터, 로비	10	〃
인수 · 적송장	20	〃
사무실	100	〃
주차장		
i) 수리를 위한 장소	100	〃
ii) 주차만을 위한 장소	20	〃

※ 1 footcandle의 밝기는 1피트의 거리에서 촛불 하나 크기의 밝기를 말한다. 예를 들면 달빛의 밝기는 약 0.5 footcandle이며, 밝은 날 햇빛은 약 8000 footcandle이다. 〈표 10-1〉의 단위는 미국의 Illuminating Engineering Society에서 권장하고 있는 조명도의 단위이다.

조명이 작업에 필요한 조도를 제공하지 못하면, 작업자가 작업피로를 빨리 느끼게 되고, 작업능률이 저하되며, 불량발생가능성이 높아지는 것은 물론 사고의 발생가능성도 높아진다(<표 10-2> 참조).

최근에는 작업장의 조명을 인공지능(AI)이 스스로 작업특성에 맞게 조절해주고 있으며, 다양한 기술이 개발되어 작업장의 조명개선과 작업자에게 심리적인 안정감까지 높여주고 있다. 특히 발광 다이오드(LED : Light Emitting Diode)는 작업에 적합한 다양한 색상과 함께 조명의 밝기를 조절할 수 있어 작업장의 조명관리를 위한 방법으로 각광받고 있으며, 사물인터넷(IoT), 인공지능(AI) 등의 기술을 활용하여 작업장에 맞는 최적의 조명을 스스로 제어하고 있다.

더욱이 갈수록 현장 작업자가 고령화되어 가고 있는 추세이고, 미숙련공의 비중이 높아지고 있는 상황에서는 작업장의 조명이 산업재해나 사고는 물론 생산성과 능률 하락의 원인으로 이어지기 때문에 조명관리는 갈수록 중요해지고 있다.

〈표 10-2〉 잘못된 조명의 영향

작업자에의 영향	생산 활동에의 영향	작업환경의 영향
작업자의 피로도가 증가된다. 작업의 실수가 많아진다. 사물의 구분이 어렵다. 시력이 저하된다.	산업재해의 발생가능성이 높다. 품질에 악영향을 미친다. 작업능률이 저하된다.	정리 · 정돈이 어렵다. 작업장의 분위기가 나빠진다. 근로의욕을 낮춘다. 사고나 재해가 발생한다.

미국안전협회(American Society of Safety Engineers)는 갈수록 작업자가 고령화되어 가고 있는 추세에 맞는 안전기준을 강화하고 있다. 고령화되어가는 작업자의 안전사고를 줄이기 위하여 다음과 같은 안전기준을 권고하고 있다.

① 작업장의 조도(照度)를 높여라.
② 가급적 소음을 줄여라.
③ 높은 사다리를 이용하는 작업을 없애라.
④ 한자리에 오랫동안 서서 일하는 작업을 줄여라.
⑤ 업무순환을 늘려라(반복동작에 따른 근육긴장을 풀기 위해)

2) 작업장의 색채조절을 활용한다.

작업현장은 다양한 기계설비의 조합과 여러 가지 원 · 부자재의 가공절차 및 작업자로 구성되어 있는 복잡한 단위체이다. 이렇게 다양한 업무가 이루어지고 있는 작업현장의 색채조절을 체계적이고 합리적으로 관리하면 생산성과 능률을 높일 수 있을 뿐만 아니라 작업자의 사기도 올릴 수 있다.

작업장과 잘 조화를 이루는 색채는 쾌적한 작업분위기를 제공함으로서 작업자의 시각적인 면과 심리적인 안정감을 주어 생산능률이나 생산성 향상에 도움을 주며 작업장에서의 안전사고를 줄일 수 있고, 피로감 감소, 안전사고 예방, 눈의 피로감소 등의 직접효과를 기대할 수 있으며, 작업능률 향상, 작업장의 분위기 개선, 작업자의 사기향상, 불량률 감소 등의 간접효과도 기대할 수 있다. 그러나 반대로 작업현장의 색채가 어둡거나 작업의 특성을 고려하지 않게 구성된다면 생산성과 사기가 떨어지며 또한 산업재해가 발생할 수 있다.

같은 조건하에서도 적절한 색채를 작업과 조화시키면 생산성을 높이고 산업재해를 예방할 수 있기 때문에 색채를 활용하는 색채조절(color conditioning)[2)]이 최근 강조되고 있다. 색채조절이 더 큰 효과를 보기 위해서는 조명과 조화를 이루어야 한다.

여러 가지 색깔이 갖고 있는 특성을 고려한 색채관리는 작업장에서의 안전을 크게 개선하여 산업재해를 감소시킬 수 있는데, 예를 들면 위험한 곳이나 주의를 요하는 곳에는 적색이나 황색으로 처리하거나, 시각적으로 편안함을 제공하려고 할 때는 녹색으로 처리하는 것이다(〈표 10-3〉 참조).

〈표 10-3〉 색깔의 특성

색깔	색깔의 특성
적 색	따뜻함 · 활동적 · 자극인 느낌을 준다
황 색	명랑하고 신선한 느낌을 준다.
청 색	시원하고 차분하지만 우울한 느낌을 준다.
녹 색	침착함 · 편안한 느낌을 준다.
다갈색	자연적이고 안정된 느낌을 준다.
적황(오렌지)색	자극과 주의의 느낌을 준다.
흰 색	청결함과 순수한 느낌을 준다.
회 색	우울함과 무기력 · 고독한 느낌을 준다.

2) 색채조절이란 색채를 기능적으로 사용함으로서 작업환경의 분위기를 개선하는 것을 말한다. 색채조절은 1930년대 초 미국의 듀퐁(Dupont)사에서 처음 사용한 용어로 색채의 심리적, 생리적, 물리적인 효과를 응용하여 쾌적하고 능률적인 공간과 작업환경을 만들어내는 것을 말한다. 최근에는 기업의 작업현장에서 뿐만 아니라 병원, 학교, 주택 등의 다양한 분야에서 널리 활용되고 있다.

3) 작업의 소음을 제거한다.

작업장에서 작업을 할 때 작업에 필요 없는 모든 소리를 소음(noise)이라고 한다. 물론 작업장에서의 소리 중에는 작업의 이상여부나 고장을 감지할 수 있는 필요한 소리가 있다. 그러나 작업장에서는 작업에 필요 없으며 오히려 작업에 악영향을 미치거나 피로를 높이고, 작업능률을 떨어뜨리는 소리가 많다. 작업자가 장시간 작업을 해야 하는 작업장의 소음을 방치하면 작업자의 사기나 집중력 저하, 직업병 유발 등으로 능률이 떨어지고 산업재해의 원인이 되기도 한다.

〈표 10-4〉는 소음의 크기를 나타낸 것이다. 작업자가 장시간 작업소음에 노출되면 작업자의 집중력이 떨어져 실수나 사고를 유발하게 된다. 특히 작업장에서의 지속적인 소음의 발생은 작업자에게 청각장애나 난청을 일으키게 되며, 결국 불안전한 행동으로 이어져 산업재해의 원인이 될 수 있다.

작업장에서 소음의 피해를 줄이는 방법은 소음의 발생원을 제거하는 것이 가장 중요하고, 소음이 부득이하게 발생하는 경우라면 흡음판(吸音板)을 설치하거나, 작업자에게 방음기구인 귀마개(ear plugs) 등을 사용하도록 하는 것이지만, 소음이 없는 기계설비로 공정을 구축하는 설비전략이 무엇보다 강조된다.

〈표 10-4〉 소음별 데시빌의 크기

소 음	데시빌(decibels)
사이렌 소리	140 db
제트 엔진 소리	130 db
못 박는 소리	120 db
톱질 소리	110 db
드릴 소리	100 db
심한 교통량	80 db
조용한 대화	20 db

4) 작업장의 온도 · 습도를 조절한다.

작업장의 온도 · 습도가 높거나 낮으면 작업자가 느끼는 피로나 사기에 큰 영향을 미치기 때문에 높은 생산성이나 능률을 기대할 수 없다.

쾌적한 작업장을 제공하여 작업자의 생산성을 높이려면 온도 · 습도가 작업에 적절하게 유지될 수 있도록 냉 · 난방 또는 통풍시설을 구축하여야 한다. 높은 작업능률을 기대할 수 있는 쾌적한 작업장은 온도 · 습도의 관계를 동시에 고려해야 하는데, 적정한 온도란 적정한 습도가 뒷받침되었을 때를 전제로 한 것이다. 또한 작업자의 노동 강도, 작업과 작업자의 특성에 따라 온도 · 습도를 조절하여 작업능률과 집중력을 높이고, 피로를 감소시키도록 해야 한다. 일반적으로 작업장의 온도는 16℃에서 22℃가 적당하다.

작업자의 사기와 생산성 향상을 위한 작업장의 온도와 습도조절방식은 갈수록 사물인터넷(IoT), 인공지능(AI) 기술을 활용하여 첨단화되어 가고 있기 때문에 이러한 첨단설비의 도입과 활용을 통하여 재해예방은 물론 생산성 향상을 꾀하여야 한다.

온도와 작업

- 48℃ 이상 : 작업하기에 매우 힘든 온도
- 29℃ 이상 : 정신적으로 활동이 둔화되기 시작하는 온도
- 16~22℃ : 작업에 적당한 온도
- 10.0℃ 이하 : 신체적으로 작업이 힘든 온도

5) 작업장의 통풍과 환기를 철저히 한다.

통풍이나 환기도 작업장의 안전에 매우 중요하다. 특히 유해성 · 인화성 · 발화성 있는 가스나 분진물질 또는 작업 중에 악취가 발생하는 작업장의 안전을 위해서는 통풍 · 환기가 무엇보다도 중요하다. 특히 인체에 치명적인 유해물질을 배출하는 작업장은 통풍 · 환기는 물론 배기처리 장치가 잘 조화를 이루어야 한다.

통풍과 배기를 위한 설비의 구축방법은 작업장의 일정 영역만을 구축하는 국소배기방식과 전체 작업장에 환기장치를 설치하는 전체환기방식이 있는데, 작업장을 설계할 때부터 고려되어야 효과가 크다.

6) 기계설비의 개량과 개선을 한다.

기계설비를 선정하는 단계에서부터 작업자의 안전을 고려하여 선정하도록 하는 것도 재해 예방을 위해 중요하다. 특히 기계설비는 작업자가 항상 마주하여 작업을 하기 때문에 안전한 설비를 선정 · 배치하는 것이 중요하다. 따라서 설비를 선정할 때는 경제성(가격)만을 고려해서는 안 되며, 가격이 비싸더라도 작업자를 사고로부터 보호할 수 있는 안전한 설비를 선정해야 한다. 동시에 설비를 현장의 특성에 맞게 배치하고, 꾸준히 개량 · 개선하여 작업자가 더 안전하게 일할 수 있는 설비로 개선해 나가야 한다.

최근에는 자동화 설비를 비롯한 인공지능(AI), 사물 인터넷(IoT) 기술, 로봇을 활용하여 작업현장을 구축하는 스마트 공장(smart factory)의 출현으로 작업자의 안전과 산업재해를 획기적으로 줄이고 있지만, 첨단화된 작업장도 기계설비의 오류가 발생하면 그 피해는 상상할 수 없을 정도로 커질 수 있다.

7) 최적의 작업장을 조성한다.

작업자가 일하기 좋은 쾌적하고 안전한 작업공간을 위해서는 앞에서 설명한 조명, 색채조절, 온도 · 습도, 통풍 · 배기 등을 설계단계에서부터 종합적으로 고려하여야 한다. 물론 이러한 문제들과 함께 작업장의 넓고 좁음, 작업대의 높고 낮음, 작업자 자세의 편안함, 작업자의 동선(動線) 등을 고려하여 작업하기 좋은 최적의 작업장을 조성해야 한다.

결국 작업자가 작업하기 좋은 작업공간이란 인간적 요인(작업자의 경험과 노력, 상호협력, 사기 등), 물적 요인(설비의 보전성, 신뢰성, 조작의 수월성 여부, 설비의 안전성과 성능 등), 작업적 요인(작업자세, 작업속도, 작업강도, 작업시간, 휴식시간 등) 등이 잘 조화를 이룬 것을 의미한다.

지금까지 열거한 조명, 색채조절, 소음, 온도 · 습도, 통풍 · 배기, 기계설비의 개선 등이 잘 조화된 작업현장에 3정 5S기법을 활용한다면 작업자들에게 쾌적하고 안전한 작업환경을 제공하게 되어 작업자의 사기증진을 통한 생산성 향상과 함께 산업재해 예방을 통한 기업의 경쟁력 향상에 도움이 될 수 있다.

3정 5S

생산현장의 정리, 정돈, 청소 등을 철저히 하여, 자재나 제품의 원활한 흐름을 꾀하여 생산성을 높이고 동시에 산업재해를 낮추기 위한 여러 가지 합리화 운동이 시도되고 있다. 이러한 작업장의 합리화 운동 중 한 가지 방법으로 3정 5S를 많이 활용하고 있다. 3정 5S는 큰 투자 없이도 작업환경을 개선할 수 있는 작업장 개선방법으로 많은 기업에서 도입 · 활용하고 있는데, 산업재해의 예방에 도움이 될 뿐만 아니라 공간이용률을 향상시켜 쾌적한 작업환경을 유지하고, 작업자의 사기를 진작시키며, 작업시간을 단축시키고, 품질수준을 높이며, 원가를 인하시키는 등 그 효과가 매우 크다.

1. 3정

1) 정의

일정한 수량의 제품을, 일정한 용기에 담아서, 일정한 위치에 두는 것이다.

2) 목적

3정의 개념은 수퍼마켓의 상품 진열방식에서 힌트를 얻은 것으로, 진열대에 진열되어 있는 제품의 가격·품질·크기 등을 고객이 쉽고 편리하게 확인할 수 있도록 배열하여 필요한 양을 빠르고 쉽게 선택할 수 있도록 한 일종의 간판방식의 형태이다. 즉 눈으로 보는 관리를 효과적으로 하기 위한 방법이며, 불필요한 시간과 이동거리의 낭비를 줄여 생산성과 능률을 높이고자 하는데 있다. 이러한 개념을 생산현장에 도입하여 생산성과 효율을 높이고자 한 것이다.

3) 3정 수행시 지켜야 할 원칙

① 제품을 용기에 담았을 때 25kg을 넘지 말아야 한다.
② 제품용기의 윗면은 수평을 유지하여야 한다.
③ 제품은 반드시 정열해서 담아야 한다.
④ 빈 용기의 관리내용은 반드시 규정되어야 한다.
⑤ 제품의 적재위치는 항상 고정되어 있어야 한다.
⑥ 제품의 운반은 용이하여야 한다.
⑦ 제품이 이동할 때 정체되어서는 안 된다.
⑧ 모든 물품은 1명이 운반 가능해야 한다.
⑨ 제품의 수량이 한 눈에 파악될 수 있어야 한다.
⑩ 제품은 후 공정이 전 공정에 와서 가져가야 한다.

2. 5S

1) 정의

생산현장이나 사업장에서 정리, 정돈, 청결, 청소를 효율적으로 실시하여 쾌적한 작업환경을 유지하고, 이러한 상태를 습관화하자는 기법이다. 정리, 정돈, 청소, 청결, 습관화의 일본어 머리글자 S를 따서 5S라고 부르며, 5S를 실시하였을 때의 기대효과는 Sales, Saving, Safety, Standardization, Satisfaction이다.

2) 5S의 뜻

- 정리(整理 : SEIRI) : 필요 없는 것은 처분한다. 즉 필요한 것과 필요 없는 것을 구분하고 작업장에 필요 없는 것은 절대 두지 않는다. 이를 위해서는 버릴 것인지, 계속 사용할 것인지에 대한 판단기준이 명확하게 규정되어야 한다.
- 정돈(整頓 : SEITON) : 모든 물건을 언제나 바로 쓸 수 있는 상태로 유지하는 것으로, 부품이나 제품을 필요로 하는 사람은 누구나 바로 꺼내서 쓸 수 있도록 제품의 위치와 수량 등을 표시하여 정돈한다.
- 청소(淸掃 : SEISOH) : 바닥, 벽, 천정, 선반, 기계설비를 항상 깨끗하고 청결하게 유지할 수 있도록 더러운 곳을 쓸고 닦는다.

- 청결(清潔 : SEIKEITSU) : 정리 · 정돈 · 청소를 철저하게 하면 청결이 유지된다.
- 습관화(習慣化 : SHITSUKE) : 정리, 정돈, 청소, 청결 등에 관련된 규칙을 몸에 익힌다. 즉 정해진 것을 정해진 대로 올바르게 실행할 수 있도록 습관화한다.

3) 5S의 효용

- Sales : 고객으로부터 깨끗한 공장이라는 평판을 받는다. 이런 곳이면 주문을 하고 싶으며, 이런 공장이나 작업장에서 일하고 싶으며, 이러한 공장에서 만든 제품을 소비자는 사고 싶어 한다.
- Saving : 자재의 절약은 물론 준비시간과 작업시간을 단축할 수 있기 때문에 비용을 절감할 수 있다.
- Safety : 넓고, 밝고, 물품의 흐름이 원활하기 때문에 안전한 작업장이 되어 작업자의 사기가 높아진다.
- Standardization : 정해진 규칙대로 작업이 이루어지기 때문에 작업의 표준화가 수월해진다.
- Satisfaction : 깨끗하고 정돈된 작업장이기 때문에 작업자의 만족도와 사기가 높아진다.

4) 3정 5S의 절차를 다음과 같은 그림으로 나타낼 수 있다.

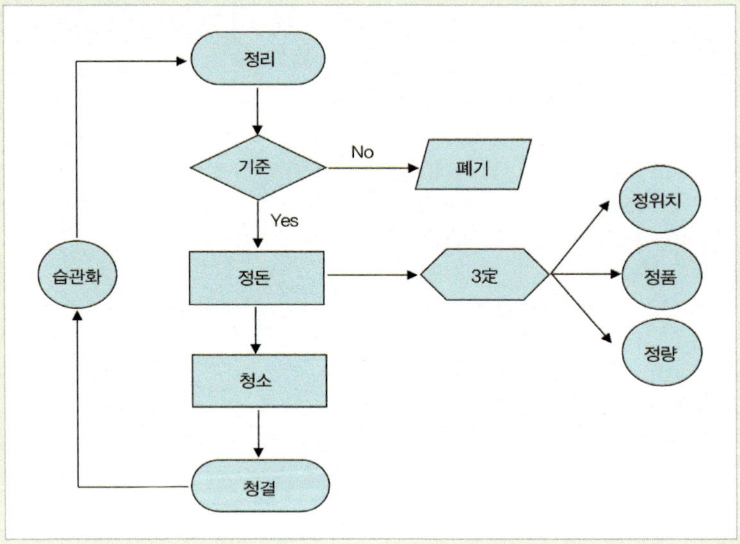

제 11 장

공급사슬관리

공급사슬(Supply Chain)은 제품이 만들어지는 초기단계부터 생산 및 유통과정을 거쳐 고객에게 도달되기까지의 모든 활동을 의미하는 것으로, 원자재 공급자, 제조기업, 가공 및 유통업자의 활동을 포함한다.

공급사슬관리(SCM : Supply Chain Management)는 가치사슬 상에 존재하는 모든 조직과 활동을 통합 · 운영하기 위하여 모든 정보를 공유함으로서 경쟁력을 높이고 궁극적으로는 고객에게 더 높은 수준의 가치를 제공하고자 하는 것이다. 즉 경쟁력을 높이기 위하여 공급자, 생산자, 유통업자, 소비자를 하나의 네트워크로 연결하는 정보공유로 자원 절약, 경쟁력 향상, 고객 만족을 꾀하고자 하는 것이다.

본장에서는 공급사슬관리의 개념, 추진방법, 전략과 기대효과 등을 다룬다.

제1절 SCM의 개념

01 SCM의 개념과 정의

1) SCM의 개념

제품이 탄생되는 일련의 과정은 가치사슬상의 모든 관련기업들의 활동이 결합된 것으로, 이 결합과정은 원·부자재의 공급, 제품의 설계 및 생산, 시장 및 수요변화 대응, 적정재고 유지, 운송 및 보관, 모든 관련기업과의 협력관계 등으로 구성된다.

이러한 과정이 더 능률적으로 결합되기 위해서는 개별 기업들의 노력이 필수적이며, 개별 기업들만의 역량으로 해결할 수 없는 문제는 가치사슬 상의 관련기업들과 협력관계를 유지하고 정보를 공유함으로써 해결할 수 있다. 즉 공급사슬을 구성하고 있는 단위체들의 협력관계를 통하여 비용의 최소화 및 고객서비스의 극대화를 추구하는 것으로 서로 윈윈을 통한 시너지 효과를 기대할 수 있다.

제조기업의 생산활동에 참여하는 여러 단위체들이 서로 상생하기 위해서는 공급사슬(SC : Supply Chain)에 있는 모든 기업이 하나의 목표를 달성하기 위하여 협력하는 경영활동이 필요하다([그림 11-1] 참조).

[그림 11-1] 제조업체를 중심으로 한 SCM 개념도

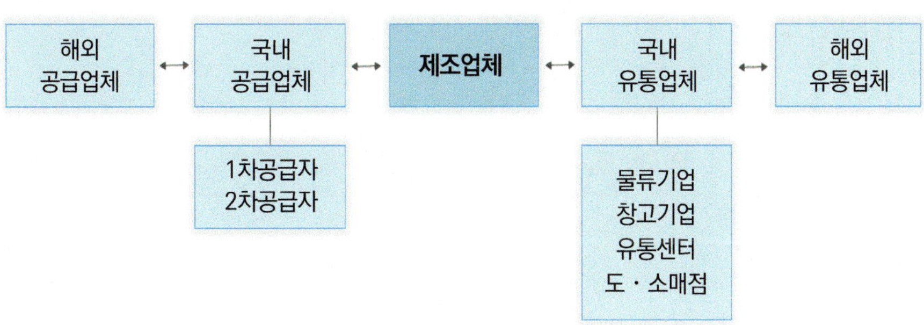

SCM(Supply Chain Management : 공급사슬관리)은 1980년대 중반 소비자의 유행에 매우 민감하게 반응해야 하는 특성을 가지고 있는 패션어패럴(fashion apparel) 산업에서 처음 시도되었는데, 특히 미국의 어패럴 산업기업들이 SCM을 도입하여 성과를 올리게 되면서 식품, 의약품, 전자, 자동차 등 산업전반으로 확산되었다. 이후 1990년대에 정보기술(Information Technology)의 발전으로 기업과 기업의 상호 협력관계를 유지할 수 있는 경영정보시스템이 구축되면서 더욱 발전하기 시작하였다. 특히 정보기술을 기업체가 활발하게 사용하기 시작한 계기는 WWW(World Wide Web)라는 광역정보 서비스가 개발되면서부터이며, 최근에는 인공지능(AI), 사물인터넷(IoT), 빅 데이터(Big Data) 등의 기술과 융 · 복합되면서 SCM은 더욱 발전하고 있다.

2) SCM의 정의

기업이 생산하는 제품의 경쟁력을 높이기 위해서 공급사슬상에 있는 모든 기업들의 구매, 생산, 유통활동과 관련된 정보를 공유하여 하나의 단위체 개념으로 운영되는 것이 효율적이다. 특히 비용 절감, 자원의 절약, 납기 단축을 위한 협력관계를 위해서는 공급사슬 상에 존재하는 모든 기업이 객관적이고 동일한 정보를 바탕으로 기업활동을 수행해 나가는 것이 중요하다.

이러한 의미를 바탕으로 공급사슬관리를 정의하면, 공급사슬 내에 있는 기업들이 경쟁우위를 높일 수 있도록 정보의 공유를 통하여 경영활동을 수행함으로서 비용 절감, 자원 절약, 서비스향상을 추구하는 것이라고 할 수 있다.

참고로 공급사슬관리의 정의를 살펴보면, 공급사슬 내 파트너들 간의 업무 프로세스(business process)를 통합하여 관리하는 것,[1] 발주, 조달, 생산에 관련된 모든 활동의 계획과 관리 및 모든 물류관리 활동, 공급업체, 유통업체, 물류업체 그리고 고객 등 모든 유통채널과의 조정과 협력을 포함한다[2] 등 다양하게 정의하고 있다.

02 SCM의 단계별 영역 및 주요요소

SCM을 구축하기 위해서는 공급 · 생산 · 유통활동을 영역별로 구분하고, 영역을 구성하고 있는 주요 요소를 체계적으로 관리하는 것이 중요하다. 그러나 갈수록 영역이 국내활동을 넘어

1) 물류와 SCM의 이해, 양창호, 박영사, 2017, P.9.

2) Listed in the CSCMP Terms and Glossary at www. cscmp.org, on August 13, 2010.

전 세계로 확장되면서 글로벌 가치사슬(GVC : Global Value Chain)의 중요성이 커지고 있으며, 정보통신기술(ICT)의 발전으로 단계와 과정 및 시간이 획기적으로 단축되고 있다.

1) 공급 영역

SCM에서 공급영역은 제품생산에 필요한 투입요소를 원활하게 조달받기 위한 모든 활동을 포함하는 것으로, 제조활동의 출발점이 된다. 즉 가치사슬의 전체과정을 순조롭게 진행시키기 위한 투입요소를 공급자로부터 원활하게 공급받는 것은 물론 투입요소의 품질, 가격, 납기, 신뢰도 등을 관리하는 영역이다. 공급영역의 주요활동은 공급자의 선정, 구매방법, 조달, 보관활동 등을 가장 경제적 · 합리적으로 수행하는 것이며, 최소비용과 품질을 향상시켜 궁극적으로 고객만족을 극대화할 수 있어야 한다.

2) 생산 영역

SCM에서 생산영역은 소비자가 원하는 제품의 생산과 관련된 활동(특히 조립, 가공 등)을 가장 경제적으로 수행하기 위한 관리를 말한다. 특히 생산영역의 활동 중 비용절감의 비중이 높은 영역은 재고(inventory)인데, 과잉재고를 보유하였을 때의 재고유지비와 재고고갈로 인한 기회손실비용 등을 고려하여 적정재고를 유지하는 것이 중요하다. 재고의 가치를 높이기 위해 사용하는 대표적인 기법은 자재소요계획(MRP : Matrerial Requirement Planning), 전사적 자원관리(ERP : Enterprise Resource Planning), 적시생산시스템(JIT : Just In Time) 등이다.

3) 유통 영역

공급과 생산영역을 거쳐 제품이 완성되면 다양한 운송방법과 유통과정을 거쳐 고객에게 배송되는데, 고객이 원하는 시기에 배송하기 위해서는 배송요소(배송수단과 방법, 창고, 하역 등)를 최적 결합하여 소비자에게 높은 가치를 제공하여야 한다. 특히 최근에는 유통영역에 4차 산업혁명기술을 활용하여 서비스 가치의 향상과 함께 기동력을 발휘하고 정확한 정보를 제공할 수 있게 되었다.

4) 갈수록 추가 · 확장되어 가는 영역

SCM의 일반적인 영역은 국내영역의 가치사슬을 의미하는 경우가 많지만 갈수록 공급자와 시장의 영역이 확대되어 가면서, 그 영역도 국내를 넘어 외국의 공급업체나 고객으로 확장되어가고 있으며, 공급자도 1차(first-tier supplier), 2차(second-tier supplier), 3차(third-supplier)의 다단계 형태로 구축되어가고 있다.

공급사슬에서 고려해야 하는 내용도 다양화되어 가고 있는데, 예를 들면 공급사슬의 모든 단계(생산, 운송, 저장, 폐기 등)에서 환경 친화, 공해 방지, 폐기물 감소 등이 새로운 관심사로 부각되어 가고 있다.

이 같은 추세를 반영하여 SCM도 최초 공급자에서부터 최종 소비단계까지 환경친화경영시스템을 도입하여 환경보호는 물론 비용 절감, 낭비 감소, 소비자 만족을 극대화 시킬 수 있는 영역으로 확장되어 가고 있다.

03 SCM의 유형

SCM의 유형은 범위를 기준으로 구분할 수 있는데, 예를 들면 기업내부의 부서와 부서가 정보를 공유하는 방법, 외부기업과 정보를 공유하는 방법 등을 포함하여 4가지로 구분할 수 있다([그림 11-2] 참조).

[그림 11-2] SCM의 4가지 정보통합유형

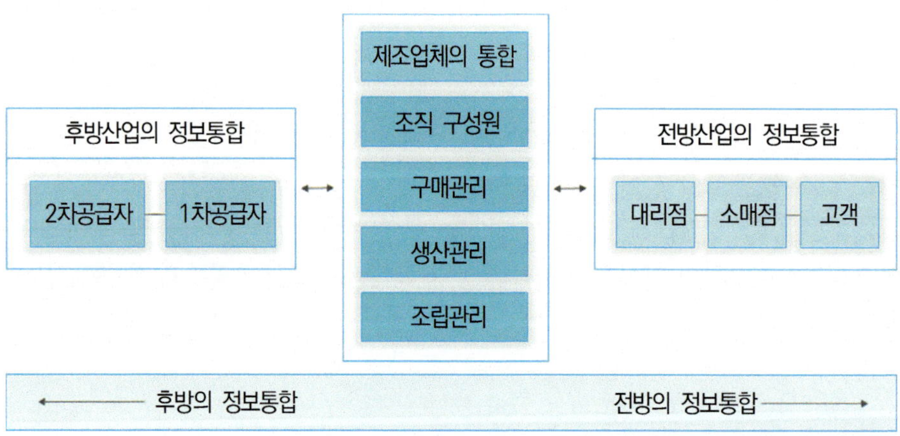

SCM의 추진은 정보의 통합관리가 쉬운 업무나 부서부터 이루어져야 하고, 또 경영활동의 유사성이 큰 영역을 중심으로 완성해 나가는 것이 유리하다. SCM추진의 이유는 가치사슬상의 모든 기업들이 정보를 통합하여 공유하고 협력관계를 공고히 하였을 때 더 큰 가치를 창출할 수 있으며, 그 가치를 통하여 기업의 지속적인 발전이 가능하다.

1) 제조업체의 SCM구축

SCM의 구축은 제조업체의 구성원과 구성원, 부서와 부서 간의 정보통합 등 기업내부에서부터 시작하는 것이 선행되어야 한다. 일반적으로 기업내부의 부서나 조직끼리는 의사소통이 원활하고 업무협조가 잘 이루어진다고 믿지만 오히려 기업내부의 구성원이나 부서들 간의 부서이기주의(silo-effect)로 의사소통이 원활하지 않는 경우가 많다.

제네럴 일렉트릭(GE)의 CEO였던 잭 웰치(J. Welch)는 조직 내에서 의사소통의 심각성을 다음과 같이 말했다. "기업의 최초 결정사항이 경영층, 중간관리자, 현장관리자 및 전 구성원 등에게 전혀 다른 내용으로 전달된 경우가 많다. 이를 예방하기 위해서 지시 및 전달사항은 확인 또 확인을 반복해야 한다"고 강조하였다. 아무리 양질의 정보라도 조직 내부의 의사소통을 통하여 공유하지 않으면 아무런 도움이 되지 못한다는 의미이다. 따라서 SCM은 기업의 부서조직과 부서조직, 구성원과 구성원 상호간의 원활한 의사소통으로 정보를 공유하는 것이 중요하다.

2) 후방산업의 SCM 구축

후방산업의 SCM구축은 제조업체를 중심으로 후방(backward)기업들과 SCM을 구축하는 형태로서, 제조업체가 모든 공급자들과 정보를 공유하여 하나로 통합하는 것이다.

후방산업의 SCM구축은 원 · 부자재의 공급업체(1차, 2차, 3차 등)와의 정보 공유를 통하여 자원의 낭비를 막고, 효율을 극대화하는 방법이다.

3) 전방산업의 SCM 구축

전방산업의 SCM구축은 제조업체를 중심으로 전방(forward)기업들과 정보를 공유하는 시스템을 구축하는 것이다. 제조기업에서 고객(customer)에게 도달되기까지의 모든 단계(도매, 소매, 수송, 물류 등)에서 필요한 정보를 공유하여, 불필요한 재고, 불필요한 수송 및 물류활동을 제거하고자 하는 것이다.

4) 전방-후방산업 SCM 구축

전방-후방산업의 SCM구축은 가치사슬 상에 존재하는 제조기업, 공급자 및 유통업자가 수요정보를 공유하여 가치를 극대화하는 형태로서, SCM의 최대목표라고 할 수 있다. 즉 최종소비로부터 최초공급자에 이르기까지의 모든 기업활동이 하나로 작동될 수 있도록 정보시스템을 구축하는 것이다. 이는 가치사슬 상에 있는 모든 기업이 SCM을 통하여 모든 정보를 공유할 수 있기 때문에 시장이나 고객의 요구에 신속하게 대응할 수 있는 유리함을 갖게 되는 것이다.

전방-후방산업의 SCM구축으로 통합경영을 할 수 있기 때문에 기업은 고객의 요구를 정확히 반영하여 고객만족도를 높이는데도 도움을 줄 수 있으며, 적정 재고관리, 효율적인 물류관리, 적절한 수요관리, 품질관리, 비용관리 등으로 불필요한 재고와 업무를 획기적으로 변화시켜 기업의 경쟁력을 높일 수 있게 된다.

04 SCM의 필요성

치열한 경쟁환경에서 경쟁력을 높이기 위해서는 가치사슬 상에 있는 기업들이 정보와 지식, 전략과 전술, 물자와 인력 등 필요한 자원의 정보를 공유하여 비용이나 손실항목을 극소화시키는 것이 중요한데, 이를 위해 SCM의 필요성이 더욱 강조된다.

SCM을 구축해야 하는 필요성을 다음과 같이 요약할 수 있다.

1) 가치사슬의 관리를 합리적으로 수행할 수 있다.

제품이 최종 완성되기 위해서는 제품생산에 참여하는 수많은 기업들이 충실히 주어진 역할을 수행해야 한다. 가치사슬 상에 있는 많은 기업이 정상적인 경영활동을 할지라도 어느 한 기업의 경영활동에 오류가 발생하게 된다면 최종 결과물인 생산제품에 문제가 발생한다. 이 같은 문제를 예방하기 위해서는 가치사슬 상의 모든 기업이 각각 독립적인 주체로 운영되지만, 생산하고자 하는 특정 제품에 초점을 맞춰 운영되어야 한다. 즉 기업이 각각 독립적으로 경영활동을 수행하되, 생산활동에 연관된 모든 기업이 정보를 공유 · 협력하는 SCM기법을 활용하면 효과가 극대화될 수 있다.

2) 자원과 비용의 낭비를 줄일 수 있는 혁신이 가능하다.

정보통신기술(ICT)의 발전에 따라 기업에서 필요로 하는 수많은 정보를 실시간으로 확보할 수 있게 되었으며, 이 정보로 소비자들의 다양한 요구사항을 확보함과 동시에 가치사슬 상에 있는 모든 기업이 실시간으로 정보를 공유할 수 있게 되었다.

따라서 SCM기법을 활용하면 현재 경영활동의 불필요한 부분이나 낭비를 획기적으로 개선할 수 있고, 급변하는 시장에 기동력 있게 대응할 수 있는 역량을 발휘할 수 있기 때문에 치열한 경쟁환경에서 경쟁력을 높일 수 있다.

3) 글로벌화 되어 가는 경영환경에 대응할 수 있다.

기업의 생산활동 영역이 갈수록 확장됨에 따라 원・부자재를 전 세계로부터 조달받아야 하며, 완성된 생산품은 전 세계 모든 시장으로 공급되는 글로벌 가치사슬(Gloval Value Chain)을 구축하게 되었다. 공급 및 판매 영역이 갈수록 국제화되어 가는 경영환경에서 경쟁력 있는 기술, 원재료, 부품, 인력 등의 자원을 외부로부터 조달받아야 하는 경우에 체계적인 공급사슬의 관리를 가능하게 하는 SCM기법이 갈수록 강조되고 있다.

4) 지속가능한 수익성을 창출 할 수 있게 한다.

기업의 수익성은 기업이 창출한 부가가치를 소비자로부터 인정받는 크기로 결정되는데, 전체수익은 가치사슬 상에서 활동한 기업들의 기여도와 역량이 한 곳으로 집중되었을 때 높아진다. 따라서 개별 기업의 수익도 가치사슬 상에 있는 전체 기업의 활동에 의해 결정지어 진다고 할 수 있다. 기업이 지속적으로 경영성과를 올리고 지속 가능한 수익을 창출하기 위해서는 가치사슬 상에 있는 전체 기업이 SCM으로 정보를 통합하는 것이 중요하다. 만약 가치사슬 상에서 정보・자금・재화에 관한 정보를 통합하지 못하면 높은 수익성을 기대할 수 없다.

05 채찍효과

1) 채찍효과 현상

채찍효과(Bullwhip Effect)는 제품생산과 관련된 가치사슬의 기업들이 정보의 불균형으로 발생하는 비효율 현상으로서, 시장에서 발생된 실제수요의 정보가 상류로 갈수록 왜곡되어 실제수요보다 더 커져가는 것을 말한다. 이는 공급자의 역방향으로 올라가면서 계속 증가하는 비효율과 자원의 낭비를 의미하며, 공급사슬에 있는 기업들이 독립적으로 대응해서는 안 된다는 것을 의미한다. 즉 시장의 수요변동 정보가 공급사슬 상의 역방향으로 올라갈수록 그 변동 폭이 갈수록 커져가는 현상을 말한다.

[그림 11-3]은 시장에서 일어나는 실제수요에 비해 공급사슬 상에 있는 후방산업의 공급자로 갈수록 큰 폭의 차이가 발생하고 있음을 알 수 있다.

[그림 11-3] 수요-재고의 채찍효과

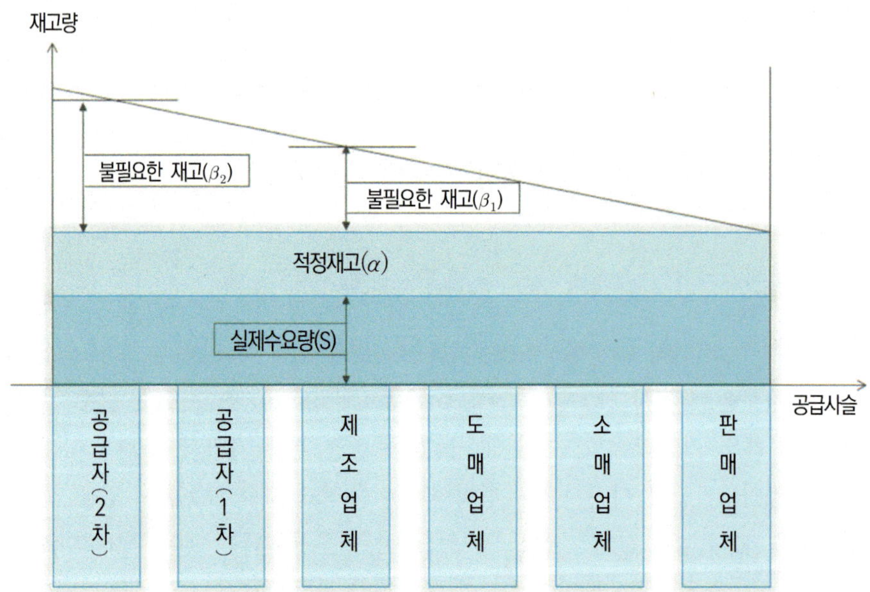

그림은 실제 수요량(S)과 실제 판매를 위하여 보유하는 적정재고량(α)에 비해 불필요한 재고 β_1, β_2를 확보하고 있는 것을 보여주고 있다. 즉 최종 판매업체가 실제수요에 대비하여 보유하는 재고량(S+α)보다 더 많은 재고를 보유하고 있는데, 예를 들면 제조업체의 재고량은 β_1만큼 더 보유하고 있으며, 2차공급자의 재고량은 제조업체의 재고량 β_1보다 더 많은

β_2의 재고를 확보하고 있다. 이러한 현상을 막기 위해서는 시장의 수요정보를 제조업체나 공급업체가 공유하는 정보시스템을 구축하여야 한다. 시장의 수요정보가 가치사슬 상에 있는 모든 기업에 공유되지 않으면 시장에서 멀리 떨어질수록 더 많은 재고를 보유하게 되는데, 이렇게 증가하는 불필요한 재고 β_1과 β_2는 경영을 악화시키는 요인이다.

그러면 기업은 비용을 발생시키는 불필요한 재고를 왜 보유하게 되는 것일까? 그 이유는 실제 판매되는 수요정보를 서로 공유하지 않았기 때문이다. 기업이 이렇게 불필요한 재고를 보유하게 되면 재고증가로 인한 비용부담과 자원의 낭비를 초래하게 된다.

2) 채찍효과의 해결방법

채찍효과가 나타나는 현상을 제거하기 위해서는 가치사슬 상의 기업들이 시장에서 일어나는 변화상황을 신속히 파악·공유하여 대응할 수 있는 시스템을 구축하여야 한다. 그러나 많은 기업들이 동일한 정보를 공유하는 것이 쉽지 않지만 가치사슬 상에 있는 각 기업들의 특성에 적합한 MIS(Management Information System)를 구축하여 협력적인 관계를 유지해 나가야 한다. 최근에는 정보통신기술(ICT)의 발전으로 가치사슬 상에 있는 기업들이 보다 신속하게 정보를 공유할 수 있게 되었다.

이러한 시스템구축의 대표적인 형태는 공급자가 직접 수요처의 변화상황에 따라 재고를 관리하는 VMI(Vender Managed Inventory)시스템과 공급자와 수요자가 함께 재고를 관리하는 CMI(Co-Managed Inventory)시스템 등이 있다.

VMI시스템은 공급자와 수요자가 기본적인 MIS시스템을 구축한 상태에서 정보를 공유할 수 있기 때문에 공급자가 수요자의 시장상황을 상시적으로 파악하여 재고를 보충하는 시스템이다.

CMI시스템은 공급자와 수요자가 필요한 MIS시스템을 구축한 상태에서 공급자와 수요자가 함께 재고관리를 하는 기법으로서, 수요량의 변화가 일정하지 않거나 수요자의 입장에서 중요도의 비중이 높은 품목의 관리에 많이 이용되는 방법이다.

제2절 SCM 추진 기법

01 SCM 추진 기법의 종류

SCM을 추진하는 기법은 제조업체를 중심으로 기업내부의 통합, 후방산업의 통합을 위한 MRP(Material Requirement Planning), MRP(Manufacturing Resource Planning), JIT(Just In Time) 등이 있으며, 전방산업의 통합을 위한 QR(Quick Response), ECR(Efficient Consumer Response), CRP(Continuous Replenishment Program), CD(Cross Docking), CMI(Co-Managed Inventory), VMI(Vendor Managed Inventory), CPFR(Collaborative Planning, Forecasting and Replenishment), CM(Category Management) 등이 있다.

또한 SCM 추진과 운영을 원활하도록 지원하는 기법으로 CAO(Computer Assisted Ordering), POS(Point Of Sales), EDI(Electronic Data Interchange), e-Procurement, e-Marketplace 등이 있다. 최근에는 이러한 과정이나 기법에 4차 산업혁명의 기술을 융·복합한 획기적인 방법이 개발되고 있다. 이중 몇 가지 기법을 설명하면 다음과 같다.

1) QR 기법

QR(Quick Response) 기법은 시장변화의 특성에 따라 시장을 정확하게 인지하고 신속히 대응할 수 있는 기법이다.

QR기법은 소비자의 요구에 신속히 대응하는데 유용한 기법으로서, 시시각각 변하는 시장환경에 조기발주 및 납품을 하여 능동적으로 대응하고자 하는 것이 목적이다. 이를 위해서는 판매시점 정보관리시스템(POS)을 활용하여 판매정보를 제조기업과 도매점에 전달하여 신속한 조달과 낭비를 제거하여야 한다. 이 기법은 고객의 만족도를 향상시킬 수 있을 뿐만 아니라 과잉재고 감소, 품절 감소 등의 효과를 기대할 수 있다.

2) ECR 기법

소비자와 직접 거래하는 업체가 품목별로 수요변화에 효과적으로 대응하는 것은 매우 어렵다. 왜냐하면 수요는 언제 어떻게 변할지를 정확히 알 수 없고, 수요가 발생된 이후에 후속조치를 취하는 것은 이미 때가 늦어질 수 있기 때문이다. 이렇게 불확실한 상황에 대처하기 위해 재고량을 늘리면 불필요한 비용이 발생하고, 재고량을 줄이면 품절로 인한 손실이 발생하는 트레이드오프(trade-off) 현상이 발생하게 된다.

특히 유통기한이 짧고 신선도가 중요한 제품의 재고량을 최소화하고자 할 때 제조 및 공급업체와 ECR(Efficient Consumer Response) 기법을 구축하여 관리하는 것이 매우 효과적이다.

3) CRP 기법

CRP(Continuous Replenishment Program)기법은 지속적으로 상품을 보충하고 관리하기 위한 기법으로서, 제조 및 공급업체에서 직접 고객의 수요에 대응하여 적정재고를 지속적으로 보충하고 관리하는 프로그램이다. 이는 제조업체에서 고객이나 수요처의 재고를 효과적으로 관리함으로써 서로 윈-윈(Win-Win)할 수 있는 전략이다.

전통적인 제품의 공급방식은 수요처에서 필요한 양을 주문하고 공급자는 그 양만큼 생산하여 납품하게 된다. 반면 CRP기법은 수요처의 주문 없이 공급자가 직접 수요처의 재고를 파악하고 필요시 납품하는 기법으로, 전통적인 방식에 비해 시장의 변화에 신속히 대응하여 불필요한 재고량을 줄이면서도 재고의 품절이 발생하지 않는 효과가 있다.

4) CM 기법

CM(Category Management)기법은 유사한 특성의 여러 상품을 하나의 단위로 묶어 관리하는 기법을 말하는데, 취급하는 상품의 종류가 많은 경우에 효과가 큰 관리기법 중 하나이다. CM기법은 다양한 상품을 단순화시킬 수 있기 때문에 고객에게 편한 동선(動線)을 제공할 수도 있다.

CM기법은 유사한 용도 혹은 유사한 특성의 상품을 하나의 독립된 매장처럼 관리하거나 소비자가 원하는 품목의 상품군을 적절히 진열할 수 있는 기능도 있다. 또한 원활한 관리효과로 비용절감의 효과도 기대할 수 있다.

5) CAO 기법

CAO(Computer Assisted Ordering)기법은 컴퓨터지원시스템으로 제품의 생산·공급·판매를 원활하게 하기 위한 시스템이다. 제조기업은 시장의 변화를 감지하기 어렵고, 유통·판매업체는 제조기업의 정보를 파악하기 어렵기 때문에 CAO기법을 통하여 제조기업과 유통·판매기업이 상호 유용한 정보를 공유함으로써 경영효과를 기대하는 것이 핵심이다. 이를 위해서는 기업 간 시장동향과 물류흐름 등의 정보를 공유할 수 있는 전산망, EDI 시스템, POS 시스템 등이 구축되어야 한다.

6) CPFR 기법

CPFR(Collaborative Planning, Forecasting and Replenishment)기법은 생산계획, 수요계획, 물류・유통계획 등의 정보를 공유하기 위한 협력 프로그램으로서, 기업 간에 이루어지는 가장 높은 수준의 협력관계 프로그램이다. 이 프로그램이 효과를 거두기 위해서는 수요 및 생산정보를 가치사슬 상의 모든 기업이 공유할 수 있도록 개방하여야 한다.

기업이 CPFR기법을 유지하기 위한 조건으로는 첫째, 정보를 공유하는 과정에서 상호 확고한 신뢰관계가 바탕이 되어야 하며, 둘째, 윈-윈 관계가 지속적으로 유지될 수 있는 협력관계가 지속되어야 하고, 셋째, 정보공유 못지않게 정보의 보안도 중요하다.

02 SCM 성공의 기본요소

가치사슬 상에 있는 모든 기업이 협력관계를 유지하여 기대하는 성과를 올리기 위해서는 섬세하고 정교한 정보 분석이 선행되어야 하며, 정보의 연결을 통하여 기업의 전체 유효성을 극대화하도록 노력하여야 한다.

특히 SCM은 생산활동과 관련된 기업들이 서로 필요에 의해 구축한 전략적 제휴관계이고 우호적인 협력관계이며 동시에 기업 상호간에 매우 강력한 이해관계로 연결되어 있기 때문에 민감한 문제도 많다는 점을 이해하여야 한다.

SCM기법이 성공하기 위해서는 신뢰관계 구축, 최고경영자 의지, 조직과 인력의 확보, 경영정보시스템 구축, 약속의 이행, 성과의 공유, 정보의 안전관리 등이 갖추어져야 한다([그림 11-4] 참조).

[그림 11-4] SCM의 성공요소 7가지

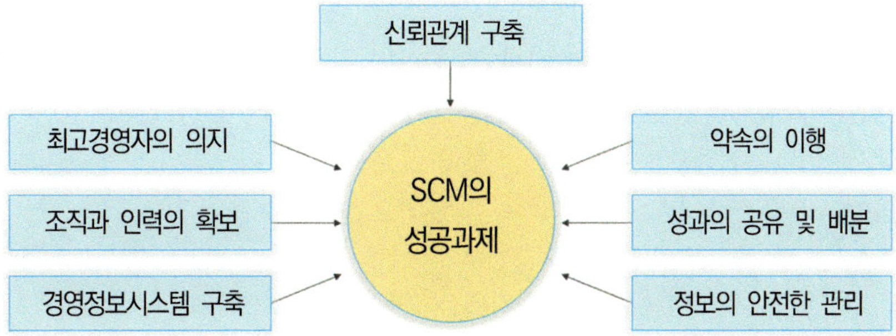

1) 신뢰관계 구축

SCM으로 협력관계에 있는 기업들은 기술, 경영기법, 전략, 자원 등에 관한 정보를 필요에 따라 공유하게 되는데, 이를 위해서는 신뢰관계가 구축되어야 한다. 기업이 정보와 기술 등을 공유한다는 것은 그 이상의 신뢰관계가 형성되어 있어야 한다.

신뢰관계는 오랜 기간의 관계 속에서 쌓인 상호간의 믿음으로 서로에게 이익을 줄 것이라는 긍정적인 생각을 포함하고 있지만 한편으로 기업 상호간에는 늘 첨예한 이해관계가 존재하기 때문에 협력적이고 진실 된 신뢰가 바탕이 되어야 지속될 수 있다. 만일 신뢰관계가 형성되어 있지 않으면 SCM도 실패하게 된다.

2) 최고경영자의 의지

최고경영자는 기업을 대표하는 경영의 최종의사결정자로서 기업에서 차지하는 비중과 의미가 크다. 또한 기업의 중요한 핵심정보도 가지고 있기 때문에 기업이나 조직에 미치는 영향도 그만큼 크다.

따라서 최고경영자가 SCM추진의 강력한 의지와 적극성을 가지고 있다면 지원업무가 쉬워지고 구성원들의 사기도 올라갈 수 있기 때문에 좋은 결과를 기대할 수 있다.

3) 조직과 인력의 확보

SCM을 성공적으로 이끄는 주역은 기업의 조직과 구성원들이기 때문에 구성원들의 역량과 활동능력이 매우 중요하다. 이를 위해서는 구성원들이 열정적으로 일할 수 있도록 새로운 조직을 구성하고, 전폭적인 지원도 중요하다. 또한 구성원들이 전문분야에서 역량을 집중할 수 있도록 기회를 부여해 주고 목적달성을 위한 동기부여를 하여야 한다.

4) 경영정보시스템 구축

SCM이 성공하기 위해서는 기업과 기업을 연결하는 경영정보시스템(MIS : Management information System)이 구축되어야 하며, 이 시스템은 기업과 기업을 움직이게 하는 신경망 역할을 하는 핵심적인 기능을 담당하는 것으로 각 기업의 특성에 적합하도록 개발되고, 시장의 변화에도 유연하게 적용할 수 있어야 한다. 경영정보시스템의 구축이 안 된 상태에서는 SCM 추진이 더욱 어렵고, 효과 또한 기대할 수 없다.

5) 약속의 이행

기업 간에 이루어지는 모든 협력관계는 사전의 면밀한 약속을 바탕으로 이루어진다. 약속사항(시행 및 성과 · 이익의 배분규정 등)은 기업과 시장상황을 전략적으로 고려하여 서로에게 가장 유리한 수준으로 결정되는데, 특히 약속이행과정에서 충돌이 발생하는 경우는 합리적인 이해를 바탕으로 근본적인 취지와 정해진 세부기준에 의거하여 공정하게 이행되어야 한다.

6) 성과의 공유 및 배분

SCM의 목적은 기업들이 상호협력을 통해 경쟁력을 발휘하여 고객들에게 더 많은 가치를 제공하고자 하는 것이지만 그에 따른 이익이나 성과가 발생하였을 때는 관련기업이 공유하여야 한다. 왜냐하면 기업들은 SCM을 추진하기 위해서 서로 다른 경영환경(시장지위, 특성, 역량, 경영방식, 기업문화 등)에서 많은 투자(시간, 자본, 인력 등)를 하였기 때문에 획득한 경영성과는 협력관계에 있는 기업들에게 공정하게 공유하고 분배하는 것이 매우 중요하다. 이 같은 성과공유는 기업들의 지속적인 협력관계를 유지하는데 매우 중요한 요소이다.

7) 정보의 안전한 관리

기업 상호간의 협력관계를 유지하기 위해 공유하는 모든 정보는 안전하게 관리되어야 한다. 정보의 안전한 관리가 이루어지지 않으면 왜곡된 정보를 공유하여 더 큰 혼란을 가져올 수 있으며, 경쟁사에게 정보가 유출될 수 있다. 따라서 SCM과 관련된 모든 정보(공급·생산·유통 및 물류 등)가 안전하게 관리될 수 있도록 정보유출을 방지할 수 있는 시스템을 구축하여야 한다.

제3절 SCM의 전략과 기대효과

01 SCM의 전략과 전술

SCM은 기업의 경쟁력을 높이기 위해 가치사슬 상에 있는 관련기업들이 협업하는 형태로서, 관련활동의 내용이 전략과 전술로 구분되어 체계적으로 실행되어야 효과가 극대화될 수 있다.

SCM전략은 기업의 미래에 대한 모습을 그려낸 목표와 계획으로 효과성을 강조하여야 하며, 전술은 생산현장의 운영과 관련된 실질적인 업무계획으로 효율성을 강조한다. SCM의 전략과 전술과 관련된 사항은 다음과 같다.

1) SCM의 전략

SCM전략은 원활한 가치사슬을 위해 기업들이 정보를 연결하여 기대하는 목표를 달성하려는 목표와 계획으로서, 우선 SCM을 통하여 기업이 달성하고자 하는 목표를 공유하는 부분에 초점이 맞춰져야 한다. 공유하고자 하는 목표는 사전에 협의를 거쳐야 하고, 조직에서 필요한 조직과 자원을 정비하고, SCM으로 추구하고자 하는 미래의 방향성의 공유로 결정된다. 이러한 목표를 설정한 후에는 구체적으로 성과창출을 어떻게 할 것인가? 또 어떤 방법으로 시스템과 정보를 공유할 것인가? 등의 내용을 전략적으로 구체화한다.

주요 내용은 다음과 같다.

(1) 비전공유 전략

관련기업들이 효과적으로 SCM을 추진하기 위해서는 왜 우리가 SCM을 추진해야 하는가에 대한 확고한 신념을 바탕으로 나아가고자하는 방향과 전략을 공유하는 것이 중요하다. 왜냐하면 비전공유는 분산된 역량을 통합하여 시너지효과를 극대화할 수 있기 때문이다. 따라서 비전공유 전략은 SCM 추진의 가장 기본적이고 본질적인 전략이다.

(2) 성과창출 전략

SCM을 통하여 성과를 어떻게 창출할 것인가?하는 문제는 SCM을 추진하는 최우선 목표이며, 가장 중요한 핵심전략이다. 만약 SCM을 추진하였음에도 불구하고 성과를 기대할 수 없다면 기업이 서로 연결 · 통합 · 협력할 필요가 없다.

성과창출 전략은 가장 합리적인 방법으로 높은 성과를 올려야 하며, 동시에 서로에게 시너지 효과를 기대할 수 있도록 역량을 집중해야 한다.

(3) 수요예측 전략

시장수요는 경영의 존재이유를 실현시켜 주기 때문에 경영의 근본이라고 할 수 있다. 수요예측활동으로 획득한 정보를 기업이 서로 공유한다면 시장환경에 효과적으로 대응할 수 있는 경쟁력을 기대할 수 있다. 따라서 수요예측에 강점이 있는 기업은 다른 기업보다 앞서 갈 수 있고, 불필요한 비용을 최소화할 수 있다. SCM이 성공하기 위해서는 경영에 유용한 수요예측전략으로 효과를 극대화해야 한다.

(4) 시스템통합 전략

기업은 사람으로 조직화되어 있고, 시설로 시스템화 되어 있기 때문에 목표달성을 위해서는 조직과 시스템이 효율적으로 작동해야 한다. 따라서 SCM은 조직과 조직이 통합되고 기업과 기업이 하나로 연결될 수 있도록 시스템적으로 설계되어야 한다. 예를 들면 모든 조직이 효율적으로 통합될 수 있도록 설계된 경영정보시스템이다.

(5) 정보공유 전략

정보공유 전략은 실시간으로 생성되는 정보를 유용한 정보로 만들어 SCM을 추진하는 기업들이 함께 공유해 가는 것이다. SCM의 핵심은 정보공유를 통한 경쟁력 향상이기 때문에 투명하고 정확한 정보가 가치사슬 상의 모든 기업에게 공유하는 전략이 강조된다.

아마존 고(Amazon Go)는 소비자 행태에 대한 빅데이터(Big Date)를 통하여 '100만 명의 고객 데이터보다, 고객 한 사람의 100만 가지 데이터를 더 중시'하는 것이 더 효과적이라고 강조하면서 고객의 다양한 생각과 행동의 정보를 공유하여 진정한 고객관리에 활용하고 있다.

2) SCM의 전술

SCM의 전술은 통합된 기업이 목적달성을 위해 업무를 효율적으로 수행하는데 필요한 실행계획으로서, 단기적인 계획의 실행을 위한 예산 및 인력과 자원의 투입 등으로 경영활동이 원활히 진행될 수 있는 구체적인 계획이다. 예를 들면 합리적인 전술을 통하여 구성원들 간의 원활한 정보흐름을 꾀하고, 기업과 기업의 상호 정보흐름을 원활히 하는 것이다.

SCM의 주요 전술영역은 [그림 11-5]와 같이 재고관리, 수송관리, 수요관리, 리드타임관리 및 정보관리 등이 있다.

[그림 11-5] SCM추진 주요전술

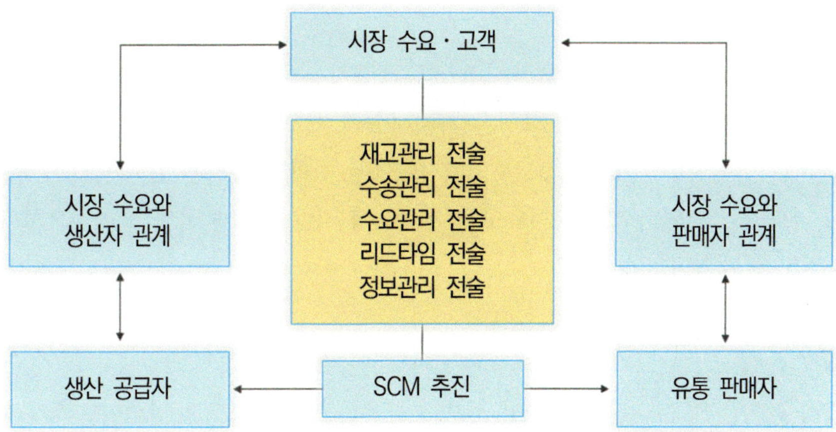

(1) 재고관리

재고관리에 관한 전술은 SCM과 관련된 기업들이 재고를 최소화 할 수 있도록 실행계획을 수립하는 것이 핵심이다. 재고는 적으면 적을수록 기업의 비용부담을 덜어주지만 너무 적게 보유하면 품절로 인한 손실비용이 발생하게 된다. 따라서 기업이나 제품의 특성에 맞는 적정 재고의 유지 방법을 개발하는 것이 중요하다.

(2) 수송관리

수송관리에 관한 전술은 SCM의 가치사슬상에 있는 기업들의 수송수단 결정, 수송회수 결정, 1회 수송량 결정 등과 같은 물류 · 수송의 합리적인 실행계획을 말한다. 예를 들면 수송수단은 철로, 육로, 배, 비행기 등이 있는데, 수송시간, 수송비, 재고비용 등을 고려한 최적의 수송전술이 필요하다.

(3) 수요관리

수요관리에 관한 전술은 수요변화에 효율적으로 대응할 수 있도록 수요정보를 확보하고, 이를 효율적으로 실행하는 계획을 말한다. 생산계획은 수요정보를 토대로 수립되기 때문에 수요관리가 잘못되면 모든 경영계획의 정확도가 낮아지게 된다. 따라서 SCM의 효과는 수요 예측에서부터 출발한다고 볼 수 있다.

(4) 리드타임관리

리드타임 전술은 기업이 제품이나 서비스를 공급하는데 걸리는 시간을 최적화하기 위해 수립하는 실행계획을 말한다. 리드타임은 가치사슬의 최초 공급기업에서부터 생산기업을 거쳐 최종 판매기업에 이르기까지의 모든 영역사이에서 정확한 납기를 위해 중요하게 관리되어야 한다. 리드타임의 단축으로 고객요구에 신속하게 대응하여야 하며 궁극적으로 경쟁력을 높일 수 있도록 계획되어야 한다.

(5) 정보관리

정보관리 전술은 SCM추진 기업들이 정보를 공유하고 지속적으로 업데이트하기 위해 수립하는 실행계획을 말한다. 수많은 정보 중에서 가치가 높은 정보를 추출하여 필요한 시기에 활용되도록 계획되어야 한다. 이를 위해서는 신뢰도 높은 정보의 확보방법과 분석방법을 개발하여야 하며, 동시에 정보보안을 유지할 수 있도록 설계되어야 한다.

02 SCM 지표

SCM은 가치사슬 상에 있는 기업의 수많은 활동을 거미줄처럼 연결하는 것인데, 연결이 잘된 부분도 있고 약한 부분도 있게 마련이다. 특히 연결상태가 약한 부분은 개선을 통하여 지속적으로 보완되어야 하는데, 문제점을 파악하기 위한 평가지표는 [그림 11-6]과 같이 납기수준, 주문주기수준, 품절수준, 수요-공급균형수준 등의 지표가 있다.

[그림 11-6] SCM추진 주요지표

납기수준 지표 :
생산(납품)기업에서 소비자(고객)에게 공급되는 시간

품절수준 지표 :
소비자가 재고부족 등으로 구입하지 못하는 정도
생산자가 부품조달이 안되어 생산하지 못하는 정도

주문주기수준 지표 :
주문 후 공급받을 때까지 걸리는 시간

수요-공급균형수준 지표 :
수요와 공급의 균형을 관리하는 수준

1) 납기 수준

납기수준(Delivery Level)은 기업이 제품이나 서비스를 생산하여 소비자에게 공급하는데 걸리는 시간 혹은 부품공급자가 제조기업에게 납품하는데 걸리는 시간의 정도를 말한다. 일반적으로 납기는 생산자와 소비자를 연결하는 기능으로서 생산자와 소비자의 목적을 동시에 충족시키는 중요한 요소 중 하나이다.

따라서 SCM의 성과를 확인하기 위한 요소로 납기수준은 매우 중요한 지표이기 때문에 납기수준이 원활하게 충족되고 있는지를 지속적으로 관리해야 한다.

2) 주문주기 수준

주문은 소비자가 생산자에게 구매하겠다는 의사를 전달하는 것이며, 주문주기수준(Order Cycle Level)은 소비자나 구매자가 제품이나 서비스를 공급자로부터 구입하는데 걸리는 시간의 정도를 말한다. 주문주기 수준을 지속적으로 측정하여 SCM의 지표가 향상되고 있는지를 항상 확인해야 한다.

3) 품절 수준

품절수준(Out Stock Level)은 소비자가 원하는 제품을 구입하려고 선택하였으나 재고부족으로 구입하지 못하는 정도를 말한다. 재고부족으로 인한 품절은 고객과 거래할 기회를 스스로 상실하는 결과이기 때문에 기업의 손실로 이어지게 된다.

따라서 품절수준을 SCM의 주요관리지표로 설정하고 상시적으로 체크해야 한다. 물론 재고품절과 함께 재고과잉으로 인한 비용의 증가도 고려의 대상이 된다.

4) 수요-공급균형 수준

수요-공급균형(Demand-Supply Balancing)은 기업이 어느 정도 수준에서 수요와 공급의 균형을 유지하는 것이 적정한지를 SCM의 지표로 관리하는 것이다. 이는 생산자(공급자)와 소비자(수요자)의 균형을 유지할 수 있도록 대응하는 것으로, 소비자의 기대치를 생산자가 정확히 읽어냄으로써 수요-공급의 균형을 유지할 수 있다. 즉 SCM을 통하여 수요-공급의 불균형 문제를 해소시킬 수 있도록 관리하는 것이 중요하다.

03 SCM의 기대효과

SCM의 기대효과는 크게 경영목표와 관련된 효과성 측면과 경영실행과 관련된 효율성 차원으로 구분하여 살펴볼 수 있다. 경영목표는 미래를 계획하는 전략의 관점이고, 경영실행은 업무의 진행과 관련된 전술의 관점이다.

SCM의 기대효과는 제품 및 서비스품질 향상, 생산성 및 수익성 향상, 시장점유율 및 신뢰도 향상 등으로 구분할 수 있다.

1) 제품품질 향상

제품품질은 기업이 목표로 하는 제품의 성능이나 고객이 기대하는 가치를 말한다. SCM을 통하여 시장의 고객정보를 더 정확하게 관리할 수 있고, 더 신속히 대응하는 역량을 키울 수 있기 때문에 제품의 종합적인 품질의 향상을 기대할 수 있다.

제품품질 향상과 관련이 있는 활동은 양질의 원재료 및 부품의 확보, 고객요구의 파악 및 반영, 생산활동에서의 품질향상 방법 활용, 제품의 저장 및 유통의 안전성 등이다.

2) 서비스품질 향상

서비스는 무형의 형태이고 물리적으로 저장·보관을 할 수 없는 특성을 가지고 있으며 교감에 의해 창출되고 매우 민감하며 사람마다 다르기 때문에 무형의 가치인 서비스품질을 높이는 것이 쉽지는 않다. 그러나 SCM으로 고객이 요구하는 서비스품질을 획기적으로 향상시킬 수 있다.

서비스품질 향상과 관련이 있는 활동은 품절예방, 납기단축, 사주·먼지·빠르게 조달, 고객요구의 정확한 파악과 충족, 유연한 공급능력, 친환경 제품의 공급, 친절하고 기동력 있는 서비스 등이다.

3) 생산성 향상

생산성은 투입 대비 산출을 말하는데, 생산성을 높이는 것은 동일한 재료나 자원을 투입하여 더 많은 양을 생산하거나 더 가치 있는 제품을 산출하는 것이다. 생산성은 기업의 생산능력을 측정하는 매우 중요한 지표로서, SCM은 생산, 물류, 작업 등의 표준화와 공유를 통하여 생산성효과를 크게 개선할 수 있다.

SCM에서 생산성 향상을 가져오는 활동으로는 원자재의 경제적 관리, 조달·생산·유통 물류의 안정성, 작업자들의 책임의식 및 노동윤리, 철저한 품질관리 등이 있다.

4) 수익성 향상

수익성은 기업이 투자한 금액에 대한 이익의 크기를 말하는 것으로, 기업의 전체 자본을 기준으로 투자한 경영활동을 통하여 올린 가치의 수준이다. 기업이 SCM을 활용하면 생산성을 향상시키고, 불필요한 비용을 절감할 수 있기 때문에 기업의 수익성은 크게 개선된다. 즉 기업이 SCM을 구축하면 기업 상호간의 유용한 경영정보와 기술들을 활용할 수 있기 때문에 불필요한 비용 절감과 함께 투자의 위험성도 현저히 낮출 수 있기 때문에 수익성이 높아진다.

수익성 향상과 관련된 활동으로는 적정 재고관리, 수요예측의 안정화, 생산성 향상, 효과적인 조직관리, 불량률 감소, 서비스비용 절감 등이 있다.

5) 시장점유율 향상

SCM은 시장의 고객에게 더 큰 가치를 제공할 수 있기 때문에 궁극적으로 시장점유율을 높일 수 있다. 시장점유율은 동종의 상품시장에서 해당 상품이 수요자에게 인정받는 정도이며, 경쟁우위의 척도라고도 할 수 있다. SCM은 유용한 시장정보를 공유할 수 있고 최적의 전략적 대응을 통하여 고객들이 기대하는 요구를 보다 더 정확히 충족시킬 수 있기 때문에 시장점유율을 높일 수 있는 유용한 수단이다.

시장점유율 향상과 관련된 활동은 고객서비스 향상, 서비스비용 절감, 고객요구 충족, 신속한 업무처리, 경쟁자보다 독특하고 차별화된 우위요소, 홍보효과 등이 있다.

6) 신뢰도 향상

신뢰도는 상대방에 대한 믿음의 정도를 말하는 것으로, 기업이나 고객이 상대방을 신뢰한다는 것은 매우 강력한 경쟁력이 된다. 따라서 신뢰도는 SCM의 성공요소로서 중요한 척도이며, 협력관계를 유지하는데 매우 중요한 요소이다.

신뢰도는 짧은 시간에 형성되는 것이 아니며 장시간 축적된 요인으로 쌓여가는 특징이 있는데, SCM은 신뢰도 향상 노력을 지속적으로 수행할 수 있게 해 준다. 신뢰도가 높은 기업의 정보는 친근감과 긍정적인 기업의 이미지를 구축할 수 있다.

신뢰도는 기업들이 시장에서 고객들을 대상으로 한 경영활동의 결과물이며, 기업이 고객들과 오랜 기간 동안 우호적인 관계를 통하여 쌓여 온 소중한 가치인 만큼 기업이 신뢰도를 높일 수 있는 모든 방법을 강구하여야 한다.

제 12 장

수요예측

기업경영 시스템은 내부와 외부 환경의 영향을 크게 받기 때문에 환경변화를 미리 내다보고 이에 대비하지 않는다면 목표를 명확히 설정할 수 없을 뿐만 아니라 성공에 대한 가능성도 낮아진다. 그러므로 기업의 미래를 예측하는 일 중에서 특히 수요를 예측하는 것은 매우 중요하다.

기업이 소비자가 원하는 제품을 적시에 공급하기 위해서는 수요에 대한 정확한 예측이 필요하다. 그러나 기업환경은 매우 복잡하고 동태적으로 변하고 있기 때문에 예측은 쉬운 일이 아니다.

그러므로 미래를 신속·정확하게 예측하여 소비자가 원하는 제품과 서비스를 공급할 수 있는 능력은 기업의 경쟁력을 의미한다. 또한 예측은 모든 생산활동의 토대가 되는 가장 중요한 시작점이 된다.

제12장에서는 수요예측의 개념과 중요성 및 특성, 수요예측의 종류, 활용방법, 예측에서 발생되는 오차의 측정 및 통제방법을 소개한다.

제1절 수요예측의 이해

01 수요예측의 개요

1) 수요예측의 개념과 중요성

예측(forecasting)이란 불확실한 미래의 사건이나 상태가 어떻게 될 것인가를 객관적인 입장에서 추정하는 것으로, 그 결정에는 항상 위험(risk)이 따른다. 이러한 예측을 기업의 미래수요를 추정하는 활동에 적용하는 것이 수요예측(demand forecasting)이다. 즉 생산하고자 하는 제품이나 서비스가 미래에 어느 정도 팔릴 것인가를 추정하는 것이다.

기업은 수요예측의 결과에 의해서 생산량을 결정하고, 원·부자재, 기계설비, 노동력의 크기 등을 결정한다. 즉 제품이나 서비스에 대한 수요예측을 토대로 생산계획, 인력계획, 시설계획, 자재계획, 구매계획, 판매계획, 재무계획 등을 수립하게 되는 중요한 과정이다. 그러나 갈수록 수요예측을 하는 과정에 고려해야 할 변수가 많아지고, 불확실성 및 위험성이 높아지고 있기 때문에 쉽지 않은 결정과정이다.

만약 수요예측을 잘못하여 필요 이상의 양을 생산하거나 수요량 보다 적은 양을 생산한다면 바로 기업의 손실로 이어지게 되기 때문에 기업은 가급적 수요에 근접하는 예측값을 구하여 가장 합리적인 생산활동이 이루어지도록 해야 한다.

기업에서 행하는 수요예측의 과정에서는 예측의 정확도를 높여 수요와 공급을 일치시키는 것이 가장 이상적이지만 고려해야 하는 변수가 갈수록 많아지고, 동태적으로 변하고 있기 때문에 어려운 점이 매우 많다. 최근에는 빅 데이터(Big Data)를 활용하여 수요예측에 필요한 정확한 정보를 쉽게 확보할 수 있다.

정확한 수요예측으로 기대할 수 있는 이점은 다음과 같다.

① 생산계획 및 자본, 판매 등 전반적인 모든 경영계획의 기초자료를 제공한다.
② 불필요한 자원(인력, 기계설비, 원·부자재 등)의 손실을 예방하고 생산능력을 최대한 활용할 수 있다.
③ 생산에 필요한 생산자원과 고용을 안정적으로 확보할 수 있다.
④ 적정한 수준의 원·부자재 및 완제품의 재고를 유지할 수 있기 때문에 과다재고 및 재고

부족으로 인한 비용손실을 줄일 수 있다.

⑤ 고객요구(수량, 시기 등)의 적시공급으로 고객만족과 서비스를 개선할 수 있다.

⑥ 합리적인 물류 및 창고관리가 가능하다.

2) 수요예측 기간

수요예측은 [그림 12-1]과 같이 각종 생산의사결정의 기초자료를 제공한다. 장기적으로 제품설계, 공정설계, 입지결정, 생산능력계획 등 전략적 의사결정에 이용되고, 중기적으로는 총괄생산계획, 단기적으로는 총괄생산계획에 따른 세부일정계획의 수립, 자재 및 재고관리의 기초자료를 제공한다.

[그림 12-1] 수요예측과 생산계획

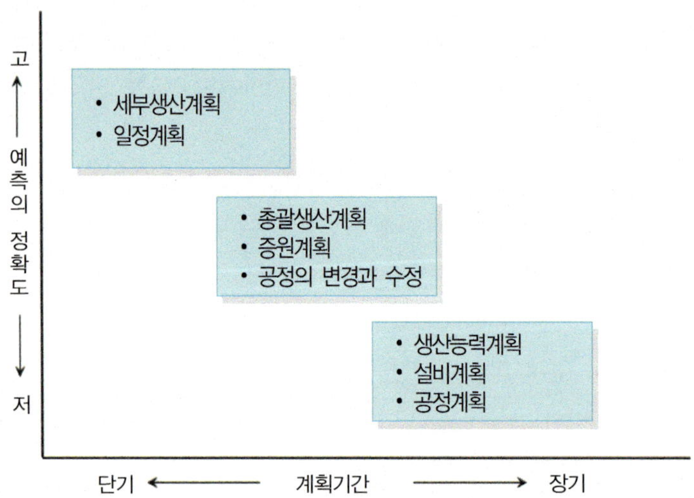

수요예측기간을 명확히 구분하기가 쉽지는 않은데, 그 이유는 소비자의 다양한 욕구와 함께 제품의 수명주기(PLC : Product Life Cycle)가 갈수록 짧아지기 때문이다.

일반적으로 예측은 ① 단기예측(1~6개월 이하), ② 중기예측(6~12개월), ③ 장기예측(1~2년 이상)으로 구분하지만, 급변하는 경영환경으로 갈수록 짧아지고 있으며 업종이나 제품에 따라 각각 다르게 설정할 수 있다.

자본집약도가 높거나 리드타임이 긴 업종(조선, 항공기, 원자력발전, 건설 등)은 장기수요예측이 중요하지만, 소비자의 욕구가 자주 바뀌는 유행품은 예측기간을 짧게 잡아야 한다.

02 수요예측의 속성과 실행단계

1) 수요예측의 속성

수요를 예측하는 기법은 매우 다양하며 각 기법마다 서로 다른 독특한 특성을 가지고 있다. 그러나 모든 예측기법의 공통적인 속성은 다음과 같다.

① 모든 예측기법은 과거의 인과관계나 추세가 미래에도 지속될 것이라고 가정한다. 예를 들어 이동평균법과 지수평활법은 과거의 경향이 그대로 지속된다는 것을 전제로 하며, 회귀분석기법은 과거의 함수관계가 미래에도 지속된다는 것을 전제로 한다.

② 예측은 불확실한 미래를 추정하는 것이므로 어떠한 기법이든 완벽한 예측은 불가능하다. 그 이유는 다양한 요인들이 예측결과에 영향을 미치기 때문이다. 그러므로 예측에는 언제나 예측오차가 발생할 수 있다는 점을 수용해야 한다.

③ 독립수요(완제품)에 대한 예측보다 종속수요(부품)에 대한 예측의 정확도가 더 높다. 그 이유는 독립수요는 불확실성이 높은 시장의 예측이며, 종속수요는 독립수요에 의해 결정되기 때문이다.

④ 어떤 예측기법도 우연변동(random variation)을 예측할 수는 없다. 우연변동은 사람이 통제할 수 없는 원인(돌발적인 경제불황, 자연재해, 전쟁, 테러 등)에 의하여 불규칙적으로 발생하는 것이기 때문이다. 따라서 우연원인의 영향이 클수록 예측의 정확도가 낮아진다.

⑤ 예측의 정확도는 예측 대상기간에 영향을 받는다. 만약 예측하고자 하는 기간이 길면 예측의 정확도는 떨어질 수 있다. 일반적으로 장기예측보다 중기예측, 중기예측보다 단기예측의 정확도가 더 높다.

⑥ 다양한 예측기법 중에서 어느 특정한 기법의 정확도가 높거나 우수하다고 평가하기 어렵다. 왜냐 하면 예측 대상이나 용도에 따라 그에 맞는 적절한 기법을 선택하여 사용하는 것이기 때문이다.

⑦ 정보통신기술(ICT)의 발전은 수요예측기법의 혁신을 가져오고 있는데, 이 방법들은 과거

의 전통적인 수요예측기법에 비하여 시간과 비용을 단축하면서 정확도는 훨씬 뛰어난 기법들이다.

2) 수요예측의 실행단계

수요예측을 실행하는 단계는 일반적으로 [그림 12-2]와 같이 7단계를 거쳐 이루어진다. 각 단계의 특징을 설명하면 다음과 같다.

[그림 12-2] 수요예측의 단계

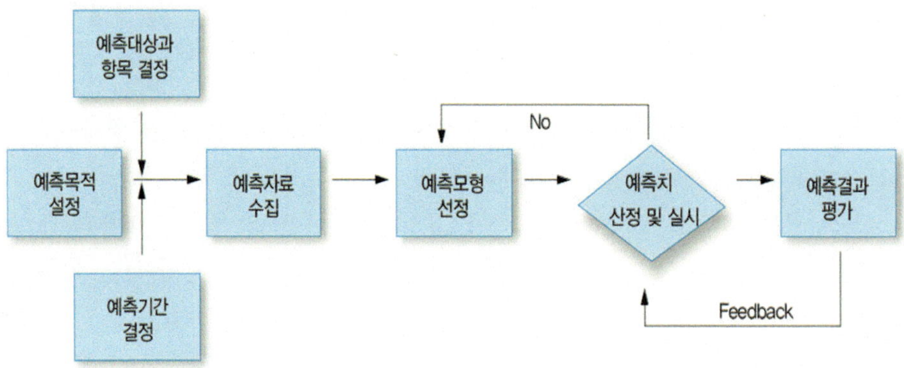

(1) 예측목적의 설정

예측하고자 하는 예측품목에 따라 세부적인 현황과 특성 및 예측목적을 분명하게 설정한다. 예측목적에 맞는 예측 값의 산정을 위해 객관적이고 정확한 모든 자료를 확보하는 것이 가장 중요하다.

(2) 예측 대상과 항목의 결정

예측 대상과 항목은 수요예측의 방법과 절차를 결정하는데 매우 중요한 영향을 미치는 요소로서, 예측 대상 품목의 결정, 목표고객의 구매욕구 분석, 예상되는 목표고객의 숫자 등을 결정하는 것이다.

(3) 예측기간의 결정

예측기간은 예측에 소요되는 비용과 예측의 정확성 등에 영향을 미치기 때문에 기업의 여러 가지 상황과 예측품목에 맞는 예측기간을 단기·중기·장기로 결정한다. 그러나 아주 단기간에 순간적으로 기동력을 요하는 예측이 발생하는 경우도 많다.

(4) 예측에 필요한 자료의 수집

수요의 결정요인(항목)에 영향을 미치는 광범위한 자료를 최대한 많이 수집한다. 예를 들면 기술의 변동 가능성과 추이, 자사의 매출액과 추이, 경쟁사의 매출액과 추이, 판매전략, 경쟁우위요소, 목표시장과 목표고객의 가치관 변화 및 인구 통계학적인 자료, 모방과 유사제품의 출현 가능성 등에 관한 자료를 수집한다.

(5) 적합한 예측기법의 선택

예측업무 담당자의 기법 활용능력, 가용 가능한 자원, 예측기법의 용도 그리고 자료의 신뢰도 등을 고려하여 상황에 맞는 예측기법을 결정한다. 예측기법은 정성적 방법 혹은 정량적 방법으로 크게 나누어지는데, 예측을 위해 수집된 자료의 양과 신뢰성 등에 의해 예측방법을 결정하여야 한다.

(6) 예측 값의 산정 및 실시

선택한 예측기법을 활용하여 예측 값을 산출하되, 가급적 예측오차가 크지 않도록 관리하는 것이 중요하다. 이를 위해서 선행단계의 예측방법을 결정하는 것과 함께 예측치를 산정한 후 정확도를 높이기 위한 시뮬레이션을 행하는 것이 필요하다.

(7) 예측결과의 평가

예측 값을 실행하고 결과를 검토하는 과정이 필요하다. 예측 값의 평가는 예측 값과 결과 값을 비교해 예측의 정확도와 예측오차를 판단하는 것이다. 이 과정에 오류가 있으면 오류의 원인을 분석하여 앞의 단계로 피드백하여 수정하여야 하며, 그 내용을 다음의 예측활동에 포함시켜야 한다.

03 수요의 변동요인

1) 수요의 시계열변동

기업에서 생산하는 대부분의 제품이나 서비스에 대한 수요의 패턴은 [그림 12-3]과 같이 시계열(time series : 같은 현상의 반복적인 관찰 값을 발생순서대로 나열한 것)로 관찰되는 경우가 많다. 수요의 시계열변동은 일반적으로 추세요인, 순환요인, 계절요인, 우연요인의 네 요인으로 구분한다.

[그림 12-3] 시계열변동의 유형

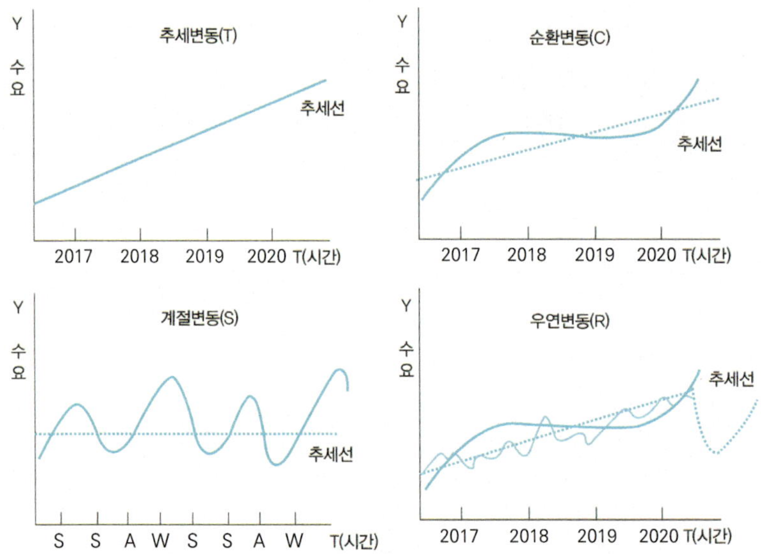

(1) 추세요인

추세요인(trend component)은 장기적이며 점진적인 변동을 의미하는 경우가 많은데, 예컨대 인구증가, 소득수준의 변동, 무역의존도 등과 같이 추이가 장기적으로 일정기간 동안 변동을 보여주는 경우이다. 이러한 변동은 약간의 증가 또는 감소추세도 있지만, 어느 한 방향으로 일관되게 꾸준한 상승, 하강 또는 수평화 하는 경향을 나타낸다. 추세요인은 등락이 반복되지 않는다는 점에서 주기적 변동과 구분된다.

(2) 순환요인

순환요인(cyclical component)은 보통 1년 이상의 주기로 반복되는 파도모양의 움직임을 나타내는 변동을 의미한다. 순환변동의 대표적인 요인은 거시경제와 같은 경기변동(business cycle : 경기의 하강, 침체, 회복, 활황), 정치적 요인, 제품의 수명주기(product life cycle) 등이 이에 해당한다. 순환변동은 그 주기와 진폭이 일정하지 않기 때문에 현시점이 순환 사이클의 어느 국면(상승, 하강)에 위치하고 있는가를 파악하여 예측에 반영한다.

(3) 계절요인

계절요인(seasonal component)은 제품 및 서비스의 수요가 기후, 전통, 생활관습 등의 원인에 의하여 순환주기로 반복되는 변동을 의미한다. 예컨대 여름철에 냉방기나 빙과류의 수요가 급격히 증가하다가 겨울철에는 수요가 낮아지는 경우, 여행 및 레저관련 상품(운송, 숙박, 패밀리 레스토랑 등)과 같이 평일보다 주말에 이용이 증가하는 경우, 패스트푸드나 식당이 시간대별로 이용자가 다른 경우 등이다.

계절변동은 보통 일정기간을 주기로 규칙적으로 반복되기 때문에 순환변동에 비해 예측하기가 상대적으로 용이하다.

(4) 우연요인

우연요인(random or irregular component : 불규칙요인)은 우발적이고 불규칙한 사건의 발생으로 나타나는 불규칙한 변동을 의미한다. 우연변동은 예측하기가 매우 어려운데, 체계적으로 패턴화하기 어렵고 예측할 수 없는 돌발적인 요인으로 변동이 이루어지기 때문이다. 일반적으로 수요예측에 영향을 주는 돌발적인 사건은 전쟁, 천재지변(자연재해 : 태풍, 폭우, 지진, 가뭄 등), 화재 등이다.

2) 시계열 분석법

현실적으로 실제수요($\hat{y}$)는 [그림 12-4]와 같이 추세(t), 순환(c), 계절(s), 우연(r 혹은 i)의 네 요인이 결합하여 이루어진다고 할 수 있다. 이와 같은 수요의 결합형태는 덧셈모형(additive model)과 곱셈모형(multiplicative model)의 두 가지 가정이 있다.

[그림 12-4] 시계열 변동의 분석

덧셈모형(가법모형)은 수요를 각 요인의 합으로 보는 것이다. 이는 변동의 크기가 각 기간별로 일정한 경우에 이용되며, t, c, s, r은 모두 $\hat{y}$와 동일한 단위로 표시된다.

$$\hat{y} = t + c + s + r(\text{혹은 } \gamma),\ (\gamma : t, c, s\text{를 제외한 잔차를 의미})$$

곱셈모형(승법모형 : 비례모형)은 네 가지 요인이 곱셈형태로 결합되는 것으로 변동의 크기가 각 기간별로 차이가 있는 경우에 이용된다. 단위표시는 추세치(t)만 실제값으로 표시하고, 다른 요인은 추세치의 비율(%)로 표시된다(예 : 순환요인은 90% 또는 0.9로 표시).

일반적으로 추세요인은 선형(직선)이지만, 비선형(곡선)일 수도 있기 때문에 시계열에서는 곱셈모형을 더 많이 사용한다. 곱셈모형의 식은 다음과 같다.

$$\hat{y} = t \times c \times s \times r\ \ (\gamma : \text{잔차})$$

선형추세선은 최소자승법으로 구할 수 있는데, 자세한 계산방식은 회귀분석법에서 다루기로 한다.

04 예측기법의 종류

수요를 예측하는 기법은 [그림 12-5]와 같이 크게 정성적 예측기법(질적 예측기법)과 정량적 예측기법(양적 예측기법)으로 구분된다. 정성적 예측기법은 예측자의 전문지식과 경험을 토대로 한 주관적 판단에 의한 예측기법이고, 정량적 예측기법은 계량모형이나 객관적 자료를 이용하여 판단하는 예측기법이다.

두 기법의 특징 및 내용을 살펴보면 다음과 같다.

[그림 12-5] 수요예측기법

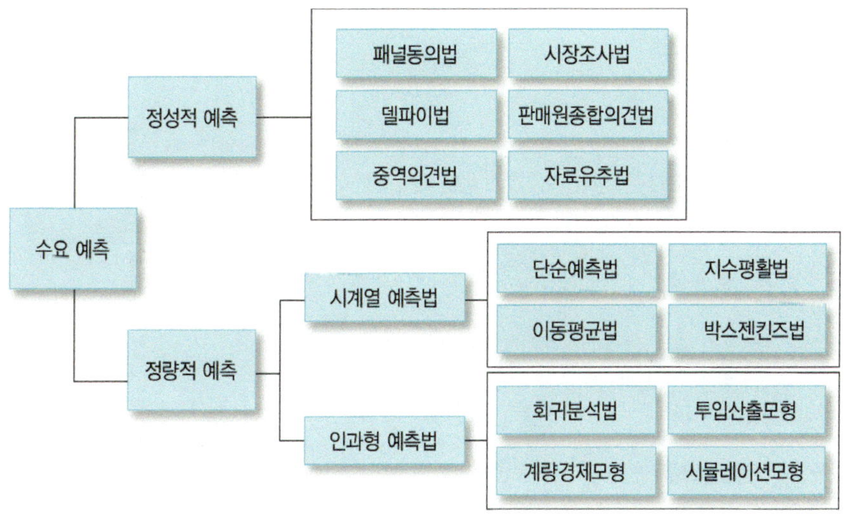

1) 정성적 예측기법의 특징

정성적 예측기법(qualitative forecasting method)은 예측자의 경험이나 전문지식을 바탕으로 하는 주관적인 예측방법이다. 이는 주로 생산능력계획, 공정설계, 작업장 관리 등의 의사결정을 할 때와 같이 경험이 중요한 비중을 점하는 경우에 많이 사용된다. 또한 과거의 관련 데이터나 예측자료가 부족한 경우, 경험이 과거의 수요패턴보다 중요한 경우, 신속한 의사결정을 해야 하는 경우 등에 이용된다. 예컨대 장래의 기술예측이나 신제품의 수요예측 등은 관련자료 확보가 쉽지 않기 때문에 전문가의 경험이나 견해와 같은 주관적 요소를 사용하는 질적 접근방법을 이용한다.

정성적 예측기법은 예측자의 개인적 능력과 경험 및 전문지식 등에 크게 의존하기 때문에 동일한 상황에서도 예측치가 달라질 수 있으며, 예측의 정확성을 객관적으로 평가할 수 없는 단점이 있다.

정성적 예측기법의 대표적인 기법으로는 패널동의법, 델파이법, 시장조사법, 판매원종합의견법, 중역의견법, 라이프 사이클 유추법(자료유추법) 등이 있는데, 그 특징은 〈표 12-1〉과 같다.

〈표 12-1〉 정성적 예측기법의 특징

구분		델파이법	시장조사법	라이프 사이클 유추법	전문적 판단(패널동의)
모형 개요		전문가들이 질문에 대하여 익명으로 회답한다. 집계된 회답을 다시 참가자에게 피드백 한다. 이 과정을 계속 반복하여 예측 값을 얻는다.	시장에 관한 데이터를 수집하기 위한 패널, 앙케이트, 테스트마켓, 실태조사 등을 활용한다.	유사품목의 라이프 사이클에 근거를 둔 예측으로서 S형의 판매성 장곡선을 사용한다.	개인 또는 집단의 경험, 직감, 사실을 토대로 예측한다. 정밀한 방법을 사용하지 않는다.
용도		생산능력 또는 설비계획을 위한 장기판매예측, 기술예측 등	회사총매출, 제품그룹별 매출, 개별제품 매출의 예측	생산능력 또는 설비계획을 위한 장기수요예측	총매출 및 개별제품매출의 예측
정확도	단기	보통~매우 양호	매우 양호	빈약	빈약~보통
	중기	보통~매우 양호	양호	보통~양호	빈약~보통
	장기	보통~매우 양호	보통	보통~양호	빈약~보통
전환점의 예측		보통~양호	보통~양호	빈약~보통	빈약~보통
예측비용		보통~높음	높음	보통	낮음

출처: J. C. Chambers, S. K. Mullick, and D. D. Smith, "How to Choose the Right Forecasting Technique," Harvard Business Review, July-August 1971, pp.55~56.

2) 정량적 예측기법의 특징

정량적 예측기법(quantitative forecasting methods)에는 신뢰할 수 있는 과거의 객관적 자료나 계량모형을 이용하여 예측하는 방법인데, 시계열 예측기법과 인과형 예측기법이 있다.

시계열 예측기법은 과거의 시계열 데이터의 형태(pattern)가 미래에도 지속된다는 가정 하에 예측하는 방법으로, 수요패턴이 비교적 안정되어 있는 단기 · 중기 예측에 적합하다. 시계열 예측에서 자주 이용되는 기법은 이동평균법, 지수평활법, 박스젠킨즈법 등이다.

인과형 예측기법은 함수관계를 나타내는 모형을 사용하여 변수 간의 상호 의존 및 인과관계를 이용하여 예측하는 방법으로, 시계열 예측보다 더 정확한 결과를 기대할 수 있고, 중 · 장기 예측에 자주 이용된다. 인과형 예측기법의 대표적인 방법에는 회귀분석, 계량경제모형, 투입산출모형, 시뮬레이션모형 등이 있다.

예컨대 자동차의 판매수요(종속변수)는 자동차의 특성(가격, 디자인, 연비, 안전도 등), 소득, 경기상황, 광고비 등과 같은 독립변수 등에 의하여 결정되며, 그 영향력의 크기를 통계학적으로 처리하여 수요의 예측값(결과)을 구하는 것이다.

몇 가지 정량적 예측기법의 특징을 소개하면 〈표 12-2〉와 같다.

〈표 12-2〉 정량적 예측기법의 특징

항목 \ 모형종류		이동평균법	지수평활법	계량모형	박스 · 젠킨즈
모형 개요		일정 기간의 산술평균(이동평균법)이나 가중평균(가중이동평균법)에 의하여 예측한다	이동평균법과 유사하지만 최근의 데이터에 더 큰 가중치를 부여함. 다품목예측에 적합	회귀분석에 의한 시계열 데이터에 맞춘 선형 · 비선형모델(추세모델, 다항식모델, 대수선형모델 등)	자기상관법에 의하여 시계열의 기본특징을 판별하는데 최적합화 된 모형
용도		재고, 생산, 일정계획 등 모든 영역의 단 · 중기 예측	이동평균법과 동일함	이동평균법과 동일하지만, 제한적으로 사용(비용 때문에)	비용이 많이 소요되므로 극히 정확한 단기예측을 요하는 경우에 한정된다
정확도	단기	빈약~양호	보통~매우 양호	극히 양호	매우 양호~우수
	중기	빈약	빈약~양호	보통~양호	보통~양호
	장기	극히 빈약	극히 빈약	극히 빈약	극히 빈약
전환점의 예측		빈약	빈약	빈약	빈약
예측 비용		낮음	낮음	낮음~보통	보통~높음

출처: J. C. Chambers, S. K. Mullick, and D. D. Smith, "How to Choose the Right Forecasting Technique," Harvard Business Review, July–August 1971, pp.55~56.

제2절 정성적 예측기법과 정량적 예측기법

01 정성적 예측기법

1) 중역의견법

중역의견법(executive opinions method)은 기업의 생산, 마케팅, 재무, 기술담당 최고경영자들이 모여서 집단적으로 의견을 수렴하여 미래를 예측하는 방법으로 주로 기업의 장기계획이나 사업의 방향선택, 총판매량, 신제품개발 등과 관련된 예측에 많이 이용된다.

중역의견법의 대표적인 특징은 다음과 같다.

① 풍부한 경험과 전문지식을 활용할 수 있다.
② 다양한 분야의 경영자들이 참여하기 때문에 극단적인 오류를 피할 수 있다.
③ 구성원 중에 영향력이 큰 사람의 의견에 좌우될 위험이 있다.
④ 여러 사람이 참여하기 때문에 예측오류 시 책임소재가 불분명하다.

2) 시장조사법

시장조사법(market survey method)은 면담이나 설문지 등으로 소비자의 의견을 조사하여 시장에 관련된 모든 정보나 자료를 수집하는 방법이다. 이 기법은 수요결정에 직접 영향을 미치는 소비자로부터 정보를 얻기 위한 방법이므로 소비자조사법(consumer surveys)이라고도 한다. 조사대상은 일반소비자, 특정 고객, 도 · 소매업자 등 매우 다양하며, 조사방법은 앙케이트(서면, 전화), 면접, 소비자패널(consumer panel), 테스트마켓, 소셜 미디어(social media) 등을 이용한다. 정보통신기술(ICT)의 발달로 갈수록 소셜 미디어를 이용하는 조사방법의 비중이 커지고 있다.

시장조사법의 특징은 다음과 같다.

① 표본조사방법을 이용해 자료를 처리하기 때문에 조사의 설계, 실시, 결과의 분석에 대한 전문적인 통계지식이 필요하다.
② 시장의 경기상황을 예측하는 단기예측에 많이 이용된다.

③ 다른 기법에 비해 비용과 시간이 많이 소요된다.

④ 시장조사를 통해 수요에 대한 양적인 자료뿐만 아니라 질적인 정보(소비자의 심리, 선호, 구매동기 등)도 얻을 수 있는 객관적인 방법이다.

⑤ 응답자의 태도에 따라 자료나 결과 값이 달라질 수 있다. 예컨대 소비자의 응답률이 낮아 신뢰할 만한 결과를 얻지 못하거나 소비자가 실제의 행동과 일치하지 않은 의견을 표시하는 경우이다.

3) 판매원 종합의견법

판매원 종합의견법(sales force composite method)은 소비자와 직접 접촉하는 일선 판매원(영업사원)이 소비자에 대한 속성을 가장 잘 알고 있다는 것을 전제로 한다. 그러므로 판매원들의 의견이나 예측치를 종합해서 전체수요를 예측한다.

그러나 판매원들이 수집한 정보에는 다음과 같은 몇 가지 단점이 있다.

① 판매원의 예측은 최근 동향에 지나치게 지배되는 경향이 있다. 예컨대 최근 몇 주간의 판매결과가 부진하였다면 비관적인 예측을 하고, 매출이 높은 경우에는 낙관적인 예측을 할 수도 있다.

② 판매원은 자신의 이해관계와 맞물릴 경우 의도적으로 예측을 조정하는 경향이 있다. 즉 예측이 자신의 매출액 할당량과 연결된다면 자신에게 유리하게 의도적으로 과소예측을 하는 경향이 있다.

③ 판매원들의 예측정확도가 떨어지는 경우가 많다. 예컨대 판매원들은 소비자의 구매의사를 파악할 수는 있으나 실제 구매로 이어지지 않는 경우도 많다.

④ 자신의 경험을 지나치게 과대평가하면 객관적인 결과를 기대할 수 없다.

⑤ 우수한 판매원이라고 예측의 정확도가 반드시 높은 것은 아니다. 판매원의 판매능력이 뛰어나도 예측능력이 부족한 경우가 있기 때문이다.

4) 델파이법

델파이법(delphi method)이란 관련분야에 전문적인 지식과 능력을 갖춘 다수 전문가들의 예측치를 종합해 판단하는 방법이다. 즉 익명(匿名)으로 응답한 결과를 취합한 후 통계적으로 분석하고 회신해 가면서 체계적으로 압축하여 일치된 예측치를 도출하는 것이다.

이 기법은 1960년대 헬머(O. Helmer)에 의해서 개발된 것으로, 원래 기술예측을 위한 기법으로 개발된 것이지만 예측에 필요한 자료가 부족하거나 장기적 변화, 기업환경예측, 신제품 수요 및 기술예측, 문제해결기법 등을 예측할 때에도 널리 이용되고 있다.

델파이법은 다수의 전문가를 패널로 구성한 후 다음과 같이 진행한다.

① 조정자(coordinator)를 선정한다. 조정자는 예측에 필요한 문제의 제시, 전문가 선정 그리고 패널들의 의견을 취합하여 분석하고 조율하는 역할을 한다.
② 조정자는 전문가 패널을 선정한 후 예측관련 질문을 전문가들에게 발송한다.
③ 전문가들은 익명으로 자신들의 예측(의견)을 조정자에게 제출한다. 이때 전문가는 자신의 예측에 대한 근거나 설명을 부가할 수 있다.
④ 조정자는 전문가들이 응답한 결과(예측내용, 예측근거 등)를 취합해 통계적으로 분석한 후 결과를 전문가들에게 다시 발송한다.
⑤ 전문가들은 1차 예측결과를 토대로 새로운 예측을 조정자에게 제출한다.
⑥ 전문가들의 의견이 일치할 때까지 ④, ⑤의 과정을 반복한다.

델파이법은 전문가의 지식과 경험을 익명으로 종합하는 방법이기 때문에 대세에 편승하는 경향(bandwagon effect)이나 타인의 영향력에 지배될 확률이 낮다. 그러므로 전문가들은 소신 있게 자신의 의견(예측치)을 제시할 수 있다는 장점이 있다.

그러나 델파이법은 다음과 같은 단점을 가지고 있다.

① 예측에 필요한 설문지를 작성하는데 어려움이 따른다.
② 익명으로 의견이 제시되므로 무책임하게 예측을 할 수 있다.
③ 시간과 비용이 많이 소요될 수 있다. 응답결과에 대한 피드백 과정을 반복하고 의견을 일치시켜야 하기 때문이다.
④ 의견일치를 위한 시간이 많이 걸리기 때문에 담당자나 패널이 바뀌는 경우가 있다.

5) 패널 동의법

패널 동의법(panel consensus)은 패널(전문가)을 구성하여 의견을 교환하고 토론한 후 이들의 의견을 모아서 예측치로 활용하는 방법이기 때문에 전문가 의견법, 위원회 동의법이라고도 한다. 이 방법은 여러 사람이 함께 의견을 교환하고 토의한 예측을 반영하기 때문에 한 사람의 의견보다는 합리적이라는 가정에서 시작한다.

패널 동의법의 특징을 소개하면 다음과 같다.

① 다양한 계층과 다양한 사람들(경영자, 소비자, 영업사원 등)로 패널을 구성해 그들의 지식과 경험을 종합한다.
② 패널이 한 자리에 모여 공개적으로 예측에 관한 문제를 논의할 수 있다.
③ 다수결에 의해 예측을 결정한다.
④ 비교적 단기간에 결과를 도출하기 때문에 비용과 시간을 절약할 수 있다.
⑤ 권위있는 패널의 영향력이나 대세에 의해 예측치가 좌우될 우려가 있다.

6) 라이프 사이클 유추법

라이프 사이클 유추법(life-cycles analogy)은 자료유추법(historical analogy)이라고도 하는데, 이 기법은 기존자료가 없는 신제품 개발의 예측에 많이 이용된다. 이 기법은 제품의 수명주기(PLC : Product Life Cycle)인 도입, 성장, 성숙, 쇠퇴기의 단계를, 신제품과 유사한 기존제품이나 경쟁사제품의 과거 라이프 사이클 자료를 참고하여 미래수요를 유추하는 것이다.

예를 들면 무인 자동차의 수요예측 시 전문가들이 무인 자동차가 전기 자동차와 동일한 형태의 라이프 사이클을 그릴 것이라 전망하거나, LED TV의 수요는 컬러 TV와 동일한 제품수명주기의 특성을 가지고 성장할 것이라고 수요를 유추하는 것이다.

라이프 사이클 유추법의 특징은 다음과 같다.

① 신제품 및 서비스의 라이프 사이클이 유사제품의 과거 자료와 비슷한 형태를 따를 것이라 가정하고 있다.
② 중기·장기의 수요예측에 적합하고, 예측과 관련된 소요비용이 적게 든다.
③ 예측에 활용된 유사제품의 속성이 신제품예측의 정확도에 영향을 미친다.

02 정량적 예측기법

정량적 예측기법(계량적 예측기법)은 과거의 자료를 기초로 미래의 예측값을 구하는 방법이다. 시계열분석과 인과모형이 대표적이다.

1) 시계열 예측기법

시계열 예측기법(time-series analysis method)은 시계열(시간, 일, 주, 분기, 년 등의 시간간격)로 구해진 과거의 관찰자료(수요량, 매출액, 이익, 생산수량 등)에서 그 추세나 경향을 파악하여 미래의 수요를 예측하는 방법이다.

데이터에서 찾아볼 수 있는 어떤 규칙성이나 경향 및 특징(상승경향, 계절성 등)이 미래에도 반복될 것이라 가정하기 때문에 경영환경이나 수요구조에 큰 변동이 있을 때는 정확한 예측을 기대할 수 없다. 따라서 시계열 예측기법은 환경조건이 비교적 안정되어 있는 단기 또는 중기예측에 적합하다.

시계열 예측법에는 단순예측법, 이동평균법, 지수평활법, 시계열분해법, 박스젠킨즈법 등이 있다.

(1) 단순예측법

단순예측법(naive forecasts method)은 가장 최근의 실제 수요량(관측값)을 다음 기(期)의 예측값으로 사용하는 방법이다. 만약 전월(8월)의 수요가 500이었다면 당월(9월)의 수요를 500으로 예측하는 가장 단순한 방법이다. 단순예측법은 가까운 미래는 현재와 크게 다르지 않을 것이라는 사고에 근거하므로 다음과 같은 특징을 가지고 있다.

① 예측방법은 매우 단순하고 이해하기 쉽다.
② 수요예측을 위한 비용과 시간이 거의 들지 않는다. 보통 이 기법은 다른 예측기법과 병행해서 이용되거나 다른 예측기법의 결과와 비교기준으로 사용되기도 한다.
③ 기법의 단순함에 비해 비교적 정확도가 높은 편이다. 예컨대 단순예측법을 일기예보에 적용해 보면 오늘의 날씨가 내일의 날씨와 비슷할 것이라는 예측은 적중률이 매우 높은 편이다.
④ 단순예측법의 원리는 추세요인이나 계절요인을 예측에 반영하는 방법으로도 이용될 수 있다. 즉 2월의 수요가 1월의 수요보다 100만큼 증가하였다면, 3월의 수요도 2월의 수요보다 100만큼 증가할 것이라 예측을 한다.
⑤ 계절성이 강한 제품수요의 예측에도 매우 유용하다. 예컨대 올여름의 냉방기 수요는 작년 여름의 수요를 근거로 예측할 수 있다.

(2) 이동평균법

이동평균법(moving average method)이란 비교적 간편한 예측기법으로서 안정된 시계열(현저한 추세변동이나 계절적 변동이 없는)의 단기예측에 적합하다. 대부분의 시계열은 어느 정도의 우연변동이 포함되어 있기 때문에 신뢰도가 낮아지지만 이동평균법은 이와 같은 우연변동을 제거하여 시계열의 본래 장점을 활용할 수 있다.

이동평균법은 단순이동평균법과 가중이동평균법이 많이 이용된다.

(가) 단순이동평균법

단순이동평균법(simple moving average method)은 일정기간 동안의 과거 데이터(실제의 수요값)를 임의로 몇 개의 기간으로 묶어 산술평균을 구하고, 이 평균값을 바로 다음 기간의 수요 예측값으로 설정하는 방법이다. 단순이동평균법은 과거 n기간의 실제 수요값에 동일한 가중치를 부여한다.

단순이동평균법은 다음과 같이 표현된다.

$$MA_n(F_t) = \frac{\text{최근 } n\text{기간의 총 수요}}{\text{사용된 기간의 수}} = \frac{D_{t-1} + D_{t-2} + \cdots + D_{t-n}}{n} = \frac{\sum_{i=1}^{n} D_{t-i}}{n}$$

단, Ft : t기의 수요 예측값

$MA\,n$: n기간의 이동평균

$Dt\text{–}i$: t기간부터 i기간 직전의 실제 수요

n : 이동평균값을 구하기 위한 기간의 수

다음 〈표 12–3〉은 한국대리점의 2019년 월별 휴대폰 판매량 데이터이다. 이를 참고로 과거의 월별 기간(n기=3, 6)들의 실제 수요를 사용하여 단순이동평균법에 의한 수요를 예측한 데이터이다. 3개월 단순이동평균법과 6개월 단순이동평균법으로 월별 수요는 다음과 같이 구할 수 있다.

예를 들어 4월의 수요예측은 직전 3개월 동안 실제 수요량을 이동평균하여 다음과 같이 구할 수 있다.

$$MA_{n(1\text{월}+2\text{월}+3\text{월})} = F_{t(4\text{월})} = \frac{D_1(150) + D_2(140) + D_3(160)}{3} = \frac{450}{3} = 150$$

〈표 12-3〉 한국대리점 월별 휴대전화 판매량 및 수요예측치의 변화(2019년)

판매 / 월(t)	판매량실제치 (D_t)	3개월 단순이동평균			6개월 단순 이동평균		
		3기 이동합	3기 이동평균	예측 (F_t)	6기 이동합	6기 이동평균	예측 (F_t)
1월	150						
2월	140						
3월	160	450	150				
4월	180	480	160	150			
5월	125	465	155	160			
6월	175	480	160	155	930	155	
7월	165	465	155	160	945	158	155
8월	185	525	175	155	990	165	158
9월	190	540	180	175	1,020	170	165
10월	135	510	170	180	975	163	170
11월	170	495	165	170	1,020	170	163
12월	160	465	155	165	1,005	168	170

※ 소수점 첫째자리를 반올림한 값

단순이동평균법은 수요의 변화가 크지 않거나 계절적인 변화의 특성이 잘 나타나지 않을 때 예측에 작용하는 변동을 제거시키는 효과를 가지고 있기 때문에 [그림 12-6]에서 보는 바와 같이 실제수요를 나타내는 그래프는 변동이 심한 편이지만, 이동평균을 했을 때 변동은 비교적 안정적임을 알 수 있다. 그리고 3기간의 이동평균보다는 6기간의 이동평균을 통해 얻어진 예측치가 훨씬 더 안정되어 있다. 그러나 어느 기간만큼(n)의 과거 수요 실제값을 평균해서 예측값을 구할 것인지는 의사결정자가 수요변화에 대한 특성을 고려해서 결정하는 것이 좋다.

단순이동평균법은 기간 수 n이 클수록 변동요인을 상쇄시킬 수 있는 장점이 있지만 수요가 증가하거나 감소하는 추세가 존재할 경우 변화를 반영하는 능력이 떨어진다. 그러므로 수요변화의 특성이 비교적 안정적일 경우엔 n의 기간을 크게 선택하는 것이 바람직하고, 수요변화에 대한 추세 또는 계절성을 가지게 되는 경우엔 n의 기간을 가능한 작게 선택하는 것이 바람직하다. 즉 n의 기간을 작게 선택해 최근의 수요변화를 빠르게 적용하는 것이 안정적인 예측값을 구하게 된다.

[그림 12-6] n(기간) 변화에 따른 수요예측치의 변화 비교

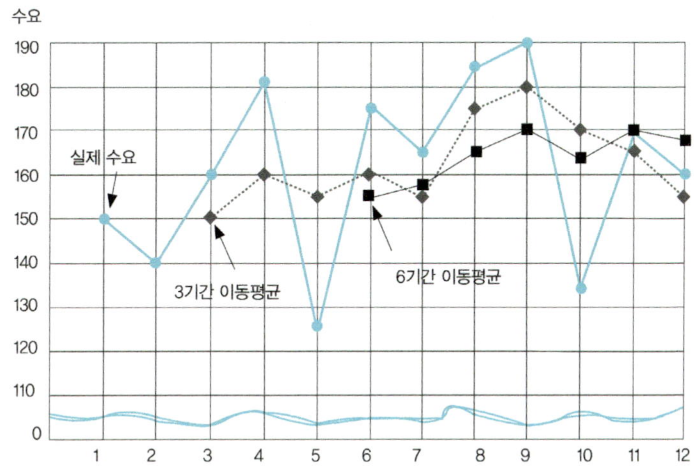

(나) 가중이동평균법

가중이동평균법(weighted moving average method)이란 이동평균 시 예측하고자 하는 기간에 일정한 가중치를 부여하여 평균을 구한 값을 예측값으로 사용하는 방법이다. 즉 이동평균에 사용하는 기간이 가까울수록 예측값에 더 큰 영향을 준다는 가정 하에 현재에 가까운 직전 실제값에 더 높은 가중치를 설정하여 이동평균을 구한다.

적용방식은 단순이동평균법과 기본적으로 같지만, 기간별 가중치를 부여해 차별화한다. 가중치 설정은 최근에 가까운 기간에는 높은 가중치를 부여하고, 먼 기간에는 낮은 가중치를 부여한다.

가중치의 합은 1.00이 되어야 하며, 가중치를 부여하는 방법은 아래와 같다.

$$WMA_n(F_t) = (\text{가중치} \times \text{최근 } n\text{기간의 수요})\text{합계} = \sum_{i=1}^{n} W_{t-i} D_{t-i}$$

$$F_t = (W_{t-1}D_{t-1}) + (W_{t-2}D_{t-2}) + \cdots + (W_{t-n}D_{t-n})$$

단, $W_{t-i}D_{t-i} = t-1\text{기의 가중치} \times t-1\text{기의 실제 수요}$

$W_{t-i} = \text{기간} t-i\text{의 실적치에 대한 가중치}$

$\sum_{i=1}^{n} W_i = 1.0$(즉, 각 기간 실제치에 대한 가중치의 합 '1')

$= 0 \le W_i \le 1$

예측시기와 가까운 기간 순으로 이동평균 수 만큼 가중치를 차례로 부여한다.

예를 들어 앞의 단순이동평균법 사례의 월별 판매량 데이터(<표 12-3>)를 이용하여 3개월 가중이동평균법으로 1, 2, 3월의 실제 수요값을 사용하여 4월의 수요예측을 할 경우, 3월의 수요값×0.5, 2월의 수요값×0.3, 1월의 수요값×0.2로 가중치를 차례로 부여한다. 이를 가중이동평균법으로 나타내면 아래와 같다.

$$\begin{aligned} 4\text{월 예측}(F_4) &= (0.5\times150)+(0.3\times140)+(0.2\times160) \\ &= 75+42+32 \\ &= 149 \end{aligned}$$

가중이동평균법은 단순이동평균법과 마찬가지로 예측에 필요한 직전 실제값에 대해서 비교적 단순한 방법을 사용해서 예측값을 구하기 때문에 계산이 간단하다. 그러나 수요예측 대상 품목이 많거나 이동평균의 길이가 긴 경우에는 언제나 n개 이상의 데이터를 보유하고 있어야 하므로 자료보관이나 갱신에 따른 어려움이 따른다. 예컨대 이동평균이 일별로 30일, 40일 또는 12개월, 24개월 처럼 장기간의 이동평균을 필요로 할 경우 데이터 처리에 제약이 따르는 부담이 될 수 있다.

(3) 지수평활법

지수평활법(exponential smoothing method)은 가중평균이동법의 발전된 형태로서 수요를 예측할 때 직전의 실제값이 예측의 신뢰도를 높인다는 가정으로, 최근의 데이터에 가중치를 지수함수에 따라 크게 부여하기 때문에 지수평활법이라고 부른다. 지수평활법은 사용이 간편해서 단기예측에 많이 이용되고 있으며, 이동평균법에 비해 비교적 적은 데이터를 필요로 한다. 지수평활법에는 단순지수평활법, 추세조정지수평활법, 계절성조정지수평활법 등이 있다.

본서에서는 단순지수평활법과 추세조정지수평활법을 이용한 수요예측 방법에 대해 소개한다.

(가) 단순지수평활법

단순지수평활법(simple exponential smoothing method)은 수요의 예측을 위해 현재의 실제값과 평활상수를 이용한 현재의 예측치 데이터만을 사용해서 예측 값을 구하는 방법이다. 즉 평활상수(smoothing constant, α)를 이용한 당기(예측하고자 하는 현재기간)의 예측값은 전기(직전기간)의 실제판매량과 예측값 두 가지를 이용하여 계산하는 방법이다.

그러므로 이동평균법에 비해 사용하는 데이터의 양이 매우 적어 이용하기 간편하다는 장점을 가지고 있다.

단순지수평활법을 이용한 수요 예측치를 구하는 방법은 두 가지가 있다.

- 방법 1 : 새로운 예측치(F_t) = α(전기 실제치)+$(1-\alpha)$(전기 예측치)

$$F_t = \alpha(D_{t-1}) + (1-\alpha)(F_{t-1})$$

- 방법 2 : 새로운 예측치(F_t) = 전기 예측치+α(전기 실제치−전기 예측치)

$$F_t = F_{t-1} + \alpha(D_{t-1} - F_{t-1})$$

F_t = 당기의 예측값(t기의 예측값)
F_{t-1} = 전기의 예측값($t-1$기의 예측값)
D_{t-1} = 전기의 실제판매량
$\alpha(D_{t-1} - F_{t-1})$ = 전기의 예측오차에 대한 수정 부분)
α = 평활계수($0 \le \alpha \le 1$)

단순지수평활법은 전기의 예측값(F_{t-1}), 전기의 실제 판매량(D_{t-1}), 평활계수(α)의 세 가지 데이터만으로 새로운 예측치를 구하는 것이 가능하다. 위 식에서 $\alpha(D_{t-1} - F_{t-1})$은 전기 예측오차에 대한 수정 데이터로서 평활계수(α)에 의해 수정의 크기가 조정된다.

예를 들면 전기예측이 크기에 따라 과소예측은 양(+)의 값을 수정하고, 과대예측의 경우엔 음(−)의 값을 가진다. 그러므로 의사결정자는 지수평활법을 이용한 경우 평활계수의 크기를 적절하게 사용해야 한다. 평활계수의 크기에 따라 예측값과 실제값의 차이가 달라질 수 있기 때문이다.

평활계수의 특징은 첫째, 수요변화에 해당되는 예측오차의 비율로써 구체적인 설정기준은 없다. 둘째, 0과 1 사이의 지수값으로 일종의 가중치를 의미한다.

예를 들어 한국대리점의 휴대전화 4월의 실제 판매량은 180개였고, 수요예측값은 150개라고 하였을 경우, 단순지수평활법으로 5월의 수요를 예측한다면 다음과 같이 구할 수 있다(단, 평활계수 $\alpha = 0.6$).

- 방법 1 : $F_t = \alpha(D_{t-1}) + (1-\alpha)(F_{t-1})$

F_5(5월의 수요 예측값) = α(4월의 실제 판매량) + $(1-\alpha)$(4월의 수요 예측값)
= 0.6(180) + (1−0.6)(150)
= 108 + 60
= 168개

- 방법 2 : $F_t = F_{t-1} + \alpha(D_{t-1} - F_{t-1})$

F_5 (5월의 수요 예측값) = (4월의 예측값) + (0.6)(4월의 실제 판매량−4월 예측값)
= 150 + (0.6)(180−150)
= 150 + 0.6×30
= 150 + 18
= 168개

(나) 추세조정지수평활법

추세조정지수평활법(trend adjusted exponential smoothing method)은 수요의 변화가 지속적으로 증가하거나 감소하는 경향을 나타낼 때 이를 평활하여 예측에 반영하는 기법이다. 수요의 변화 즉 시계열이 추세를 나타내고 있음에도 불구하고 단순지수평활법을 사용하면 예측치가 시차를 두고 변하기 때문에 예측오차가 커질 수 있다.

예컨대 추세가 증가하는 경우 예측값이 너무 낮게 측정될 가능성이 있고, 추세가 감소하는 경우 예측값은 지나치게 높게 측정될 가능성이 있기 때문에 두 가지 요소(지수평활계수와 추세평활계수)를 반영한 추세조정지수평활법을 이용하는 것이 바람직하다. 이 기법은 단순지수평활법에서처럼 수요변화에 대한 평활과 추세변화에 대한 평활을 적용하기 때문에 이중지수평활법(double exponential smoothing method)으로도 불린다.

추세조정지수평활법에 의한 기간 t의 수요예측값(TF_t)은 다음과 같이 나타낸다.

$$TF_t = F_t + T_t$$
$$F_t = \alpha D_{t-1} + (1-\alpha)(F_{t-1} + T_{t-1})$$
$$T_t = \beta(F_t - F_{t-1}) + (1-\beta)T_{t-1}$$

단, α = 지수평활계수($0 \le \alpha \le 1$)
β = 추세평활계수($0 \le \beta \le 1$)
F_t = t기의 평활화된 예측값
T_t = t기의 평활화된 추세조정치

전기의 평균과 추세는 그 이전의 자료를 활용하여 계산한다. 만약 과거 자료가 없는 경우엔 의사결정자가 경험에 의해 설정한다. 추세평활계수 β의 값은 지수평활계수 α와 유사한 특성을 지닌다. 예컨대 예측값이 클 경우 최근의 추세변화에 보다 민감하게 반응하고, 값이 작을 경우 최근의 추세민감도는 낮아지므로 과거의 추세를 비슷하게 평활하는 경향이 있다. 그러므로 β의 크기는 여러 가지 상황을 고려하여 그에 따른 예측값의 정확성을 비교·분석해서 예측오차가 작게 발생하는 경우를 결정하는 것이 좋다.

예제

〈표 12-4〉에서 보는 바와 같이 한국대리점의 2019년 6월의 휴대전화 판매량에 대한 예측값을 지수평활계수(α)=0.4, 추세평활계수(β)=0.3을 사용하는 추세조정지수평활법으로 구해보면 다음과 같다. 이 때, 2018년 12월 F_t와 T_t는 $t-1$기(2018년 11월)의 수요예측치와 기초 추세조정치를 참고로 계산한 것을 가정한 것이다.

〈표 12-4〉 추세조정지수평활법에 의한 수요예측치의 변화(단, $\alpha=0.4, \beta=0.3$)

판매 / 월(t)	판매량 실제치 (D_t)	예측치(F_t) $\alpha D_{t-1}+(1-\alpha)TF_{t-1}$	추세조정치(T_t) $\beta(F_t-F_{t-1})+(1-\beta)T_{t-1}$	TF_t F_t+T_t
2018년12월	320	350	20	370
2019년 1월	300	350	18	368
2월	320	341	10	351
3월	330	339	6	345
4월	360	339	4	343
5월	380	350	6	356
6월	370	366	9	375

- $F_t=\alpha(D_{t-1})+(1-\alpha)(F_{t-1}+T_{t-1})$

  $F_6=0.4\times380+(1-0.4)\times(350+6)=152+214=366$

- $T_t=\beta(F_t-F_{t-1})+(1-\beta)T_{t-1}$

  $T_6=0.3\times(366-350)+(0.7)\times6=0.3\times16+0.7\times6=4.8+4.2=9$

- $TF_6=F_6+T_6=366+9=375$

2) 인과형 예측기법

인과형 예측기법(causal method)이란 어떠한 현상의 결과는 그 결과가 도출되기까지 영향을 미치는 원인이 반드시 존재한다는 것에서 출발한 것으로, 결과에 대한 원인을 찾는 방식을 적용한 기법이다. 예컨대 소형자동차 매출증감은 경기상황, 유가변동, 실업률 등과 같은 변수에 영향을 받는 것으로서 그 원인을 찾아내어 분석하면 결과로 나타날 변동을 좀 더 쉽고 정확하게 예측할 수 있다.

인과형 예측기법의 기본원리는 결과에 대한 예측의 효과를 잘 나타내는 방정식을 개발하는 것이며, 수요를 시간의 함수로 생각하여 시간을 주요 원인변수로 사용한 시계열분석법과 달리 시간 외의 다양한 변수가 원인변수로서 예측에 영향을 미친다고 보고 있다.

그러므로 이 기법은 시계열 예측기법보다 더 정밀하기 때문에 중 · 장기예측에서 유용하게 활용된다. 그러나 원인변수로 사용되려면 수요와 밀접한 의존관계가 있을 뿐 아니라 수요보다 앞서서 변동하거나 미리 알 수 있는 선행성(先行性)을 갖추어야 하며, 많은 데이터와 비용을 필요로 하는 문제점이 있다.

인과형 예측기법에는 회귀분석법, 계량경제모형, 투입산출모형 그리고 시뮬레이션모형 등이 있으나 가장 일반적으로 이용되는 기본적인 방법은 회귀분석법이다.

(1) 회귀분석법

회귀분석법(regression analysis method)은 상호관계를 가진 두 변수(독립변수와 종속변수) 사이의 의존관계(함수관계)를 나타내주는 수학적 회귀방정식을 구하고 독립변수의 값에 의해 종속변수의 값을 예측하는 기법이다. 두 변수는 예측하고자 하는 변수를 의미하는 종속변수(dependent variable, y : 결과변수)와 종속변수를 예측하기 위해 도입하는 독립변수(independent variable, x : 원인변수)이다.

예를 들어 예측하고자 하는 변수(결과변수)가 소형자동차의 수요량일 경우 수요량이 종속변수이고, 자동차 수요에 영향을 미치는 변수(자동차 수요를 예측하기 위해 도입된 원인변수)인 경기상황, 유가변동, 실업률 등은 독립변수가 된다.

회귀분석법은 독립변수의 개수에 따라 단순회귀분석과 다중회귀분석으로 구분하고 있다.

(가) 단순회귀분석법

단순회귀분석(simple regression analysis method)은 한 개의 독립변수와 한 개의 종속변수 간의 관계를 분석하는 방법이다. 예를 들어 실업률 변화와 자동차 수요량의 변화를 분석하는 것을 단순선형 회귀분석자료로 나타내면 [그림 12-7]과 같다.

이때 직선은 표본점들에 대해 한 개의 직선으로 추정된 것이다. 실제로 자료들의 관측 값은 직선으로 나타내기 어렵기 때문에 관측 값을 하나의 선형(직선)으로 표시해서 추세치를 예측하는 최소자승법의 원리를 이용한다. 선형회귀분석에서 회귀직선(least square line, 선형추세선)의 목적은 회귀선(직선) 주위에 있는 점들의 수직적 편차의 제곱합(편차자승합)을 최소화하는 직선방정식의 최소제곱공식을 이용한 것이다.

최소자승선은 아래와 같이 나타낼 수 있다.

$$\hat{y_i} = a + bx_i$$

단, $\hat{y_i}$: 종속변수(피 예측변수), x_i : 독립변수(예측변수)

a : $x_i = 0$일 때 y_i의 값(즉, y_i의 절편) b : 직선의 기울기

x_i : 시계열 기간 1,2,3,⋯ (t)를 의미

[그림 12-7] 단순선형 회귀분석표

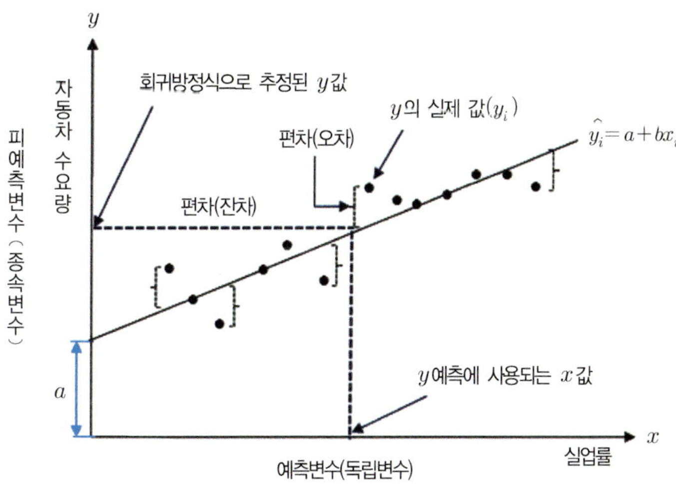

· 직선의 기울기 : b, •은 x_i, y_i, 실업률이 0에도 판매(수요)는 어느 정도 발생

· $\hat{y} = a + bx_i$는 최소자승법을 사용해서 오차의 총합이 최소가 되는 직선을 구한 일차 함수

이때 회귀직선은 절편(intercept : 회귀선이 y축과 교차하는 점)과 기울기(slope : 회귀선의 기울기)로 표시된다. 즉 수요변화를 나타내는 요인을 종속변수 y로 두고, 수요변화에 영향을 미치는 요인을 독립변수 x로 나타내는 단순회귀분석 모형은 다음과 같은 방정식으로 표시할 수 있다(예측변수의 값 $\hat{y}$는 y hat으로 읽는다). 아래의 선형회귀분석 모형을 그림으로 나타내면 [그림 12-8]과 같다.

[그림 12-8] 선형 회귀분석 직선 식

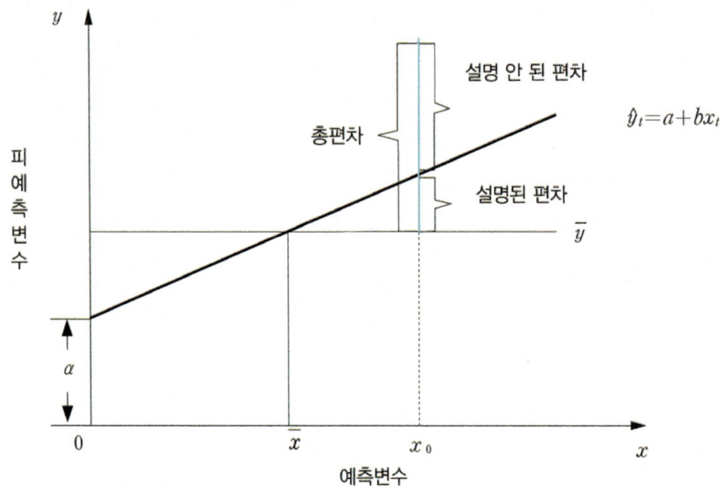

여기서 방정식의 계수 a와 b의 값은 회귀계수(regression coefficients)로서 최소자승법(least squares method : 선형회귀방정식에서 구한 예측치와 실제치와 차이인 오차의 자승(제곱)의 합을 최소로 하는 식을 찾는 방법)에 의해 다음과 같이 구할 수 있다.

$$a = \frac{\sum x_i^2 \sum y_i - \sum x_i \sum x_i y_i}{n(\sum x_i^2) - (\sum x_i)^2} = \frac{\sum y_i - b\sum x_i}{n} \quad \text{또는} \quad a = \bar{y} - b\bar{x}$$

$$b = \frac{n(\sum x_i y_i) - \sum x_i \sum y_i}{n(\sum x_i^2) - (\sum x_i)^2} = \frac{\sum x_i y_i - n\bar{x}\bar{y}}{\sum x_i^2 - n\bar{x}^2}$$

단, n : 관찰자료수
a : $\bar{y} - b\bar{x}$ ($\bar{x}$는 x_i의 평균값, $\bar{y}$는 y_i의 평균값)

그리고 추세선인 회귀직선에서 계절요인과 순환요인은 추세요인에 대한 비율을 의미하므로 계절지수(seasonal index)와 순환지수(cyclical index)는 시계열의 값이 계절적인 요인으로 인해 추세로부터 변동정도를 나타내 준다. 예컨대 순환지수의 값을 구하고자 한다면 곱셈모형을 사용하여 순환지수를 구할 수 있다.

$\hat{y} = t \times c \times s \times \gamma$에서 계절요인($s$)을 제거하면 $\hat{y} = t \times c \times \gamma$이 된다. 계절변동은 순환변동 값을 확장하여 구할 수 있기 때문에 이 방정식에서 양변을 추세 값으로 나누어주면 순환변동과 우연변동(γ, 잔차)만 남게 된다.

$$\frac{\hat{y}}{t} = \frac{t \times c \times r}{t} = c \times \gamma$$

이때, γ은 불규칙한 잔차 즉 우연변동의 값이므로 결국 순환변동 c값을 구할 수 있게 된다. 만약 수요예측의 정확성 여부를 판단하고자 할 경우엔 결정계수(coefficient of determination)를 계산한다. 다시 말해서 자료를 통해 최소자승법에 의해 추정한 회귀방정식이 자료를 얼마나 잘 설명하고 있는지 여부를 평가하는 방법이다.

회귀분석에서 종속변수(피예측변수)의 실제값과 y_i값들의 평균인 $\bar{y}$ 사이의 차이를 나타내는 식 $(y_i - \bar{y})$을 y의 총편차(total deviation)라고 한다. 총편차는 회귀식에 의해서 설명 안 된 편차$(y_i - \hat{y_i})$와 설명된 편차$(\hat{y_i} - \bar{y})$를 더한 것이다. 총편차를 식으로 나타내면 다음과 같다([그림 12-8] 참조).

$$(y_i - \bar{y}) = (\hat{y_i} - \bar{y}) + (y_i - \hat{y_i})$$

위 식의 양변을 각각 제곱한 후 모든 관찰 값에 대하여 합한 값으로 전환시키면 총제곱의 합으로 다음과 같이 나타난다.

$$\Sigma (y_i - \bar{y})^2 = \Sigma (\hat{y_i} - \bar{y})^2 + \Sigma (y_i - \hat{y_i})^2$$

$$SST \;=\; SSR \;+\; SSE$$

총제곱합(sum squares total : SST)은 총변동을 의미한다. 이는 독립변수를 고려하지 않았을 경우 실제값 y_i가 평균 $\bar{y}$로부터 흩어진 정도를 나타내고 회귀제곱합(sum of squares regression : SSR)은 독립변수를 고려함으로써 회귀식으로 설명되는 제곱의 합을 말한다. 그리고 오차제곱합(sum of squares error: SSE)은 회귀식으로 설명되지 않은 제곱합(Σe_i^2)을 말한다.

결국 총변동을 계산함으로써 오차제곱합의 크기로 회귀방정식의 예측 정확도를 평가할 수 있다. 따라서 결정계수(R^2)은 아래와 같이 계산된다.

$$결정계수(R^2) = \frac{설명된변동}{총변동} = \frac{SSR}{SST} = 1 - \frac{SSE}{SST} = \frac{a\sum y_i + b\sum x_i y_i - n\bar{y}^2}{\sum y_i^2 - n\bar{y}^2}$$

이때 결정계수는 0에서 1까지의 값을 갖게 되고, 결정계수 R^2는 1이 된다. 결정계수 값이 1에 가까울수록 회귀방정식상에 모든 자료가 위치함으로써 자료를 잘 설명하는 정확도가 높다는 것을 의미한다. 그러나 0에 가까운 경우 정확도가 떨어지고, 0인 경우엔 회귀방정식 자체가 의미가 없어진다.

예제

광고비 지출액이 매출액에 영향을 미친다고 할 경우, 아래 〈표 12-5〉는 (주)한국전자의 광고비 지출액과 매출액에 대한 과거자료를 나타내고 있다. 이 자료를 토대로 단순회귀분석법을 사용하여 2021년도 광고비 지출액이 8천만 원일 때 매출액은 얼마가 될 것인지 예측하면 다음과 같다.

〈표 12-5〉 (주)한국전자 연도별 광고비

(단위 : 백만 원)

구분	광고비(x)	매출액(y)	xy	x^2	y^2
2016년	20원	40원	800원	400원	1,600원
2017년	30원	40원	1,200원	900원	1,600원
2018년	40원	60원	2,400원	1,600원	3,600원
2019년	50원	60원	3,000원	2,500원	3,600원
2020년	60원	100원	6,000원	3,600원	10,000원
Σ	200원	300원	13,400원	9,000원	20,400원
평균	40원	60원	2,680원	180원	4,080원

5개년도(n=5)의 자료를 분석하여 독립변수(x)인 광고비 지출액과 종속변수(y)인 매출액의 인과관계를 나타내는 회귀방정식을 구하기 위한 계산과정은 다음과 같다.

- $a = \bar{y} - b\bar{x} = 60 - b(40) = 60 - 1.4(40) = 60 - 56 = 4$

- $b = \dfrac{n(\sum x_i y_i) - \sum x_i y_i}{n(\sum x_i^2) - (\sum x_i)^2} = \dfrac{\Sigma x_i y_i - n\bar{x}\bar{y}}{\Sigma x_i^2 - n\bar{x}^2} = \dfrac{13,400 - 5(40)(60)}{(9,000) - 5(1,600)}$

$= \dfrac{13,400 - 12,000}{9,000 - 8,000} = \dfrac{1,400}{1,000} = 1.4$

따라서 위 식에서 독립변수 x에 2021년도 광고비 지출액 8천만 원을 대입하면, 2021년도 매출액을 예측할 수 있다. 즉 2021년도 매출액 예측치는 다음과 같다.

- $\hat{y_i} = a + bx_i = 4 + 1.4(80) = 4 + 112 = 116(11억6천만원)$

다음 〈표 12-6〉의 자료를 이용해서 결정계수를 구하면 다음과 같다.

〈표 12-6〉 (주)한국전자 연도별 광고비

(단위 : 백만 원)

구분	x	y	$\hat{y}$	$y-\hat{y}$	$(y-\hat{y})^2$	$y-\bar{y}$	$(y-\bar{y})^2$
2016년	20	40	32	8	64	−20	400
2017년	30	40	46	−6	36	−20	400
2018년	40	60	60	0	0	0	0
2019년	50	60	64	−4	16	0	0
2020년	60	100	88	12	144	40	1,600
	$\bar{x}$=40	$\bar{y}$=60	Σ=290	$\Sigma(y-\hat{y})^2$ SSE=260		$\Sigma(y-\bar{y})^2$ SST=2,400	

- $\hat{y} = a + bx_i = 4 + 112 = 116, \quad \bar{y} = 60$

- $SSR : \Sigma(\hat{y_i} - \bar{y})^2 = SST : \Sigma(y_i - \bar{y})^2 - SSE : \Sigma(y_i - \hat{y_i})^2$

- $SSR = SST - SSE = 2,400 - 260 = 2,140$
- $R^2 = \dfrac{SSR}{SST} = \dfrac{2,140}{2,400} = 0.892(89.2\%)$

즉 매출액 평균($\bar{y}$)으로부터 흩어지는 매출액(y)의 총변동의 89.2%는 광고비와 매출액의 선형관계를 나타내는 회귀선에 의해서 설명하는 정확성은 높다고 평가된다. 따라서 결정계수 계산에 의해 광고비가 매출액 변동의 89.2%를 결정하므로 나머지 10.8%는 다른 변동요인의 영향을 받는다.

(나) 다중회귀분석법

다중회귀분석법(regression analysis method)은 여러 개의 독립변수와 한 개의 종속변수 간의 관계를 분석하는 방법이다. 예컨대 경기상황, 자동차가격, 유가변동, 실업률 등의 변화가 자동차 수요량의 변화에 미치는 영향을 분석하는 것이다. 다중회귀분석은 다른 예측기법에 비해 자료가 많아야 하고, 예측비용이 많이 발생한다. 이 기법은 계산하는 수식이 복잡하지만 컴퓨터를 활용한 통계패키지 프로그램(Excel, SPSS, SAS 등)을 활용하면 간편하게 예측값을 구할 수 있다.

다중회귀분석은 수요(종속변수)에 영향을 미치는 요인(독립변수)들과의 관계가 강하고 안정적일 경우에 유용하게 이용된다.

다중회귀분석법을 식으로 나타내면 다음과 같다.

$$\hat{y_i} = a + b_1 x_{1i} + b_2 x_{2i} + \cdots + b_k x_{ki}$$

$\hat{y}$ 값은 독립변수 $x_1, x_2, \cdots x_k$가 주어질 때 종속변수 y의 평균치의 추정치를 의미한다. 하나의 종속변수 y에 대해서 두 개의 독립변수 x_1, x_2와의 관계를 분석할 경우의 다중회귀분석법을 식으로 나타내면 다음과 같다.

$$\hat{y_i} = a + b_1 x_{1i} + b_2 x_{2i}$$

(2) 기타 인과형 예측기법

(가) 계량경제모형

계량경제모형(econometric model)은 어떤 현상을 나타내는 다수의 상호의존적 연립회귀방정식으로 구성된 시스템이다. 이러한 예측기법은 변수가 많은 거시경제적 예측이나 산업예측 등에 사용된다. 이 모형은 변수가 많아도(수백 개 이상) 계산이 가능하고, 정확성이 높은 수요를 예측할 수 있다는 장점을 가지고 있으나 모형개발이 매우 복잡하고 개발 및 적용 시 많은 비용과 시간이 소요된다는 단점이 있다.

(나) 투입-산출 모형

투입-산출 모형(input-output model)은 레온티에프(W. Leontief)가 고안한 기법으로 국가나 지역 경제구조와 활동을 분석하고 예측하는데 유용하다. 이 기법은 경제(국가경제, 지역경제 등)의 여러 부문 간의 흐름(투입-산출관계)을 매트릭스(matrix)로 나타내고, 이 매트릭스를 이용하여 한 부문의 산출이 다른 부문의 활동에 미치는 영향을 분석·예측한다. 다른 인과형 모형에 비해 비용이 많이 든다는 단점이 있다.

(다) 시뮬레이션 모형

시뮬레이션 모형(simulation model)은 여러 개의 수식으로 구성되며, 이들은 시스템 내의 주요 변수 사이의 관계를 나타낸다. 시뮬레이션 모형은 예측값에 대한 정확성보다 특정 독립변수의 변화가 종속변수(수요)에 어떠한 영향을 미치는지 알아보는 것이 주요 목적이다. 이 기법을 활용하기 위해서는 모형을 개발하고 실험하는데 있어서 전문적인 시스템 분석 능력을 갖추어야 하고 데이터가 충분해야 한다.

제3절 예측오차의 측정과 통제

01 예측오차의 개념과 측정척도

1) 예측오차의 개념

수요에 대한 예측은 불확실한 미래에 대한 예측이기 때문에 항상 예측오차(forecast error)가 발생한다. 더구나 예측은 일회성(예외적)이 아닌 정기적(일상적)으로 이루어지기 때문에 예측오차는 연속적으로 발생할 수밖에 없다. 따라서 의사결정자는 적절한 예측 시스템을 확보하고 예측오차에 대한 정확한 측정과 통제를 통해 수요예측을 효율적으로 관리해야 한다.

만약 예측오차를 측정하고 통제하는 시스템이 마련되어 있지 않다면 오차를 지속적으로 추적해 나갈 수 없기 때문에 정확한 예측을 기대하기 어려울 뿐만 아니라 합리적인 예측기법의 선정 및 평가에도 장애가 된다.

2) 예측오차의 측정척도

예측오차를 측정하는 것은 예측값(forecast value)과 실제값(actual value) 사이의 차이를 파악하는 것이다. 일반적으로 오차(error)의 발생은 예측방법의 불완전상태에서 기인하므로 오차를 최소한으로 줄이는 예측방법을 선택해야 한다.

따라서 일정기간의 실제수요(실제치)와 예측값과의 차이 즉 예측오차(forecast error)를 가장 작게 하는 예측기법을 선택한다. 예컨대 기간 t의 예측오차(E_t)는 다음과 같이 나타낸다.

$$E_t(E_i) = D_t - F_t$$

단, E_t : t기간의 예측오차
D_t : t기간의 실제값(수요)
F_t : t기간의 예측값

그러나 대부분의 의사결정자는 상대적으로 긴 기간의 예측오차를 측정하고자 한다.
따라서 누적예측오차(Cumulative Forecast Error : CFE)는 예측오차(E_t)의 합계이다.

- $CFE = \Sigma E_t$

(1) 평균오차

평균오차(Mean Error : ME)란 예측된 각 기간의 오차를 모두 합하여 예측기간의 수로 나눈 것이다. 이 방식은 누적예측오차(CFE)를 기간 수로 나눈 값이다. 계산방식은 간단하지만 오차 값이 크거나 음(-)의 오차가 있더라도 서로 상쇄되기 때문에 평균오차가 상대적으로 작게 나와 바람직한 측정치가 아니다. 평균오차(ME)를 계산하는 방법은 다음과 같다.

- $CFE = \sum_{t=1}^{n}(D_t - F_t)$
- $ME = \frac{CFE}{n}$, (n : 예측 기간 수)

(2) 평균절대오차

평균절대오차(mean absolute deviation : MAD)는 예측된 각 기간의 오차의 절대값을 모두 합하여 예측기간 수로 나눈 것이다. 이 방법은 누적예측오차(CFE)와 평균오차(ME)가 가지고 있는 단점인 양(+)과 음(-)의 오차가 상쇄되는 불합리한 상황을 제거했지만 각 오차의 단위 오차는 모두 같은 가중치를 가지고 있다는 점이 한계이다.

그럼에도 불구하고 계산이 용이해 이해하기 쉬울 뿐만 아니라 예측모형의 적합성을 추적하는 추적지표(tracking signal)나 재고관리 계산에 적합하기 때문에 예측오차 계산에 널리 이용된다. 평균절대오차(MAD)의 계산방식은 다음과 같다. 여기서 절대값(| |)은 양(+) 또는 음(-)의 부호를 고려하지 않는다.

$$MAD = \frac{\sum_{t=1}^{n} |(D_t - F_t)|}{n}$$

(3) 평균제곱오차

평균제곱오차(Mean Squared Error : MSE)는 예측된 각 기간의 오차의 제곱을 모두 합하여 예측기간 수로 나눈 것이다. 이 방법은 평균절대오차(MAD)와 표준편차(standard deviation : σ)와 같이 예측오차의 산포도를 나타낸다. 예컨대 MSE, MAD, σ의 값이 작으면 예측치가 실제치에 근접해 정확도가 높지만 그 값이 크면 실체치와 벗어나 예측의 오류가 크다는 것을 의미한다. MSE와 σ의 계산방식은 다음과 같다.

$$MSE = \frac{\sum_{t=1}^{n} (D_t - F_t)^2}{n}$$

$$\sigma = \sqrt{MSE}$$

(4) 평균절대비율오차

평균절대비율오차(Mean Absolute Percent Error : $MAPE$)는 수요의 크기에 비해 예측오차의 상내직 크기를 파악하기 위한 방법이다. 즉 예측된 각 기간의 오차의 절대값을 실제값으로 나눈 값들을 모두 합하여 예측기간 수로 나눈 것을 백분율로 나타낸 것이다. 예건내 두 예측치의 절대예측오차의 크기가 100단위여도 평균적인 수요의 크기에 따라 오차비율의 크기는 달라진다. 평균절대비율오차($MAPE$)의 계산방식은 다음과 같다.

$$MAPE = \frac{\sum_{t=1}^{n} \left(\frac{|D_t - F_t|}{D_t}\right) \times 100}{n} \quad (\text{단위 : \%})$$

예제

〈표 12-7〉은 (주)코리아자동차의 6개월간의 수요 예측치(F_t)와 실제 수요량(D_t)을 나타낸 자료이다. 이 자료를 토대로 CFE, ME, MSE, σ, MAD, $MAPE$를 각각 구하면 다음과 같다.

① 누적예측오차 : $CFE = \sum_{t=1}^{n}(D_t - F_t) = 15$

② 평균오차 : $ME = \dfrac{\sum_{t=1}^{n}(D_t - Fi)}{n} = \dfrac{15}{6} = 2.5$

③ 평균절대오차 : $MAD = \dfrac{\sum_{t=1}^{n}|(D_t - F_t)|}{n} = \dfrac{115}{6} = 19.2$

④ 평균제곱오차 : $MSE = \dfrac{\sum_{t=1}^{n}(D_t - F_t)^2}{n} = \dfrac{2,625}{6} = 437.5$

⑤ 표준편차 : $\sigma = \sqrt{MSE} = \sqrt{437.5} = 20.9$

⑥ 평균절대비율오차 : $MAPE = \dfrac{\sum_{t=1}^{n}(\frac{|D_t - F_t|}{D_t}) \times 100}{n} = \dfrac{112.7}{6} = 18.8\%$

〈표 12-7〉 (주)코리아 월별 판매수요 예측치

(단위 : 백 대)

월별 (t)	실제수요 (D_t)	예측치 (F_t)	예측오차 (E_t)	제곱오차 (E_t^2)	절대오차 $(\|Di - Fi\|)$	절대백분율오차 $(\|E_t/D_t\| \times 100)$
7월	60	70	−10	100	10	16.7
8월	80	65	15	225	15	18.8
9월	120	100	20	400	20	16.7
10월	100	130	−30	900	30	30.0
11월	140	110	30	900	30	21.4
12월	110	120	−10	100	10	9.1
Σ	610	595	15	2,625	115	112.7

02 예측오차의 통제

수요를 예측함에 있어서 바람직한 예측모형을 선택하게 되면 예측오차를 줄일 수 있으며, 수요는 시계열적으로 변화하기 때문에 예측관리는 지속적으로 이루어져야 한다. 그렇다고 해서 매 기간마다 바람직한 예측모형을 선택하기 위한 평가과정을 거치는 것은 합리적이지 못하다.

따라서 의사결정자는 선택된 모형의 예측오차가 일정수준을 벗어나지 않는다면 현재의 예측모형을 지속해서 이용할 수밖에 없다. 그러므로 현재의 예측모형이 바람직한 예측모형인지를 평가할 필요가 있다.

그리고 일반적으로 예측오차를 통제하기 위해 이용되는 기법에는 추적지표에 의한 방법과 관리도에 의한 방법이 있다. 추적지표에 의한 통제는 누적오차를 사용해서 판단하는 반면 관리도에 의한 통제는 개별오차를 사용한다.

1) 추적지표에 의한 예측오차의 통제

추적지표(Tracking Signal : TS)는 예측기법이 실제의 수요변화를 정확하게 예측하고 있는가를 나타내는 지표로써 평균절대오차(MAD)에 대한 누적예측오차(CFE)의 비율로써 나타낸다.

$$\bullet\ TS = \frac{CFE}{MAD}$$

추적지표(TS)는 시간의 경과에 따라 발생할 수 있는 예측오차가 연속적으로 양(+)과 음(−)의 값으로 변하는 상황 즉 편향(bias)을 파악하는 것이 목적이다. 그러므로 예측모형의 타당성 여부도 CFE가 MAD의 몇 배 정도인가를 파악하여 결정한다. 만약 TS값이 한계선 밖에 있게 된다면 예측모형이 수요를 적절하게 반영하지 못함을 의미한다. 왜냐하면 TS의 크기는 CFE의 크기에 영향을 받아 CFE가 양(+)의 방향으로 증가하면 TS도 양(+)의 방향으로 증가하기 때문이다.

예컨대 현재 사용하고 있는 예측모형이 바람직하다면 TS의 값이 0에 가깝게 적합할 것이다. 이는 예측모형을 통한 예측치가 실제치에 가깝다는 것을 의미한다. 그러나 추적지표(TS)의 값이 양(+, 정 : 예측치가 실제치보다 작다)과 음(−, 부 : 예측치가 실제치보다 크다)의 방향으로 크게 이탈한다면 현재 사용하고 있는 예측모형의 타당성을 재검토하고 새로운 예측모형 개발을 고려해야 한다.

예제

〈표 12-8〉은 MAD와 6개월 간의 추적지표를 보여주고 있다. 예를 들어 9월의 추적지표의 값을 구해보면 다음과 같다. 그리고 월별 예측치의 평가를 위해 〈표 12-8〉에서 계산된 추적지표를 관리도 상에 나타내면 [그림 12-9]와 같다.

〈표 12-8〉 (주)코리아 (주)코리아 월별 판매수요 예측치

(단위 : 백 대)

월별	실제 수요 (D_t)	예측치 (F_t)	예측 오차 (E_t)	누적 예측 오차	제곱 오차 (E_t^2)	절대 오차 ($\|Di-Fi\|$)	평균절대 오차 (MAD)	추적지표 TS= (CFE/MAD)
7월	60	70	−10	−10	100	10	10	−1
8월	80	65	15	5	225	15	7.5	0.7
9월	120	100	20	25	400	20t	6.7	3.7
10월	100	130	−30	−5	900	30	7.5	0.7
11월	140	135	5	0	25	5	1.0	0.0
12월	110	120	−10	−10	100	10	1.0	−1.7
Σ	610	595	15	15	2,625	115	33.7	2.4

- 9월에 대한 추적지표 : $MAD = \dfrac{9\text{월 절대오차}(|120-100|)}{n(7,8,9\text{월}:3\text{개월})} = \dfrac{20}{3} = 6.7$

$$TS = \frac{CFE(9\text{월}:25)}{MAD(6.7)} = \frac{25}{6.7} = 3.7MAD$$

[그림 12-9]는 〈표 12-8〉을 이용하여 7월부터 12월까지 수요예측에 대한 추적지표를 보여주고 있다. 추적지표의 흐름은 $-1MAD \sim +3.7MAD$로 나타났다. 이 자료를 통하여 6개월 간의 예측치를 평가해 보면, 4개월(7월, 8월, 10월, 11월)의 예측치는 0근처에 모여 있고 오차가 적어 CFE는 0에 가깝다고 판단한다. 그러나 9월, 12월의 예측치가 관리상태를 벗어났다. 12월의 자료는 수용할만하지만 9월의 자료는 관리상태를 완전히 벗어나 데이터의 검토나 예측모형을 수정해야 한다.

만약 [그림 12-9]에서 예측오차의 관리한계(control limit)인 TS의 변화 상한과 하한을 미리 $\pm 2.0MAD$로 설정했다면 관리한계를 완전히 벗어난 9월의 자료에 대해서만 조치를 취해야 한다.

[그림 12-9] 관리도에 의한 추적지표

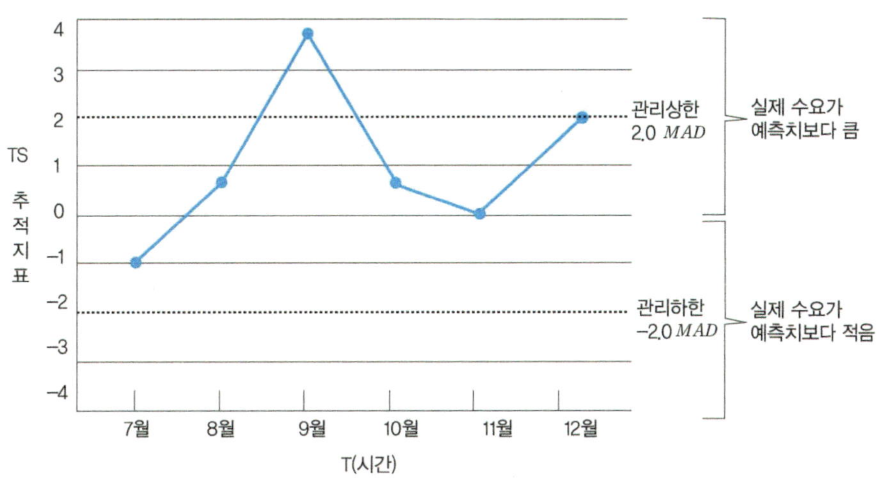

따라서 새로운 추적지표 값을 구하기 위해서는 지수평활화된 MAD를 사용한다. 왜냐하면 위의 식에 의해서 새로운 추적지표 값을 구하게 되면 과거의 예측오차 자료를 모두 관리해야 하는 번거로움이 있기 때문이다. 수정해야 할 해당 기간의 새로운 추적지표는 $TS_t = CFE_t / MAD_t$가 된다. 즉 지수평활한 값을 산출하여 새로운 MAD_t 값을 구하면 다음과 같다.

- $MAD_t = \alpha \left| D_t - F_t \right| + (1-\alpha) MAD_{t-1}$

2) 관리도에 의한 예측오차의 통제

관리도에 의한 예측오차의 통제는 개별오차에 대한 허용한계선(관리상한선 UCL, 관리하한선 LCL)을 설정한다. 그러므로 관리도는 예측모형을 개선할 필요가 있는지 여부를 판단할 때 유용한 도구이다. 따라서 관리도에 의한 예측오차의 통제는 개별오차의 크기와 추세변동에 민감하다. 관리도는 오차분포가 우연에 의해 존재할 때 평균(μ)이 0, 표준편차(σ)가 1인 정규분포를 따른다는 것을 전제한다. 따라서 정규분포의 경우 관리한계는 표본의 표준편차(σ)를 기초로 $\pm 2\sigma$(95.5%)와 $\pm 3\sigma$(99.7%)의 범위 내에 존재할 것을 예상하고 가장 많이 이용된다. 예측오차의 표준편차는 다음과 같이 구할 수 있다.

- $\sigma(s) = \sqrt{MSE} = \sqrt{\dfrac{\sum(E_t - \overline{E})^2}{n-1}}$ (단, $\overline{E} = E_t$의 평균)
- $UCL = 0 + z\sqrt{MSE}$
- $LCL = 0 - z\sqrt{MSE}$

  단, z = 평균으로 부터의 표준화된 수

따라서 관리한계=$0 \pm z\sqrt{MSE}$ 이다. 만약, MSE가 2.5이라면 예측오차 3σ에 대한 UCL과 LCL은 다음과 같다.

$$\sigma = \sqrt{MSE} = \sqrt{2.5} = 1.58$$

$$UCL = 0 + 3(1.58) = 4.74,\ LCL = 0 - 3(1.58) = -4.74$$

〈표 12-9〉의 정규분포 확률에서 예측치의 오차들이 0을 평균으로 하는 정규분포를 따를 때, 평균절대오차(MAD)는 표준편차(σ)와 다음과 같은 관계가 성립한다.

$$1\sigma = \sqrt{\frac{\pi}{2}} \times MAD \quad \text{or } 1.25MAD, (\text{단}, \pi = 3.1416)$$

$1MAD = 0.8\sigma$와 같다.

즉 표준편차(σ)는 $MAD = 0.8\sigma$의 근사식에 의해 구할 수 있으며, 정규분포표를 사용하여 추적지표의 한계치를 설정할 수 있다. 즉 표준편차의 값이 평균절대오차의 값보다 ≒ 1.25배 더 크게 측정된다. 예컨대 MAD의 측정오차가 50단위일 경우 표준편차에서는 62.5단위가 된다.

만약 예측오차의 허용한계선을 $\sqrt{MSE}$의 3배($\sqrt{MSE} \pm 3$)로 설정할 경우 $\pm 3\sqrt{MSE} \fallingdotseq \pm 4MAD$가 되고, 정상적인 예측오차는 결국 $\pm 4MAD$ 사이에 들어오게 된다. 표준편차 근사식을 이용해 다음과 같이 계산된다.

$$\pm 3\sqrt{MSE} \fallingdotseq \pm 3\sigma \fallingdotseq 3 \times 1.25MAD = \pm 3.75MAD \fallingdotseq 99.7\%$$

즉 99.7%의 점들이 신뢰구간 내에 존재한다는 것을 알 수 있다.

〈표 12-9〉 추적지표에 대한 관리한계의 정규분포 확률(TS가 포함될 확률)

관리한계 범위(MAD 배수)	σ의 대응 수	관리한계 내 확률(%)
$\pm 1.0MAD$	$\pm 0.80\sigma$	57.62
$\pm 1.5MAD$	$\pm 1.20\sigma$	76.98
$\pm 2.0MAD$	$\pm 1.60\sigma$	89.04
$\pm 2.5MAD$	$\pm 2.00\sigma$	95.44
$\pm 3.0MAD$	$\pm 2.40\sigma$	98.36
$\pm 3.5MAD$	$\pm 2.80\sigma$	99.48
$\pm 4.0MAD$	$\pm 3.20\sigma$	99.86

제 13 장

재고관리

자원을 어떻게 관리하여 수요와 공급을 일치시킬 것인가에 대한 문제는 생산활동에서 매우 중요한 영역으로서, 이를 위한 여러 가지 방법이나 기법을 활용하여 적정재고를 유지하고자 하는 것이 재고관리이다. 재고관리는 다른 업무와도 긴밀하게 연결되어 기업 전체의 유효성을 높이는 것이 중요하다.

특히 재고는 모든 악의 근원으로 무재고(zero inventory)의 재고관리가 최선이라는 주장도 있으나 수요와 공급이 불확실하고, 품절로 인한 고객 서비스 수준이 하락할 경우 기업 경쟁력에 악영향을 줄 수 있기 때문에 적정한 수준의 안전재고 보유는 불가피하다.

기업이 이윤을 증대시키기 위해서는 재고관련 비용을 절감하는 것이 효율성 측면에서 뛰어나기 때문에 고객 서비스 수준 향상과 재고부족과 과잉으로 인한 손실과 재고의 순기능과 역기능의 양면성을 고려하는 체계적인 통제와 관리를 통하여 합리적인 재고관리가 이루어지도록 해야 한다.

제13장 재고관리에서는 재고의 개념을 정확히 이해하기 위해 재고를 보유하는 목적과 재고의 기능 그리고 재고의 유형 및 재고관리 모형에 대해 설명한다. 그리고 재고는 수요와 공급 문제를 다루는 분야이므로 수요와 리드타임의 정보가 확정적인 모형(경제적 주문량모형, 수량할인모형)과 확률적 모형(정량발주모형, 정기발주모형)에 대해 살펴본다.

제1절 재고관리의 이해

01 재고의 개념과 기능

1) 재고의 개념

재고(inventory)란 기업에서 미래에 사용하거나 위험에 대비하고자 하는 목적으로 보유하는 유휴자원을 말한다. 물론 절품(切品) 가능성이 있거나 원활한 생산과 서비스 활동을 유지하기 위해서 재고를 보유하는 경우도 많다. 이와 같이 다양한 용도로 사용되는 재고의 종류는 기업의 특성에 따라 다르지만 일반적으로 다음의 몇 가지로 분류할 수 있다. 예를 들면 원자재(raw materials), 외주 부품(purchased parts), 재공품(work-in-process), 완제품(finished goods), 교환부품 및 기타 소모품(supplies) 등이다.

기업에서 재고를 보유하는 목적은 기업활동의 원활한 진행과 고객의 수요에 신속히 대처하기 위함이며, 동시에 재고부족으로 발생하는 비용을 최소화하기 위함이다. 그러나 재고는 긍정적인 면과 부정적인 면을 동시에 가지고 있는 양면성 때문에 두 가지를 모두 충족하기란 쉬운 일이 아니다. 왜냐하면 생산활동의 원활함을 위해 재고를 유지하는 경우에 재고유지비를 발생시키며, 재고가 부족한 경우는 판매 및 기회손실비용이 발생할 수 있기 때문이다.

따라서 재고관리는 보유하는 재고수준의 균형을 찾는 것이 핵심과제가 된다. 즉 과잉재고로 인한 비용발생이나 재고부족으로 인한 손실을 극소화시키는 것이 중요하다. 이 같은 비용극소화를 꾀하기 위하여 고려해야 하는 요소들의 예는 경제적인 주문량의 결정, 주문시기, 주문방법 등의 문제이다.

최근에는 정보통신기술(ICT)의 발전으로 재고관리를 위한 획기적인 기법이 속속 개발되고 있기 때문에 과거보다 더 능률적으로 수행할 수 있다.

2) 재고의 기능

(1) 재고는 악의 근원인가?

기업에서는 재고의 긍정적인 순기능을 인정하면서도 동시에 악의 근원이라고 한다. 따라서 재고를 단순하게 정의를 내리기가 쉽지 않지만 재고를 악의 근원이라고 보는 견해의 가장 중요한 관점은 모든 재고는 비용을 발생시키는 원천이라고 보는 것이다. 그러나 만약 예측하지 못했던 생산활동이나 시장의 수요가 별안간 증가하였을 때는 재고를 보유하는 것이 오히려 기회손실비용을 낮출 수 있다는 점도 부정할 수 없다. 따라서 기업은 비용과 이익의 균형을 유지할 수 있는 적정재고를 보유하는 것이 필요하다.

(2) 재고의 순기능

적정재고의 유지는 원활한 생산활동을 수행할 수 있으며, 기회손실비용을 극소화시킬 수 있는 순기능을 가지고 있다. 반면 과잉재고나 재고부족은 유동성을 떨어뜨리고 생산활동을 중단시키는 결과를 초래하게 된다. 따라서 재고의 기능을 어떻게 활용하느냐하는 문제는 기업의 수익성 및 생산성 향상에 직접적으로 영향을 미친다.

재고의 몇 가지 긍정적인 순기능은 다음과 같다([그림 13-1] 참조).

① 로트(lot)효과를 기대할 수 있다.

로트효과란 1회의 주문이나 생산량의 크기를 크게 함으로서 기대할 수 있는 효과를 말한다. 100개를 한 번에 주문 혹은 생산하는 경우와 10개씩 10번으로 나누어 하는 경우를 비교한다면, 1회로 하는 경우는 재고증가로 인한 재고유지비는 발생하지만 주문과 관련된 비용이나 생산활동의 고정비가 줄어들 수 있다. 주문을 10번으로 나누어서 하는 경우는 재고는 감소하지만 발주비용과 생산준비비가 10번 발생하게 된다. 따라서 발주비용의 크기가 큰 경우에는 재고가 발생하여도 1회로 하는 것이 유리한 경우도 있다.

② 예측오차에 대비할 수 있다.

기업에서 행하는 예측에는 항상 오차가 있는 경우가 대부분이다. 재고는 예측오차에 대응하여 기동력을 발휘할 수 있는 기능이 있다. 특히 기회손실비용(opportunity cost)을 절감하는 효과를 기대할 수 있다. 물론 기업에서 행하는 예측이 정확하다면 재고문제는 고민의 대상이 될 수 없지만 예측은 항상 불확실하다는 특징을 가지고 있기 때문에 예측의 불확실성을 보완해주는 것이 재고의 기능 중 하나이다.

③ 부하(負荷)의 조정기능을 가지고 있다.

시장에서 요구하는 수요량은 일정하지 않는 경우가 대부분이며, 항상 예측할 수 없는 불규칙성을 가지고 있는 경우가 많다. 불규칙적으로 발생하는 수요량에 따라 생산을 불규칙적으로 수행하는 경우는 생산비용이 증가하는 원인이 된다. 따라서 일정한 재고를 유지하여 불규칙적인 수요에 안정적으로 대응할 수 있도록 하는 것이 재고의 순기능 중 하나이다.

④ **납기를 준수할 수 있다.**

소비자나 시장은 갈수록 신속한 납기를 강조하고 있다. 제품의 경쟁력을 유발하는 요인은 품질이나 가격도 중요하지만 고객이 필요로 하는 시기에 공급할 수 있는 능력도 경쟁력의 중요한 요소 중 하나이다. 따라서 재고를 보유하여 시장의 요구에 즉시 조달 할 수 있는 상태를 유지할 수 있는 것이 재고이다. 물론 이러한 경우에 재고유지비를 고려해야 하지만 고객으로부터의 신뢰도나 이미지를 높이는 것이 더 높은 효과를 기대할 수 있기 때문이다.

⑤ **구매비용을 절감할 수 있다.**

원자재나 부품 등의 가격이 지속적으로 상승하는 경우에는 재고를 유지함으로서 원가상승에 대비하는 역할도 수행할 수 있다. 제조원가에 치명적으로 영향을 미치고 있는 원자재가격의 상승은 수익성하락과 직결된다. 이렇게 갈수록 높아져가는 원자재가격에 대비하거나 원자재의 품귀에 대비하기 위하여 재고를 확보하는 것은 재고의 순기능 중 하나이다.

[그림 13-1] 재고의 순기능

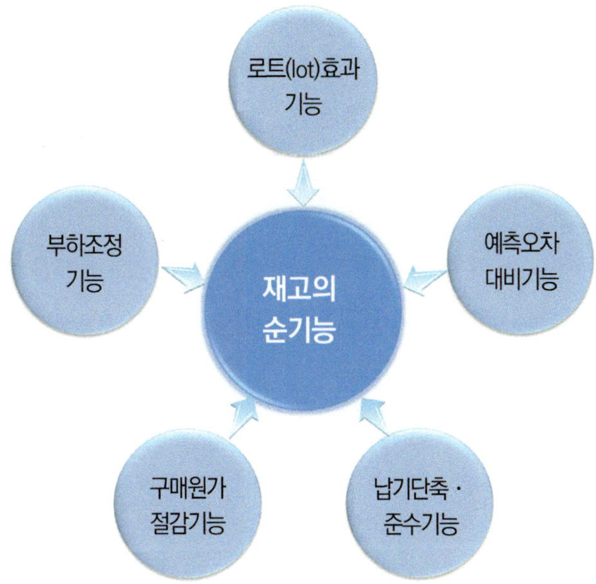

02 재고품목의 구분과 재고비용

1) 수요패턴과 재고관리 시스템

재고는 재고품의 수요특성과 속성에 따라 종속수요재고(dependent demand inventory)와 독립수요재고(independent demand inventory)로 나누어진다.

(1) 독립수요재고와 종속수요재고

독립수요재고란 최종품목처럼 시장에서 판매되는 완제품의 수요를 말하는 것으로, 시장조건에 의해 결정되는 수요이다. 이 수요는 변동성과 불확실성이 있으며, 예측에 의해 수요를 결정한다.

종속수요재고는 완제품에 종속되는 수요를 의미한다. 즉 최종제품 생산에 사용되는 구성품이나 하위 부품이 이에 해당된다. 예컨대 완성자동차를 생산하는데 투입되는 부품을 말한다. 종속수요에 대한 재고관리를 위해 MRP(Material Requirements Planning)시스템을 주로 사용한다.

(2) 독립수요와 종속수요의 패턴

독립수요와 종속수요는 서로 상이한 수요패턴을 갖고 있다. 일반적으로 독립수요는 수요량면에서 일정한 패턴의 연속수요를 보이는 경우도 있지만 불확실한 시장수요에 의해 좌우되기 때문에 정확한 수요를 예측하는 것이 쉽지 않다. 따라서 불확실성에 대비하기 위해 적정수준의 안전재고를 필요로 한다.

종속수요는 상위품목(parent item)의 수요인 독립수요에 따라 결정되기 때문에 수요예측이 비교적 안정적이며, 독립수요의 양에 의해 수요가 결정되기 때문에 안전재고의 필요성이 적다.

2) 재고관련 비용

기업이 재고를 유지하거나 활용할 때는 재고와 관련된 비용을 고려하여야 한다. 재고와 관련해서 발생하는 비용에는 재고유지비용, 발주비용, 작업준비비용, 재고부족비용 등이 있다.

(1) 재고유지비용

재고유지비용(inventory holding or carrying costs)이란 재고를 보유함으로써 발생하는 모든 비용과 손실을 말한다. 재고유지비용 항목으로는 보관비용, 취급비용, 보험료, 세금, 감가상각비용, 훼손 및 진부화 등에 따른 비용과 각종 손실비용이 포함된다. 일반적으로 재고유지비용은 재고품목 단위당 1년 동안의 보유에 소요되는 비용을 말한다.

(2) 발주비용

발주비용(ordering costs)은 재고의 보충(replenishment)을 위해 발생하는 모든 비용으로, 외주품목의 보충을 위하여 주문하는 과정에서 발생하는 비용을 말한다. 발주비용은 주문량과 관계없이 주문할 때 마다 고정적으로 발생되기 때문에 주문 횟수에 따라 정비례하는 특성이 있다. 발주비용에 해당하는 항목으로는 업자선정 비용, 주문과 관련하여 발생하는 모든 비용, 통신비용, 검수 및 입고비용 등이다.

(3) 작업준비비용

작업준비비용(생산준비비용 : setup costs)은 생산활동을 준비하는 과정에서 발생하는 비용이다. 작업준비비용은 생산량의 규모와 관계없이 생산준비를 위해 지불해야 하는 비용이다.

(4) 재고부족비용

재고부족비용(shortage costs)은 재고유지비용과 달리 재고가 품절되어 수요를 충족시키지 못할 때 발생하는 손실비용 및 자재의 부족으로 생산활동이 중단되었을 때 발생하는 손실비용을 말하며, 재고품절비용(stock-out costs)이라고도 한다. 재고부족은 판매기회를 상실할 뿐만 아니라 고객으로부터 신뢰를 잃게 되며, 회사신용이나 이미지의 손상, 판매기회의 상실, 납기지연에 따른 위약금, 긴급조치비용(잔업, 긴급자재조달, 생산계획변경 등에 따르는 추가비용과 손실), 생산중단으로 발생하는 기타 손실 등을 유발한다.

03 재고의 유형과 재고관리 모형

1) 재고의 유형

재고의 유형은 재고의 역할에 따라 주기재고, 안전재고, 수송재고 그리고 예상재고로 분류된다. 재고의 유형별 특징을 간단히 정리하면 〈표 13-1〉과 같다.

〈표 13-1〉 재고의 유형과 특징

재고의 유형	특 징
주기재고	• 로트 크기(lot size)에 따라 직접적으로 영향을 받는 부분 • 로트의 크기는 주문 간격에 비례 • 주기재고는 평균재고(Q/2) 유지
안전재고	• 재고부족이 발생할 수 있는 품절에 대비 • 기회손실비용의 예방 • 수요의 평균 수준보다 더 비축하고 있는 재고 • 수요가 일정하고 리드타임이 확실하면 안전재고가 필요 없음
수송재고	• 발주 후 한 지점에서 다른 지점으로 이동 중인 재고 • 납품업체, 유통업체, 도매점, 소매점 등으로 수송중인 재고
예상재고	• 불규칙한 수요와 공급에 대응하는 재고 • 예측 가능한 계절적 수요의 패턴

(1) 주기재고

주기재고(cycle inventory)란 전체 재고 중에서 로트의 크기(lot size)에 따라 변하는 재고를 말한다. 로트의 크기는 발주간격을 결정하며 발주물량의 크기를 나타내는데, 두 가지 원칙에 의해서 결정된다.

① 로트크기(Q)는 주문과 주문 사이의 시간간격에 비례한다. 주문 간격이 길면 주기재고의 양도 증가하고, 짧아지면 주기재고의 양이 감소한다.

② 수요가 일정하다고 가정하고 1회 주문량을 Q라고 할 때, 평균재고는 최대재고와 최소재고의 평균인 $Q/2$가 된다([그림 13-2] 참조). 발주시작 시점의 주기재고는 최대재고(Q)가 되고, 끝나는 시점의 최소재고는 0이 되지만 수요량이 일정하지 않을 경우엔 오차가 발생할 수 있다.

• 평균 주기재고 $= \dfrac{Q+0}{2} = \dfrac{Q}{2}$

(2) 안전재고

안전재고(safety inventory)란 수요나 생산의 크기 혹은 리드타임의 변동 등과 같은 불확실한 상황에 대비하기 위해 확보하는 재고를 의미한다. 안전재고는 품절로 인해 발생하는 기회

손실과 재고부족으로 생산활동이 중단되는 경우를 대비하기 위해 비축하는 재고로서 여유재고라고도 한다.

[그림 13-2] 주기재고와 안전재고

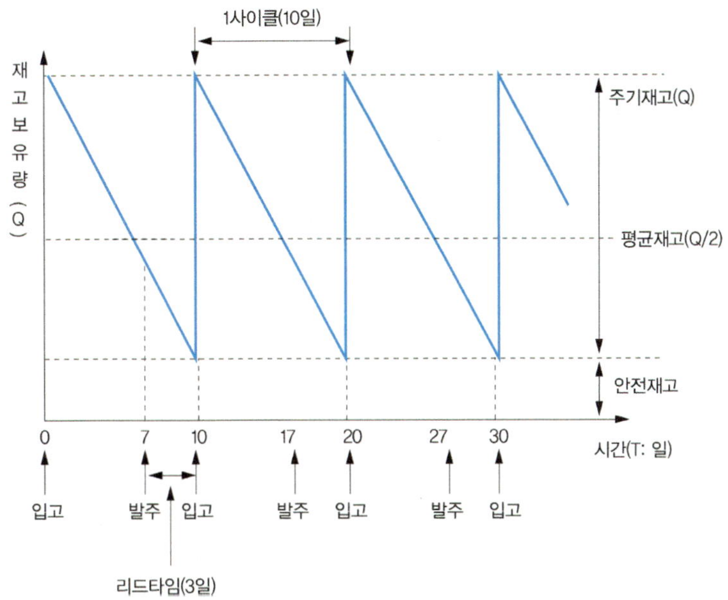

따라서 안전재고는 수요가 일정하고 리드타임(lead time : 발주에서 납기까지 소요되는 시간)이 확정적이라면 보유할 필요가 없지만 현실적으로 수요와 리드타임이 확정적이지 않기 때문에 보유하는 것이다([그림 13-2] 참조).

(3) 수송재고

수송재고(pipeline inventory)란 한 지점에서 다른 지점으로 이동 중에 있는 재고를 말한다. 예를 들어 납품업체에서 공장으로, 공장에서 유통센터, 유통센터에서 도매상 또는 소매상으로 이동 중인 재고로서, 발주는 이미 이루어졌지만 아직 발주현장에 도착하지 않은 발주량의 합계를 나타낸다.

따라서 두 지점 간의 수송재고는 리드타임에 영향을 받게 되는데, 리드타임 동안의 평균수요($\overline{D_{LT}}$)는 한 기당 평균수요(d)와 두 지점 간의 리드타임(LT)의 곱으로 계산한다.

- 수송재고 ($\overline{D_{LT}}$) $= d \times LT$,

$$d(\text{일일, 단위 당 평균수요}) = \frac{D(\text{연간수요})}{\text{영업일수 또는 } Q}$$

(4) 예상재고

예상재고(anticipation inventory)란 수요가 일정하지 않거나 불규칙한 공급에 대처하기 위해 비축하는 재고를 말한다. 특히 예측이 가능한 계절적 수요의 경우 예상재고를 확보하게 된다. 계절성이 강한 에어컨이나 난방기의 경우 비수기에 재고를 확보하는데, 이는 수요에 대비하는 재고확보와 함께 성수기에 늘어나는 생산의 어려움(노동력, 설비의 가동률, 자재 확보 등)을 분산시키고자 하는 효과를 기대할 수 있다.

예제

코리아 자동차공장에서는 A부품업체로부터 범퍼를 매월 10,000개씩 납품받고 있다. 발주한 범퍼가 공장에 도착하는 리드타임은 3일이며, 연간 300일을 가동하고 있다.

① 범퍼의 평균 주기재고는 얼마인가?
② 코리아 자동차공장의 연간 범퍼수요는 얼마인가?
③ 범퍼의 평균 수송재고 수준은 얼마인가?

풀이

① 평균 주기재고 : 단위당 발주량(Q)이 10,000개이므로 평균 주기재고는

- $\frac{Q}{2} = \frac{10,000}{2} = 5,000$개

② 연간 범퍼수요 : 한 달에 한 번 발주를 하므로 연간 12회 발주한다.

- 연간수요(D) $= 10,000 \times 12$회 $= 120,000$개

③ 평균 수송재고 수준 : $d(\text{일일, 단위 당 평균수요}) = \frac{D(\text{연간수요})}{\text{영업일수 또는 } Q} \times LT(\text{리드타임})$

- $\overline{D}_{LT} = d \times LT = \frac{120,000}{300} \times 3\text{일} = 1,200$개

2) 재고관리 모형

독립수요에 대한 재고관리모형은 수요와 리드타임에 대한 정보에 따라 [그림 13-3]과 같이 확정적 모형(certainty model)과 확률적 모형(uncertainty model) 두 가지로 구분한다. 확정적 모형은 발주량을 기준으로 재고를 관리하는 것이고, 확률적 모형은 발주점을 중심으로 재고관리를 하는 것이 차이이며, 또한 확정적 모형(확실성 모형)은 얼마나 주문할지에 대한 수요와 리드타임(발주된 품목이 납품되기까지의 소요시간) 등이 확정적이라고 가정하는 것으로, 경제적 주문량 모형, 경제적 생산량 모형 그리고 수량할인모형(가격할인모형)이 있다.

[그림 13-3] 확실성 모형과 불확실성 모형

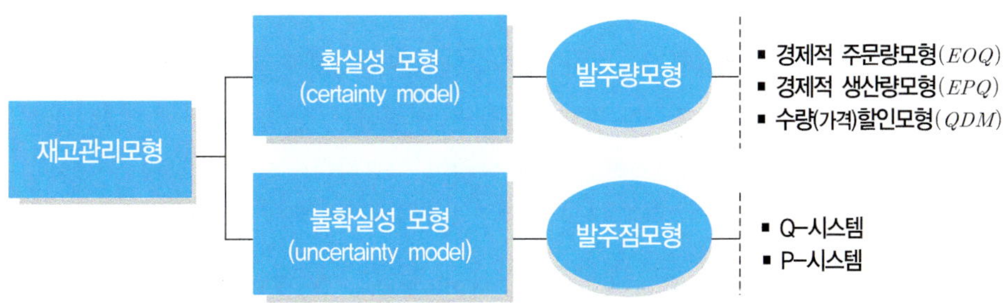

그러나 대부분의 수요와 리드타임은 확정적이 아니라 확률적으로 발생하기 때문에 합리적인 재고관리를 위해서는 적정한 안전재고 유지를 전제로 확률적 모형(불확실성 모형)이 이용된다. 여기에는 수요나 리드타임의 변동을 가정한 정량발주 시스템(Q-시스템)과 정기발주 시스템(P-시스템) 등이 있다.

제2절 확정적 모형

확정적 모형(fixed order quantity model : 고정주문량 모형)은 데이터를 사용하여 총재고비용을 최소화하는 최적주문량을 결정하기 위해 발주량과 발주시기가 어떻게 결정되는가를 중심으로 재고보충 방법을 고려한다.

01 경제적 주문량모형

1) 경제적 주문량모형의 개념

경제적 주문(발주)량모형(Economic Order Quantity Model : EOQ 모형)은 1915년 해리스(Harris)에 의해 고안되었으며 재고모형 중에서 가장 기본이 되는 모형으로, 일명 고전적 EOQ모형(단순 EOQ 모형)이라고도 한다. EOQ모형은 재고관련 연간총비용(연간 재고유지비용과 연간 주문비용의 합)을 최소화하기 위해 주문량을 결정하는 것이기 때문에 연간 재고유지비용과 연간 주문비용과의 관계를 정확히 이해하는 것이 중요하다.

예를 들어 주문의 횟수와 주문량은 연간 재고유지비용과 연간 재고주문비용에 영향을 미치기 때문에 1회 주문량이 클수록 주문횟수가 줄어들고, 연간 주문비용은 감소하지만 해당 제품에 대한 연간 재고수준이 높아져 재고유지비용이 상승한다.

따라서 EOQ모형은 연간 재고관리비용과 연간 재고유지비용의 합을 최소화하기 위해 최적의 경제적 주문량을 결정해야 하며, 경제적 주문량을 결정할 때는 최적의 재고상태를 결정하기 위한 다음과 같은 가정의 성립 여부를 꼼꼼히 점검할 필요가 있다.

① 재고관리의 취급품목은 단 한 가지뿐이다.
② 수요는 알려져 있고 변동이 없다.
③ 재고발주 시 리드타임은 일정하며 알려져 있다.
④ 발주한 물량은 전량이 한 번에 입고(入庫)되고 부분 납품은 허용되지 않는다
⑤ 재고품절을 허용하지 않는다.
⑥ 재고유지비용은 알려져 있으며 일정하다.
⑦ 1회 발주비용은 발주량에 관계없이 일정하다.
⑧ 가격은 일정하고 수량할인은 없다.

2) 경제적 주문량(*EOQ*)의 결정

(1) *EOQ*모형의 재고 사이클

연간 최적의 경제적 주문량을 계산하기 위해서는 위에서 언급한 가정들이 성립해야 하는데, 이를 전제로 한 *EOQ*모형의 재고 사이클을 나타낸 것이 [그림 13-4]이다. 그림은 수요에 필요한 최대 재고가 200개이며, 하루에 사용되는 재고가 20개이고, 주문량(200개)의 입고시간 즉 리드타임(lead time : *LT*)은 3일인 경우이다. 또한 필요한 물량이 입고 된 후 재주문점(reorder point : *R*)까지의 시간은 10일로서 이 기간을 1사이클(time between order : *TBO* : 주문간격)이라고 한다.

[그림 13-4] 경제적 주문량모형(*EOQ*)의 재고 사이클

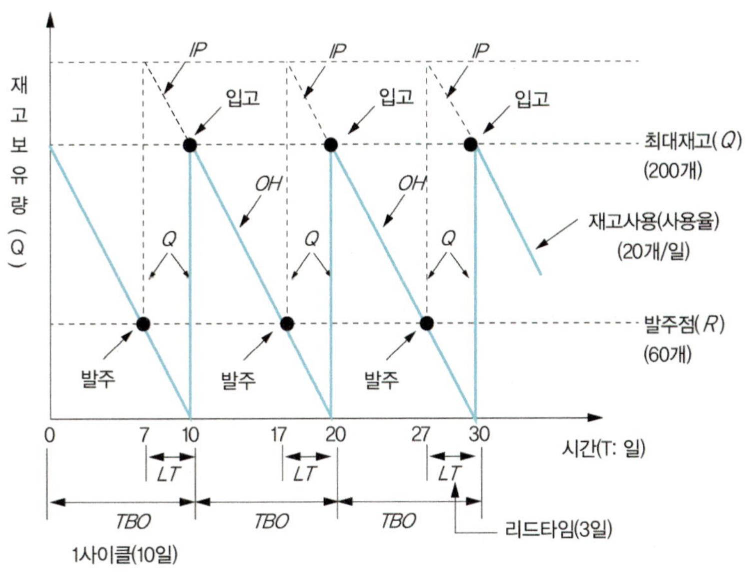

*EOQ*모형은 주문간격(*TBO*)이 매 주기마다 항상 일정하며, 기울어진 직선은 재고보유량(on-hand inventory : *OH*)을 의미하고, 리드타임과 수요에 대한 변동이 일정하다는 것을 가정하고 있기 때문에 일정하게 줄어들고 있다. 또한 재고 보유량이 미리 정한 최소점 즉 발주점(*R*)에 도달하면 *Q*만큼 발주한다. 따라서 재고량은 계속 감소하고 리드타임이 끝나는 시점에

0이 되지만, 주문한 물량이 입고되는 동시에 재고량은 다시 Q만큼 증가하게 된다.

그리고 재고의 수준(inventory position : IP : 재고상태)은 해당 품목이 미래에 발생할 수요를 만족시킬 수 있는 능력을 의미한다. 따라서 리드타임(LT) 기간 동안 항상 보유재고(OH)보다 크다는 것을 알 수 있다. 그러나 리드타임이 끝나는 지점(입고)에는 발주 물량이 입고로 전환되면서 $IP = OH$가 된다.

이를 토대로 연간 총재고비용은 연간 구입비용과 재고유지비용 그리고 연간 주문비용의 합으로 구해진다. 총재고비용(TC)은 다음과 같이 계산한다.

(2) EOQ모형의 연간 총비용(TC)의 계산

연간 재고 관련 총비용은 연간 재고유지비와 연간 주문비용을 합한 것이다. 연간 총비용을 계산하는 과정은 다음과 같다.

TC(연간 총비용) = 연간 재고유지비용 + 연간 주문비용

Q = 1회 발주량(로트 사이즈)
H = 단위당 재고유지비용(연간)
D = 연간 수요량
S = 1회 발주(주문)비용

① 연간 재고유지비용 = 연간 평균재고 × 연간 단위당 재고유지비용

- 연간 재고유지비 $= \dfrac{Q}{2} \times H = \dfrac{QH}{2}$

② 연간 주문비용 = 연간 주문횟수 × 1회 주문비용

- 연간 주문비용 $= \dfrac{\text{연간수요량}}{\text{1회주문량}} \times \text{1회 주문비용} = \dfrac{D}{Q} \times S = \dfrac{DS}{Q}$

③ 연간 총비용(TC) = 연간 재고유지비용 + 연간 주문비용

- 연간 총비용(TC) $= \dfrac{Q}{2} \times H + \dfrac{D}{Q} \times S = \dfrac{QH}{2} + \dfrac{DS}{Q}$

[그림 13-5]는 연간 재고유지비용은 Q에 정비례하고, 연간 주문비용은 Q에 반비례하며, 연간 재고유지비용과 연간 주문비용을 합하면 총재고비용이 된다는 것을 보여준다. 총재고

비용은 주문량(Q)의 크기에 따라 달라지는데 초기 주문량이 증가할 때 총재고비용이 감소하다가 다시 증가하게 된다. 이때 총재고비용이 최소가 되는 지점 즉 재고유지비용과 주문비용이 만나는 Q의 값이 1회 경제적 발주량을 나타낸다.

따라서 [그림 13-5]는 연간 총재고비용, 연간 재고유지비용, 연간 주문비용을 주문량(Q)의 함수로 나타낸 것이다.

[그림 13-5] 경제적 주문량모형(EOQ)의 연간 총재고비용

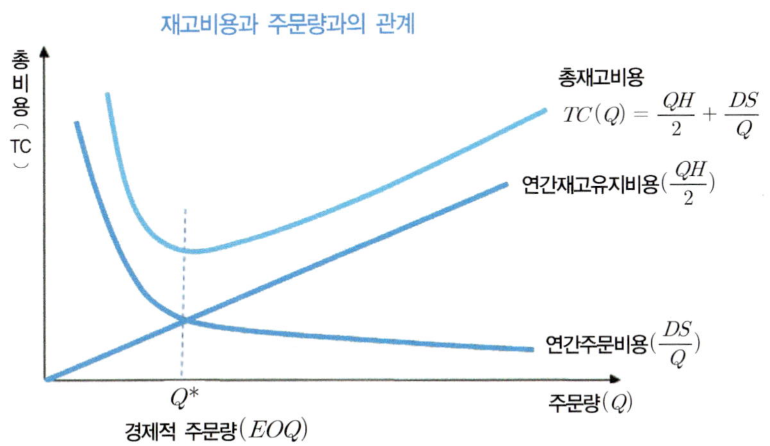

④ 단위당 재고유지비(H), 연간수요(D), 1회 주문비용(S)은 고정되어 있고, 주문량(Q)은 결정변수이며 총재고비용(TC)은 주문량(Q)의 함수관계이므로 TC를 Q에 관해 미분을 하고 미분한 공식이 0과 동일하다고 놓고, Q에 대해서 다시 정리하면 경제적 주문량(EOQ)를 구할 수 있다.

즉 $TC=\frac{QH}{2}+\frac{DS}{Q}$는 다음과 같이 정리된다.

$$\frac{dTC}{dQ} = \frac{H}{2} - \frac{DS}{Q^2},\ 0 = \frac{H}{2} - \frac{DS}{Q^2},\ \frac{DS}{Q^2} = \frac{H}{2}$$

따라서, $Q^2 = \frac{2DS}{H}$ 이며,

$EOQ(Q^*) = \sqrt{\frac{2DS}{H}}$ 이다.

이 공식은 총비용 함수에 대수를 적용하여 구한 것이다. 1회 주문비용, 단위당 재고유지비용 그리고 연간 수요가 주어질 경우 경제적 주문량을 계산할 수 있다.

또한 두 주문 사이의 주문간격(TBO)은 다음과 같이 구한다. 즉 주문량 Q를 연간 수요로 나눈 것이다.

$$\frac{Q^*}{D} = \sqrt{\frac{2S}{DH}}$$

⑤ EOQ를 구한 뒤 $Q^* = \sqrt{\frac{2DS}{H}}$ 를 $TC(Q)$에 대입하여 연간 재고 총비용(최적비용)을 다음과 같이 구한다.

$$\begin{aligned} TC(Q^*) &= \frac{DS}{Q^*} + \frac{Q^*}{2} \\ &= \frac{DS\sqrt{H}}{\sqrt{2DS}} + \frac{H\sqrt{2DS}}{\sqrt{H}} \\ &= \frac{\sqrt{DSH}}{\sqrt{2}} + \frac{\sqrt{2DSH}}{2} \\ &= \sqrt{2DSH} \end{aligned}$$

예제

한국제강의 강판 연간 수요량은 2,000개이다. 강판의 1회 주문비용이 25,000원이고, 연간 단위당 재고유지비용은 100원이다. 한국제강의 영업일 수는 연간 300일이다.

① 경제적 1회 주문량(EOQ)을 구하라.

② 연간 최적 총비용을 구하라.

③ 연간 최적의 발주횟수를 구하라.
④ 주문 간격(사이클)을 구하라.

풀이

- 연간수요(D) = 2,000개, 연간 재고유지비용(H) = 100원, 1회 주문비용(S) = 25,000원

① 경제적 1회 주문량 : $EOQ(Q^*)$

- $Q^* = \sqrt{\frac{2DS}{H}} = \sqrt{\frac{2(2{,}000)(25{,}000)}{100}} = \sqrt{\frac{100{,}000{,}000}{100}} = \sqrt{1{,}000{,}000} = 1{,}000$

② 연간 최적 총비용 : $TC(Q^*)$

- $TC(Q^*) = \frac{Q^*H}{2} + \frac{DS}{Q^*}(\text{or } \sqrt{2DSH})$

$$= \frac{1{,}000 \times 100}{2} + \frac{2{,}000 \times 25{,}000}{1{,}000} = \frac{100{,}000}{2} + \frac{50{,}000{,}000}{1{,}000} = 100{,}000\text{원}$$

or $\sqrt{2DSH} = \sqrt{2(2{,}000 \times 25{,}000 \times 100)} = \sqrt{10{,}000{,}000{,}000} = 100{,}000$원

③ 연간 최적의 발주횟수 : 총수요 ÷ 경제적 1회 주문량 $= \frac{2{,}000}{1{,}000} = 2$회

④ 주문 간격 : $\frac{Q^*}{D} = \frac{1{,}000}{2{,}000}(300\text{일}) = 150$일

02 수량할인모형

1) 수량할인모형(QDM)의 개념

수량할인모형(Quantity Discount Model : QDM)은 고전적 EOQ모형의 한 변형으로 가격할인모형이라고도 한다. 앞에서 설명한 EOQ모형은 구입단가(P)가 발주량에 관계없이 항상 일정하다고 가정하였으나, 수량할인모형은 발주량의 크기가 커짐에 따라 가격할인이 이루어지는 경우를 의미한다. 따라서 수량할인모형의 목적은 총비용을 최소로 하는 최적발주량을 선택하는 것이다.

일반적으로 구매자가 수량할인을 받기 위해 대량발주를 하는 경우, 구입단가의 감소와 발주횟수 감소에 따른 발주비용 감소를 기대할 수 있으나 평균재고수준이 높아지며 재고유지비용이 증가하게 된다. 결국 의사결정자가 수량할인모형을 이용하여 발주량을 결정할 때는 이 같은 양면성을 고려하여 최적 발주량을 선택해야 한다.

수량할인모형에서 총재고비용은 재고유지비용, 발주비용 그리고 구입원가의 합계로 구해진다.

- $TC(QDM) = \text{재고유지비용}(\frac{QH}{2}) + \text{발주비용}(\frac{DS}{Q}) + \text{구입원가}(PD)$

H = 연간 단위 재고 유지비용
S = 1회 발주 비용
P = 구입 단가
D = 연간 수요량

2) 수량할인모형(QDM)의 총비용곡선

수량할인모형을 예를 통하여 살펴보면 다음과 같다. 한국전자는 부품업체로부터 구매하고자 하는 부품X에 대한 수량할인의 구입가격표를 〈표 13-2〉와 같이 받았다. 표에서 200개과 600개는 구매단가의 할인이 적용되는 가격 분기점(price break point)이다.

〈표 13-2〉 부품 X의 수량할인 가격표

발주량(구매 수량)	주문량 대비 단가
• 1개~199개	1,000원
• 200개~599개	800원
• 600개 이상	500원

이 자료를 토대로 수량할인모형에 의한 총비용을 계산한 후 총비용곡선을 그리면 [그림 13-6]과 같다. 수량할인의 구간에 따라 단위당 가격이 다르기 때문에 총비용도 달라진다. 그림에서 연간 총재고비용곡선(TC)은 각 구매단가별 연간 총비용곡선들을 일부씩 결합한 것으로, 구매단가가 가장 높은 1,000원일 때의 총비용곡선은 ①에서 시작하여 가격분기점에서

아래로 낮아진다. 가격 분기점은 가격할인을 받기 위한 최저주문량이다.

[그림 13-6]에서 각 단위당 EOQ가 각각 있지만, 각 단위 구간에 적용되는 주문량이 속하지 않을 수 있어 항상 유효하지는 않다. 따라서 총재고비용 곡선은 최적 주문량을 실현하는 EOQ나 가격 분기점 가운데 결정된다.

[그림 13-6] 수량할인모형(QDM)의 총비용곡선

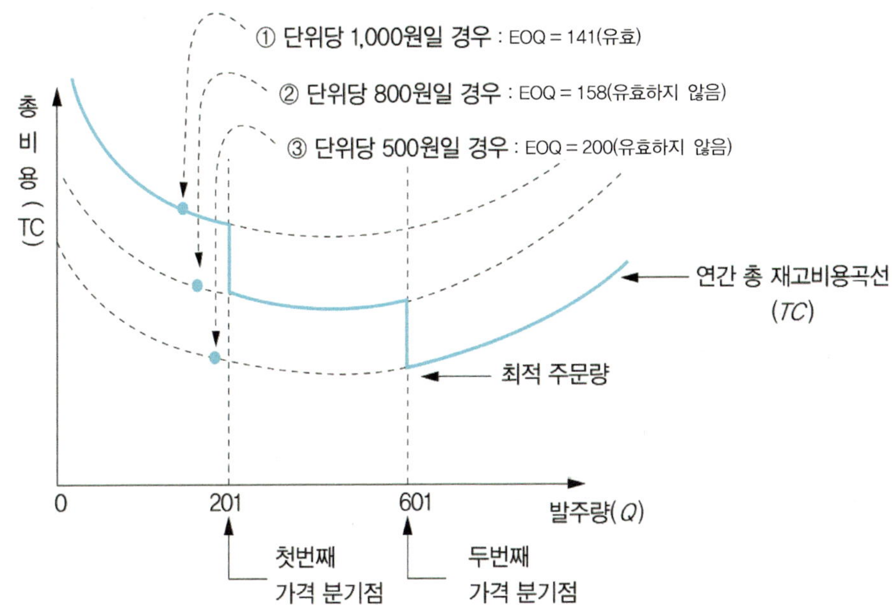

제3절 확률적 모형

앞에서 소개한 재고관리의 확정적 모형은 재고에 대한 수요가 확실히 알려져 있고 일정하다고 가정했으나, 현실적으로 수요는 확정적이기 보다 확률적으로 발생하는 경우가 많다. 따라서 얼마나 주문할 것인가에 대한 결정은 가능하였지만 언제 주문해야 하는가에 대해서는 구체적으로 알 수 없다. 기업은 불확실한 수요에 대비한 재고관리를 위해 정량발주 시스템과 정기발주 시스템 등을 이용하고 있다.

01 정량발주 시스템

1) 정량발주 시스템의 이해

정량발주 시스템(Fixed-Order Quantity system : *FOQ* system)이란 재고가 일정수준에 도달하면 일정량을 주문하는 재고시스템을 말한다. 이는 재고수준이 미리 정한 재주문점(Re-Order Point : *ROP*)에 도달할 때마다 고정주문량(Q)을 발주하는 고정량 주문방식이며, Q-시스템(Quantity system)이라고도 한다.

정량발주 시스템에서 발주량은 고정되어 있으나 주문시기는 일정하지 않고 수요의 확률적 성격에 따라 변하기 때문에 일반적으로 리드타임 기간 동안 예측되는 수요와 여유재고 그리고 안전재고를 고려해서 결정한다. 특히 안전재고는 리드타임 기간 동안 발생하는 수요에 대비하여 비축하는 재고이므로 일정한 수준을 유지할 필요가 있다.

2) 정량발주 시스템의 재주문점 결정

(1) 재주문점의 의미

정량발주 시스템에서 재주문점(*ROP*)이란 재고량이 미리 설정한 재고수준에 도달하면 주문하는 시점을 의미하며, 재주문량을 결정하는 요인은 수요량(예측), 리드타임, 수요나 리드타임의 변동성 그리고 여유재고나 안전재고 수준과 재고부족 위험 등이다.

만약 수요와 리드타임이 일정하다면 앞서 소개한 *EOQ*모형의 [그림 13-4]와 같이 주문점은 단순해지지만, 수요나 리드타임이 불확실한 상황에서의 재고부족은 품절로 인한 손실이 발생할 수 있으므로 안전재고를 유지하는 것이 필요하다.

- ROP(발주점) = $d \times LT$

d = 수요(하루 또는 주 단위)
LT = 리드 타임

이 식에서 수요의 기준과 리드타임은 동일한 시간단위로 표현된다. 즉 d가 1일이면 리드타임(LT)도 1일 단위로 표시해야 한다. 따라서 하루의 수요(d)가 100단위이고 리드타임(LT)이 3일이면, 발주점은 $d \times LT = 100 \times 3 = 300$이 된다. 즉 재고수준이 300단위가 되었을 때 재주문을 해야 한다.

그러나 수요와 리드타임이 확실한 상황의 EOQ모형과 달리 정량발주 시스템에서는 수요와 리드타임이 불확실하기 때문에 실제 수요가 예측을 초과할 경우 재고품절 위험이 존재하므로 발주점을 조절하는 것이 쉽지 않다. 따라서 [그림 13-7]에서 보는 바와 같이 재고소진의 위험을 감소시키는 안전재고(Safety Stock : SS)를 확보해야 한다.

[그림 13-7] 수요와 리드타임 변동에 따른 Q-시스템 재고 사이클

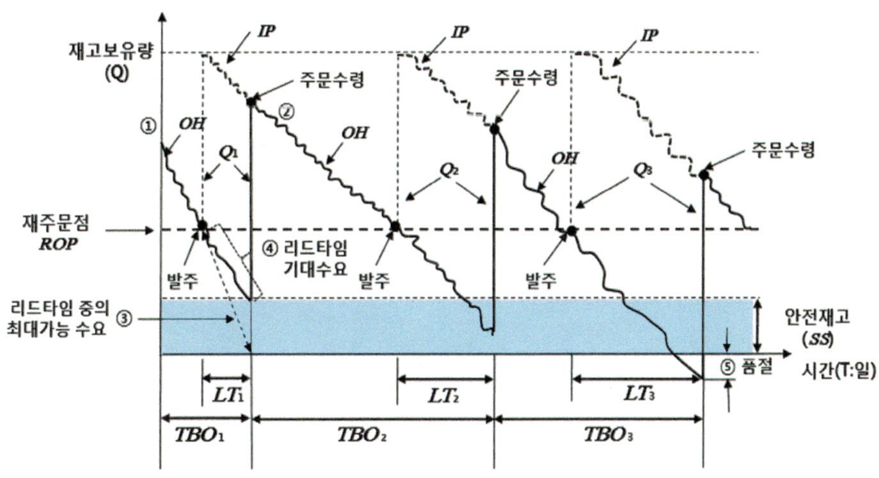

다시 말해서 정량발주 시스템에서 리드타임은 매 주기마다 확률분포에 따라 달라지기 때문에 동일하지 않으며($LT_1 \neq LT_2 \neq LT_3$), 발주간격도 모두 달라진다($TBO_1 \neq TBO_2 \neq TBO_3$). 그러나 입고되는 수량은 매 주기마다 항상 일정하다($Q_1 = Q_2 = Q_3$).

(2) 수요와 리드타임 변동에 따른 재고 사이클

안전재고란 수요 및 리드타임의 변동과 같은 예기치 못한 상황에 대비한 재고로서, 수요율과 리드타임이 변동하는 경우의 재주문점(ROP)은 리드타임 중의 최대수요량으로 나타내기 때문에 리드타임 중의 최대수요량은 리드타임동안의 평균수요와 안전재고를 합한 것이라 볼 수 있다.

- ROP(수요와 리드타임 변동) = 리드타임 기간 동안의 평균수요 + 안전재고
- $ROP = \bar{d} + SS$
- $\bar{d} = d \times LT$: 리드타임 동안의 평균 수요, SS : 안전재고

[그림 13-7]은 리드타임 기간 동안 발생할 수 있는 재고부족을 잘 보여주고 있는데, 그림에서 재고가 직선으로 감소하지 않고 굴곡으로 표시되는 이유는 수요가 변동성이 있음을 나타내는 것이다. 또한 ①번 재고의 하강선보다 ②번 하강선이 비교적 완만한데 이는 수요율의 크기가 줄어들고 있음을 보여주는 것이다.

예제

코리아 정비사의 자동차 엔진오일 1일 수요량이 300개이며, 리드타임이 5일, 안전재고는 100개이다. 엔진오일을 도매상에 주문할 경우 재주문점을 계산하라.

풀이

재주문점(ROP) = 리드타임 동안의 평균수요($\bar{d} = d \times LT$) + 안전재고(SS)
= (300×3)+100= 900+100= 1,000개가 된다.

(3) 서비스수준에 따른 안전재고

리드타임 기간동안 수요의 변동위험을 조절하기 위해 안전재고를 확보하지만 안전재고를 유지하기 위해서는 재고유지비용이 발생한다. 따라서 의사결정자는 재고부족에 따른 손실과 안전재고로 인한 재고유지비용을 비교 · 분석하여 최적의 재고수준을 유지하여야 한다. [그림 13-7]의 ⑤ 품절사태는 갑작스런 수요변동에 의해 발생하게 되는 경우인데, 이 같은 품절은 재고부족으로 인해 기회손실비용이 발생하게 되며 고객에 대한 서비스 수준도 떨어뜨릴 수 있는 원인이 된다.

따라서 사이클 주기 동안의 고객 서비스 수준(Service Level : SL)은 리드타임 동안 수요가 공급을 초과하지 않을 기대(확률)로 정의된다. 즉 [그림 13-7]에 나타난 바와 같이 ③의 경우 보유하고 있는 안전재고로 리드타임 기간 동안 발생한 최대수요를 충족시킬 수 있으며, ④는 리드타임 기간 동안 예상되는 수요가 안전재고를 사용하지 않는 경우이다.

결과적으로 서비스 수준의 결정은 수요나 리드타임의 변동성(표준편차)이 안전재고에 많은 영향을 미치게 되며 일반적으로 수요와 리드타임의 변동성이 클 경우 안전재고를 많이 확보해야 한다. 주문 사이클 동안의 고객 서비스 수준은 다음과 같이 나타낸다.

- $SL = 100\% -$ 재고부족위험률

서비스 수준이 결정되면 수요와 리드타임의 확률분포를 이해해야 한다. 수요와 리드타임의 변동성(표준편차)이 존재할 경우 이들의 분포형태에 따라 안전재고와 발주점의 결정방식은 달라지기 때문이다.

3) 정규분포를 가정한 재주문점 결정

수요와 리드타임에 대한 정보가 불확실(확률적)하지만 정규분포를 가정할 때의 재주문점은 다음과 같은 3가지의 경우를 고려할 수 있다. 첫째, 리드타임은 일정하고 수요만 변동하는 경우, 둘째, 수요는 일정하고 리드타임만 변동하는 경우, 셋째, 수요와 리드타임이 모두 변동할 경우이다.

(1) 리드타임은 일정하고 수요만 변동할 경우 재주분석

확률적 수요와 리드타임이 재주문점에 미치는 영향을 이해하기 위해 [그림 13-8]을 참고하면, 리드타임은 일정하고 리드타임 기간 동안 수요는 불확실하지만 정규분포를 가정한 것이다. 즉 확률적 재주문점 모형은 보유재고가 감소하면서 일정한 수준에 도달하면 발주를 하므로 품절은 리드타임 기간 동안에 발생할 수 있다.

[그림 13-8]은 리드타임 기간 동안의 수요가 정규분포일 때의 상황으로 안전재고와 품절이 발생할 확률 사이의 관계를 보여준다. 리드타임기간 수요의 평균을 $\bar{d}_{LT}(\mu)$, 재주문점을 $ROP(x)$로 나타내면 안전재고 $SS = x - \mu$이다. 그리고 표준편차를 σ_{dLT}라 할 때, 이것을 정규분포의 표준화한 공식을 사용하여 계산을 할 수 있다.

- $Z = \dfrac{(x-\mu)}{\sigma}$

이때, Z는 $ROP(x)$가 $\bar{d}_{LT}(\mu)$를 얼마나 초과하고 있는가를 표준편차수로 나타낸 것이다. 안전재고는 고객에 대한 대응능력인 서비스 수준에 의해 결정되는데, [그림 13-8]에서 만약 서비스 수준을 95%로 유지하고자 할 경우 품절확률 α는 서비스 수준 $1-\alpha=1.0-0.95=0.05$이다. 따라서 서비스 수준이 95% 또는 품절확률 $\alpha=5\%$에 해당하는 표준정규분포의 Z 값은 1.645가 된다. 일반적으로 위험이 작을수록 Z 값은 커진다. 리드타임 동안 원하는 서비스 수준이 결정되면 Z 값을 얻기 위해서는 표준정규분포표를 사용한다.

[그림 13-8] 리드타임 수요가 정규분포일 때의 재주문점

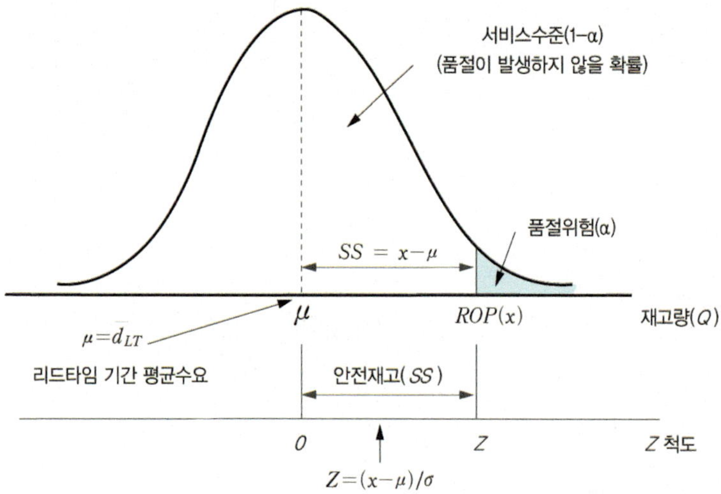

그리고 [그림 13-8]에서 안전재고의 크기는 평균수요로 충족시킬 수 있는 서비스 수준(50%)을 초과한 재고수준(40%)에 해당하는 부분을 의미한다. 일반적으로 리드타임이 일정한 값을 가지는 경우 안전재고와 재주문점은 다음과 같이 구할 수 있다.

- $SS(\text{안전재고}) = Z \times \sigma_{dLT}$ (단, $\sigma_{dLT} = \sigma_d \sqrt{LT}$)
  $= Z \times \sigma_d \sqrt{LT}$

단, Z값은 서비스 수준에 상응하는 정규계수 값으로서 서비스 수준에 따라 표준정규분포를 사용해서 구한다. 따라서 리드타임이 일정한 경우 확률적 재주문점(ROP)은 리드타임기간의 평균수요와 안전재고의 합으로 산출한다.

- ROP(재주문점) $= \bar{d}_{LT}$(리드타임 기간 동안 평균수요) $+ SS$(안전재고)

$$= \bar{d}_{LT} + Z\sigma_{dLT} = \bar{d}_{LT} + Z\sigma_d\sqrt{LT}$$

단, Z = 정규분포의 평균으로부터 발주점까지의 표준편차수
$\bar{d}_{LT}$ = 리드 타임기간 동안 평균 수요
σ_{dLT} = 리드 타임 수요의 표준편차

예제

글로벌 제약의 주문 품목의 리드타임기간 동안의 수요는 평균(μ) 500개이고, 표준편차(σ_{dLT})는 20개이다. 의사결정자는 서비스 수준을 95%(품절률 5%)로 설정하였다. 이 경우의 안전재고와 재주문점을 산출하고자 한다.

풀이

① 기본 정보를 정리한다.
- 리드타임 기간 동안의 기대수요($\bar{d}_{LT}$) = 500개
- 리드타임기간 수요의 표준편차(σ_{dLT}) = 20개
- 서비스 수준 = 95%(품절에 따른 위험률 = 5%)

② 95%의 서비스 수준에 해당하는 안전계수 Z값은 표준정규분포표를 이용해 찾는다. 평균을 중심으로 오른쪽 영역의 45% 위치의 표준정규분포 값을 찾으면 된다(Z=1.65).

③ Z값을 이용해서 안전재고를 구한다.
- $SS = Z\sigma_{dLT} = 1.65 \times 20 = 33$개

④ 재주문점 ROP를 구한다.
- ROP(재주문점) $= \bar{d}_{LT} + SS$

$$= \bar{d}_{LT} + Z\sigma_{dLT} = 500 + 33 = 533\text{개}$$

(2) 수요는 일정하고 리드타임만 변동할 경우 재주문점

제품의 수요는 일정하지만 리드타임은 확률적인 정규분포를 따를 때는 안전재고를 사용하여 리드타임 변동에 따른 위험을 감소시킬 수 있다. 따라서 리드타임만 변동하는 재주문점(ROP)은 다음과 같다.

- SS(안전재고) = 1일 수요 × $Z\sigma_{LT} = zd\sigma_{LT}$
- ROP(재주문점) = $d \times \overline{LT} + zd\sigma_{LT}$

단,

d = 일일 수요(일별 또는 주별 일정함)

$\overline{LT}$ = 평균 리드타임(일별 또는 주별)

σ_{LT} = 리드타임 표준편차(일별 또는 주별)

예제

아시아중공업은 P제철에서 새로 개발한 선박 제조에 필요한 강판을 독점적으로 공급받고 있다. 이 제품에 대한 수요는 하루 100톤이고 매우 안정적이지만 리드타임이 불규칙해 평균 10일이 소요되고 표준편차는 2일인 정규분포를 따른다. 서비스 수준을 99%로 규정할 때, 안전재고와 재주문점은 얼마인지 계산하라.

풀이

① 기본 정보를 정리한다.
- 하루 기대수요(d) = 100톤
- 평균 발주 리드타임($\overline{LT}$) = 10일
- 발주 리드타임 표준편차(σ_{LT}) = 2일
- 서비스 수준 = 99%(품절에 따른 위험률 = 1%)

② 99%의 서비스 수준에 해당하는 안전계수 Z값은 표준정규분포표를 이용해 찾는다. 평균을 중심으로 오른쪽 영역의 49% 위치의 표준정규분포 값을 찾으면 된다(Z= 2.33).

③ Z값을 이용해서 안전재고를 구한다.
- $SS = d \times Z\sigma_{LT} = zd\sigma_{LT} = 100 \times 2.33 \times 2 = 466$톤

④ 재주문점 ROP를 구한다.
- ROP(재주문점) = $(d \times \overline{LT}) + SS(zd\sigma_{LT})$

= (100톤 × 10) + (466톤) = 1,466톤

(3) 수요와 리드타임이 모두 변동할 경우 재주문점

수요와 리드타임이 모두 불확실하지만 정규분포를 따를 때는 수요 또는 리드타임 중 한 가지만 변동적일 때보다 더 많은 안전재고를 요구한다. 왜냐하면 안전재고가 수요의 변동과 리드타임의 변동에 따른 위험을 감소시킬 수 있어야 하기 때문이다. 따라서 재주문점(ROP)은 다음과 같이 구할 수 있다.

- $ROP(\text{재주문점}) = (\bar{d}: \text{일일 평균수요} \times \overline{LT}: \text{평균 리드타임}) + Z\sigma_{dLT}$

단,

$\overline{dLT}$= 리드타임 수요의 평균

σ_{dLT} = 리드타임 기간 동안 수요의 표준편차 = $\sqrt{\overline{LT}\sigma_d^2 + \bar{d}^2\sigma_{LT}^2}$

= $\sqrt{\sigma_{LT}^2(\text{1일 평균수요}) + \sigma_d^2(\text{리드타임의 평균})}$

σ_d = 1일 수요의 표준편차

σ_{LT} = 리드타임의 표준편차(일)

- $SS(\text{안전재고}) = z\sqrt{\overline{LT}\sigma_d^2 + \bar{d}^2\sigma_{LT}^2}$
- $ROP(\text{재주문점}) = \bar{d} \times \overline{LT} + z\sqrt{\overline{LT}\sigma_d^2 + \bar{d}^2\sigma_{LT}^2}$

02 정기발주 시스템

1) 정기발주 시스템의 이해

(1) 정기발주 시스템의 의의

정기발주시스템(periodic review system)이란 재고수준을 연속적으로 파악하지 않고 정기적으로 재고수준을 파악하여 그때마다 예정된 목표재고수준에 미달되는 수량만큼을 발주하는 재고관리시스템을 말하며, *FOI* 시스템(Fixed-Order-Interval system, 정기적 주문방식) 또는 *P*-시스템(Period system)이라고도 한다.

따라서 정기발주시스템에서는 각 주문점의 발주량이 변동적이라는 특징이 있으며, 발주품목이 많은 소매업이나 대량소비가 이루어지는 품목의 재고관리에 주로 사용된다. 예컨대 편의점이나 프랜차이즈의 체인본부가 정기적으로 방문해 재고를 파악한 후 필요한 수요량만큼 보충한다.

정기발주시스템은 재고수준을 지속적으로 파악하지 않고 정해진 기간마다 재고를 파악한다는 것이 가장 큰 장점이지만 발주량이 주기별로 변하는 특징이 있다. 그러므로 정기발주시스템은 정량발주시스템에 비해 관리비용이 적게 들지만, 불확실성에 대비해야 할 기간이 길어지기 때문에 안전재고를 더 많이 확보해야 한다.

(2) 정기발주 시스템의 재고 사이클

정기발주시스템은 재고품절의 위험이 상대적으로 높은데 그 이유는 수요가 갑자기 증가하는 경우가 발생하면 재고가 위험수위로 내려갈 수 있기 때문이다. 정량발주시스템에서는 곧바로 재발주하여 보충할 수 있지만 정기발주시스템에서는 다음 차례의 발주시점까지 재고고갈을 파악할 수 없다.

[그림 13-9]는 정기발주시스템의 재고 사이클을 나타낸 것으로, 발주간격(P_1, P_2)은 일정하지만 발주량(Q_1, Q_2, Q_3)은 발주할 때마다 변동된다. 따라서 정기발주시스템의 재고 사이클은

[그림 13-9] P-시스템의 재고 사이클

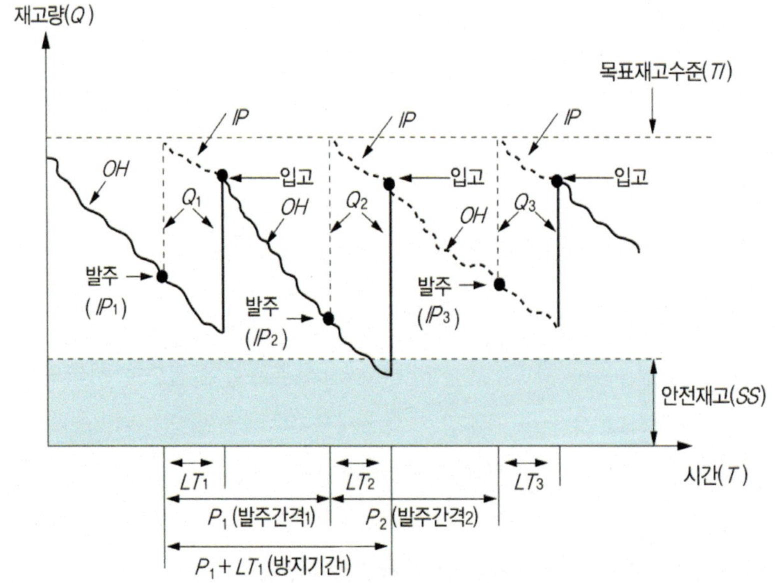

발주간격(P : OI : Order Interval)과 목표재고수준(target inventory level : T)으로 결정된다.

Q-시스템과 같이 수요나 리드타임이 불확실하기 때문에 재고보유량의 변화를 나타내는 하강선은 직선이 아니다. 만약 전기 조사기간이 P_1이라면 전기 재고조사 후 일정기간 P가 지나면, 점선으로 표시된 재고위치를 목표재고수준 T(그림에서는 시간 T와 구분하기 위해 TI로 표기했음)까지 끌어 올릴 만큼 수량을 발주한다.

따라서 [그림 13-9]의 P-시스템 모형을 운영하기 위해서는 발주간격(P)과 목표재고수준(T)에 대해서 살펴보아야 한다.

2) 정기발주 시스템의 주문모형

(1) 재고조사간격(Order Interval, 발주간격 : OI, P)의 결정

정기발주시스템에서 발주간격은 [그림 13-9]에서와 같이 경제적 1회 주문량(Q)을 연간수요량(D)으로 나눈 값이다.

$$\bullet\ \text{발주간격}(P) = \frac{\text{경제적 주문량}(Q^* = EOQ)}{\text{연간 수요량}}$$

$$= \frac{Q^*}{D},\ (\text{여기서 } EOQ = \sqrt{\frac{2DS}{H}})$$

$$= \frac{1}{D} \times \sqrt{\frac{2DS}{H}} = \sqrt{\frac{2S}{DH}}$$

단, D = 연간수요량, S = 1회당주문비용, H : 단위당재고유지비

예제

A베이커리에서는 정기발주시스템(P-시스템)을 사용하여 재고관리를 하고 있다. A베이커리에서 주문하는 케이크의 1일 수요의 변화는 5개, 경제적 주문량(Q^*)은 200개이며, 연간 350일간 영업을 하고 있다. 이 경우 최적주문주기를 계산하라.

풀이

$$\bullet\ \text{최적 주문주기}(P^*) = \frac{\text{경제적 주문량}(Q^*)}{\text{연간수요량}(5\text{개} \times 350\text{일})}$$

$$= \frac{Q^*}{D} = \frac{200}{1{,}750} = 0.114\text{년} \fallingdotseq 40\text{일}(350\text{일} \times 0.114\text{년})$$

(2) 목표재고수준(최대재고수준)의 결정

[그림 13-9]에서 정기발주시스템의 목표재고수준(T)을 살펴볼 수 있는데, 각 주기의 발주량은 재고상태(IP)를 상승시켜 리드타임 동안의 평균수요는 물론 다음 발주까지 불규칙 변동을 유지할 수 있도록 관리되어야 한다. 따라서 목표재고수준(T)은 최대재고수준으로 발주주기(P)와 리드타임(LT)을 합한 기간($P+LT$)동안의 변동수요에 대비할 수 있는 수준이며, 이 기간($P+LT$)은 발주로 인한 품절위험을 방지할 수 있는 방지기간(protection interval)을 의미한다.

결과적으로 정기발주시스템에서 목표재고수준은 리드타임 기간 동안 평균수요와 안전재고의 합으로 구할 수 있다.

- 목표재고수준(T) = 방지기간 동안 리드타임을 고려한 평균수요 + 안전재고
  $= \bar{d}(P+LT)+SS$(방지기간 동안의 안전재고)

정기발주시스템은 정량발주시스템보다 긴 기간 동안의 불확실성에 대비하기 위한 안전재고를 확보해야 하므로 안전재고의 양이 많아진다. 안전재고를 구하는 방식은 정량발주시스템과 비슷하며, 확률적인 정규분포를 가정할 때, 주기 서비스 수준에 해당하는 z값에 방지기간($P+LT$) 동안의 수요의 표준편차(σ_{P+LT} : 더 많은 안전재고 확보를 위해 σ_{LT}보다 큰 σ_{P+LT}이 필요하다) 값을 곱하여 산정한다. 따라서 안전재고는 $z\sigma_{P+LT}$이 된다.

- 안전재고(SS) $= z\sigma_{P+LT}$

  단, σ_{LT}을 구하는 방법으로 표준편차 $= \sigma_d\sqrt{P+LT} = \sigma_{P+LT}$

목표재고수준(T)은 방지기간 동안 평균수요와 안전재고로 구성되기 때문에 다음과 같이 구해진다.

- $T = \bar{d}(P+LT)+z\sigma_d\sqrt{P+LT}$

따라서 발주량(Q)은 발주시점의 재고위치가 IP라면 목표재고수준(T)까지 끌어 올리는데 필요한 수량을 의미한다. 결과적으로 재고보충을 위해 최적의 발주량(Q^*)의 계산은 목표재고수준(T)에서 주문하는 순간의 재고수준(IP)를 뺀 값이 된다.

- Q^*(최적의 발주량) $= T$(목표재고수준) $- IP$(재주문 시 재고수준)
  $= \bar{d}(P+LT)+z\sigma_d\sqrt{P+LT}-IP$

예제

연간 350일 영업을 하고 있는 K 편의점은 X 물품을 연간 1,750개를 주문해서 판매하고 있다. 1회 발주비용은 150원, 연간재고유지비용은 개당 10원이며, 리드타임은 4일이다. 그리고 1일 평균 수요는 5개, 표준편차가 1.5인 정규분포를 이루고 있다.

편의점 점장은 고객 서비스 수준을 95%로 결정하고, P–시스템을 이용해 최적발주간격(P^*), 안전재고(SS), 목표재고수준(T) 그리고 최적의 발주량(Q^*)을 구하고자 한다(단 발주시점 현재의 재고량 IP는 30개이다).

풀이

- $EOQ=\sqrt{\dfrac{2DS}{H}}=\sqrt{\dfrac{2(1,750)(150)}{10}}=\sqrt{52,500}=229$개

① 발주간격(P^*)

- 최적주문주기(P^*) $=\dfrac{Q^*}{D}=\dfrac{229}{1,750}=0.13$년

$$=\frac{Q^*}{D}(350\text{일})=0.13\text{년}\times 350\text{일}=45.5\text{일}\fallingdotseq 46\text{일}$$

② 안전재고(SS)(서비스 수준 95%의 $Z=1.65$)

- 안전재고(SS) $=z_d\sqrt{P+TL}=\sigma_{P+TL}$

$$=1.65(1.5)\sqrt{46+4}=1.65(1.5)(7.1)=17.57\fallingdotseq 18\text{개}$$

③ 목표재고수준(T)

- $T=d(P+TL)+z\sigma_d\sqrt{P+TL}$, $(z\sigma_d\sqrt{P+TL}=SS)$

$$=5(46+4)+(18)=268\text{개}$$

④ 최적의 발주량(Q^*)

- Q^*(최적의 발주량) $=T-IP=268-30=238$개

03 정량발주시스템과 정기발주시스템의 차이

정량발주시스템(Q–시스템)과 정기발주시스템(P–시스템)은 가장 기본적인 재고관리시스템의 유형이다. 각 시스템은 각기 장 · 단점이 있으며, 발주방식, 발주량, 발주간격, 안전재고의

크기 여부에 따라 차이가 있다.

첫째, 발주방식 : 정량발주시스템은 재고량이 발주점에 도달하였을 때 발주하는 사건발주식(event-triggered)이며, 정기발주시스템은 정해진 일정한 시점에 발주하는 시간발주식(time-triggered)이다.

둘째, 발주량의 크기와 발주간격 : 정량발주시스템의 경우엔 발주량이 항상 고정되어 있으나 발주간격은 수요가 확률적으로 변동되므로 길어지거나 짧아질 수 있다. 그러나 정기발주시스템은 발주간격이 고정되어 있지만 발주량은 변동된다.

셋째, 안전재고의 크기 : 정량발주시스템에 비해 정기발주시스템이 더 많이 요구된다. 왜냐하면 미리 정해진 시간에만 발주를 하기 때문에 긴 기간 동안의 불확실성에 대비하기 위한 안전재고를 확보해야 하므로 안전재고의 양이 많아진다.

따라서 정량발주시스템과 정기발주시스템 중에서 어느 모형을 선택할 것인가는 의사결정자가 기업의 주어진 재고관리의 제반여건(재고 관련 비용, 고객 서비스 수준의 크기, 품목특성, 품목 수, 공급자관계 등)을 고려하여 그에 적합한 시스템을 선택하여야 한다.

두 시스템의 중요한 차이점은 〈표 13-3〉과 같다.

〈표 13-3〉 정량발주시스템과 정기발주시스템의 비교

특징	정량발주시스템	정기발주시스템
개요	• 재고가 발주점에 이르면 정량발주	• 정기적으로 부정량을 발주
발주시기 및 발주계기	• 부정기(不定期) • 사건발주식(event-triggered)	• 정기(定期) • 시간발주식(time-triggered)
발주량	• 고정량 시스템(경제적 발주량)	• 부정량 시스템(최대 재고량－당시 재고)
재고조사방식	• 지속적으로 확인	• 정기적으로 확인
재고부족 횟수	• 적다	• 많다
수요패턴	• 변동적	• 안정적
재고가치	• 높다	• 낮다
안전재고 보유	• 조달기간 동안 수요변화에 대비(낮다)	• 조달기간 동안과 주문 주기 동안 수요변화에 대비(높다)
적용품목	• 고가 및 중요도가 높은 단일품목	• 중요도가 낮고 저가의 여러 품목
발주비용	• 단일품목으로 발주비가 크다	• 다품목으로 발주비가 작다
주요 매개변수	• *ROP*, *EOQ*	• 주문주기, 최대재고수준

제4절 ABC 재고관리방식

1) *ABC* 재고관리의 개념

ABC 재고관리방식(*ABC* control method)은 재고관리에 파레토(pareto)법칙(80:20법칙)을 적용하여 재고의 중요도에 따라 차별적으로 관리하는 방식으로서, 자재 및 재고품목의 연간사용품목수와 금액(가치)에 따라 *A*, *B*, *C* 세 가지 군(群)으로 나누어 관리하는 방법이다(〈표 13-4〉 참조). 이 방법을 활용하면 자재 및 재고의 중요도에 따라 차별관리가 가능하기 때문에 손실을 극소화 시킬 수 있도록 통제·관리할 수 있다.

2) *ABC* 재고관리방식의 분류법

ABC 재고관리방식은 〈표 13-4〉와 같이 자재의 품목별 연간 사용액을 산출해서 품목별 금액이 가장 높은 가치의 자재를 A급 자재, 그 다음으로 높은 그룹을 B급 자재, 가치가 가장 낮은 그룹을 C급 자재로 분류하여 중요도에 따라 차별적으로 관리하는 방식이다(금액은 낮지만, 생산활동에 핵심적인 역할을 하는 자재도 중요도에 따라 A급이나 B급으로 구분할 수 있다).

〈표 13-4〉 ABC 등급의 분류

등급	내용	전 품목에 대한 비율	총 금액에 대한 비율
A	고가치 품목	5~20%	70~80%
B	중가치 품목	20~30%	20~30%
C	저가치 품목	60~70%	5~20%

ABC 재고관리방식의 적용방법은 다음과 같다([그림 13-10] 참조).

첫째, 전체의 20%에 해당하는 A급 자재는 연간 총재고비용 즉 가치의 70~80% 이상을 차지하는 품목이기 때문에 엄격한 재고관리가 필요하다.

둘째, B급 자재는 A급 자재에 비해서 중요도가 낮은 중간 정도의 가치 품목이므로 보통 수준의 재고관리를 적용한다.

셋째, C급 자재는 전체의 60~70%에 해당하는 품목수로서 재고량은 많지만, 총재고가치는 5~10%를 차지하는 낮은 가치의 품목이므로 간단한(약식) 관리방식을 적용하는 것이 일반적이다.

[그림 13-10] *ABC* 재고관리 분류법

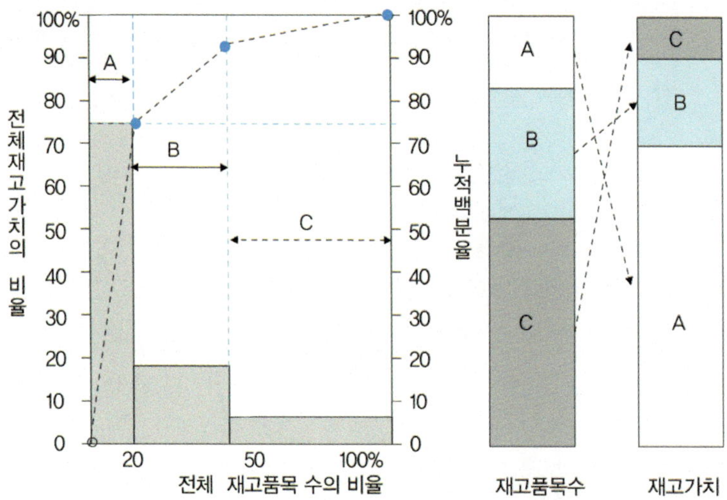

예제

ABC차량정비사에서는 경쟁력을 강화하기 위해서 고객의 서비스 만족도를 높이는 전략을 수립하기로 하였다. 전략적 대안의 하나로 고객이 차량정비를 위해 방문했을 때 신속하게 서비스를 제공할 수 있도록 부품의 재고관리를 철저히 하기로 하였다.

따라서 정비팀장은 지난 1년간 부품별 연간 수요량 및 구매가격을 조사하였고, 자료를 토대로 부품별 재고가치를 계산했다. 분석결과는 〈표 13-5〉와 같다. *ABC* 재고분류법을 적용하여 재고관리의 효율성을 도출해보면 다음과 같다.

〈표 13-5〉 ABC차량정비사의 부품별 연간 수요량 및 구매가격

재고부품번호	단위당 구매 가격(원)	연간 수요량(개)	총 재고가치
부품 A	5,000	400	2,000,000
부품 B	4,000	850	3,400,000
부품 C	12,000	1,000	12,000,000
부품 D	15,000	1,200	18,000,000
부품 E	2,500	450	1,125,000
부품 F	3,000	300	900,000
부품 G	5,000	500	2,500,000
부품 H	40,000	1,500	60,000,000
부품 I	1,000	600	600,000
부품 J	8,000	1,000	8,000,000
합 계	95,500	7,800	108,525,000

풀이

① 〈표 13-5〉는 재고부품에 대한 단위당 구매가격, 연간 수요량, 재고가치의 값이다. 부품별 총재고가치는 단위당 구매가격×연간 수요량으로 구할 수 있다. 〈표 13-5〉의 자료를 가치가 큰 품목 순으로 분류하면 〈표 13-6〉과 같다.

② 재고 부품별 재고가치가 높은 품목 순으로 정리된 〈표 13-6〉에서 상위 2개 품목 H, D의 재고가치 합계가 72.1%를 차지한다. 따라서 이 2개 품목을 *A*그룹으로 분류하고, 다음 3개 품목 C, J, B의 재고가치의 합계가 21.6%로 *B*그룹으로 분류할 수 있다. 나머지 5개의 품목 G, A, E, F, I의 재고가치의 합은 6.3%로 가장 낮은 재고가치를 보여줌으로써 *C*그룹으로 분류해서 재고관리를 할 수 있다.

〈표 13-6〉 ABC 차량정비사의 부품별 연간 수요량 및 구매가격

재고부품번호	총재고가치	재고가치비율	분류	항목비율	누적백분위
부품 H	60,000,000	55.5%	A	20%	55.5%
부품 D	18,000,000	16.6%	A		72.1%
부품 C	12,000,000	11.1%	B		83.2%
부품 J	8,000,000	7.4%	B	30%	90.6%
부품 B	3,400,000	3.1%	B		93.7%
부품 G	2,500,000	2.3%	C		96.0%
부품 A	2,000,000	1.7%	C		97.7%
부품 E	1,125,000	1.0%	C	50%	98.7%
부품 F	900,000	0.8%	C		99.5%
부품 I	600,000	0.5%	C		100.0%
합 계	108,525,000	100.0%		100.0%	100.0%

제 14 장

PERT / CPM

기업이 수립한 계획을 보다 효율적으로 관리하기 위한 노력은 자원의 효율적인 활용은 물론 기업의 목표달성에 매우 중요하다. 따라서 계획을 보다 체계적으로 관리하기 위한 기법이 오래전부터 많이 개발되어 왔으며, 그 중에서도 네트워크(network)이론을 중심으로 계획을 관리하는 PERT/ CPM 기법이 많이 사용되는 기법이다.

PERT/CPM 기법은 과거에 개발된 다른 관리기법보다 복잡한 프로젝트의 관리요소들을 체계적으로 관리할 수 있으며 특히 비반복적이고 규모가 큰 계획의 관리에 효과가 크다는 장점이 있다.

본 장에서는 PERT/CPM 기법의 내용과 함께 특징, 실행방법 및 기대되는 효과 등을 다루었다.

제1절 PERT기법의 개요

01 PERT기법의 의의

기업에서의 의사결정기준은 매우 다양하지만 항상 기업의 궁극적인 목표를 효율적으로 달성할 수 있도록 설정되는 것이 중요하다. 기업의 목표를 달성시키기 위한 의사결정기법은 갈수록 다양하게 발전하고 있지만 특히 기업의 규모가 팽창하거나 경영활동에 영향을 미치는 외적인 요인이 갈수록 복잡하여지고 불확실성이 높아지고 있기 때문에 의사결정의 방법 또한 매우 다양하게 개발되고 있다.

의사결정자가 다양한 요인을 보다 잘 조화시켜 수립한 계획을 효과적으로 통제하기 위한 방법 중 특히 비용과 시간의 낭비를 줄이고 경제적으로 계획을 수행하기 위해 개발된 기법이 네트워크(network)이론을 중심으로 관리하는 PERT(Program Evaluation and Review Technique)와 CPM(Critical Path Method)기법이다.

PERT기법이란 기업에서 계획의 목표를 보다 효율적으로 달성하기 위한 방법으로, 주로 비반복적이고 규모가 크며 불확실성이 높은 계획의 관리에 사용되는 기법이다.

PERT는 '프로그램 평가검증기법'의 약칭으로서 네트워크(network)를 이용하여 기업의 목표를 보다 효율적으로 실행하도록 계획의 요소 중 시간, 비용의 요소를 중심으로 체계적으로 분석하고 관리하는 기법을 말한다. 이 기법은 계획의 완료시기를 사전에 예측할 수 있으며, 계획을 실시할 때 발생할 수 있는 여유시간이나 능력 등을 사전에 파악할 수 있기 때문에 유휴자원을 활용할 수 있다는 이점이 있다. 또한 규모가 대규모이면서 비반복적인 댐건설, 고속도로건설, 미사일기지건설 등 프로젝트생산의 관리에서 큰 효과를 기대할 수 있으며, 설비의 수리, 인력계획, 시장조사에까지 확장하여 이용되고 있다.

02 PERT 기법의 발전

PERT기법은 원래 1956년 미해군의 무기국(Bureau of Naval Weapons)에서 폴라리스 해저유도미사일(Polaris Submarine Missile)을 개발하기 위해 개발담당국인 S.P.O(Special Project Office)와 자문회사인 브즈 알렌 해밀톤(Booze Allen & Hamilton Co.)이 공동으로 연구·개발

하여 유도미사일연구개발사업의 관리에 처음 적용하였던 기법이다. 그 후 연구가 계속 진행되어 1958년부터 PERT라는 명칭을 정식으로 사용하게 되었다.

이 기법은 초기에 많은 호응을 얻지 못했지만 폴라리스 잠수함 건조계획에 PERT기법을 적용하여 계획보다 2년 빨리 달성시킨 효과를 인정받게 된 후 1960년대 초부터 미국정부에서는 모든 신규사업에 이 PERT기법을 사용하도록 하였다.

그 후 미국 내 민간기업에서도 PERT기법의 가치를 인정하여 점차 이용범위를 넓히기 시작하였으며, PERT와 유사한 기법으로 1957년에 미국의 듀폰(Dupont)이 중심이 되어 레밍턴 랜드(Remington Rand Division)의 화학공장 건립계획에서 개발한 CPM(Critical Path Method)기법이 있다.

PERT기법은 관리대상으로 시간만을 고려한 PERT/Time과 시간뿐만 아니고 비용까지 확장한 PERT/Cost가 있다.

03 종래의 일정관리기법과 PERT기법과의 비교

1) 간트 차트

기업에서 수립한 계획을 보다 효율적으로 관리하고자 하는 방법에는 여러 가지가 있는 데, 과거의 대표적인 기법이 1920년에 간트(H. L. Gantt)가 개발한 간트 차트(Gantt Chart)이다. 간트는 과학적 관리법을 창안한 테일러와 같은 시대의 사람으로서 간트 차트의 개발뿐만 아니라 여러 가지 혁신적 경영관리기법을 개발하였다.

간트 차트는 일정관리의 중점을 주로 시간에 두는 기법으로서, 수립된 계획과 실제 달성한 양이나 크기를 일정 중심으로 관리하는 기법이다. 간트 차트의 작성방법은 가로 축에는 일자(혹은 소요시간)를 표시하고, 세로축에는 계획이나 작업내용을 표시하여 일정관리를 하는 방법이다([그림 14-1] 참조).

[그림 14-1] 간트 차트

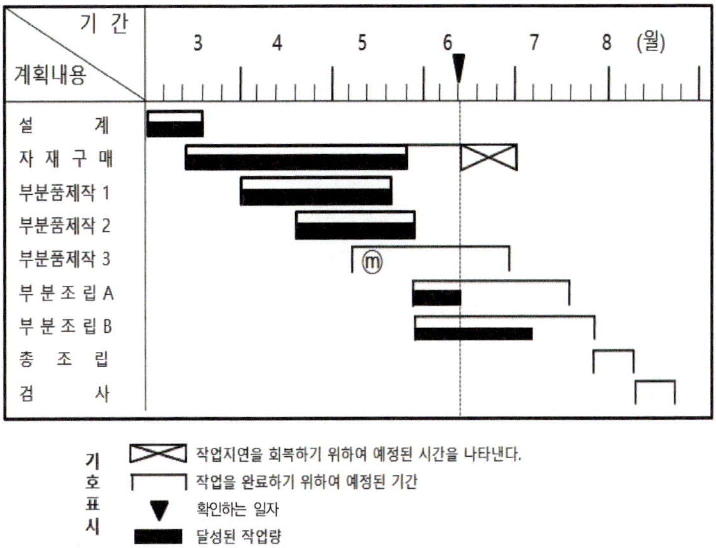

간트 차트를 작성할 때는 계획의 예정목표시간을 표시한 후 달성되는 작업량을 검은색으로 표시한다. [그림 14-1]의 예는 6월 2주차(▼)의 경우, 자재구매는 3주정도가 늦어지고 있으며, 부품제작3은 작업이 전혀 이루어지지 않고 있음을 보여준다. 특히 부분품제작 3의 ⓜ표시는 작업이 이루어지지 못하는 이유가 자재부족(ⓜ)임을 의미한다. 작업이 이루어지지 않는 이유는 다음과 같은 간단한 부호를 사용하여 표시하지만, 그 밖에도 다양한 기호를 사용할 수 있다.

ⓜ : 자재가 부족하기 때문에(material)
ⓔ : 준비를 위한 대기 때문에(ready)
ⓗ : 노동력이 부족하기 때문에(hand)
ⓞ : 작업명령서가 없기 때문에(order)
ⓟ : 동력이 부족하기 때문에(power)
ⓡ : 기계설비가 수리 중이기 때문에(repair)
ⓣ : 공구가 부족하기 때문에(tool)
ⓥ : 휴일 때문에(vacation)

간트 차트는 작업의 진행상태를 단순하게 시간의 개념을 중심으로 표시하는 방법으로, 간단하게 작성할 수 있으며 특히 작업의 종류나 관리하고자 하는 항목의 수가 적을 때 더욱 효과가 크다는 장점이 있다.

그러나 다음과 같은 약점도 있다.

① 작업의 순서가 복잡하고 세밀한 경우에는 일정을 표시하기가 어렵다.
② 작업 상호간의 연관성이라든가 종속관계를 파악하기 힘들다(목표량에 대한 실적량을 파악하고, 그 원인만을 파악할 수 있기 때문이다).
③ 중점관리가 필요한 작업을 표시하기가 곤란하다.
④ 관리항목의 사전예측과 사전통제가 어렵다.
⑤ 한 작업의 지연원인이 다른 작업에 미치는 영향을 파악하기가 곤란하다.

따라서 간트 차트는 작업의 내용이 복잡하고 관리해야 할 항목수가 많은 경우 보다는 작업내용이나 종류가 적을 때 사용하는 것이 보다 효율적이다.

2) 간트 차트의 종류

간트 차트는 그 작성목적에 따라 그 종류를 여러 가지로 구분할 수 있는데, 그 중 대표적인 종류를 살펴보면 다음과 같다.

① **작업자 및 기계기록도표**(Man and Machine Record Chart) : 각 기계나 작업자의 계획작업량과 실제작업량의 관계를 나타내는 도표이다.
② **작업진도표**(Progress Chart) : 계획된 작업내용이 어떠한 상태로 진행되고 있는가를 나타낸 것으로, 계획과 실제를 비교하여 결과를 파악한 후 문제의 원인을 분석하여 필요한 조치를 강구하고자 하는 도표이다.
③ **작업할당도표**(Layout Chart) : 작업자나 기계의 현재 작업상태를 나타내는 도표로서, 작업의 실제 진행상태를 기록함과 동시에 새로운 작업계획을 작업자와 기계에 할당하고자 할 때 이용하는 도표이다.
④ **작업부하도표**(Load Chart) : 각 작업장별로 가공할 수 있는 능력이 어느 정도이며, 어느 정도의 작업량이 현재 분배되어 있는가를 표시하는 도표이다. 즉 현재의 작업부하능력을 나타내는 것으로서 작업능률을 높이기 위하여 많이 이용된다.

3) PERT 기법의 장점

간트 차트는 규모가 작고 단순한 일정관리에 적합한 기법이지만 복잡하고 세분화된 작업내용을 보다 효율적으로 관리하고자 개발된 기법들이 마일스턴 차트(Milestone Chart), 길브레스(F. B. Gilbreth) 부부가 발전시킨 공정진행차트(Flow Process Chart), 워셀(Wassell)의 공정관리판(Production Control Board) 등이다. 그러나 이러한 기법들도 간트 차트의 결점을 크게 보완하지 못하였으며, 그 이후 네트워크(network)의 원리를 이용하여 결점을 보완한 기법이 PERT이다. PERT기법은 복잡하고 사업규모가 큰 프로젝트생산방식의 일정관리에 효과가 크다.

PERT기법은 종래의 일정관리기법에 비하여 다음과 같은 장점을 가지고 있다.

① 작업(혹은 계획)의 내용을 세분화할 수 있으며, 달성일정과 애로공정을 사전에 예측할 수 있다

② 각 계획의 상호관계를 보다 쉽게 파악할 수 있다.

③ 작업과 관련된 일정 · 자원 · 비용의 요소를 보다 철저하게 관리할 수 있다.

④ 계획을 효율적으로 관리할 수 있기 때문에 최저의 비용으로 완료할 수 있다.

⑤ 각 공정별로 애로공정을 발견할 수 있기 때문에 사전에 자원을 안배할 수 있으며, 중점관리가 가능하다.

제2절 PERT기법을 구성하는 Network

01 Network의 개요

PERT기법을 활용하여 작업을 관리할 때는 네트워크이론을 이용하게 되는데, 관리요소는 주로 시간, 인력, 비용 등이 된다. 네트워크 이론에서는 여러 가지 자원을 소비하는 활동(Activity)과 소비가 이루어지지 않는 순간적인 변환시점의 단계(Event)로 나누어진다.

이 같이 네트워크는 공정을 단계와 활동으로 구분하여 작업내용이나 계획을 표시하는 도표로서, 활동의 시작이나 완료를 나타내는 단계는 원(○)으로 표시하며, 작업이 실제 이루어져 시간 · 인력 · 비용 등이 소비되는 활동은 화살표(⟶)로 표시하게 된다. 단계(○)와 활동(⟶)의 내용과 특징을 살펴보면 다음과 같다.

1) 단계

단계(Event)는 활동을 수행함에 있어서 그 활동(작업)의 개시나 완료를 표시하는 시점을 말하며, 표시는 원(○)으로 하고, 오직 활동이 시작되거나 완료되는 시점을 나타내기 때문에 자원의 낭비나 소비가 이루어지지 않는다.

[그림 14-2] Network에서의 단계(Event)

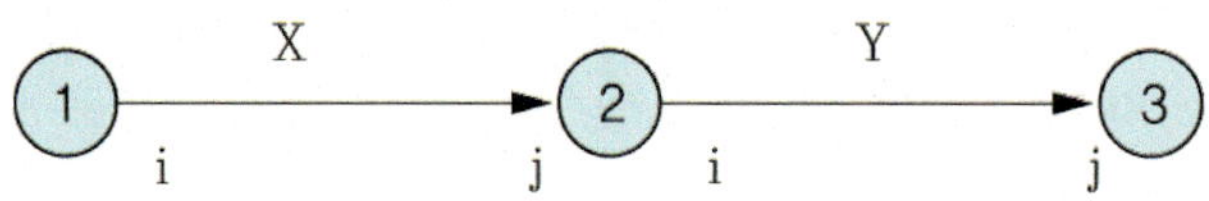

[그림 14-2]가 보여주는 내용은 ①의 단계에서 ③의 단계가 활동 X, Y로 연결되어 있으며, X, Y를 중심으로 한 단계 ①-②, ②-③에서 ①은 ②의, ②는 ③의 선행단계(beginning event : i)가 되며, ②는 ①의, ③은 ②의 후속단계(ending event : j)가 된다. 따라서 단계는 전체공정에서 최초단계(initial event)와 최종단계(terminal event)를 제외하고는 선행단계와 후속단계를 항상 갖게 된다([그림 14-3] 참조).

[그림 14-3] 선행단계(Beginning Event)와 후속단계(Ending Event)

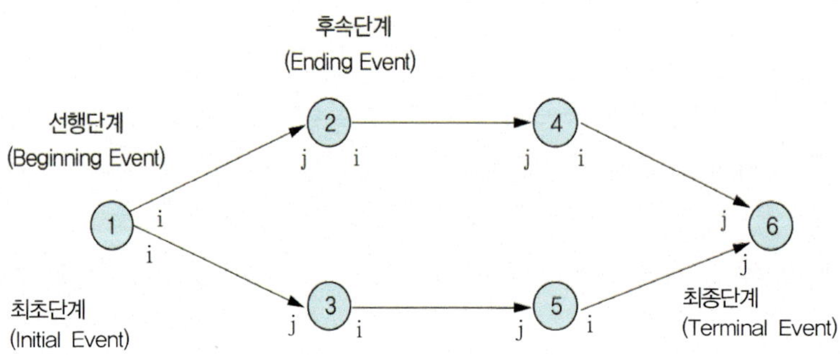

또한 단계에서는 여러 개의 활동이 하나의 단계로 모이는 경우와 하나의 단계에서 여러 개의 활동으로 분리되는 경우가 발생하는데, 하나로 모이는 단계를 합병단계(merge event)라 하며, 여러 개의 활동으로 나누어지는 단계를 분기단계(burst event)라고 한다. [그림 14-3]에서 보면 ①의 단계가 분기단계가 되며, ⑥의 단계가 합병단계가 된다.

앞에서 설명한 단계에 대한 특징을 살펴보면 다음과 같다.

① 작업이나 활동의 개시나 완료를 의미하는 순간을 나타낸다.

② 시간 · 인력 · 비용 등을 전혀 소비하지 않는 순간을 의미한다.

③ 각 활동(activity)은 항상 선행단계(i)와 후속단계(j)를 가지며, i < j의 관계가 이루어져야 한다. 이 관계가 이루어지지 않는 경우는 혼돈환(Loop)현상이 발생하게 된다([그림 14-9] 참조).

2) 활동

활동(Activity)은 한 단계에서 다음 단계로 시간, 인력, 자원 등을 소비해 가면서 작업을 수행하는 과정을 의미한다. 활동은 화살표(⟶)로 나타내며, [그림 14-4]에서 보면 단계 ①-②, ①-③, ②-④, ③-⑤, ④-⑥, ⑤-⑥ 사이의 작업을 수행하는 활동 A, B, C, D, E, F에 시간, 자원, 인력의 개념을 도입하는 것이다. 이때 각 요소의 표시는 [그림 14-5]와 같이 투입요소(사람, 시간, 자금 등)의 필요소요량을 표시한다.

[그림 14-4] Network에서의 활동(Activity)

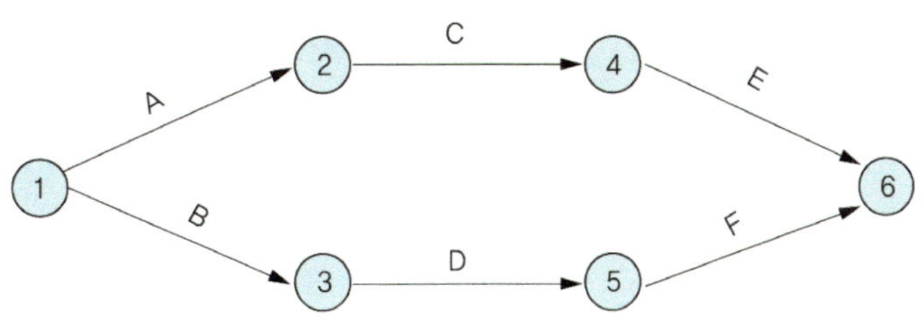

[그림 14-5] 활동의 요소 표시

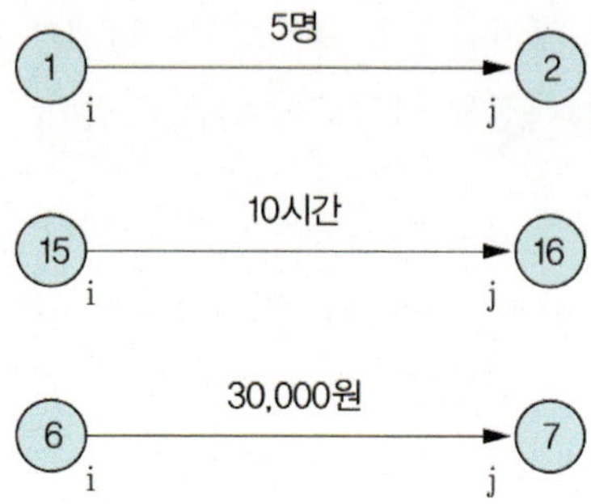

[그림 14-5]의 단계 ⓘ-ⓙ의 달성을 위해서는 소비되는 인력, 시간, 비용이 각각 5명, 10시간, 30,000원임을 의미하는 것이다.

이상과 같은 활동의 내용을 종합하여 요약하면 다음과 같다.

① 각 활동은 항상 선행단계와 후속단계 사이에서 존재한다.
② 활동은 각 단계를 중심으로 활동의 시작과 완료를 의미한다.
③ 활동은 한 구간(2개의 단계 사이)에 1개만 존재한다.

이 같은 활동과 단계를 이용하여 작업의 진행을 원(○)과 화살표(⟶)로 그려 나가는 네트워크는 작성 순서와 방법을 정확하게 표시하여야 한다. 표시를 할 때 유의사항은 다음과 같다.

① 전체계획의 전후관계를 합리적으로 표시하여야 한다.
② 수립된 계획을 효율적으로 관리 · 통제하기 위하여 관리자는 지속적인 관리를 해 나가야 한다. 왜냐 하면 계획이 수시로 변경되는 경우를 대비하여야 하기 때문이다.

3) 명목상 활동

앞에서 활동(activity)이란 항상 여러 가지 자원의 소비를 나타낸다고 하였으나, 활동 중에는 시간이나 자원을 전혀 소비하지 않으면서 영향을 주는 활동이 있다. 이것을 명목상의 활동(Dummy Activity)이라고 한다. 명목상의 활동은 점선화살표 (⇢)로 표시한다.

[그림 14-6]에서 보면 단계 ②-③ 사이에는 실제 작업은 이루어지지 않지만 다만 활동 D를 제약하기 위하여 표시되는 명목상의 활동기호이다.

[그림 14-6] 명목상의 활동(Dummy Activity)

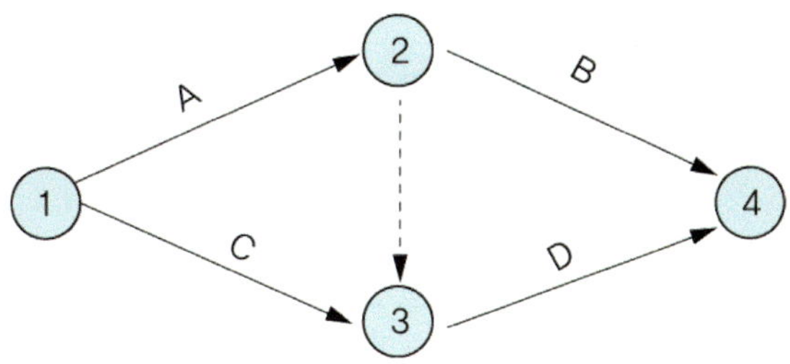

명목상의 활동은 두 개의 단계 사이에는 1개 이상의 활동이 존재할 수 없다는 원칙을 보완하고자 할 때에 이용된다. 즉 [그림 14-7]은 단계 ①-② 사이에 A와 B라는 2개의 활동이 표시되어 있기 때문에 잘못된 경우이며, 이것을 명목상의 활동을 사용하여 나타낸 것이 [그림 14-8]이다.

[그림 14-7] 잘못된 네트워크

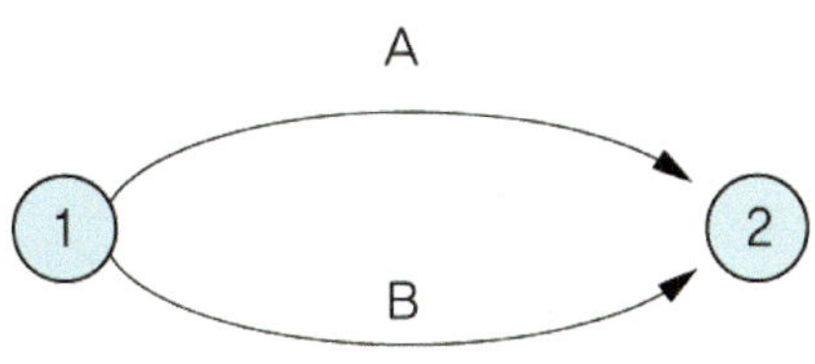

[그림 14-8] 명목상의 활동의 원칙

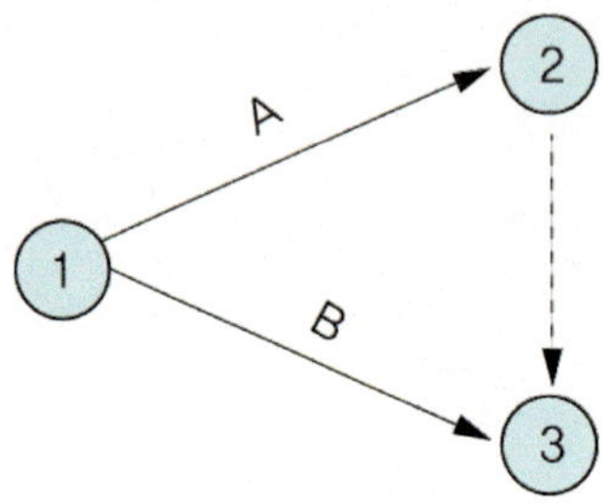

02 네트워크의 작성순서

작업이나 계획된 내용을 네트워크로 표시하고자 할 때는 업종이나 업무의 내용에 따라서 각기 특색이 있지만 다음과 같은 기본원리에 의거하여 작성하는 것이 바람직하다.

① 계획된 업무내용을 정확하고 일목요연하게 구분하여야 한다.
② 구분된 작업의 선후관계를 파악하여 활동과 단계로 구분한다.
③ 활동과 단계가 구분되면 이에 따라 네트워크 다이어그램(network diagram)을 그려 각 활동과 단계의 명칭과 소요값의 크기를 기입한다.

이렇게 작성된 네트워크는 작업의 전체적인 유효성 증대를 위해 작업수행에 관련된 모든 부서의 담당자를 참여시키고, 계획수립에 관련된 정보를 가급적 정확하게 수집 · 분석하여 목표를 보다 효율적으로 달성시키는 노력을 해야 한다.

03 네트워크 작성 시 기본원칙

네트워크 원리를 이용하여 계획된 업무를 그림으로 나타낼 때 준수하여야 할 기본원칙은 다음과 같다.

1) 연결원칙

네트워크에서 모든 단계나 활동은 왼쪽에서 오른쪽 방향으로 진행되면서 연결되어야 한다. 만약 활동을 나타내는 화살표가 오른쪽에서 왼쪽으로 진행된다면 혼돈환(loop)현상이 발생하게 된다.

혼돈환이 발생되면 네트워크의 작성이 잘못된 것인데, [그림 14-9]에서 보면 단계 ②-④, ④-⑤에서 활동을 나타내는 화살표가 오른쪽에서 왼쪽으로 진행되었기 때문에 작업의 완성을 이룰 수가 없다. 이 같은 활동 B, D, E, C를 혼돈환(Loop)이라 하며, 이것은 실제 상황에서 절대로 발생되어서는 안 된다.

[그림 14-9] 네트워크의 혼돈환

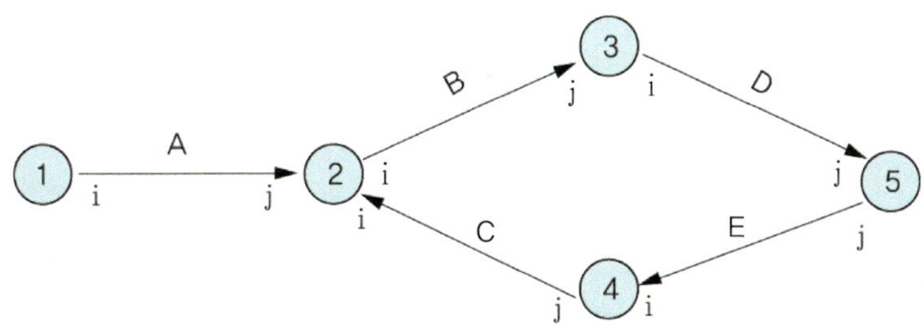

2) 활동원칙

활동원칙이란 모든 활동은 개시되면 반드시 완료되어야 한다는 원칙이며, 전 단계의 모든 활동이 완료된 후에 새로운 활동이 시작된다는 것이다.

[그림 14-10]에서 활동 F는 활동 D, E가 모두 완료된 후에 시작된다는 뜻이다. 활동원칙 중 또 한 가지는 두 개의 단계(○)에서는 항상 1개의 활동(⟶)만이 존재한다는 것이다.

3) 단계원칙

단계원칙은 네트워크를 작성할 때 각 단계는 선행활동과 후속활동의 중간에 위치하게 된다는 점이다. 그러나 이 원칙에서 최초단계(initial event)에서는 선행활동이 존재하지 않으며, 최종단계(terminal event)에서는 후속활동이 발생하지 않는다. [그림 14-10]에서 단계 ③의 선행활동은 B이며, 후속활동은 E가 되며, 단계 ①에서는 선행활동은 없고, 후속활동은 A와 B가 된다.

[그림 14-10] 네트워크 작성 시 활동원칙

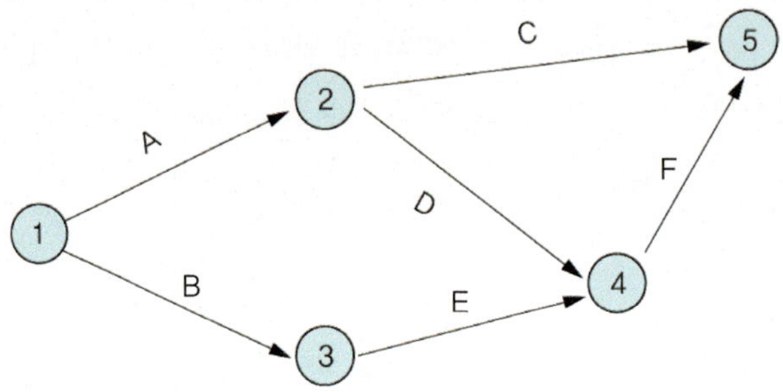

4) 공정원칙

네트워크의 작성에서 여러 개의 각 공정은 최종단계에 도달할 때까지 하나의 공정으로 수행하여야 한다는 원칙이다. 또한 공정의 원칙에서는 최초의 개시단계에서 출발하여 최종단계까지 화살표 즉 활동으로 연결되어야 한다. 만약 도중에 활동이 중단되면 이 원칙에 어긋나게 되는 것이기 때문에 잘못 그려진 네트워크이다.

이상과 같은 네트워크의 여러 가지 원칙과 성격을 표로서 종합한 것이 〈표 14-1〉이다.

〈표 14-1〉 네트워크의 원칙과 성격

그 림	내 용
	활동 B는 활동 A가 완료된 후 시작할 수 있다. (A는 선행활동, B는 후속활동)
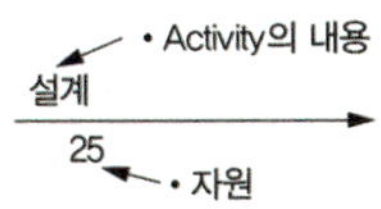	화살표에는 활동에 대한 내용과 작업시간 또는 자원 등을 표시한다.
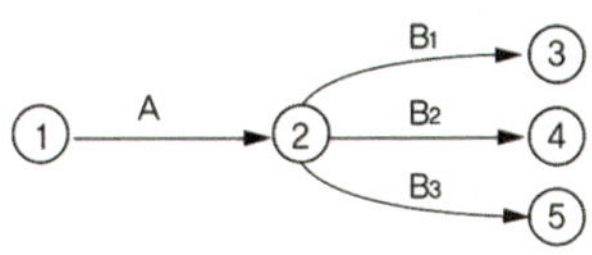	활동 B_1, B_2, B_3는 활동 A가 완료할 때 까지는 시작할 수 없다. (활동 A는 B_1, B_2, B_3 중 어느 것이든 시작하기 전에 완료하지 않으면 안 된다) 이때 B_1, B_2, B_3는 병행활동이 되며, 단계 ②는 분기단계(burst event)가 된다.
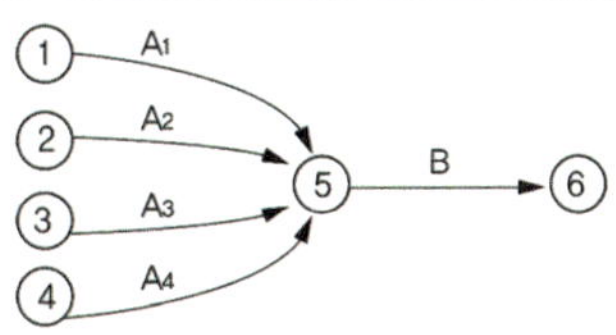	활동 B는 활동 A_1, A_2, A_3, A_4가 모두 완료되어야만 시작할 수 있다. 즉 활동 B의 시작은 A_1, A_2, A_3, A_4가 완료되는 시점이다(그러나 활동 B의 선행활동인 A_1, A_2, A_3, A_4가 시간적으로 동시에 완료하는 것을 의미하지는 않는다). 이때 단계 ⑤는 합병단계(merge event)가 된다.
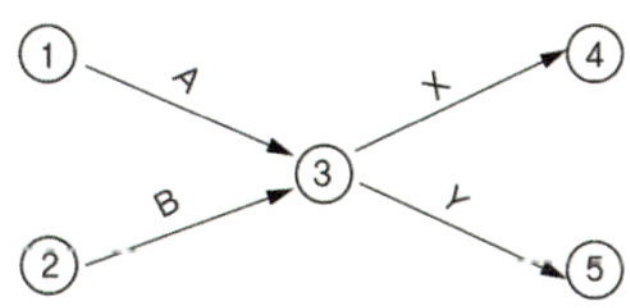	활동 X와 Y는 활동 A와 B가 모두 완료되기 전에는 시작할 수 없으나, X와 Y는 서로 관계없이 시작할 수 있다. 즉 A, B와 X, Y가 동시에 완료되거나 시작한다는 것은 아니다.
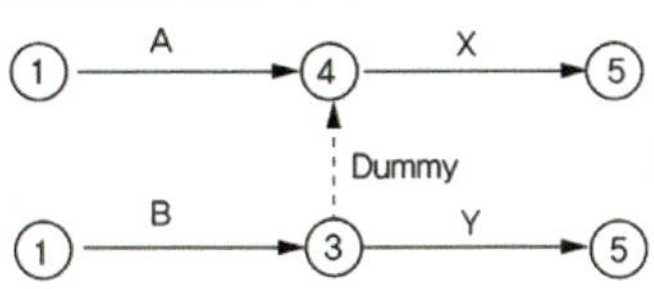	활동 A와 B는 모두 활동 X를 시작하기 전에 완료하지 않으면 안 된다. 활동 Y는 활동 B가 완료되면 시작할 수 있으며, 활동 A에는 영향을 받지 않는다. 단계 ③에서 ④로 표시된 점선은 명목상의 활동(dummy activity)이다.
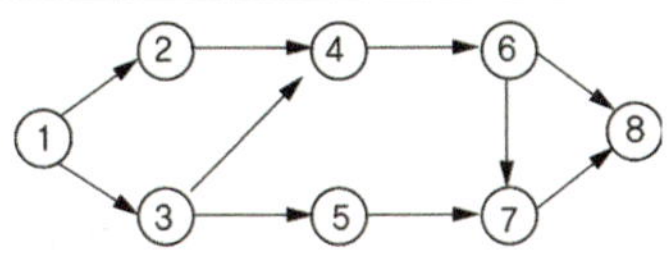	하나의 네트워크 다이어그램에서 단계는 순서대로 번호를 표시해야 하며, 시작과 최종단계는 한 개로 그려져야 한다.
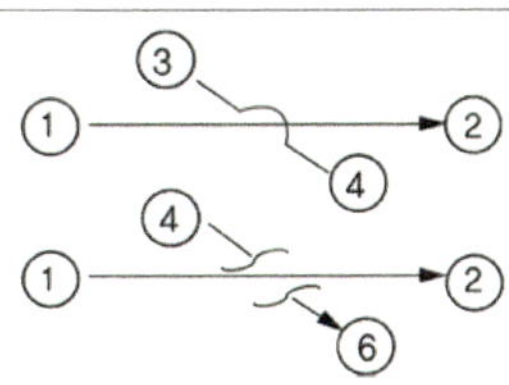	화살표가 겹칠 경우의 표현방법인데, 화살표를 교차해서 가는 방법은 가급적 피해야 한다.

제3절 PERT 기법

01 PERT/time의 개념

PERT/time은 일정관리의 중점을 시간의 개념에 두는 것으로, 작업을 완성하는데 소요되는 시간관리를 보다 효율적으로 운영하고자 하는 기법이다.

[그림 14-11]은 활동의 값을 시간으로 나타내는 경우이며, 소요시간을 작업의 전후관계에 따라 효율적으로 관리하여, 납기를 정확하게 맞추거나 자원의 배분상태를 최적으로 유지하고자 하는 것이다.

[그림 14-11] PERT/time의 활동 값

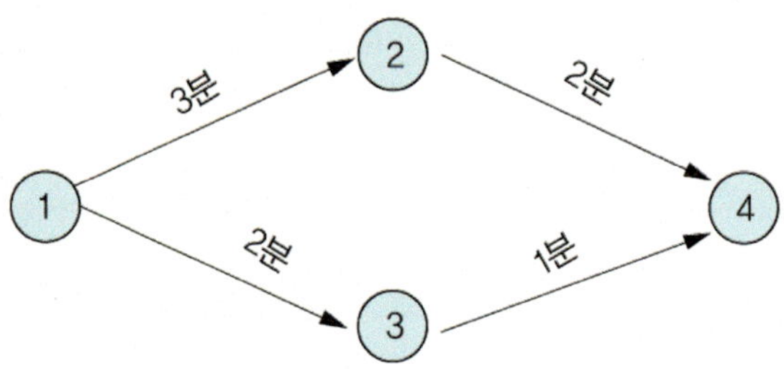

02 PERT/time에서 사용되는 소요시간(te)의 산정

PERT/time에서 가장 기본이 되는 소요시간은 계획의 수립과정에서 작업에 소요될 시간을 사전에 측정하여 산정하게 되는데, 확률적인 개념을 도입하여 계산한다. 즉 여러 가지 발생 가능한 시간을 가장 나쁜 조건이나 상황 하에서 가장 오래 소요되는 시간(비관시간치 : pessimistic time : tp), 일반적인 보통의 조건에서 소요되는 시간(정상시간치 : most likely time : tm), 가장 좋은 최적의 조건 하에서 가장 빨리 작업을 수행할 수 있는 시간(낙관시간치 : optimistic time : to)으로 구분한다. 이 3가지 시간개념을 이용하여 기대시간치(expected time : te)를 구한다.

1) 낙관시간치

작업을 수행함에 있어서 모든 조건이 최적의 상태로 유지되어 가장 빨리 끝났을 때 소요되는 시간을 말한다. 즉 작업을 가장 빨리 완성할 수 있는 시간을 말한다.

2) 정상시간치

작업을 수행하는데 여러 가지 조건들이 가장 빈번하게 일어나는 보통의 조건에서 정상적으로 진행되었을 때 소요되는 시간을 말한다.

3) 비관시간치

작업을 수행하는데 모든 조건들이 최악으로 구성되어 작업을 완성하는데 걸린 가장 긴 소요시간을 말한다. 즉 가장 오래 걸리는 최장소요시간을 뜻한다.

가령 어떤 제품을 만드는 소요시간을 산정할 때 모든 조건 즉 기계가동률이 높고, 기계가 고장나지 않았으며, 작업자의 결근도 없었고, 숙련공이 높은 사기를 유지하고 있는 상태에서 작업을 진행한 경우, 즉 모든 조건이 가장 좋았을 때 소요되는 시간이 낙관시간치(to)이다. 정상시긴치(tm)란 평균적인 작업장의 상황에서 작업을 진행하였을 때 소요되는 시간을 말한다. 비관시간치(tp)란 기계고장이 평소보다 많고 작업자의 결근도 발생하는 등 최악의 조건으로 삭업이 진행될 때의 시간을 말한다.

따라서 이 3가지 시간치의 상호관계를 살펴보면, 낙관시간치 ≦ 정상시간치 ≦ 비관시간치로 나타난다.

PERT/time에서는 이 같은 세 가지 시간치의 개념을 이용하여 소요시간을 산정하는데, 소요시간을 산정하는 방법은 1점 혹은 3점견적법 등이 있다. 1점견적법이란 정상시간치(tm)를 소요시간치 산정에 직접 이용하는 것이며, 3점견적법이란 낙관・정상・비관시간치를 이용하여 소요시간을 산정하는 방법으로서 PERT/ time에서는 이 3점견적법을 이용하여 기대시간치(te)를 산정하게 된다.

이를 구하는 공식은 $te = \frac{\text{to} + 4\text{tm} + \text{tp}}{6}$ 이다. 소요시간을 구하는 공식에서 정상시간치의 값에 4배의 비중을 두는 이유는 발생빈도가 그 만큼 높기 때문에 낙관시간치나 비관시간치의 값보다 비중을 더 주는 것이다.

이 같은 시간치의 관계를 도표로 나타낸 것이 [그림 14-12]이다.

[그림 14-12] te를 설명하는 도수분포곡선

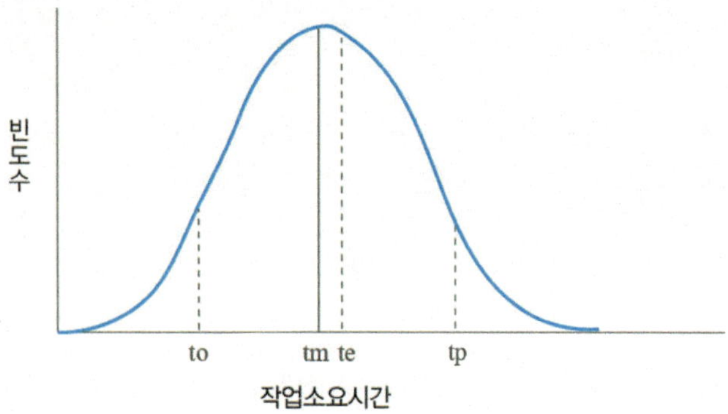

〈표 14-2〉는 각 작업의 to, tm, tp의 값을 토대로 공식($te = \frac{to + 4tm + tp}{6}$)에 의하여, 기대시간치(te)를 구한 것이다.

〈표 14-2〉 작업 1.2.3.4의 기대시간

(단위 : 시간)

구 분	to	tm	tp	te
작 업 1	1	2	3	2
작 업 2	2	4	6	4
작 업 3	10	14	18	14
작 업 4	8	10	12	10

작업 1의 경우 작업을 수행하기 전 예정소요시간 값의 to, tm, tp가 각각 1시간, 2시간, 3시간 소요된다고 예측되었다면 계획을 수립할 경우에 기대시간치의 값은 식에 의하여 2시간이 된다.

$$te = \frac{1 + (4 \times 2) + 3}{6} = \frac{12}{6} = 2(\text{시간})$$

03 일정계산

PERT에서 소요시간(te)의 값이 구해지면 그 다음 단계는 일정계산의 과정이 진행된다. 일정계산에는 단계를 중심으로 하는 방법(event oriented)과 활동을 중심으로 하는 방법(activity oriented)으로 나누어진다.

1) 단계를 중심으로 하는 일정계산

PERT에서 단계를 중심으로 하는 일정계산의 시간(단계시간)은 2가지가 있다. 가장 빠른 예정일(earliest expected time : TE)과 가장 늦은 완료일(latest allowable date : TL)이다.

(1) TE의 계산

가장 빠른 예정일(TE)이란 작업이나 계획이 가장 빠르게 진행되는 경우의 시간을 말하는 것으로, 계산방식은 왼쪽에서 오른쪽으로 계산해 나가게 된다.

이 계산방식은 최초의 초기단계(initial event)에서부터 각 단계에 소요되는 활동의 값 즉 소요시간(te)을 더하여 계산하는데, 이 계산으로 나온 값(시간) 이전에는 그 활동이 끝날 수 없음을 의미하는 가장 빠른 예정일로서 최단시간을 의미한다.

TE의 계산방식은 다음과 같다.

① 최초단계(initial event)의 값은 0으로 시작한다[$(TE)_1 = 0$].
이것은 최초단계 이전에는 활동이 존재하지 않기 때문이다.

② 최초단계를 제외한 모든 후속단계는 선행단계의 TE_i값에 te_{ij}값을 더하여 계산한다.
예를 들면 다음과 같다.

$$(TE)_2 = (TE)_1 + (te)_{1.2} = 0+2 = 2$$
$$(TE)_3 = (TE)_1 + (te)_{1.3} = 0+3 = 3$$
$$(TE)_4 = (TE)_2 + (te)_{2.4} = 2+3 = 5$$
$$(TE)_5 = (TE)_3 + (te)_{3.5} = 3+1 = 4$$

[그림 14-13]은 각 단계별 te값을 기입한 예이며, 이 값을 이용하여 각 단계의 TE_j값을 구한 것이 [그림 14-14]이다.

[그림 14-13] TE 계산방법

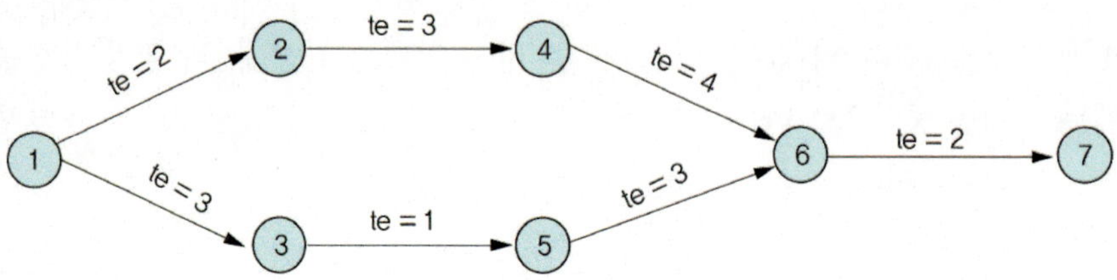

③ 합병단계(merge event)에서는 선행단계의 값 TE_i에 $(te)_{ij}$값을 구한 값 중 최대치의 값을 취한다.

[그림 14-14]에서 보면 ⑥단계가 합병단계인데, 합병단계에서 얻을 수 있는 값은 각각 9와 7이기 때문에 이 경우는 9의 값(최대값)을 취한다.

$$(TE)_6 = (TE)_4 + (te)_{4.6} = 5+4 = 9$$

$$(TE)_6 = (TE)_5 + (te)_{5.6} = 4+3 = 7$$

지금까지의 각 단계별로 TE값을 구하여 그림에 표시한 것이 [그림 14-14]이다.

[그림 14-14] 단계별 TE 값의 계산

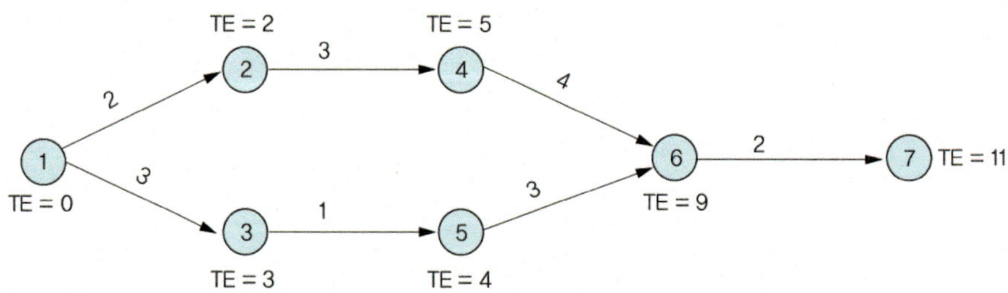

(2) *TL*의 계산

TL (the latest allowable date)이란 *TE* 에 대응하는 시간개념으로서 가장 늦은 완료일이다. 즉 일정계획의 달성에 있어서 각 단계가 취할 수 있는 가장 늦은 시간이다. 그러므로 각 단계별로 작업을 수행함에 있어서 늦어도 *TL* 값 이전에는 작업이 끝나야 전체계획에 차질을 주지 않게 된다.

TL 의 계산은 오른쪽에서 왼쪽으로(terminal event에서 initial event 방향으로)계산해 나가면서 값을 구한다. 즉 최종단계에서부터 역으로 $(te)_{ij}$ 값을 차감하여 계산한다. 최종단계의 *TL* 값은 특별한 조건이 없다면, 최종단계의 *TE* 값과 동일하다.

[그림 14-15]에서 TE_7값이 11이기 때문에 $TL_7 = 11$이 된다. 그 값에서 각 단계별 활동의 값 $(te)_{ij}$의 값을 차감해서 구한다.

이 *TL* 의 값을 구하는 방법을 요약하여 보면 다음과 같다([그림 14-15] 참조).

① 최종단계의 *TL* 값은 사전에 특별한 지시가 없는 한 최종단계의 *TE*값과 같다 ($TL_7 = TE_7 = 11$).

② 각 단계의 *TL* 값은 후속단계의 *TL* 값에서 그 단계와 후속단계 사이의 $(te)_{ij}$값을 빼서 구한다.

[그림 14-15] 단계별 TL 값 계산

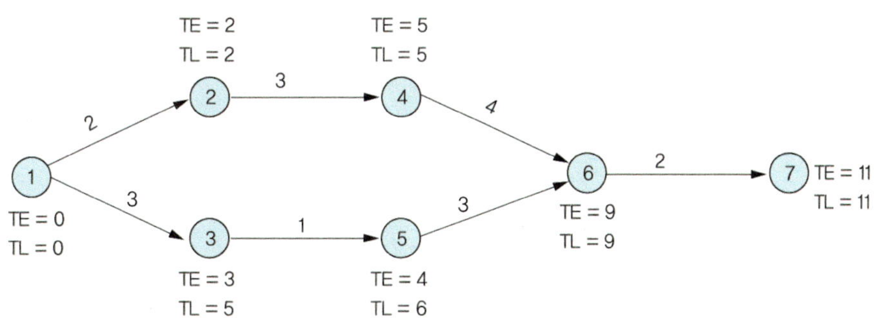

$$TL_7 = 11$$

$$TL_6 = TL_7 - (te)_{6.7} = 11 - 2 = 9$$

$$TL_4 = TL_6 - (te)_{4.6} = 9 - 4 = 5$$

$$TL_5 = TL_6 - (te)_{5.6} = 9 - 3 = 6$$

$$TL_2 = TL_4 - (te)_{2.4} = 5 - 3 = 2$$

$$TL_3 = TL_5 - (te)_{3.5} = 6 - 1 = 5$$

③ 단계가 분기단계(burst event)일 때는 같은 방법으로 구한 모든 값 중에 최소치를 그 단계의 TL값으로 택한다. [그림 14-15]에서 보면 단계 ①이 분기단계인데, TL값이 각각 0과 2로 구하여진다. 따라서 단계 ①의 TL값은 0이 된다.

(3) 여유시간의 계산

이상과 같이 TE, TL의 계산이 끝나면 PERT/time에서는 여유시간(S : slack time)을 구하게 된다. 여유시간의 값은 $TL-TE$로 구하는데, 각 단계별로 여유를 가질 수 있는 시간을 나타낸다.

여유시간은 각 공정이나 단계별로 소유하고 있는 여유이므로 그 만큼의 시간을 늦추거나 지연하여도 전체계획이나 작업을 수행하는데 아무런 영향을 미치지 않는다.

[그림 14-16]에서 단계 ③과 ⑤에서는 각각 "2"라는 값의 여유시간을 가지고 있음을 보여주는데, 2시간 동안 지연시켜도 전체 일곱 개의 공정을 11시간 내에 마치는데 아무런 지장을 초래하지 않는다는 의미이다.

[그림 14-16] 여유시간(slack time) 계산

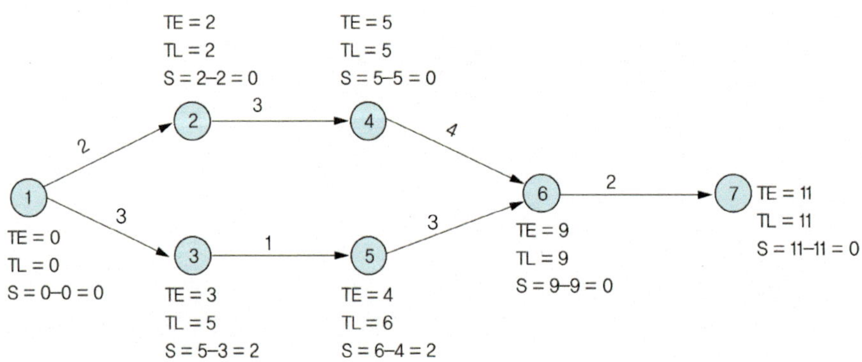

그러나 작업을 실행할 때 여유시간의 발생은 손실이나 비용을 의미하므로, 여유시간을 줄이는 방안을 강구하여야 한다. 물론 여유시간이 전혀 발생하지 않는 경우도 현실적으로는 많은 문제가 있을 수 있다.

이렇게 여유시간의 값에 따라서 전체공정의 상태를 나타내게 되는데, 여유시간은 그 값의 크기에 따라서 다음과 같은 3가지로 구분한다. 즉 정(正)여유(positive slack), 영(零)여유(zero slack), 부(負)여유(negative slack)이다.

(가) 정(正)여유

$TL-TE>0$인 경우로서 자원을 너무 많이 사용하고 있다는 의미의 단계이다. 이렇게 여유가 정의 값으로 나타나는 공정을 여유공정(slack path)이라고 한다.

(나) 영(零)여유

$TL-TE=0$인 경우로서 이것은 자원이 적정상태로 배분되어 있음을 표시하고 있으며, $S=0$로 나타난다. 이렇게 $S=0$인 공정을 연결한 공정을 애로공정(Critical Path : CP)이라고 한다. 애로공정은 주공정, 위험공정, 최장공정이라고도 한다.

(다) 부(負)여유

$TL-TE<0$인 경우로서 그 단계에서는 자원이 부족한 상태를 의미한다. 따라서 부여유가 발생하면, 계획이 예정된 기일 내에 달성될 수 없음을 의미한다.

[그림 14-16]은 각 단계별로 TE, TL값을 이용하여 S의 값을 구한 것으로서, 단계 ①-②-④-⑥-⑦은 여유시간이 전혀 없는 상태이며, 단계 ③-⑤에서는 "2"라는 시간의 크기만큼 지연되어도 전체계획을 수행하는데 지장을 초래하지 않는다는 것을 의미한다.

따라서 ①-②-④-⑥-⑦의 공정을 애로공정이라 하고, ③-⑤단계의 공정을 여유공정이라고 한다.

(4) 애로공정

PERT를 작성한 후 TL에서 TE를 차감($S=TL-TE$)하여 여유시간을 구하는데, 여유시간을 갖지 않는 공정($S=0$의 값)을 연결한 공정을 애로공정이라고 한다. 반면 공정에 여유가 존재하는 공정을 여유공정이라 한다.

이 애로공정(Critical Path)의 성격은 다음과 같다.

① 최초의 초기단계(initial event)에서 출발하여 최종단계(terminal event)까지 도달하여야 한다. 도중에 중단되면 애로공정이라고 할 수 없다.
② 하나의 네트워크 다이어그램에 1개 이상의 애로공정이 존재할 수도 있다.
③ 애로공정의 소요시간은 그 계획을 수행하는데 걸리는 최장 소요시간이다.
④ 애로공정상의 지연은 전체계획의 지연에 직접적인 영향을 미치기 때문에 철저하게 중점관리 해야 한다.

2) 활동을 중심으로 하는 일정계산

앞에서 살펴본 일정계산은 단계를 중심으로 하는 방법이었으나, 효율적인 프로젝트 관리를 위해서는 단계중심보다 활동중심의 일정계산을 할 필요가 있다. 그 이유는 단계중심의 일정계산은 프로젝트의 활동에 대한 고려를 하기가 힘들기 때문이다.

그러므로 프로젝트를 더 능률적으로 관리하기 위해서는 단계중심의 일정계산보다 활동중심의 일정계산이 더욱 많이 이루어지고 있다.

활동중심의 일정계산에는 다음과 같은 4가지의 시간개념을 사용한다.

① 가장 빠르게 작업을 시작하는 가장 빠른 시작시간(ES_{ij} : earliest start time)
② 가장 빠른 시간에 시작되었을 때의 가장 빠른 완료시간(EF_{ij} : earliest finish time)
③ 납기를 맞출 수 있는 가장 늦은 시작시간(LS_{ij} : latest start time)
④ 가장 늦은 시간에 시작하였을 때의 가장 늦은 완료시간(LF_{ij} : latest finish time)

이 같은 시간의 4가지 개념은 다음의 예에서 더욱 명확하게 구분될 수 있다.

예제

2019년 4월1일 현재 A기업에서 제품생산의 주문의뢰를 받았다. 제품의 납기일자는 4월 10일이다. 주문받은 제품을 생산하는데 7일의 작업시간이 소요되는 경우, 시간의 전후관계를 표시하면 [그림 14-17]과 같다.

[그림 14-17] 활동중심의 일정계산을 위한 시간의 예시

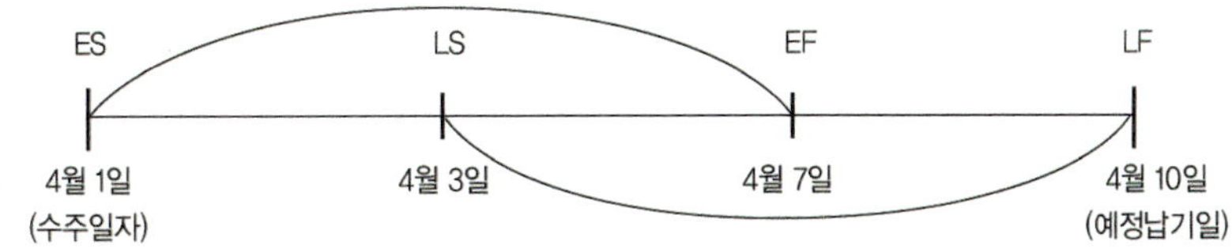

주문을 받은 즉시 4월1일에 작업을 착수한다면, 이 작업은 4월7일이면 작업이 끝나고, 4월7일부터 10일까지는 여유시간이 된다. 따라서 가장 빠른 시작시간(ES)는 4월1일이 되며, 가장 빠른 완료시간(EF)는 4월7일이 된다.

또한 3일간의 여유시간을 먼저 취하고 4월3일에 작업을 착수하였다면 4월10일에 작업이 끝나게 된다. 4월3일 이후로 작업을 착수하게 되면 납기인 4월10일의 납기를 지킬 수 없게 된다. 따라서 가장 늦은 시작일(LS)은 4월3일이 되며, 가장 늦은 완료일(LF)은 4월 10일이 된다.

(1) 활동시간의 계산

이 같은 4가지의 시간개념을 구체적으로 설명하면 다음과 같다.

(가) 가장 빠른 시작시간(ES_{ij})

가장 빠른 시작시간이란 어떤 활동이 시작될 수 있는 가장 빠른 시간으로서, 이 시간의 값은 선행단계의 TE_i 값과 같다. 즉 $ES_{ij} = TE_i$로서 표시된다.

(나) 가장 빠른 완료시간(EF_{ij})

가장 빠른 시작시간(ES)에 어떤 활동이 시작되었다면, 이것이 끝나는 시간 역시 가장 빠른 시간이 된다.

EF_{ij}를 구하는 식은 ES_{ij}의 값에 단계 ij간의 소요시간 te_{ij}를 더하여 구한다.

즉 $EF_{ij} = ES_{ij} + te_{ij}$로 표시된다.

(다) 가장 늦은 시작시간(LS_{ij})

가장 늦은 시작시간이란 어떤 계획이 시작하여야 할 가장 늦은 시간으로서 이 시간보다

늦게 시작된다면 전체계획에 영향을 미치게 되는 한계시간으로서, 이 시간의 계산은 가장 늦은 완료시간(LF_{ij} 혹은 TL_i)에서 그 활동의 소요시간 te_{ij}를 차감하여 계산한다.

즉 $LS_{ij} = TL_{ij} - te_{ij}$

(라) 가장 늦은 완료시간(LF_{ij})

가장 늦은 완료시간이란 어떤 계획이나 작업을 완료해야 할 가장 늦은 시간을 의미하는데, 그 값은 단계중심의 일정계산에서 후속단계의 가장 늦은 완료일(TL_{ij})로 표시된다.

(2) 활동여유의 계산

활동에서의 여유 즉 활동여유(float or activity slack)는 총 여유시간(TF : Total Float), 자유여유시간(FF : Free Float), 간섭여유시간($INTF$: Interfering Float) 등을 들 수 있다.

(가) 총 여유시간

총 여유시간이란 전체계획에 전혀 영향을 주지 않으면서 지연될 수 있는 시간이다. 따라서 총 여유시간 이상으로 작업이 지연된다면 납기에 직접 영향을 미치게 되는 시간으로서 가장 늦은 시작시간(LS_{ij})에서 가장 빠른 시작시간을 차감하거나, 가장 늦은 완료시간(LF_{ij})에서 가장 빠른 완료시간(EF_{ij})을 차감해서 구할 수 있다.

즉 식으로 나타내면 다음과 같다.

$$\begin{aligned} TF_{ij} &= LS_{ij} - ES_{ij} \\ &= LF_{ij} - EF_{ij} \end{aligned}$$

(나) 자유여유시간

자유여유시간은 활동에서 자유롭게 지연할 수 있는 여유로서 주로 합병단계에서 발생한다. 즉 하나의 활동에서 후속활동에는 영향을 주지 않으면서 보유하게 되는 여유가 된다.

구하는 식은 다음과 같다.

$$FF_{ij} = (TE)_{ij} - \left[(TE)_{ij} + (te)_{ij} \right]$$

(다) 간섭여유시간

간섭여유시간이란 총 여유시간과 자유여유시간의 차이를 말한다. 이 값은 한 활동에서 자유여유시간을 전부 사용하고 후속공정의 여유시간을 사용하는 경우는 후속공정의 여유시간이 그

만큼 감소하게 되는 것이다.

이러한 간섭여유시간을 구하는 공식은 다음과 같다.

$$(INTF)_{ij} = TF_{ij} - FF_{ij}$$

(3) 주공정의 발견

활동을 중심으로 하는 공정에서의 주공정은 TF, FF의 값이 0인 공정을 연결하여 구할 수 있다.

04 PERT 적용 시의 장점과 유의사항

지금까지 살펴본 PERT기법은 여러 가지 면에서 종래의 관리기법보다 많은 장점을 가지고 있다. 우선 장점부터 살펴보면 다음과 같다.

1) PERT 적용 시의 장점

(1) 사전에 작업을 전체적으로 파악할 수 있으며, 공정을 진행하면서 발생할 수 있는 여러 가지 문제를 사전에 예측할 수 있다.

(2) 작업에 관련된 모든 사람(관리자, 작업자, 감독자)이 참여하기 때문에 전체 작업내용을 공유하면서 계획을 진행시켜 나갈 수 있다.

(3) 자원의 적절한 배분이 가능하기 때문에 투입요소를 효율적으로 관리할 수 있다.

(4) 작업의 상호관련성을 파악할 수 있기 때문에 합리적인 공정관리가 가능하다.

(5) 납기의 지연원인이 발생할 경우 적절한 조치를 사전에 신속하게 내릴 수 있다. 따라서 중점관리를 가능하게 한다.

2) PERT 적용 시 유의사항

PERT를 적용할 때는 다음과 같은 점을 유의하여야 하지만 이는 합리적인 관리를 위하여 극복하여야 할 요소들이다.

(1) 계획을 수립하는 단계부터 작업에 필요한 모든 자료를 정확하게 파악하여야 한다.

(2) 계획에 참여하는 모든 사람이 많은 훈련을 쌓은 후에 실시하는 것이 효과적이다.

05 mini PERT

PERT기법은 여러 가지로 변형되어 업종이나 작업의 내용에 따라서 적절하게 활용되고 있다. 이러한 기법 중 대표적인 것이 mini PERT기법이다. 이 기법은 여러 가지 복잡한 PERT기법을 보다 간단하게 실무적으로 변형시킨 기법이다.

따라서 초심자들도 쉽게 이용할 수 있으며, 주로 현장 중심의 소규모 프로젝트에서 널리 쓰이고 있는 기법이다.

mini PERT의 작성순서를 보면 다음과 같다.

① PERT기법에서는 3점견적법을 이용하지만, mini PERT는 정상시간치를 이용하는 단일견적치를 이용한다.

② 작업의 내용을 세부내용으로 분류하고 작업의 순서에 의하여 mini PERT의 계산표에 기입하여 나간다([그림 14-18] 참조).

③ 작업의 변경이 필요할 때에는 즉시 수정하며 특히 소요시간의 변경은 단축가능할 때까지 단축하여 기입한다.

[그림 14-18] mini PERT의 내용

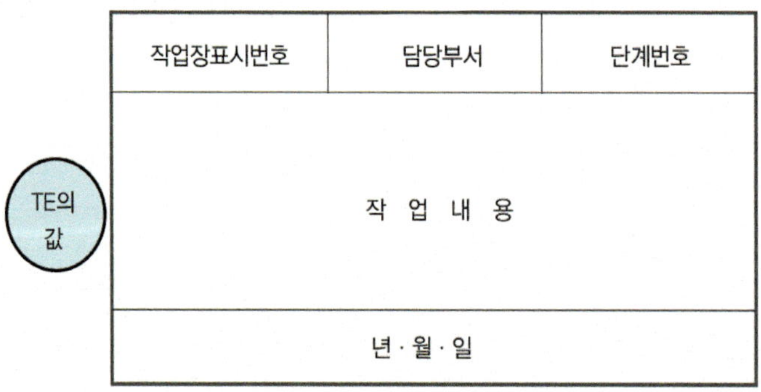

[그림 14-19]와 같은 네트워크 다이어그램을 작업의 내용, 부서 등을 기입하여 mini PERT로 작성하면 [그림 14-20]과 같다.

[그림 14-19] 네트워크 다이어그램의 예

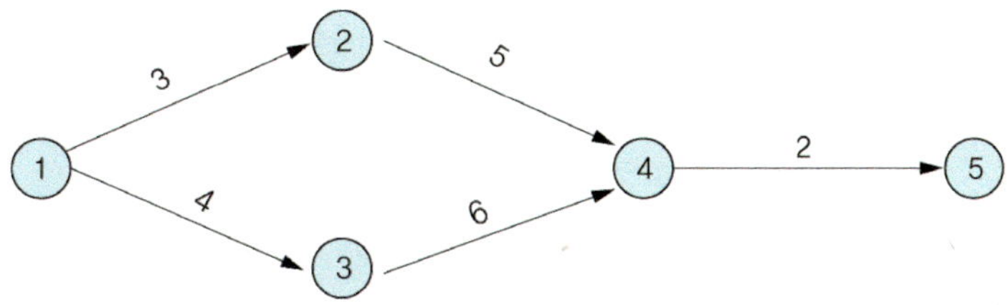

[그림 14-20] mini PERT

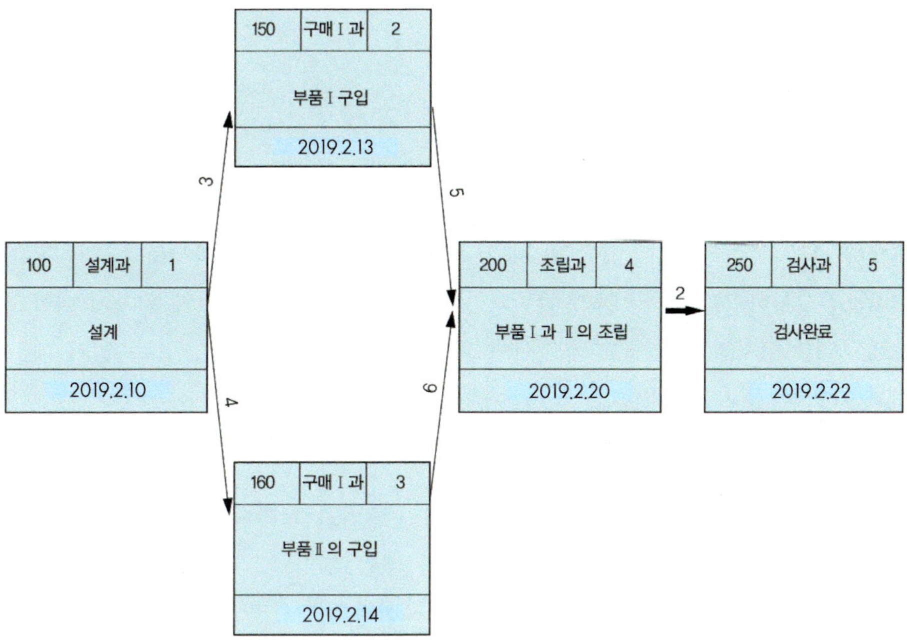

PERT기법을 작업이나 상황에 맞게 변경한 mini PERT의 장점은 다음과 같다.

① 계획의 전체공정에서 발생되는 모든 작업내용을 사전에 검토하여 최적안을 택할 수 있다.
② 계획에서 발생되는 애로공정에 대한 중점관리가 가능하다.
③ 관리자와 현장작업자가 계획 전체에 대한 정보를 동시에 공유할 수 있기 때문에 작업의 효율성을 높일 수 있다.

제4절 PERT/cost 기법

01 PERT/cost의 개요

1) PERT/cost의 의의

PERT/time은 일정관리의 중심이 시간인 기법이지만 일정관리의 대상이 원가 또는 비용인 경우에는 PERT기법을 더욱 세분화한 PERT/cost를 이용한다.

PERT/cost는 프로젝트의 수행에 소요되는 시간과 원가를 동시에 파악하며, 현시점뿐만 아니라 미래의 상황까지도 분석 · 관리하는 기법으로서, 프로젝트의 시간과 원가에 대한 정보를 바탕으로 투입보고서(input report)와 산출보고서(output report)를 작성할 수 있기 때문에 관리자에게 유익한 정보를 제공한다.

PERT/cost가 사용되는 목적은 다음과 같이 크게 2가지로 나눌 수 있다.

① 프로젝트나 작업이 시작되기 전에 원가관리의 방안과 계획수립과정에서 원가를 절감할 수 있다.
② 일정계획대로 작업을 수행할 수 있으며, 경제적인 원가관리방법을 결정할 수 있다.

이 같은 목적의 PERT/cost는 작업에 소요되는 시간, 원가, 정보 등을 나타내는 것으로, 자료의 비교 · 검토를 통하여 합리적인 관리를 가능하게 한다.

2) PERT/cost의 운용

PERT/cost의 운용에는 시간, 비용의 요소로 나누어 살펴볼 수 있는데, PERT/cost의 실시 방법을 살펴보면 다음과 같다.

(1) 작업의 내용을 계층 순으로 분류한 작업분해도(work breakdown structure)를 작성한 후, PERT 네트워크 다이어그램을 그린다.
(2) 각 공정의 시간견적치(te, TE, TL, S)를 구하여 프로젝트의 일정계획을 수립한다.
(3) 작업의 진행에 따른 실제 소비시간과 비용의 견적치를 개선한다. 이것을 최초의 값과 비교하여 계획대로 잘 진행되고 있는가를 파악한다. 문제점이나 개선요인이 발생하면 피드백(feedback)시켜 재조정한다.

02 PERT/time과 PERT/cost의 비교

PERT/cost기법은 1960년대 초 미국의 해군과 육군에서 연구되었으나 본격적인 개발은 1962년 미국 국방성(DOD : Department Of Defence)에서 이루어졌으며, 현재의 PERT/cost기법은 1962년 6월에 발간된 "PERT/cost guide"지침서를 통하여 빠르게 발전하였다.

PERT/cost는 작업의 일정 · 비용 · 기술특성의 3요소를 포함한 프로젝트의 합리적인 관리기법으로서 PERT/time의 발전된 형태라고 볼 수 있다.

즉 PERT/cost는 PERT/time기법에서 네트워크 상의 각 활동에 비용견적을 추가하여 원가관리(cost management)를 효율적으로 관리하고자 하는 기법으로서, PERT/time기법에 원가를 추가시켰기 때문에 PERT/cost를 이해하기 위하여서는 PERT/time기법을 이해하여야 한다.

제5절 CPM 기법

01 CPM 개요

CPM(Critical Path Method)은 PERT/Time과 같이 네트워크 다이어그램을 중심으로 구성되어 있으며, 그 목적도 PERT/Time과 마찬가지로 일정단축에 있으나 PERT/time 및 PERT/

cost에서는 볼 수 없는 특징을 가지고 있다. 즉 각 활동의 소요일수와 비용의 상호관계를 분석하여 최소의 비용으로 공사기간을 단축하는 것을 목표로 하고 있다.

02 CPM 실시 시 이점

① 계획 및 일정변경에 대한 대처를 사전에 할 수 있다.
② 작업의 진행과 관련된 문제점을 사전에 파악할 수 있다.
③ 애로공정과 여유공정을 밝힐 수 있기 때문에 총소요시간의 정확도가 높아진다.
④ 인력 · 설비 등의 제약자원에 대해 우선순위를 부여하거나 작업 간에 상호 보완관계를 파악함으로써 자원의 효율적 활용이 가능하다.
⑤ 애로공정(Critical Path)의 중점관리가 가능하다.

03 CPM 실시순서

작업을 최단시일 내에 완성함과 동시에 비용절감을 달성하기 위해 애로공정(Critical Path)과 여유공정(Slack Path) 및 특급계획(Crash Scheduling)과 연장계획(Uncrash Scheduling)의 상호관계를 네트워크 다이어그램으로 설명하면 다음과 같다. 이 과정에서 반드시 필요한 개념이 비용경사이다.

1) 비용경사

비용경사(cost slope)란 작업일정을 단축시키는데 소요되는 단위 시간당 소요비용을 말한다. 예를 들면 어떤 작업이 통상적으로 10일 걸리는 경우 인력 · 물자의 추가 투입으로 6일 만에 끝내는 경우와 반대로 6일 걸리는 작업이 인력 · 물자부족으로 10일이 걸리는 경우도 있을 수 있다. 통상적인 기간보다 단기간에 작업을 끝내고자 하거나 혹은 보다 여유 있게 작업을 끝내고자 할 때 각각 투하되는 자원에 따른 비용증가나 감소가 발생 한다

즉 정상작업(normal)을 단축하여 특급작업(crash)으로 하거나 반대로 특급작업을 연장(uncrash)하는 경우 시간(time)과 비용(cost)의 상호관계가 중요하다.

이 상호관계를 개략적으로 표현해 보면 다음 [그림 14-21]과 같다.

[그림 14-21] 시간과 비용의 관계 "세로축 시간입, C특급 N정상 입"

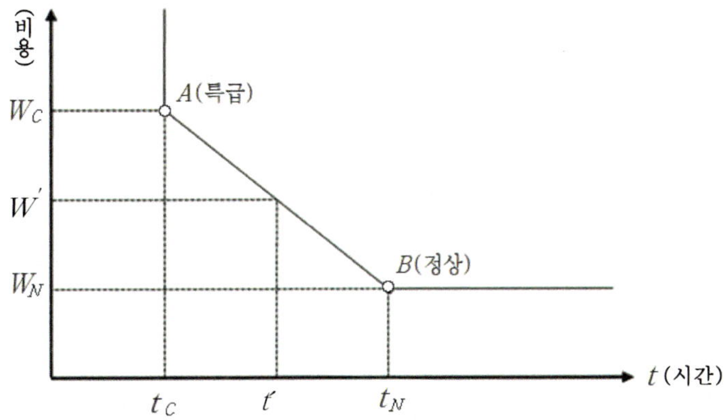

정상상태에서 인력과 설비를 더 투입하여도 더 이상 작업일정이 단축되지 않는 상태를 특급(crash)이라고 하는데, [그림 14-21]에서 최소시간과 최대비용을 의미하는 특급점(crash point)이 A이며, 반대로 최대시간과 최소비용을 의미하는 정상점(normal point)이 B이다. 또한 최소시긴(t_C)과 최대시간(t_N) 사이의 임의시간 t'에 대한 비용은 W'가 되며, 시간(t)과 비용(W) 사이의 관계가 선형적이라고 가정한 것이다.

[그림 14-21]에서 점 A와 점 B 사이의 기울기를 구하면 그것이 비용경사가 되는데, 그 공식은 다음과 같다.

$$\text{비용경사} = \frac{W_C - W_N}{t_N - t_C}$$

(W_C : 특급비용, W_N : 정상비용, t_C : 특급시간, t_N : 정상시간)

비용경사는 단위시간만큼 단축하는데 필요한 비용의 증가분을 나타내는 것으로, 작업일정을 단축하는데 사용되는 비용증가의 요인들은 다음과 같다.

(1) 작업자의 인원을 늘리거나 또는 설비대수의 증가로 인한 비용
(2) 교대제, 야간근무 또는 잔업제를 위한 비용
(3) 숙련 작업자의 고용 또는 보다 우수한 설비의 사용을 위한 비용

2) 일정단축의 실시(예)

어떤 작업을 완성하는데 소요되는 정상 및 특급의 시간과 비용의 관계를 나타낸 것이 〈표 14-3〉이며, 이를 네트워크 다이어그램으로 나타낸 것이 [그림 14-22]와 [그림 14-23]이다.

〈표 14-3〉 일정단축 작업활동표(시간과 비용)

Activity (활동)	정상(normal)		특급(crash)		단축 가능 일수	비용증가	비용경사
	일수	비용	일수	비용			
①-②	18	12,000	6	36,000	12	24,000	2,000
①-③	24	9,000	9	18,000	15	9,000	600
②-④	21	8,400	12	12,000	9	3,600	400
③-④	36	27,000	24	33,000	12	6,000	500
③-⑤	21	5,400	9	15,000	12	9,600	800
④-⑥	9	30,000	3	39,000	6	9,000	1,500
⑤-⑥	15	14,700	6	21,000	9	6,300	700
⑤-⑦	33	19,800	15	36,000	18	16,200	900
⑥-⑦	30	12,000	18	25,200	12	13,200	1,100
계	99	$138,300	54	$235,200	45	$96,900	

[그림 14-22] 정상적인 일정

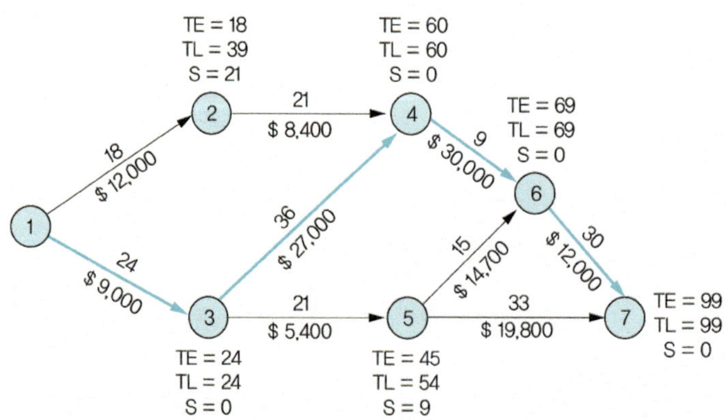

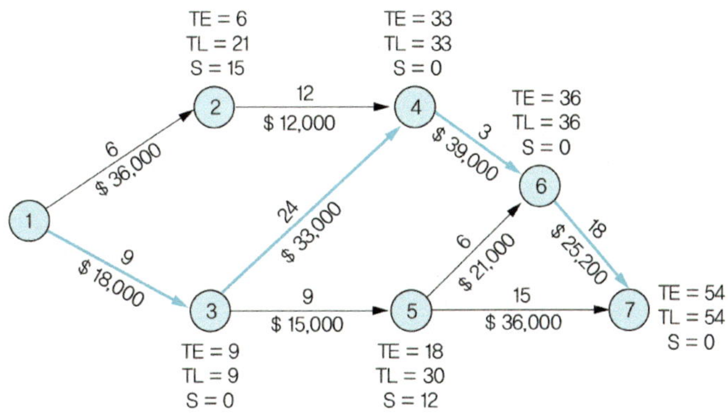

[그림 14-23] 일정단축의 결과(특급)

〈표 14-3〉의 작업내용을 네트워크로 나타낸 것이 [그림 14-22], [그림 14-23]인데, 이 그림에서 애로공정(critical path)은 ①-③-④-⑥-⑦이다. 〈표 14-3〉에서 작업을 정상상태에서 완료시킬 수 있는 일정은 99일이고, 정상비용은 138,300달러이며, 특급상태에서의 소요작업일은 54일이고, 특급비용은 235,200달러이다.

작업일정을 99일에서 54일로 단축시키려면 우선 네트워크 다이어그램 상에서 어느 공정부터 일정을 단축시킬 것인가 하는 문제로 시작하는데, 비용경사가 최소가 되는 공정부터 우선적으로 단축시켜 나감으로써 동일한 시간의 감소분($-\Delta t$)에 대한 비용증가분(ΔW)의 최소화를 꾀하여야 한다.

그러나 모든 공정에서 비용경사가 가장 작은 공정을 단축시키는 것이 아니라 애로공정(critical path) 상의 공정 중에서 비용경사가 가장 작은 공정부터 단축시킨다. 이 원리는 [그림 14-24]를 보면 설명이 된다. 여기서 애로공정(critical path)은 ①-②-④인데, 애로공정 상에 있지 않은 공정 ①-③을 하루 단축시켜 봐야 전체일정의 8에는 영향을 미치지 못한다. 그러나 애로공정 상에 있는 ①-②를 하루 단축시키면 전체의 작업시간이 7로 하루가 줄게 된다.

[그림 14-24] 단축 대상공정의 예 : 애로공정 상의 공정

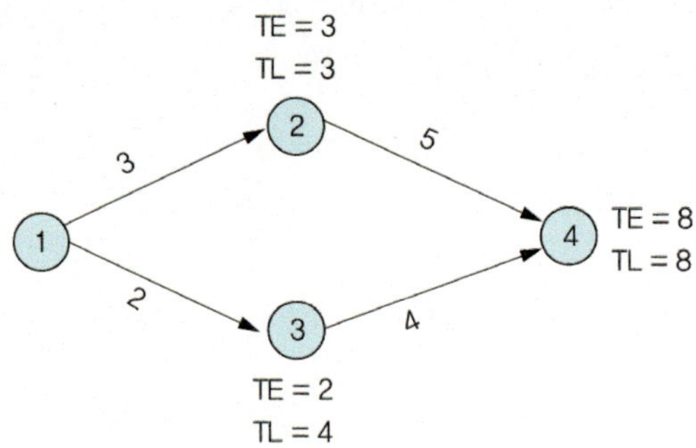

이러한 원리를 토대로 [그림 14-22]의 작업활동을 단축시켜 나가면 다음과 같다.

정상상태 하에서 총 작업일수는 99일, 소요비용은 138,300달러이다. [그림 14-22]에서 애로공정은 ①-③-④-⑥-⑦인데, 여기서 비용경사가 최소가 되는 공정은 ③-④공정이다. ③-④공정을 정상상태에서 특급상태로 단축하면 36일에서 24일로 단축가능하므로 비용증가는 (36일-24일)×500달러=6,000달러가 된다. ③-④공정을 단축한 후 네트워크 다이어그램을 다시 그린 다음의 애로공정은 ①-③-⑤-⑥-⑦로 바뀌게 되며, 총공기는 99일에서 90일로 단축이 된다([그림 14-25] 참조).

[그림 14-25] 1차 수정 후 네트워크와 애로공정

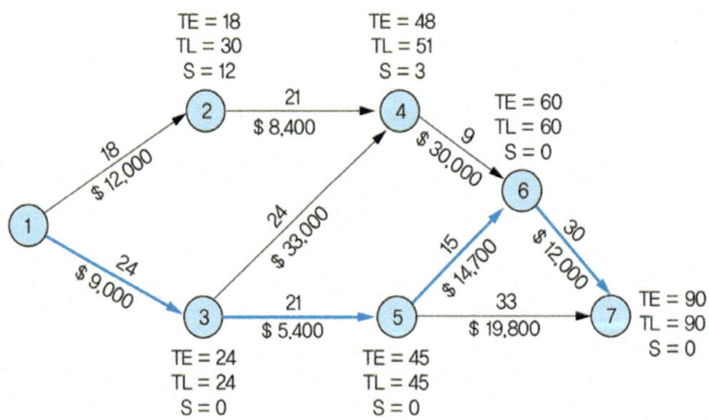

1차 수정이 완료된 [그림 14-25]의 애로공정(critical path)에서 비용경사가 최소가 되는 공정이 ①-③공정의 600달러이다. ①-③공정을 정상상태에서 특급상태로 단축시키면 공정이 24일에서 9일까지 단축가능하며, 이에 따른 비용증가는 (24일-9일)×600달러 = 9,000달러가 된다. 그 결과 다시 네트워크 다이어그램을 작성한 후 애로공정을 찾으면 [그림 14-26]과 같고, 총공기는 78일이 된다.

[그림 14-26] 2차 수정 후 네트워크와 애로공정

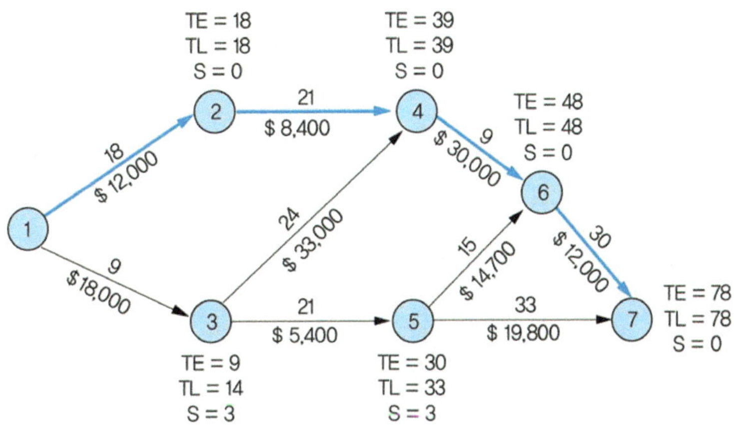

여기서 애로공정은 ①-②-④-⑥-⑦인데, 이 중 비용경사가 최소가 되는 것은 ②-④공정의 400달러이다. 정상상태에서 특급상태로 단축시키면 일정이 21일에서 12일까지 일정단축이 가능하며, 비용증가는 (21일-12일)×400달러=3,600달러이다.

이를 토대로 다시 네트워크 다이어그램과 애로공정을 그리면 [그림 14-27]과 같고, 이때 총공기는 75일이다. 3차 조정을 끝낸 네트워크에서의 애로공정은 ①-③-⑤-⑥-⑦인데, 이 중 비용경사가 가장 작은 것은 이미 단축된 공정 ①-③을 제외하면, ⑤-⑥공정으로 비용경사는 700달러이다. 정상상태에서 특급상태로 단축시키면 일정이 15일에서 6일로 단축되므로 이에 따른 비용은 (15일-6일)×700달러=6,300달러가 된다. 4차 조정의 결과 네트워크 다이어그램과 애로공정을 다시 작성하면 [그림 14-28]이 되며, 총공기는 72일이 된다.

[그림 14-27] 3차 수정 후 네트워크와 애로공정

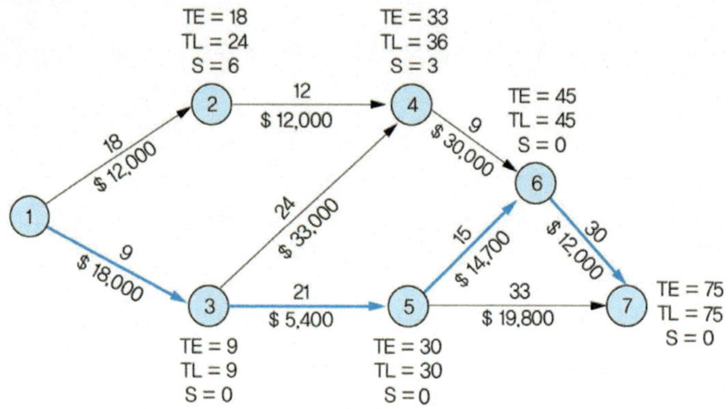

[그림 14-28] 4차 수정 후 네트워크와 애로공정

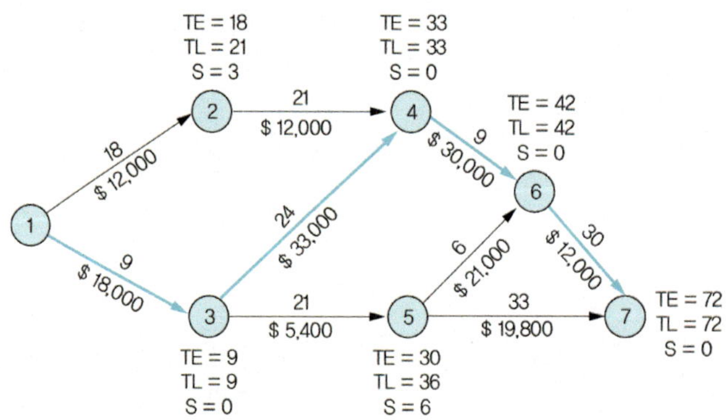

[그림 14-28]에서 애로공정이 ①-③-④-⑥-⑦인데, 이 중 비용경사가 가장 작은 것은 이미 단축된 ①-③, ③-④를 제외하면, ⑥-⑦공정으로 비용경사는 1,100달러이다. 정상상태에서 특급상태로 단축하면 일정이 30일에서 18일로 단축되므로 비용증가는 (30일-18일)×1,100달러=13,200달러가 된다. 이를 토대로 네트워크 다이어그램과 애로공정을 다시 구하면 [그림 14-29]가 되며, 이때 총공기는 63일이 된다.

[그림 14-29] 제5차 수정 후 네트워크와 애로공정

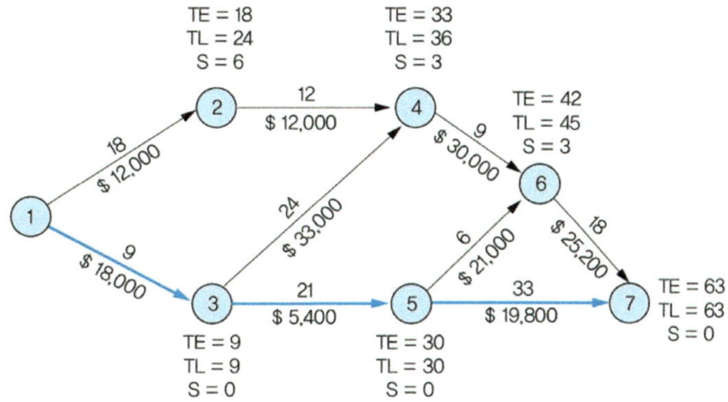

[그림 14-29]에서 애로공정(Critical Path)은 ①-③-⑤-⑦인데, 이 중 비용경사가 가장 낮은 것은, 이미 단축이 이루어진 ①-③을 제외하면, ③-⑤공정으로 비용경사는 800달러이다. 정상상태에서 특급상태로 단축시킬 때 일정이 21일에서 9일까지 단축가능하므로 이때의 비용증가는 (21일- 9일)×800달러=9600달러이다. 이를 토대로 다시 네트워크 다이어그램과 애로공정을 구하면 [그림 14-30]과 같고, 총공기는 60일이 된다.

[그림 14-30] 제6차 수정 후 네트워크와 애로공정

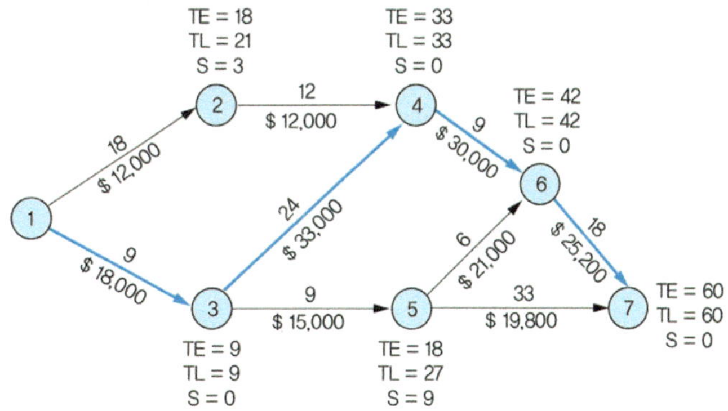

[그림 14-30]에서 애로공정(critical path)은 ①-③-④-⑥-⑦인데, 이 중 ①-③, ③-④, ⑥-⑦공정은 이미 일정을 특급화하였으므로 남은 공정 ④-⑥(비용경사는 1,500달러)을 정상상태에서 특급상태로 단축시키면 일정이 9일에서 3일로 단축 가능하여 비용이 (9일-3일)×1,500달러 = 9,000달러가 증가한다. 6차 수정 후 네트워크 다이어그램과 애로공정을 최종적으로 그리면 [그림 14-31]이 되고, 이때 총공기는 54일, 애로공정은 ①-③-④-⑥-⑦이 된다. 이 애로공정상의 공정은 모두 전체공정이 이미 특급화되어 더 이상의 특급화는 필요 없게 된다.

[그림 14-31] 최종 수정한 후의 네트워크와 애로공정

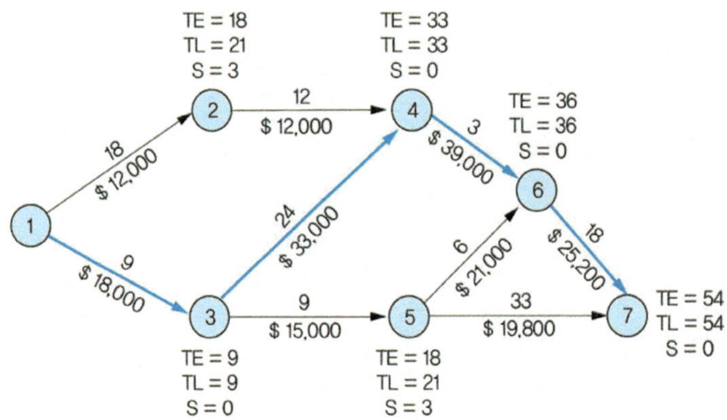

이상의 내용을 정리한 것이 〈표 14-4〉인데, 총일정은 99일에서 54일로 단축되었으며, 총비용은 138,300달러에서 195,000달러로 증가되었다. 이는 〈표 14-3〉에서 모든 공정을 특급화하는 금액의 총액인 235,200달러에 비하여 40,200달러가 감소된 금액이다. 그 이유는 특급화하는 것이 무의미한 ①-②, ⑤-⑦공정에서 일정단축을 하지 않은 데 기인한다. 즉 40,200달러=24,000달러(①-②공정)+16,200달러(⑤-⑦공정)이다.

〈표 14-4〉 일정단축 작업활동표(단축일정과 비용증가)

Activity	비용경사	단축일수	비용증가
③-④	500	12	6,000
①-③	600	15	9,000
②-④	400	9	3,600
⑤-⑥	700	9	6,300
⑥-⑦	1,100	12	13,200
③-⑤	800	12	9,600
④-⑥	1,500	6	9,000
①-②	2,000	0	0
⑤-⑦	900	0	0

- 특급조치결과 비용증가 56,700
- 정상상태하의 총비용 138,300
- 특급조치하의 총비용 195,000

3) 일정연장의 실시

특급화힌 일정을 다시 연장하면 비용은 당연히 줄어들기 때문에 전술한 일정단축으로 총비용이 더 줄어들 수 있는 여지를 생각해야 한다. 그러나 더 이상의 시간여유가 없는 애로공정에서는 단축이 불가능하지만 여유공정(Slack Path)에서는 시간을 늦추는 것이 가능하다.

여유공정 상의 공정 중 일정을 연장할 때는 비용경사가 가장 높은 것부터 일정연장을 하게 되는데, 이러한 방법으로 [그림 14-31]의 네트워크 다이어그램에서 일정연장을 통하여 비용을 절감시키면 다음과 같다.

[그림 14-31]에서 여유공정은 ①-②, ②-④, ③-⑤, ⑤-⑥, ⑤-⑦인데, 이 중 ①-②, ⑤-⑦공정은 특급화하지 않았으므로 일정을 다시 연장시킬 수 없으므로 제외한다. 남은 공정 ②-④, ③-⑤, ⑤-⑥ 중 비용경사가 가장 큰 것은 ③-⑤공정으로 비용경사는 800달러이다. 여기서 주의할 것은 연장은 정상상태의 일정까지만 연장가능하며, 또 그 연장은 [그림 14-31]의 최종단계의 총공기를 넘기지 않는 범위 내에서 이뤄져야 한다는 점이다.

그러한 조건하에서 ③-⑤공정을 연장하면 3일 연장가능하므로 3일×800달러 = 2,400달러의 비용이 절감되고, 일정은 9일에서 12일로 연장된다. 그 다음 비용경사가 높은 것은 ⑤-⑥공정으로 비용경사는 700달러이고, 9일이 연장가능하므로 비용절감액은 9일×700달러 = 6,300달러이며 일정은 6일에서 15일이 소요된다. 나머지 ②-④공정에서는 3일 연장가능하고

비용경사가 400달러이므로 비용절감액은 400달러×3일 = 1,200달러가 된다.

결과적으로 절감된 총 액수는 2,400달러+6,300달러+1,200달러 = 9,900달러이다. 이상의 내용을 정리하면 〈표 14-5〉가 되며, 이에 따른 네트워크 다이어그램은 [그림 14-32]와 같고 모든 공정이 애로공정이 되었다.

〈표 14-5〉 연장일정 작업활동표(시간과 비용)

Activity	비용경사	연장일정	비용감소
③-⑤	800	3	2,400
⑤-⑥	700	9	6,300
②-④	400	3	1,200
①-②	2,000	0	0
⑤-⑦	900	0	0
계		15	9,900

[그림 14-32] 일정단축과 일정연장을 한 후의 최종 네트워크

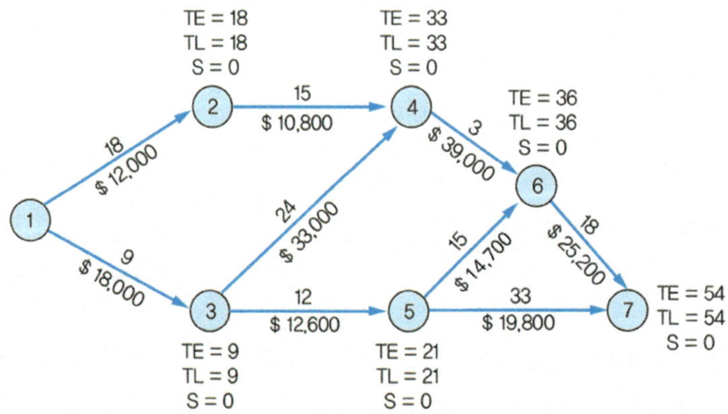

04 일정단축과 연장을 한 후의 최종 값의 비교

정상상태에서 특급상태로 일정을 단축시킨 후 다시 일정을 연장시켰을 때의 시간과 비용의 변화를 요약하면 다음 〈표 14-6〉과 같다.

〈표 14-6〉 일정단축과 연장의 최종 값(시간과 비용)

Activity (활동)	비용			시간		
	단축	연장	정상	단축	연장	정상
①-②	12,000	12,000	12,000	18	18	18
①-③	18,000	18,000	9,000	9	9	24
②-④ *	12,000	10,800	8,400	12	15	21
③-④	33,000	33,000	27,000	24	24	36
③-⑤ *	15,000	12,600	5,400	9	12	21
④-⑥	39,000	39,000	30,000	3	3	9
⑤-⑥ *	21,000	14,700	14,700	6	15	15
⑤-⑦	19,800	19,800	19,800	33	33	33
⑥-⑦	25,200	25,200	12,000	18	18	30
계	195,000	185,000	138,300	54	54	99

* 일정연장을 한 활동

참고문헌

국내문헌

강금식(1997), 품질경영, 박영사.
강금식(2019), 생산운영관리, 박영사.
강금식(2020), EXCEL 경영과학(제5판), 박영사.
강종열 외 4인 역(2012), 생산운영관리, 한국맥그로힐.
구일섭(2008), 생산운영관리, 경문사.
권오경(2010), 공급사슬관리, 박영사.
김대수 외 3인 역(2019), 4차 산업혁명과 기술경영 : 혁신과 성장, 한경사.
김명호(2013), 생산운영관리, 두남.
김석진(2007), 글로벌시대 에센스경영, 청람.
김성철(2014), 생산운영관리, 시그마프레스.
김연성 외 5인(2006), 품질경영론, 박영사.
김정섭 외 3인 역(2016), 공급사슬관리(제3판), 한경사.
김형준 · 김혜정(2014), 생산관리, 형설출판사.
김희탁 외 7인(1997), 생산관리, 법문사.
남기선 · 황인호(2013), 생산운영관리, 동방의 빛.
문덕중 · 서평준(2011), 현대생산운영관리, 문영사.
박경수(1994), 인간공학-작업경제학, 영지문화사.
박상범 · 길종구(2016), 품질관리(제3판), 탑북스.
박상범 · 박지연(2018), 경영학원론(제3판), 탑북스.
박운성(1997), 현대구매관리, 박영사.
박영숙 · 제롬 글랜(2015), 유엔미래보고서 2045, 교보문고.
박형호 외 5인(2012), 생산운영관리, 청람.
송영진 역(2016), 클라우드 슈밥의 제4차 산업혁명, 새로운현재.
안동규 외 2인(2013), 생산운영관리, 필통.
안영진 외 2인(2010), 생산운영관리, 박영사.
안영진 · 유영목(1999), 생산운영관리, 박영사.
양성환 외 4인(2007), 작업분석 및 관리, 메디컬코리아.
양종택 외 3인(2007), 생산 · 운영관리, 법문사.

양창호(2017), 물류와 SCM의 이해(제2판), 박영사.
이경환(1994), 초우량기업의 생산혁신, 유나이티드 컨설팅그룹.
이명호 · 유지수(1999), 생산관리, 박영사.
이문수(2009), 생산시스템운영관리, 한올출판사.
이상범 · 류춘호(2007), 현대 생산 · 운영관리, 명경사.
이순룡(2012), 제품 서비스 생산관리론, 법문사.
이순룡(2012), 현대품질경영(2판), 법문사.
이왕돈 · 윤영선(2011), 생산운영관리, 박영사.
임상헌(2009), 공정 관리 및 설계, 보성각.
임석현 · 최종열 · 김창대(2003), 생산 · 운영관리, 삼영사.
임재석 · 엄명철(2008), 생산관리, 형설출판사.
장성기(2008), 생산운영관리, 대명.
장세진(2000), 글로벌경쟁시대의 경영전략, 박영사.
전재완 외 2인(2009), 서비스생산관리, 청람.
전찬열(2011), 생산혁신관리, 가람출판사.
정욱 · 임성현(2015), 2015 다보스 리포트, 매일경제신문사.
정지복(2014), 생산관리, 학현사.
정충영(2007), 생산관리, 무역경영사.
조문수 외 2인 역(2009), 작업관리, 한국맥그로힐.
조태연 · 김종철(2009), 작업관리, 영민.
최응순(2012), 생산운영관리, 대왕사.
한국산업인력공단(2013), 일정계획, 한국산업인력공단.
한동철(2002), 공급사슬관리, 시그마인사이트컴.

국외문헌

Arnold, J. R. Tony., Champion S. N. and Clive, L. M.(2001), *Introduction to Materials Management*, 7th ed. N.J.: Prentice Hall.
Bakliwal, V. K.(2011), *Production and Operation Management*, Mark Publishers.
Ballou, Ronald H.(1999), *Business Logistics Management*, 4th ed. Englewood Cliffs, N.J.: Prentice-Hall.
Bartness, A. D.(1994), "The Plant Location Puzzle," *Harvard Business Review*.
Berry, W. L., Mabert, V. A. and Marcus, M.(1979), "Forecasting Teller Window Demand with Exponential Smoothing," *Journal of the Academy of Management*, *22*(1).

Besterfield, Dale H.(2008), *Quality Control*, 8th ed. N.J.: Prentice-Hall.

Bolwijin, P. T., and Kumpe, T.(1990), "Manufacturing in the 1990' s-Productivity, Flexibility, and Innovation," *Long Range Planning 23*(4).

Bridleman, D. and Jeff Hermann.(1997), "Supply-Chain Management in a Make-to- Order World." *APICS - The Performance Advantage*.

Brandon, John A.(1996), *Cellular Manufacturing: Integrating Technology and Management*, New York: John Wiley & Sons.

Brennan, Linda.(2010), *Operations Management*, New York: McGraw-Hill.

Buffa, Elwood S. and Jeffrey G. Miller.(1979), *Production-Inventory Systems: Planning and Control*, 3rd ed. Homewood, Ill.: Irwin.

Burgelman, Robert A., Modesto A. Maidique and Steven C. Wheelwright.(1996), *Strategic Management of Technology and Innovation*, Chicago: Irwin.

Chase, Richard B., Aquilano, Nicholas J. and Jacobs, F. Robert.(2001), *Operations Management for Competitive Advantage*, 9th ed. New York: McGraw-Hill, Irwin.

Chopra, Sunil. and Peter Meindl.(2001), *Supply Chain Management: Strategy, Planning, and Operation*. Upper Saddle River, N.J.: Prentice-Hall.

Collier, David A.(1994), *The Service Quality Solution*, New York: Irwin Professional Publishing; Milwaukee: ASQC Quality Press.

Clark, Kim B. and Wheelwright, Steven.(1993), *Managing New Product and Process Development: Text and Cases*, New York: Free Press.

Crosby, P. B.(1979), *Quality is Free*, New York: McGraw-Hill.

Davis and Taylor, J. C.(1979), *Design of Jobs*, 2nd ed. Santa Monica, Calif.: Good-year.

Deming, W. E.(1982), *Quality, Productivity and Competitive Position*, Cambridge, MA: MIT Center for Advanced Engineering Study.

Drucker, Peter F.(1990), "The Emerging Theory of Manufacturing," *Harvard Business Review*.

Duncan, Acheson J.(1998), *Quality Control and Industrial Statistics*, 5th ed. Homewood, Ill.: Irwin.

Feigenbaum, A. V.(1986), *Total Quality Control*, 3rd ed. New York: McGraw-Hill.

Francis, R. L. and White, J. A.(1987), *Facilities Layout and Location: An Analytical Approach*. Upper Saddle River, N.J.: Prentice Hall.

Francis, R. L., McGinnis, L. F. and White, J. A. (1992), *Facility Layout and Location*. 2nd ed. Englewood Cliffs, N.J.: Prentice Hall.

Gaither, N. and Frazier, G.(1999), *Production and Operations Management*, 8th ed. Cincinnati, Ohio: South-Western College Publishing.

Garvin, D. A.(1984), "What Does Quality Really Mean?" *Sloan Management Review 26*(1).

Garvin, D. A.(1988), *Managing Quality*, New York: Free Press/ Macmillan.

Goetsch, D. L. and Davis, S. B.(2012), *Quality Management for Organizational Excellence: Introduction to Total Quality*, 7th ed. N.J.: Prentice Hall.

Grieco, Peter L.(1997), *Purchasing Ethics*. West Palm Beach, FL: PT Publications.

Hammer, Michael. and Champy, James.(1993), *Reengineening the Corporation: A Manifesto for Business Revolution*, New York: Harper Business.

Hammer, Michael.(1997), *Beyond Reengineering: How the Process-Centered Organization Is Changing Our Work and Our Lives*, New York: Harper Collins.

Handfield, Robert B. and Nichols, Ernest L.(1999), *Introduction to Supply Chain Management*, Upper Saddle River, N.J.: Prentice Hall.

Hanke, John E. and Wichern D.(2008), Business Forecasting, 9th ed. N.J.: Prentice Hall.

Hayes, R. H. and Wheelwright, Steven C.(1984), *Restoring Our Competitive Edge: Competing Through Manufacturing*, New York: John Wiley & Sons.

Heizer, Jay. and Render, Barry.(2013), *Principles of Operations Management*, 9th ed. N.J.: Prentice Hall.

Hill, Terry.(1994), Manufacturing Strategy: *Text and Cases*, Homewood, Ill.: Irwin.

Hugos, Michael H.(2011), Essentials of Supply Chain Management, 3rd ed., New York: Wiley.

Jaccobs F. Robert. and Chase, Richard B.(2017), *Operations and Supply Management*, 15th ed., New York: McGraw-Hill.

Juran, J. M. and F. M. Gryna, Jr.(1993), *Quality Planning and Analysis*, 3rd ed. New York: McGraw-Hill.

Juran, J. M.(1996), *Quality Control Handbook*, 4th ed, New York: McGraw-Hill.

Koontz, H., O' Donnell C. and Weihrich, H.(1984), *Management*, 8th ed. McGraw- Hill.

McLeavy, D. and Narasimhan, S.(1985), *Production Planning and Inventory Control*. Boston: Allyn & Bacon.

Miles, L. D.(1972), *Techniques of Value Analysis and Engineering*, 2nd ed, New York: McGraw-Hill.

Mitra, Amitava.(1998), *Fundamentals of Quality Control and Improvement*, 2nd ed, Upper Saddle River, N.J: Prentice-Hall.

Muller, Max.(2011), Essentials of Inventory Management, 2nd ed, New York: AMACOM.

Mundel, M. E.(1994), *Motion and Time Study*, 7th ed. Englewood Cliffs, N. J.: Prentice -Hall.

Noori, Hamid.(1990), *Managing the Dynamics of New Technology*, Englewood Cliffs, N. J.: Prentice-Hall.

Porter, Michael E.(1985), *Competitive Advantage*, New York: Free Press.

Porter, Michael E.(1996), "What Is Strategy?" *Harvard Business Review*.

Porter, Michael E.(1998), *Competitive Strategy: Techniques for Analyzing Industries and*

Competitors, New York: Free Press.
Quesenberry, Charles P.(1997), *SPC Methods for Quality Improvement*. New York: John Wiley & Sons.
Rabbitt, J. T. and Bergh, P. A.(1994), *The ISO 9000 Book. A Global Competitor's Guide to Compliance and Certification*, 2nd ed. White Plains, N. Y.: Quality Resources.
Ramaswamy, Rohit.(1996), *Design and Management of Service Processes: Keeping Customers for Life*, Reading, MA: Addison-Wesley.
Robert Kreitner.(2009), *Management*, 11th ed. Boston: Houghton Mifflin.
Schonberger, Richard J.(1996), *World Class Manufacturing: The Next Decade*. New York: The Free Press.
Silver, E. A. and Peterson, R.(1985), *Decision Systems for Inventory Management and Production Planning*. 2nd ed. New York: John Wiley & Sons.
Steele, Lowell W.(1988), *Managing Technology: The Strategic View*, New York: McGraw-Hill.
Stevenson William J.(2019), *Operations Management*, Thirteenth Edition, McGraw- Hill.
Sullivan, Lawrence P.(1986), "The Power of Taguchi Methods," *Quality Progress*, *20*(6).
Taguchi, G.(1986), *Introduction to Quality Engineering*, Tokyo: Asian Productivity Organization.
Weiss, Howard J.(1993), *Production and Operations Management*, 3rd ed. Allyn & Bacon.
Wheelwright, Steven C. and Bowen, H. Kent.(1996), "The Challenge of Manufacturing Advantage," *Production and Operations Management*, *5*(1).
Wren, Daniel A.(1994), *The Evolution of Management Thought*, 4th ed., New York: Wiley.
Zijlstra, Emma and Mark P. Mobach, (2011), "The Influence of Facility Layout on Operations Explored", Journal of Facilities Management 9.

찾아보기

ㅇ

ㅈ

ㅊ

ㅋ

ㅌ

저자약력

■ **박상범**(朴相範)

동국대학교 경상대학 경영학과를 졸업하고 동 대학원 경영학과 석사과정을 거쳐 독일 Mannheim대학교 경영학부를 수학하였고, 인하대학교와 위덕대학교에서 경영학과 박사과정을 수료하였으며, 미국 일리노이 주립대학교(어바나-샴페인) 객원교수를 거쳤다. 동국대학교 학생경력개발원장, 대외협력단장, 상경대학장, 경영대학원장을 역임하였으며, 현재 동국대학교 상경대학 경영학부 교수 및 전력경영연구소장으로 재직하고 있다. 저서는 경영학원론(제3판, 탑북스, 2018, 공저), 중소기업경영론(제2판, 탑북스, 2018), 전략경영(제3판, 탑북스, 2019) 등이 있다. 강의과목은 생산관리, 중소기업경영론, 경영전략 등이다.

저자와의 협의하에 인지생략

생산 · 운영관리 [제3판]

2015년 2월 20일 1판 1쇄 발행
2018년 2월 20일 2판 1쇄 발행
2025년 2월 14일 3판 2쇄 발행

저 자 박 상 범
발행인 김 광 식
조 판 아 람 기 획

07285
발행처 서울특별시 영등포구 선유로 3길 10, 617호
도서출판 **탑 북 스**
등 록 2009.12.21 제 2016-000101 호
전 화 02)365-2223 팩스 02)365-2224

정가 30,000 원

ISBN 979-11-90247-21-4-93320